Markus Heinlein

Klassischer Anarchismus und Erziehung

April 98

Libertäre Pädagogik bei William Godwin, Michael Bakunin und Peter Kropotkin

radikal, weil Gesellschaft … verknüpft ist.

Godwin: Individualanarchismus (ind.)
Bakunin: sozialrev.-/kollektivistischer Anarchismus
Kropotkin: Reformanarchismus (Ref.)

als autonome … wahrnehmen.

Godwin → Stirner, Tucker, Mackay ('vom Kinde aus')
Bakunin → radikale Erziehungs- und Schulkritik ⇒ Freire, Hentig, v. B. [illegible]
Kropotkin → Schulversuche (Ferrer, Tolstoj, deCleyre, Goodman) ⇒ RFP

Anhand der Brüche, der Abweichungen von der historischen Norm die Radikalität der drei Autoren belegen. So soll die Besonderheit der untersuchten Konzeptionen eingeschärft werden. Die Produktivität der Aussenseiterrolle sehen

Verbindendes: Akzent auf der ~~[illegible]~~ Individualität und der Freiheit des Menschen.

éd. intégrale: 308

ERZIEHUNG SCHULE GESELLSCHAFT

herausgegeben
von
Winfried Böhm, Wilhelm Brinkmann,
Jürgen Oelkers, Michel Soëtard, Michael Winkler

BAND 17

Klassischer Anarchismus und Erziehung

Libertäre Pädagogik bei William Godwin, Michael Bakunin und Peter Kropotkin

ERGON VERLAG

Markus Heinlein

Klassischer Anarchismus und Erziehung

Libertäre Pädagogik bei William Godwin, Michael Bakunin und Peter Kropotkin

ERGON VERLAG

Die Deutsche Bibliothek - CIP-Einheitsaufnahme

Heinlein, Markus :
Klassischer Anarchismus und Erziehung : Libertäre Pädagogik bei William Godwin, Michael Bakunin und Peter Kropotkin / Markus Heinlein. - Würzburg: ERGON-Verl., 1998
(Erziehung, Schule, Gesellschaft ; Bd. 17)
Zugl.: Würzburg, Univ., Diss., 1997
ISBN 3-932004-63-9

NE: GT

Umschlaggestaltung : Jan von Hugo
Druck : Rosch Buch, Scheßlitz
Satz : Ergon Verlag, Würzburg

Printed in Germany

ISBN 3-932004-63-9

ISSN 1432-0258

Meinem Lehrer Jörn Brandt

Inhalt

0. Einleitung

0.1 Libertäre Pädagogik und klassischer Anarchismus – Definitorische Annäherungen

Absicht und Grenze dieser Untersuchung ist es, den Erziehungs- und Bildungsbegriff, wie er im klassischen Anarchismus durch seine Hauptvertreter GODWIN, BAKUNIN und KROPOTKIN entwickelt wird, darzustellen und in seinen sozial- und philosophiegeschichtlichen Zusammenhängen zu beschreiben. Diese Unternehmung setzt zunächst voraus, sich jener sozialphilosophischen Richtung, die unter dem Oberbegriff Anarchismus firmiert, definitorisch zu nähern, und dies wiederum ist ein Unterfangen, das sich mit der Vielfalt und Unabgeschlossenheit dieser philosophischen und ideologischen Richtung konfrontiert sieht. Eine bündige, historisch und systematisch angemessene Definition des Anarchismus geben zu wollen, wäre eine Vermessenheit, die der Varianz, die diese philosophische und historische Tendenz zeichnet, nicht Rechnung zu tragen vermag. Wenn hier dennoch eine *Annäherung* an eine Definition versucht wird, dann immer unter diesen Vorbehalten und unter der Präsumtion, daß solche Definitionsversuche nur zum Preis der groben Verallgemeinerung zu haben sind[1].

Anarchismus wird – je nach definitorischem Ansatz – als philosophische[2], sozialgeschichtliche[3], utopistische[4] oder auch religiös-chiliastische[5] Strömung beschrieben, die von gewissen Prämissen geleitet ist, die in allen Spielarten des Anarchismus' wiederzufinden sind: Die Forderung nach einer herrschaftsfreien Gesellschaft, der radikale Antiinstitutionalismus, das Insistieren auf die Freiheit des Individuums und schließlich die Kritik an jeder endgültigen theoretischen Fixierung können als die Elemente des anarchistischen Welt- und Menschenbildes bezeichnet werden, die in den disparaten Lehren wiederkehren, die sich unter dem Oberbegriff des Anarchismus' zusammenfassen lassen. Die Fragen nach dem historischen Ort des Anarchismus', nach seiner Entstehung, seiner Wirkungsgeschichte und seiner Aktualität werden ebenfalls je nach politischem oder philosophischem Standort unterschiedlich beantwortet, doch auch hier herrscht relative Einmütigkeit dahingehend, daß der Anarchismus zunächst als Tendenz zu fassen sei, die sich parallel zu den verschiedenen sozialrevolutionären Bewegungen entwickelt und sich als Korrektiv oder als radikalisierendes Moment in solchen Bewegungen Geltung verschafft oder zu schaffen versucht. Solche Bestimmung des Anarchismus als Ten-

---

1 vgl. NEUMANN in: NEUMANN 1977, 223

2 vgl. etwa: ELTZBACHER 1908; ZENKER 1984; WOODCOCK 1962

3 vgl. etwa: HOROWITZ 1964; JOLL 1971; HOBSBAWM 1962; LÖSCHE 1974, ABENDROTH 1973, 11 – 49; GUERIN 1979

4 vgl. etwa: HARICH 1969

5 vgl. HARMS 1988

denz erschwert die genauere Auskunft darüber, wann der Anarchismus als soziale und politische Kraft sich historisch realisiert. NETTLAU, der große Chronist der anarchistischen Bewegung, findet bereits in der griechischen Philosophie Antizipationen anarchistischen Denkens[6]. Demgegenüber stehen historische Eingrenzungen, die den Anarchismus als kurzlebige sozialrevolutionäre Formation des ausgehenden 19. Jahrhunderts beschreiben, die als letzter Nachhall des Frühsozialismus oder Utopismus zu deuten wäre und dessen Ende mit dem Aufstieg des »wissenschaftlichen Sozialismus« im Sinne von MARX eingeleitet sei[7].

Die vorliegende Arbeit hat vorrangig den klassischen Anarchismus im Blick. Ihr Interesse gilt weder einer *Weltgeschichte der Anarchie*, wie sie NETTLAU darzustellen versucht, noch einer Reduktion auf den Anarchismus als organisierte Kraft innerhalb der Arbeiterbewegung. Der historische und systematische Bezugsrahmen, der hier präferiert wird, versteht den Anarchismus zuallererst als Produkt der bürgerlichen Aufklärung: Der klassische Anarchismus, wie er bei GODWIN, BAKUNIN und KROPOTKIN sich ausbildet, ist die Radikalisierung, die Korrektur und auch die Negation bestimmter aufklärungsphilosophischer Positionen. GODWINS Denken reflektiert die philosophischen und sozialen Implikationen der Französischen Revolution, BAKUNINS Anarchismus ist ohne die Einflüsse HEGELS nicht zu erklären, und KROPOTKINS Konzept eines konstruktiven Anarchismus entwickelt sich in Anlehnung an den Nihilismus und Materialismus, wie er im Rußland des ausgehenden 19. Jahrhunderts virulent wird. Der Versuch, die pädagogischen Implikationen im Denken dieser Autoren freizulegen, orientiert sich deshalb eng am jeweiligen aufklärungsphilosophischen Hintergrund der Protagonisten.

Päd.

Anarchistische Pädagogik oder libertäre Pädagogik ist deshalb zumindest in ihren klassischen Varianten nicht zu trennen vom zeitgenössischen pädagogischen Diskurs: Sie ist Kritik, Umschlag, Aufhebung und Neuformulierung des bürgerlichen Erziehungs- und Bildungsbegriffes, aber sie ist dies in enger Abhängigkeit vom Erziehungs- und Bildungsideal des »Pädagogischen Jahrhunderts«.

Wie im Titel dieser Arbeit zum Ausdruck kommt, wird hier unterstellt, es gebe eine anarchistische oder *libertäre* Pädagogik, es wäre in diesem Begriff eine eigenständige pädagogische Richtung identifizierbar, und es könne darüber hinaus auch eine Geschichte dieser pädagogischen Richtung konstruiert oder rekonstruiert werden.

Dies ist begründungsbedürftig. Es ist hier zunächst festzuhalten, daß der Begriff einer libertären Pädagogik zunächst als Sammelbegriff eingeführt wurde[8], unter

---

[6] vgl. NETTLAU 1972, Bd. I

[7] vgl. etwa: HOBSBAWM 1962, HARICH 1969

[8] Für den deutschen Sprachraum vgl. BAUMANN/KLEMM/ROSENTHAL 1985, ROSENTHAL/KLEMM 1986, KLEMM 1991 und GRUNDER 1986, für Nordamerika zuerst ABBOTT 1911 und für die neuere Diskussion AVRICH 1980, SPRING 1965 und SPRING 1985, für England WOODCOCK 1962 und SMITH 1983, für Italien ARGENTON 1977.

dem so grundverschiedene pädagogische Denker wie TOLSTOI, STIRNER oder FERRER subsumiert werden. Legitimation verschaffen sich diese Definitionsversuche in der Reflexion auf den *extremen Freiheitsbegriff*[9], dem sich anarchistische oder anarchistischem Denken nahestehende Autorinnen und Autoren wie BAKUNIN und GODWIN, STIRNER, PROUDHON und KROPOTKIN und in neuerer Zeit GOLDMAN, de CLEYRE oder GOODMAN, um nur die für die Theoriebildung wichtigsten Protagonistinnen und Protagonisten zu nennen, verpflichten. Vorausgesetzt wird hierbei immer, daß dieser Freiheitsbegriff gleichermaßen in Abgrenzung vom Freiheitsgedanken bürgerlicher Provenienz, wie er im Liberalismus Ausdruck findet, wie in Abkehr von sozialistischen oder marxistischen Überlegungen zur Freiheit als Freiheit von kapitalistischer Herrschaft sich entfaltet.

Dieses zentrale Merkmal einer pädagogischen Richtung, die sich als libertäre oder anarchistische bezeichnen ließe, bestimmt bereits die frühen Konzeptionen eines William GODWIN und bleibt gewissermaßen das eindeutige Erkennungszeichen dieser Erziehungs- und Bildungskonzeption. Pädagogische Entwürfe des Frühsozialismus, wie sie SAINT-SIMON, FOURIER oder OWEN entwickeln, weichen trotz vielfältiger Parallelen hinsichtlich des utopistischen, antibürgerlichen und antistaatlichen Gehaltes ihrer pädagogischen Ideenbildung vom klassischen Anarchismus und seiner impliziten Erziehungslehre radikal ab: Die Zu-Erziehenden werden im Frühsozialismus nicht als *autonome Subjekte* angesehen, sondern – in je unterschiedlichem Maße – als Objekte des pädagogischen Zugriffs. Die Erziehenden sind hier, auch wenn das pädagogische Ziel langfristig die *Befreiung* der Zu-Erziehenden von Herrschaft sein soll, Träger einer uneingeschränkten Autorität, das ungleiche Verhältnis zwischen Zöglingen und Erziehenden ist für SAINT-SIMON und FOURIER ohne Belang und für OWEN eine Frage untergeordneter Relevanz. Die anarchistische Erziehungstheorie jedoch rückt gerade das Problem der Machtverhältnisse, das im pädagogischen Prozeß immer Eingang findet, in den Mittelpunkt ihrer pädagogischen Konzeptionen: Ausgehend von einem unbedingten Gleichheitsbegriff, der sich in scharfer Abgrenzung zur sozialrevolutionären Programmatik des Frühsozialismus (und des Marxismus) entfaltet, wird die »konkrete Utopie« einer anthropologisch begründeten Potentialität des Menschen entworfen, sich in unlimitierter Freiheit und Gleichheit zu entwickeln. Das pädagogische Machtverhältnis ist in der Analyse der libertären Pädagogik eine frühe und folgenreiche Unterwerfungsübung, die als fundamentaler Angriff auf die *Freiheitsfähigkeit* des Menschen gesehen werden muß. In dieser Überlegung konvergieren die verschiedenen Richtungen der libertären Pädagogik insgesamt, und diese Problematik bestimmt auch die ansonsten durchaus unterschiedlichen erziehungspraktischen Vorschläge des klassischen Anarchismus. GODWIN, dessen sozialphilosophische Orientierung unter dem Begriff *Individualanarchismus* gefaßt

[9] vgl. KLEMM 1984, 9 f.; GRUNDER 1986, 11 f.

werden kann, führt die Beschäftigung mit dem pädagogischen Machtverhältnis zur Konstruktion eines pädagogischen Ideals, das die Autonomie des Zu-Erziehenden zur zentralen Aufgabe jedes Erziehungsgeschehens erklärt. BAKUNIN setzt mit dem *sozialrevolutionären* oder *kollektivistischen Anarchismus* diese Überlegungen fort und verschärft in seinen libertärpädagogischen Ausführungen die Kritik am pädagogischen Machtverhältnis: BAKUNIN erklärt Erziehung zur Herrschaftsfunktion; nicht nur die Unterwerfung des Individuums im pädagogischen Machtverhältnis sei zu bekämpfen, sondern auch die damit unlösbar verbundene Verewigung gesellschaftlicher Machtverhältnisse. Für BAKUNIN ist deshalb eine Erziehung unter den Bedingungen kapitalistischer oder sozialistisch-autoritärer Herrschaft unvollständig und letztlich immer eine illusionäre, die Aufrechterhaltung der Herrschaft von Menschen über Menschen begünstigende Unternehmung. Wenngleich KROPOTKINS *Reformanarchismus* diese negative Sicht einer vorrevolutionären Erziehung nicht teilt, ist doch auch sein Modell einer libertären Pädagogik davon getragen, im Erziehungsprozeß ein Maximum von Autonomie und Freiheit wirksam werden zu lassen. Allerdings ist für KROPOTKIN eine Erziehung *vor* der revolutionären Umwälzung innerhalb bestehender ungerechter Verhältnisse durchaus vorstellbar, und seine pädagogischen Darlegungen orientieren sich wiederholt an pädagogischen Experimenten seiner Zeit, in denen er Antizipationen einer anarchistischen Gesellschaft zu erkennen glaubt.

Die hier unterbreitete idealtypische Dreiteilung in individuellen (GODWIN), revolutionären (BAKUNIN) und reformerischen Anarchismus (KROPOTKIN) ist symptomatisch für die Theoriebildung der libertären Pädagogik insgesamt. Pointiert verkürzt könnte die Geschichte der libertären Pädagogik unter folgenden Kriterien konzeptionalisiert werden: Als die historisch älteste Formulierung einer libertären Pädagogik kann GODWINS individualanarchistisches Modell einer der Autonomie des Subjektes unbedingt verpflichteten Erziehungstheorie beschrieben werden. GODWIN wäre dann als Ahnherr und Antizipator der pädagogischen Konzepte STIRNERS, TUCKERS und MACKAYS zu begreifen. Vor dem Hintergrund einer allgemeinen Geschichte der Erziehung wäre GODWIN in die Nähe pädagogischer Theorien zu rücken, die versuchen, »vom Kinde aus« ihre erzieherischen Anstrengungen zu legitimieren.

BAKUNIN fände seine sozialphilosophische und erziehungstheoretische Verortung in erster Linie in einer radikalen Erziehungs- und Schulkritik. Ein positives Erziehungsprogramm für prärevolutionäre Situationen entwirft BAKUNIN wie erwähnt nicht: Ein Aufgreifen seiner postrevolutionären Vorschläge zu Erziehung und Bildung dokumentiert sich zwar in vereinzelten revolutionären Programmen des frühen russischen und des spanischen Anarchismus, von einer Breiten- oder Langzeitwirkung seiner Pädagogik kann allerdings keine Rede sein. BAKUNIN behält seine selbstgewählte Rolle als kompromißloser »Zerstörer« jeder bürgerlichen Ordnung auch in Hinblick auf pädagogische Problemlagen bei. Gewendet auf die

Geschichte der Pädagogik hätte BAKUNIN in Schulkritikern wie ILLICH oder FREIRE seine aktuelle Entsprechung, könnte aber auch in einigen zentralen Fragen (Erziehbarkeit des Menschen, Macht und Ohnmacht im pädagogischen Prozeß) mit einer radikalen Antipädagogik im Sinne VON BRAUNMÜHLS oder einer besonnenen Schulkritik im Sinne VON HENTIGS in Verbindung gebracht werden.

KROPOTKIN schließlich darf mit seinem *Reformanarchismus* für sich in Anspruch nehmen, auf relevante pädagogischen Unternehmungen des frühen Anarchismus zumindest indirekten Einfluß genommen zu haben: KROPOTKINS evolutionärer Anarchismus sieht nicht länger im revolutionären Umsturz das entscheidende Mittel zur Umgestaltung der Gesellschaft. Vielmehr wird die herrschende Ordnung auf Antizipationen der neuen Organisation menschlichen Zusammenlebens hin untersucht, und viele pädagogische Experimente werden von KROPOTKIN als solche Vorwegnahmen interpretiert. KROPOTKINS Vorstellung von einem Anarchismus, der sofort und überall auch ohne die allumfassende Umwälzung beginnen kann, ist indirekt die Grundlage und die Bedingung für libertärpädagogische Schulversuche, wie sie FERRER und TOLSTOIJ im europäischen und DÉ CLEYRE und GOODMAN im amerikanischen Raum durchführen werden. Erst die Eindämmung des revolutionären »Naherwartungsglaubens«, die KROPOTKIN vor dem Hintergrund des Niedergangs des revolutionären Anarchismus' in der anarchistischen Bewegung durchzusetzen versucht, schafft den theoretischen Freiraum, der libertärpädagogische Experimentierfreude auch unter kapitalistischer oder – im Falle TOLSTOIJs – unter feudalistischer Herrschaft rechtfertigt. Die Verortung des pädagogischen Programms KROPOTKINS im allgemeinen pädagogischen Diskurs sollte damit bereits deutlich geworden sein: KROPOTKINS Erziehungsdenken ist sowohl in inhaltlicher wie in didaktischer Hinsicht als *Reformpädagogik* klassifizierbar. Viele Elemente seiner pädagogischen Theorie und Praxis werden sich in pädagogischen Projekten und Programmen des frühen 20. Jahrhunderts wiederfinden. In diesem Sinne ist KROPOTKIN von den hier vorgestellten klassischen Repräsentanten einer libertären Pädagogik derjenige, der – direkt und indirekt – die nachhaltigsten Impulse für die Entwicklung einer Erziehung mit freiheitlichem Impetus gibt. FERRERS »Escola Moderna«, die verschiedenen libertärpädagogischen Experimente während der Weimarer Zeit in Deutschland oder vor der Konsolidierung der bolschewistischen Herrschaft im nachrevolutionären Rußland und selbst die Kommuneerziehung und Kinderladenbewegung der 70er und 80er Jahre dieses Jahrhunderts in Europa und in den USA können als später Nachklang der kropotkinischen Position interpretiert werden, derzufolge eine freie und freiheitliche Erziehung auch unter autoritären Herrschaftsverhältnissen versucht werden kann und dergemäß es möglich sei, »endlich anzufangen, nicht mehr warten zu müssen.«[10] Libertäre Pädagogik in ihrer klassischen Variante hat zwar keine direkte,

[10] Kommune 2 zit. in: BOCK 1976, 258

unmittelbare, aber dennoch eine untergründige, auf Umwegen und gewissermaßen intra muros sich durchsetzende Wirkung und Fortwirkung. Anarchismus wirkt als Tendenz, als ästhetische und kulturelle Strömung, als Zeitkritik und weniger als geschlossene ideologische oder politische Doktrin. Diese Besonderheit der anarchistischen Wirkungsgeschichte, der auch die libertäre Pädagogik unterliegt, die in erster Linie als Zusatz, Fortsetzung und Ausdifferenzierung der allgemeinen sozialphilosophischen Theorien des frühen Anarchismus gesehen werden kann, erschwert die definitorische Konturierung dieser pädagogischen Richtung. Der Terminus *libertäre Pädagogik* für das pädagogische Denken der hier untersuchten Autoren ist eine Zuschreibung, die post festum erfolgt: Nicht einmal Francesco FERRER, der ohne Zweifel typischste Vertreter einer an anarchistischen Grundsätzen orientierten Erziehungstheorie und -praxis, definiert seine Pädagogik als libertär[11] und bei den Begründern des klassischen Anarchismus' bleibt die Suche nach einem Metabegriff oder gar einer Metatheorie der Erziehung und Bildung vergeblich, ja es spricht einiges dafür, daß unabhängige Denker wie GODWIN, BAKUNIN oder KROPOTKIN jeden Versuch zurückgewiesen hätten, ihre pädagogischen Überlegungen begrifflich zu kategorisieren. Die Berechtigung einer Zuordnung wird hier dennoch unterstellt, freilich nur im Sinne einer negativen Abgrenzung: Der Begriff *libertäre Pädagogik* wird hier verwandt, um auszudrücken, worin die untersuchten Konzeptionen von in mancherlei Hinsicht ähnlichen pädagogischen Entwürfen des Frühsozialismus oder des bürgerlichen Liberalismus grundsätzlich differieren, nämlich in ihrem entschiedenen Eintreten für die Autonomie und Freiheit des Kindes oder Jugendlichen einerseits und der nachdrücklichen Betonung des Zusammenhanges von Erziehung und Gesellschaft andererseits. Erst in der konsequenten Verknüpfung dieser beiden Axiome, wie sie bei GODWIN, BAKUNIN und KROPOTKIN verfolgt wird, gelingt es, die definitorische Trennschärfe zu den gleichzeitigen oder nachfolgenden Reformvorschlägen zur Erziehung und Bildung herzustellen. Der Liberalismus und die ihm zugehörige pädagogische Orientierung sind zwar der Freiheit des Kindes verpflichtet, blenden aber – in je unterschiedlicher Weise – die politischen und gesellschaftlichen Verhältnisse aus und konvergieren in der Forderung nach einer Reform der Gesellschaft durch Reform der Erziehung. Der Marxismus in nahezu all seinen Spielarten fokussiert dagegen auf die gesellschaftlichen und ökonomischen Verhältnisse und erklärt die Erziehung als dem ideologischen Überbau einer Gesellschaft zugehörig: Dieser Ansatz anerkennt konsequenterweise nicht ein spezifisches Recht des Kindes auf Autonomie, sondern faßt Erziehung als einen den ökonomischen Notwendigkeiten einer Gesellschaft nachgeordneten Bereich. Der anarchistische oder libertäre Begriff

---

[11] FERRER definiert seine pädagogische Theorie und Praxis als »rationalistische Erziehung« (vgl. FERRER 1913)

der Erziehung bildet gewissermaßen die Schnittmenge dieser beiden – hier simplifiziert dargestellten – Begründungen für Erziehung.

Libertäre Pädagogik in diesem Sinne verbindet ein entschiedenes Bestehen auf der Autonomie des Kindes und des Jugendlichen, eine Vorstellung von Erziehung als Einübung der Freiheit mit einer grundlegenden Skepsis gegenüber der gesellschaftsverändernden Rolle von Erziehung und Bildung. KROPOTKIN und insbesondere GODWIN geben detaillierte Vorschläge zur Reform von Schule und Unterricht; zugleich betonen sie die gesellschaftlich gesetzten Grenzen jeder wirklichen pädagogischen Reform, indem sie Erziehung in einer nicht fundamental veränderten Gesellschaft immer auch als Instrument der Herrschaft beschreiben.

In der genaueren inhaltlichen Ausgestaltung der jeweiligen pädagogischen Theorien der hier untersuchten Autoren lassen sich beträchtliche Differenzen feststellen, die den jeweils unterschiedlichen Akzentuierungen ihrer anarchistischen oder freiheitlichen Konzeptionen geschuldet sind: Es war eine Absicht dieser Arbeit, die Theoriebildung des *individualistischen*, des *kollektivistischen* und schließlich des *kommunistischen* Anarchismus' und die jeweils zugehörige pädagogische Theorie darzutun. Diese systematisierende Trennung der unterschiedlichen anarchistischen Ansätze kann nur idealtypisch sein und will keineswegs Abhängigkeiten, Berührungspunkte und Korrespondenzen in Abrede stellen.

William GODWIN, der hier als Repräsentant des individualistischen Anarchismus beschrieben wird, vertritt eine philosophische und pädagogische Sichtweise, die größtes Gewicht auf die freie Entfaltung des Einzelnen legt. Die Hauptanstrengung dieser Variante des Anarchismus' ist die Eindämmung des gesellschaftlichen Zugriffs auf die Individuen, und Erziehung wird hierbei im wesentlichen als eine Möglichkeit begriffen, die Autonomie des Einzelnen gegenüber der Gesellschaft zu entwickeln und zu sichern.

Der kollektivistische Anarchismus, wie er für BAKUNIN typisch ist, konzentriert seine philosophischen Überlegungen auf die Möglichkeiten des in freier Übereinstimmung handelnden Kollektivs gegenüber den Institutionen staatlicher Macht. Gesellschaft ist hier nicht – wie noch bei GODWIN – als Gefahr für die Freiheit des Individuums gedacht, sondern als soziale Formation, in deren Rahmen durch kollektive Prozesse Freiheit für alle entstehen kann, sofern die revolutionäre Zerschlagung der alten Herrschaftsstrukturen erfolgreich durchgeführt wurde. BAKUNINS Vorschläge zu Erziehung und Bildung setzen also die Revolution voraus, jede Erziehungsreform ist ihm »Kosmetik« und verliert ihr Existenzrecht am Anspruch der radikalen Umwälzung der Gesellschaft. Dementsprechend fragmentarisch und vorläufig bleiben seine theoretischen Erörterungen, die sich auf die revolutionierte Gesellschaft und insbesondere auf die veränderte Erziehung in einer herrschaftsfreien sozialen Ordnung beziehen. KROPOTKIN schließlich entwickelt den sogenannten kommunistischen Anarchismus, der sich – neben gewissen Reformulierungen der ökonomischen Theorie – vor allem in der Frage der Realisierung sozialer Uto-

Ziele

pien vom kollektivistischen Anarchismus unterscheidet. Kommunistischer Anarchismus sensu KROPOTKIN ist getragen vom Gedanken einer allmählichen, evolutionären Umgestaltung der Gesellschaft in anarchistische Strukturen. Sein Programm ist deshalb – in scharfem Gegensatz zu BAKUNIN – zuallererst der Versuch, konstruktiv und positiv nach Antizipationen des Anarchismus' innerhalb der »alten Gesellschaft« zu suchen und diese seinen anarchistischen Konzeptionen einzugliedern. In pädagogischer Hinsicht heißt dies, daß er einerseits den verschiedenen zeitgenössischen Schul- und Bildungsreformprojekten gegenüber offen ist und sie als Schritte in die freie Gesellschaft interpretiert, daß er zugleich aber auf die Grenzen und die Vorläufigkeit jeder Reform innerhalb der bürgerlichen (oder sozialistischen) Herrschaft hinweist.

Die drei anarchistischen Richtungen mit ihren unterschiedlichen pädagogischen Implikationen werden in dieser Arbeit am Beispiel der klassischen Vertreter analysiert; denn – so eine der Präsumtionen dieser Untersuchung – der Weg zu einem auch in historischer Sicht legitimierten Begriff libertärer Pädagogik muß den pädagogischen Gehalt der Theorien der Begründer anarchistischer Sozialphilosophie zumindest im Blick haben. Die bisherigen Versuche, libertäre Pädagogik begrifflich zu fassen, haben auf diese historische Reflexion weitgehend verzichtet. Außer peripheren Verweisen auf die Tendenzen einer »freiheitlichen Pädagogik« in den Arbeiten der Klassiker, die zudem oft ungenau oder auch irreführend sind, wurde bislang auf diesem Gebiet mehr mit Vermutungen und Unterstellungen operiert, als mit historisch und textkritisch verifizierten Nachweisen. Anliegen dieser Untersuchung ist es deshalb auch, das Material auszubreiten, es – soweit möglich – einer systematischen Ordnung zuzuführen und damit einen Beitrag zu leisten, diese »marginalisierte Pädagogik« (KLEMM)[12] in ihrer klassischen Ausbildung kenntlich zu machen.

0.2 Stand und Defizite der Forschung, Quellenlage

Der Beginn einer »Geschichte der libertären Pädagogik« fällt zusammen mit der Entwicklung der anarchistischen Philosophie. Anarchistische oder libertäre Pädagogik ist zunächst nicht mehr als Appendix zu einer sozialphilosophischen Theorie, die – wie der Marxismus – Universalität in der Erklärung gesellschaftlicher Zustände und ihrer Veränderung beansprucht. Die pädagogische Fragestellung ist hierin ein integrales, aber nicht gerade ein markantes Element. Dessen unbeschadet erfreuen sich die verstreuten, unsystematisch entfalteten und oft in ganz »unpädagogischen« Zusammenhängen entwickelten erziehungstheoretischen und -praktischen Anregungen der Klassiker des Anarchismus' reger Rezeption bei den libertären Pädagoginnen und Pädagogen: Es wird auf GODWIN, BAKUNIN und KROPOTKIN immer dann verwiesen, wenn die eigenen Entwürfe durch eine Legi-

[12] KLEMM 1991 (b), 10

timation seitens der Klassiker Aufwertung erfahren sollen, und hierbei wird in der Regel jede quellen- und textkritische Rezeption ignoriert. Diese nämlich würde schnell deutlich machen, daß die klassischen anarchistischen Vordenker in pädagogischer Hinsicht durchaus mehr Widersprüchliches und Unsystematisches produzieren als geschlossene und problemlos rezeptionsfähige pädagogische Theorie.

Wenn die Bezugnahme auf die Klassiker schon im anarchistischen Denkkreis den Charakter einer (oberflächlichen) Einvernahme annimmt, dann ist die Resonanz, die die libertäre Pädagogik überhaupt und die klassische Variante dieser Erziehungstheorie im besonderen innerhalb der Geschichtsschreibung der Pädagogik erfährt, als schlichtweg bedeutungslos zu kennzeichnen. Im deutschen Sprachraum nimmt erst 1986 die »Enzyklopädie Erziehungswissenschaft« einen Aufsatz von Stefan BLANKERTZ zur »Anarchistischen Erziehung«[13] auf und bringt so die Eigentümlichkeit und Eigenständigkeit einer »libertären Pädagogik« ins Bewußtsein einer breiteren Öffentlichkeit. Insgesamt aber werden die theoretischen und praktischen Konzeptionen zu Erziehung und Bildung, die dezidiert anarchistischer Abkunft sind oder doch dem Anarchismus nahe stehen, entweder gänzlich vergessen oder aber anderen pädagogischen Richtungen und Orientierungen zugeschlagen[14].

Seit Ende der 60er Jahre ändert sich die Rezeptionsgeschichte des Anarchismus' und damit die Rezeptionsgeschichte der libertärpädagogischen Theorie und Praxis entscheidend: Im Zuge der antiautoritären Bewegung entsteht ein nachhaltiges Interesse an theoretischen und praktischen Konzeptionen des Anarchismus' und erste Reprints klassischer anarchistischer Texte zu Erziehung und Bildung erscheinen[15]. Diese frühen Versuche einer Rekonstruktion des pädagogischen Gehaltes anarchistischer Philosophie bleiben jedoch ein relativ unsystematisches und insgesamt gesehen auch folgenloses Unternehmen. Ein zweiter Zugang zur libertären Pädagogik wird in den 80er Jahren erschlossen. KLEMM weist mit Recht darauf hin, daß erst seit diesem Zeitpunkt von einer »kontinuierlichen erziehungswissenschaftlichen Auseinandersetzung«[16] mit dieser Erziehungstheorie gesprochen werden kann. KLEMM ist es auch, der – zusammen mit ROSENTHAL und BAUMANN – die »Werkstattberichte Pädagogik« (1985 und 1988) und die »Schriften zur libertären Pädagogik« (seit 1986) herausgibt, denen zu bescheinigen ist, daß sie das erste Forum für die wissenschaftliche Aufarbeitung der facettenreichen Geschichte der libertären Pädagogik offerieren. Diese Etablierung einer wissenschaftlichen Zeit-

---

13 vgl. BLANKERTZ in: HALLER/MEYER (Hg.) 1986, S. 416 – 418; vgl. auch BLANKERTZ in: LENZEN 1989, S. 439 – 443

14 Besonders deutlich zum Ausdruck kommt dies in der erziehungswissenschaftlichen Würdigung der pädagogischen Theorie Leo TOLSTOIS, die in der Regel nicht als libertär sondern als christlich-reformpädagogische Konzeption rezipiert wurde und wird (vgl. KLEMM 1985).

15 1970 erscheint beispielsweise FERRERS »Revolutionäre Schule«, 1971/72 folgt der Reprint pädagogischer Texte Otto RÜHLES.

16 KLEMM 1991 (b), 10

schrift zur anarchistischen Erziehung war nur möglich vor dem Hintergrund einer stetig sich ausweitenden Diskussion um die Geschichte und um die Eigenart libertärer Pädagogik, wie sie in den 80er Jahren anhebt. Das erziehungswissenschaftliche Interesse hierbei ist in erster Linie ein historisches. Die maßgeblichen Arbeiten befassen sich mit libertärpädagogischer Theorie und Praxis um die Jahrhundertwende bis in die Weimarer Republik[17]. Die Protagonisten des klassischen Anarchismus' des 18. und 19. Jahrhunderts sind – mit der Ausnahme Leo TOLSTOIJ – bislang nicht im Interesse der rekonstruktiven Annäherung der libertärpädagogischen Forschung gestanden.

Außerhalb der bundesrepublikanischen Diskussion ist im Hinblick auf die Klassiker anarchistischer Erziehungstheorie eine etwas breitere Rezeption zu verzeichnen. Insbesondere in den frühen 70er Jahren entstanden einige (wenige) Studien, die eine anarchistische Theorie der Erziehung unter Bezugnahme auf den historischen Anarchismus darlegen wollten. Sowohl BUCCIS Arbeit »Philosophical Anarchism and Education« als auch SPRINGS eher allgemein gehaltene Studie »A Primer of Libertarian Education« sind hier anzuführen. Beide Arbeiten erheben nicht den Anspruch, die Quellen erschöpfend auszuwerten, da ihr Erkenntnisinteresse in erster Linie eine summarische und systematische Erfassung der Traditionen libertärer oder anarchistischer Erziehungstheorie ist. Was beiden Arbeiten vorgehalten werden muß, ist die einseitige Auswertung der herangezogenen Quellen: BUCCI stellt in seinen einleitenden Bemerkungen fest, daß seine Arbeit als Beitrag dazu verstanden werden möchte, die »structures and activities of the youth counter-culture«[18], wie sie im nordamerikanischen SDS sich organisiert hatten, als Fortsetzungen originär anarchistischer Theoriebildung zu erklären. Daß solches Verfahren jene Elemente der philosophischen und pädagogischen Überlegungen GODWINS, BAKUNINS und KROPOTKINS auszublenden gewillt ist, die den Adaptionen an die Theorie der »antiautoritären Bewegung« sperrig bleiben, bestätigt sich dann auch in den teilweise extremen Reduktionen dieser Arbeit. BUCCI gebührt nichtsdestotrotz das Verdienst, anarchistische Bildungs- und Erziehungstheorie erstmalig in ihrer Verflochtenheit und Abhängigkeit zur philosophischen und sozialphilosophischen Abkunft im Denken der Klassiker dargestellt zu haben.

Die Studie SPRINGS betont ebenfalls eine Kontinuität in der pädagogischen Ideenbildung des Anarchismus: Es ist das zentrale Interesse des Autors, die unterschiedlichen Entwicklungen einer libertären Auffassung von Erziehung und Bildung summarisch darzutun. Die Orientierung an den Klassikern bleibt deshalb vage, einzig GODWINS pädagogisches Denken wird einer – oberflächlichen – Analyse unterzogen. SPRINGS Arbeit eignet sich jedoch vorzüglich als Einführung in den Problemkreis. Auf diese beiden Unternehmungen beschränken sich bislang die

---

[17] vgl. etwa: LINSE 1976; BAUMAN 1982; GRUNDER 1986; KNAPP 1981

[18] BUCCI 1974, III; vgl. auch ebd., 8

Versuche, in historisch-systematischer Hinsicht zu libertärer Erziehungs- und Bildungstheorie zu arbeiten.

Einzelstudien zur Erziehungslehre der hier untersuchten Theoretiker sind bislang nur bei GODWIN unternommen worden: Zuallererst ist hier POLLINS Arbeit »Education and Enlightenment in the Works of William GODWIN« anzuführen. Diese 1962 erschienene Studie ist insbesondere hinsichtlich der Explikationen des spezifisch aufklärungsphilosophischen Hintergrundes godwinscher Bildungstheorie unerreicht. Zugleich liegt hierin auch die – notwendige – Beschränkung dieser Untersuchung: POLLIN interessiert sich nur peripher für die sozialphilosophischen und – im weiteren Sinne – libertären Elemente der Bildungs- und Erziehungstheorie GODWINS und konzentriert sich im wesentlichen auf die Dependenzen der godwinschen Erziehungstheorie von Einflüssen der Französischen Revolution und der sensualistischen Tradition im Sinne von HUME und LOCKE. Die bislang aktuellste Arbeit zur Erziehungstheorie bei William GODWIN legt AMITZBØLL vor. Auch seine Untersuchung akzentuiert den aufklärungsphilosophischen Hintergrund der godwinschen Pädagogik, wobei AMITZBØLL primär darlegen will, daß nicht die französische Tradition, sondern das utilitaristische Element im Denken GODWINS maßgeblich dessen pädagogisches Programm bestimme. Für die sozialphilosophischen Hintergründe der Philosophie GODWINS und namentlich für die godwinschen Darlegungen zum Freiheits- und Autoritätsbegriff interessiert sich die ansonsten sehr instruktive und kenntnisreiche Arbeit nicht[19]. Dieses Interesse steht dagegen im Mittelpunkt der Untersuchung ARGENTONS: ARGENTON beschreibt GODWIN als ersten Repräsentanten libertärer Erziehung, verliert bei diesem Unterfangen jedoch zunehmend die historische Verortung der godwinschen Philosophie aus dem Blick. Die Gewaltsamkeit, die der Versuch der »Eingemeindung« GODWINS in die Tradition des Anarchismus bei ARGENTON bisweilen zeitigt, ist ebenso fragwürdig wie die – meiner Auffassung nach wissentlichen – Unterschlagungen von Aspekten godwinscher Theorie, die diesen zwar nicht als konservativen, aber durchaus als antirevolutionären Denker ausweisen.

Insgesamt verbleiben die bislang vorgelegten Arbeiten zum pädagogischen Denken bei GODWIN also entweder im Horizont einer philosophiegeschichtlichen Darstellung unter Absehung der eminent wirkungsvollen sozialethischen Elemente des Denkens dieses Autors, oder sie verfallen ins gegenteilige Extrem einer »offiziösen« Bewertung GODWINS als eines ersten und »reinen« Exponenten des Anarchismus'[20]. Befangenheiten in diesem Sinne beeinflussen auch die Arbeiten, die

---

[19] vgl. AMMITZBØLL 127; 136. Diese Selbstbeschränkung führt AMITZBØLL denn auch in die entscheidende Schwäche seiner Arbeit: Er erklärt die sozialethischen Überlegungen GODWINS rundweg für irrelevant in Hinblick auf die Entwicklung der pädagogischen Theorie (vgl. AMMITZBØLL, 64) – eine Annahme, die dem hier verfolgten Zusammenhang diametral entgegensteht.

[20] Eine Ausnahme bildet hier BORGES' Arbeit zur pädagogischen Theorie bei GODWIN (vgl. BORGES in: KLEMM 1990). Allerdings befaßt sich dieser einführende und deshalb verkürzende Aufsatz nur peripher mit dem historischen und sozialen Hintergrund der godwinschen Philosophie und verzichtet ganz

nicht im engeren Sinne das pädagogische Denken GODWINS analysieren. Die GODWIN-Biografien[21] folgen dieser Zweiteilung ebenso wie die Untersuchungen zur philosophischen Theorie[22], und es ist nicht zuletzt ein Anliegen dieser Arbeit, hier eine mittlere Position einzunehmen, die die Erträge beider Richtungen der GODWIN-Forschung zu nutzen weiß.

Zu BAKUNIN und KROPOTKIN liegen *keine* ausführlichen Untersuchungen zum pädagogischen Gehalt ihrer politischen und philosophischen Theorien vor[23]. Die Beschäftigung mit der pädagogischen Theorie dieser Autoren beschränkt sich auf parenthetische Anmerkungen zur Pädagogik bei BAKUNIN in der erwähnten Dissertation BUCCIS und auf einige sporadische Verweise in Studien, die den philosophischen und gesellschaftstheoretischen Konzeptionen bei KROPOTKIN und BAKUNIN nachgehen.

Eine der zentralen Problemlagen, mit der diese Arbeit befaßt ist, ergibt sich aus diesen Begrenzungen, die bislang für die Rezeption des klassischen Anarchismus und seiner erziehungstheoretischer Vorschläge und Kritikansätze virulent waren: Es wurde noch nicht oder wenn, dann sehr unzureichend, versucht, den klassischen Anarchismus GODWINS, BAKUNINS und KROPOTKINS auf seinen pädagogischen Gehalt hin zu analysieren und deren pädagogische Konzeptionen – sollten solche sich aus dem philosophischen und ideologischen Arbeiten dieser anarchistischen Theoretiker legitimiert ableiten lassen – in einer systematischen Weise zusammenzufassen, auf ihre Abhängigkeit vom zeitgenössischen Diskurs hin zu überprüfen und schließlich auf Möglichkeiten ihrer Fortwirkung (oder Wirkungslosigkeit) zu befragen.

Die bisherige Annäherung an die pädagogische Theorie der Klassiker erfolgte stets unter Vorbehalten, die eine unbelastete Freilegung des pädagogischen Vermächtnisses des frühen Anarchismus schwierig, wenn nicht unmöglich gestalteten. Die weitreichendsten Limitationen erweisen sich dort, wo Rezeptionen des klassischen Anarchismus im »parteioffiziellem« Sinne unternommen werden: Es wurde

---

auf die Analyse der Modifikationen im philosophischen und pädagogischen Denken GODWINS, wie sie vor allem in den Spätwerken des Autors gefunden werden können.

21 Auf anarchistischer Seite sind hier WOODCOCK 1975 und MARSHALL 1984 zu nennen; dezidiert apolitisch gehaltene Lebensbeschreibungen geben SMITH/SMITH 1965, DEIDRE 1975 und LOCKE 1980. PAULS Biografie in Brieffragmenten und Zeitdokumenten verzichtet gänzlich auf Kommentierungen.

22 GODWIN-Interpretationen im anarchistischen Sinne legen SAITZEFF 1907, BRODTMAN 1930, CLARK 1977 und ganz exponiert RAMUS 1907 vor, philosophische Deutungen GODWINS unter Absehung der sozialethischen Aspekte entfalten MONRO 1953, KAYMER 1958, DRIVER 1967, PRIESTLEY 1969, FLEISHER 1971, PHILP 1986, ROSEN 1987, und – mit gewissen Einschränkungen – auch KRAMNICK 1972 und 1985. STEPHENS Darlegungen zur Gesellschaftstheorie bei GODWIN lassen sich keiner Seite zuordnen, sondern bleiben im Grunde rein polemische Verurteilungen der progressiven Elemente godwinscher Philosophie, die im Sinne eines viktorianischen Konservativismus vorgetragen werden (vgl. STEPHEN 1885 – 1900, STEPHEN 1949).

23 Meine Arbeiten zur Pädagogik bei BAKUNIN [(HEINLEIN in: KLEMM 1988 und HEINLEIN in: KLEMM 1991 (b)] und KROPOTKIN [(HEINLEIN in: KLEMM 1991(b)] sind als Vorstudien zu verstehen, die lediglich beanspruchen, das Terrain zu sondieren und erste Einführungen in die Problematik zu geben.

und wird versucht, das philosophische und damit das libertärpädagogische Erbe GODWINS, BAKUNINS und KROPOTKINS so zu interpretieren, daß eine Adaption an die jeweils aktuellen und für die Rezepenten tagespolitisch nützlichen ideologischen Konstellationen bedenkenlos und glatt erfolgen konnte und kann[24]. Dieser Versuchung will die vorliegende Arbeit entgehen, indem immer wieder auf die enge Verflochtenheit der sozialphilosophischen und pädagogischen Ideen der analysierten Begründer des anarchistischen Denkens mit den zeitgenössischen politischen und philosophischen Problemstellungen verwiesen wird.

Es geht in dieser Untersuchung auch nicht um eine weitere Auslobung der Weitsicht der anarchistischen Klassiker, namentlich etwa der Treffsicherheit ihrer Prognosen zur autoritären Gesellschaft und zum totalen Staat. Derartige Elogen werden gerade im anarchistischen Lager offensichtlich desto beliebter, je deutlicher die tatsächliche Langzeitwirkung des klassischen Anarchismus abzunehmen beginnt. Die Fragestellung ist vielmehr, weshalb dieses prognostische Vermögen, das dem klassischen Anarchismus zweifellos zugestanden werden muß, wo er die Entindividualisierungsprozesse der Moderne, ihre Tendenz zur Bürokratisierung aller Lebensbereiche und schließlich – im Extrem – ihren Hang zur totalitären Erfassung und Zurichtung der Menschen in den Blick nimmt, nicht auf fruchtbaren Boden fällt, Wirkung zeitigt und in der Lage ist, Prozesse, wo nicht rückgängig zu machen, so doch aufzuhalten oder zu verzögern. Es ist die »monumentale Wirkungslosigkeit« des Anarchismus, von der HOBSBAWM[25] gesprochen hat, die am Anarchismus so erstaunlich ist: Nicht nur, daß der organisierte Anarchismus darauf verweisen kann, eine wirkliche proletarische Massenbewegung in vielen europäischen Ländern (Spanien, Frankreich, Rußland und mit Einschränkungen Schweiz und Deutschland) und vor allem in Nordamerika gebunden zu haben, von der heute noch nicht einmal mehr Spuren zu finden sind, ist ungewöhnlich. Auch der Umstand, daß der klassische Anarchismus eines PROUDHON und insbesondere eines BAKUNIN als anerkannte zweite Lehre, als akzeptierte Möglichkeit des Sozialismus neben dem Marxismus von der internationalen Arbeiterbewegung angesehen wurde und hiervon heute nur noch sporadische Autoritätsdebatten im marxistisch-sozialistischen Parteien oder Organisationen künden, wirft die Frage nach dem historischen Gang einer Philosophie auf, die sich erboten hat, wie der Marxismus die Menschheitsprobleme letztgültig lösen zu können. Nachgegangen wird diesem Problem hier anhand der Pädagogik, die diese Sozialphilosophie entwickelt hat; und auch hier wird vornehmlich danach zu fragen sein, weshalb diese pädagogischen Entwürfe, die weder in ihrer Substanz noch in ihrer Konkretion den erzie-

---

24 Beispielhaft hierfür steht die BAKUNIN-Rezeption im revolutionären Spanien, aber auch gewisse KROPOTKIN-Interpretationen, wie sie im deutschen Anarchosyndikalismus nach dem 1. Weltkrieg statthatten.

25 HOBSBAWM 1969, 49

hungstheoretischen Skizzierungen des Marxismus nachstehen, so radikal unbeachtet geblieben sind.

Die Problemlage so zu benennen bedeutet zugleich, eine Supposition zu formulieren, von der das Erkenntnisinteresse dieser Arbeit nachhaltig getragen wird: Es wird unterstellt, daß die Ignoranz gegenüber einer libertärpädagogischen Theoriebildung, die im erziehungswissenschaftlichen Diskurs sozialistischer oder marxistischer Herkunft ebenso perennierend ist wie in der »bürgerlichen« Forschung, nicht zufällig in dieser seltenen Einvernehmlichkeit zustande gekommen ist. Vielmehr sind diese Ignoranz und diese fast restlose »Tilgung« einer – zumindest historisch – relevanten philosophischen Strömung und ihrer pädagogischen Implikationen aus der inneren Feindschaft erklärlich, die der Anarchismus per definitionem gegen »bürgerliche« wie sozialistische Ideologie entfaltet. Der Anarchismus ist immer eine radikale Absage an Ordnung, Herrschaft und System gewesen und tritt in pädagogischer Hinsicht als kompromißlose Kritik an jedem erzieherischen Zugriff auf, weil er in ihm zuerst eine autoritäre, die Freiheit des Individuums gefährdende Maßnahme sieht. Diese grundsätzliche Kritik ist verantwortlich dafür, daß sowohl von »bürgerlicher« wie von sozialistischer Seite eine Abwehrhaltung gegen den Anarchismus entwickelt wird, die entweder denunziatorisch oder bewußt demagogisierend sich dartut, wo der Anarchismus als relevante gesellschaftliche Kraft nicht wegzuleugnen ist.

Beispielhaft hierfür stehen die Kampagnen der bürgerlichen Presse gegen den gewerkschaftlich organisierten Anarchismus Ende des 19. Jahrhunderts in Frankreich und Anfang des 20. Jahrhunderts in Nordamerika, die den Anarchismus als terroristische Ideologie und Praxis zu diskreditieren suchten und die durchaus beanspruchen dürfen, in ihrer Wirkung historisch überdauert zu haben. Anarchismus wird immer noch zuallererst mit Gewalt und Attentismus identifiziert, obwohl unschwer nachzuweisen ist, daß sowohl der klassische Anarchismus wie auch seine moderneren Varianten zutiefst gewaltfreie, antimililtaristische und antiautoritäre Philosophien sind, die auf Überzeugung und freie Entscheidung der Individuen setzten. Die marxistische Propaganda gegen den Anarchismus ist nicht weniger irreführend: Schon MARX und ENGELS versuchen mit allen Mitteln, die »Bakunisten«, d.i. die antiautoritären Elemente in der 1. Internationale, auszugrenzen und zu diskreditieren. MARX schreckt hierbei nicht vor bewußten Verleumdungen[26] zurück und eröffnet damit die künftige Strategie des organisierten Marxismus gegen anarchistische Theorie und Praxis. Anarchismus ist in jeder ernstzunehmenden sozialistischen Organisierung Synonym für eine »kleinbürgerliche«, »abenteuerliche« oder auch »terroristische« Abweichung[27], die der Konterrevolution dient und

---

[26] BAKUNIN wird – wider besseres Wissen – von MARX als »russischer Spion« bezeichnet, eine Denunziation, der gegenüber sich BAKUNIN jahrelang zu rechtfertigen hatte.

[27] Von zweifelhafter Berühmtheit sind etwa TROTZKIJS Verdikt vom Anarchismus, als eine auf den »Müllhaufen der Geschichte« gehörende Ideologie (TROTZKIJ zit. in: JOLL 1971, 7), LENINS Paraphrase

die deshalb ebenso zu bekämpfen sei wie die bürgerlich-kapitalistische Gesellschaft selbst.

Die ideologisch und politisch begründeten Vernachlässigungen, die der Anarchismus und seine pädagogische Theorie in der historischen Forschung erfahren haben, begründen unter anderem das Erkenntnisinteresse, dem diese Untersuchung folgt: Es geht hier auch darum, das pädagogische Denken des frühen Anarchismus in sein »historisches Recht« zu setzen: Es soll deutlich werden, daß diese Sozialphilosophie bereits in ihren Anfängen für sich in Anspruch nehmen darf, zumindest mit ebensolcher Legitimation wie der »klassische Marxismus« oder wie der Frühsozialismus eines CABET, FOURIER oder SAINT-SIMON pädagogische Konzeptionen ausgebildet zu haben, die – so fragmentarisch und vorläufig sie auch geblieben sein mögen – kritische Beiträge zur pädagogischen Diskussion ihrer Zeit lieferten und darüber hinaus eigenständige Vorschläge zu einer »Bildung ohne Herrschaft« erarbeiteten.

Diese vor dem Hintergrund einer »allgemeinen« Geschichte der Erziehung sich verstehenden Begründungen für diese Untersuchung sollen vervollständigt werden, wenn nach dem klassischen Anarchismus und seinen pädagogischen Inhalten im Horizont des Anarchismus' und insbesondere im Horizont der sich entwickelnden Diskussion um eine Geschichte libertärer Pädagogik gefragt wird. Es zeigt sich nämlich, daß hier eine nur oberflächliche, summierende und vor allem legitimatorische Rezeption bestimmend geworden ist. Was heute unter dem Begriff »libertäre Pädagogik« subsumiert wird, hat es trotz (oder wegen?) seiner relativen Unabgeschlossenheit und historischen Unerschlossenheit sich angelegen sein lassen, über das pädagogische Erbe der Klassiker in einer Weise zu verfügen, die wissenschaftlicher Lauterkeit widerspricht. Die Schriften der Klassiker – und dies gilt zuvorderst für die Arbeiten GODWINS und KROPOTKINS – werden in der Regel nur dann herangezogen, wenn sie als Behelf und Rechtfertigung für die eigenen pädagogischen Konzeptionen hilfreich erscheinen, und die hieraus sich ergebenden Rezeptionsverfahren sind dementsprechend einseitig, verzerrend und an das jeweilige Eigeninteresse der Interpreten gebunden. Die hier unterbreitete Analyse des libertärpädagogischen Denkens der Klassiker des Anarchismus beansprucht, an dieser Stelle korrigierend einzugreifen. Beabsichtigt ist, mit dieser Untersuchung das pädagogische Denken GODWINS, BAKUNINS, und KROPOTKINS in all seiner impliziten Widersprüchlichkeit, Fragmenthaftigkeit, Zeitbezogenheit und Unabgeschlossenheit darzulegen. Damit ist die Hoffnung verbunden, daß künftige Interpretationen dieser Klassiker libertärpädagogischen Denkens zumindest angehalten sind, den historischen Kontext klassischer libertärpädagogischer Theorie mit zu berücksichtigen.

Ziel

Kritik an der Rez.

Ziel

---

vom Anarchismus als »Kinderkrankheit des Sozialismus« (LENIN 1974, 412) und schließlich STALINS Fundamentalkritik des Anarchismus als antirevolutionärer Theorie (vgl. STALIN in: ENZENSBERGER 1969, 58 – 70).

Im Hinblick auf die Quellenlage, mit der diese Untersuchung sich auseinanderzusetzen hatte, ist zunächst grundsätzlich zu bemerken, daß viele Schriften des klassischen Anarchismus erst in den letzten Jahrzehnten nach den Maßgaben, die an eine kritische Edition zu stellen sind, veröffentlicht worden sind. Dieser Umstand wurde berücksichtigt, und es wurde – soweit ersichtlich – an gebotener Stelle auf die ideologisch bedingten Modifikationen der Orginaltexte oder auch auf fehlerhafte Übertragungen hingewiesen.

Eine kritische Werkausgabe der Schriften GODWINS wird zur Zeit von PHILP editiert. Diese Edition umfaßt zunächst nur die literarischen Schriften GODWINS, eine kritische Ausgabe der philosophischen Schriften wird zwar avisiert, war aber zum Zeitpunkt der Drucklegung dieser Arbeit noch nicht abgeschlossen. Die philosophischen und im engeren Sinne pädagogischen Schriften GODWINS liegen in verschiedenen Fassungen vor. Insbesondere »Political Justice«, das philosophische Hauptwerk GODWINS, wurde noch von GODWIN selbst in drei, zum Teil erheblich modifizierten Fassungen, herausgegeben. PRIESTLEYS Ausgabe von 1949 (Reprint 1969), nach der hier zitiert wird, fußt auf der Urfassung von »Political Justice« und verzeichnet jede Abweichung der späteren Ausgaben in einem umfangreichen Anmerkungsapparat. Die früheste Schrift GODWINS, die pädagogische Probleme berührt, ist sein Konspekt für eine Schulgründung in Essex. Diese Programmschrift ist als Reprint wiederaufgelegt worden und gehört ebenso wie »An Advice« zu den kleineren Arbeiten GODWINS zu Erziehung und Bildung. GODWINS zentrale erziehungstheoretische Schrift neben »Political Justice« ist »The Enquirer – Reflections on Education, Manners and Literature in a Series of Essays«, die 1779 erscheint und die hier in der – leicht veränderten – Fassung von 1781 verwandt wird. Die Spätschrift »Thoughts on Man« (1831) wurde ebenso wie die posthum veröffentlichten »Essays never before published« nach den im Britischen Museum einsehbaren Orginalausgaben zitiert.

BAKUNINS Werke werden seit 1961 von LEHNING im Rahmen der sogenannten »Archives Bakounine« veröffentlicht: Die »Archives Bakounine« sind der erste breitangelegte Versuch, die in weiten Teilen fragmentarischen und unabgeschlossenen Arbeiten BAKUNINS sowie seinen umfangreichen Briefwechsel in einer thematischen und chronologischen Ordnung darzulegen. Für diese Untersuchung wurden die »Archives« als Kontrollinstanz verwandt, mit der die bislang vorliegenden deutschen Übersetzungen oder Übertragungen der Werke BAKUNINS abgeglichen wurden. Die »Frühschriften« BAKUNINS wurden durch BEER 1973 erstmals in deutscher Sprache zugänglich gemacht. Dieser mit einer instruktiven Einleitung und einem reichen Anmerkungsapparat versehene Band gehörte ebenso wie die ebenfalls von BEER besorgte Ausgabe »Philosophie der Tat« (1968) zu den ersten Quellen für die Darstellung der hegelianischen Periode im Denken BAKUNINS.

STUKES Ausgabe von »Staatlichkeit und Anarchie« (1972), die auf einer kritischen Durchsicht der ersten deutschsprachigen BAKUNIN-Werkausgabe durch

NETTLAU und ROHLFS (1921 – 1924) gründet, ist als Grundlage für die Erläuterungen zum »späten« BAKUNIN herangezogen worden. Das Spätwerk wurde zudem anhand des von DRAGOMANOW 1895 editierten Briefwechsels zwischen BAKUNIN, HERZEN und OGAREV[28], der erwähnten dreibändigen Werkausgabe NETTLAUS und ROHLFS sowie anhand der monumentalen BAKUNIN-Biografie Max NETTLAUS[29] zitiert.

Eine Werkausgabe der Schriften KROPOTKINS steht bislang noch aus, das Gros der Arbeiten KROPOTKINS ist dennoch in deutscher, englischer und französischer Sprache zugänglich. Die Frühschriften KROPOTKINS bilden hier eine Ausnahme; sie wurden nach den kritischen englischen Editionen von MILLER (»Selected Writings on Anarchism and Revolution«, 1970) und BALDWIN (»KROPOTKINS Revolutionary Pamphlets«, 1970) zitiert. Die mittlere Periode KROPOTKINS ist dokumentiert in den Aufsatzsammlungen »Worte eines Rebellen« (1972) und in verschiedenen kleineren Schriften [»Moderne Wissenschaft und Anarchismus« (1979), »Der moderne Staat« (1921), »Die Eroberung des Brotes« (1919)] und wird nach den vorliegenden deutschen Übertragungen zitiert. Allerdings ist hierzu anzumerken, daß eine vertrauensvolle Orientierung an den deutschen Übersetzungen unmöglich ist. Durchgängig werden KROPOTKINS Arbeiten in einer Weise aus dem Englischen oder Französischen übertragen, die nach dem genauen synoptischen Vergleich verlangt: Namentlich die Aufsätze KROPOTKINS, die zumeist als Broschüren in anarchistischen Kleinverlagen erschienen sind, zeichnen sich durch zum Teil gravierende Abweichungen von den englischen und französischen Originalen aus. Im Zweifelsfalle wurde deshalb nach den englischen oder französischen Originalfassungen zitiert. Für die Edition der späten Schriften KROPOTKINS ist vergleichsweise größere Sorgfalt bei der Übersetzung aufgewandt worden, wenngleich auch sie keineswegs als kritische Ausgaben angesehen werden können. Eine Ausnahme stellt hier HELMS Edition von »Die Eroberung des Brotes« (1973) dar, die textkritische Ansprüchen gerecht zu werden versucht. KROPOTKINS unvollendete und posthum veröffentlichte »Ethik« (1923) und die für den pädagogischen Zusammenhang bedeutende Schrift »Landwirtschaft, Industrie und Handwerk« (1976) werden nach den deutschen Fassungen zitiert.

Schließlich konnte zur Charakterisierung der philosophischen und pädagogischen Ideen KROPOTKINS auf das umfangreiche KROPOTKIN-Archiv des Amster-

---

[28] Die hier verwandte Schreibweise der russischen Eigennamen und Begriffe orientiert sich in der Regel an den im deutschen Sprachraum üblichen Transliterationsregeln für kyrillische Buchstaben, nur bei im Deutschen fest eingebürgerten Schreibweisen, z.B. Alexander HERZEN, wurde hiervon abgesehen. Eigennamen und Begriffe in deutschsprachigen Zitaten wurden entsprechend den Transliterationsregeln stillschweigend modifiziert.

[29] Daß eine Biografie hier als Primärquelle benutzt wurde, legitimiert sich aus der Eigenart dieses Werkes: NETTLAUS dreibändige Arbeit ist weniger als biografische Studie denn als kommentierte Materialsammlung zu sehen, die einen Großteil der von NETTLAU erfaßten Briefe und Fragmente BAKUNINS dokumentiert.

damer Instituts für Sozialgeschichte zurückgegriffen werden, das den Großteil des Briefwechsels KROPOTKINS, die vollständigsten Ausgaben der von KROPOTKIN redigierten Zeitschriften »Le Révolté« und »Freedom« sowie eine Reihe von unveröffentlichten Manuskripten hält.

0.3 Die Geschichte des Anarchismus als Geschichte einer Niederlage: Interpretationsverfahren, methodisches Vorgehen, Geschichtsbegriff

Der Begriff von Geschichte, der dieser Arbeit zugrunde liegt, ist nur schwer einer methodologischen Fundierung im traditionellen Sinne subsumierbar. Diese Schwierigkeit gründet zunächst im Thema selbst: GODWIN, BAKUNIN und KROPOTKIN dürfen auf je eigene Weise als philosophische und pädagogische »Grenzgänger« gesehen werden; ihre Konzeptionen im pädagogischen Bereich sind ebenso unzeitgemäß wie abseitig. Um diesem Umstand in der Darstellung gerecht zu werden, ist ein Geschichtsbegriff und eine methodologische Apparatur einzusetzen, die geschult sind am Inkommensurablen.

Solcher Geschichtsbegriff ist in den Arbeiten Walter BENJAMINS und – im weitesten Sinne – in den Arbeiten der sogenannten »Kritischen Theorie« (ADORNO, HORKHEIMER, H. MARCUSE) angelegt. Diese theoretische Orientierung bedarf der Begründung und dies weniger, weil solche subjektive Setzung Willkür wäre und dem Untersuchungsgegenstand unangemessen – dieser Schwierigkeit ist jede wissenschaftliche Arbeit ausgesetzt, die nicht vorgibt, in enger Arbeitsgemeinschaft mit dem »Weltgeist« oder der »Wahrheit« zu operieren. (Daß ein »erkenntnisleitendes Interesse« auch dem Ansatz zugrunde liegt, der dies im Namen neutraler Objektivität vehement zurückweist, wird hier vorausgesetzt.) Nicht die Apologie einer wie immer sich begründenden Objektivität der Erkenntnis geschichtlicher Zusammenhänge ist also beabsichtigt. Gezeigt werden soll vielmehr die Kompatibilität eines Geschichtsbegriffes, der an den Bruchstellen und Extremen gesellschaftlich-geschichtlicher Phänomene seinen Ausgang nimmt, mit dem Problemkreis dieser Arbeit: dem Rekonstruktionsversuch einer Tra-dition des »Abseitigen«, nämlich des pädagogisches Ansatzes einer philosophisch-politischen Richtung, die am äußersten Rand »zeitgemäßer« Philosophie und Pädagogik sich entwickelte.

0.3.1 Kritik des Historismus und die »Tradition der Unterdrückten« (BENJAMIN)

Der Historismus klassischer Provenienz, dessen Ausgangspunkt die Kritik des aufklärerischen Geschichtsbegriffes war, glaubte, in den historischen Einzeldaten unterschiedslos »Offenbarung der Vernunft«[30] auffinden zu können. RANKES berühmte Definition der Aufgaben und Grenzen der Geschichtswissenschaft weist solche Zuschreibungen zurück und möchte die Geschichtswissenschaft auf eine Art organisierte Datensammlung reduziert wissen: »Man hat der Historie das Amt, die Vergangenheit zu richten, die Mitwelt zum Nutzen zukünftiger Jahre zu belehren, beigemessen: so hoher Aemter unterwindet (sic!) sich gegenwärtiger Versuch nicht: er will blos (sic!) zeigen, wie es eigentlich gewesen.«[31]

---

[30] GREFFRATH 1981, 11

[31] RANKE 1885 (Vorrede), VII

Für BENJAMIN ist RANKES Definition geradezu das Negativbild dessen, was historische Methodik heißen müßte: Die Aneignung der Vergangenheit im Sinne des »wie es eigentlich gewesen sei« kann kein anderes Ergebnis zeitigen als die endgültige Einordnung vergangener Ereignisse ins Archiv. Eine Bedeutung der Vergangenheit für die Gegenwart würde mit solcher Methodik als unstatthaft und interpretativ zurückgewiesen. BENJAMIN will nun keineswegs der unverbindlichen Datensammlung eine Geschichtskonzeption gegenüberstellen, die die »Lehren der Geschichte« bruchlos für die Gegenwart wirksam machen möchte. Allerdings verneint BENJAMIN ein Modell historischen Erkennens, das seine Erträge aus einer Epistemologie des objektiven Erkennens gewinnen möchte und jede Suche nach der *Bedeutung* geschichtlicher Vorgänge für die Gegenwart aufgrund solcher Objektivität für überflüssig und unwissenschaftlich hält. RANKES Konzeption setzt auf diese Möglichkeiten einer objektiven Erkenntnis historischen Geschehens. Für ihn darf sich die Darstellung historischer Sachverhalte in dem Maße als »wissenschaftlich« attribuisieren, als es ihr gelingt, die Subjektivität zu reduzieren: »Die Person des Historikers, seine Zeitgenossenschaft und die damit verbundenen Befangenheiten, treten ganz zurück. Was allein zählt sind die Fakten und Begebenheiten, das Einzelne und Besondere.(...) Geschichte wird objektiv, denn sie erzählt sich selbst.«[32] Diese Sicht ignoriert, daß das historische Material immer auch in bereits »gefilterter« Form zur Verfügung steht. Überliefert wird, was den je Herrschenden zur Legitimation ihrer Herrschaft funktional erscheint. Historische Erkenntnis, die vermeint, diesen Umstand ignorieren zu können, bewegt sich unversehens im vorgesteckten Rahmen von *Herrschaftsgeschichte*, deren Intention die konformistische Adaption geschichtlicher Ereignisse ist. BENJAMIN entwickelt hieraus die Forderung nach einer historischen Aneignung, die dem falschen Objektivitätsideal des Historismus entgegensteht: »In jeder Epoche muß versucht werden, die Überlieferung von neuem dem Konformismus abzugewinnen, der im Begriff steht, sie zu überwinden«[33]. Dem Historismus stellt sich die Frage nach jenem Konformismus nicht, dessen Zweck die Angleichung der historischen Ereignisse an ein Kontinuum von Herrschaft ist. Da der Historismus das factum brutum allein in das Zentrum seiner Untersuchung stellt, ist er außerstande, dieses im Zusammenhang mit der geschichtlichen Macht zu deuten, die es konstruierte und zur Überlieferung »freigab«. Auf der anderen Seite verliert der Historismus jene geschichtlichen Vorgänge gänzlich aus dem Blick, die dem Fortbestand der Herrschaft gefährlich werden könnten. Herrschaftsgeschichte entfaltet das historische Material im Sinne der Sieger; der Historismus folgt mit seiner theoretischen Apparatur dieser Entfaltung. BENJAMIN verweist hier auf DE COULANGE, der als Ideal der historischen Methode die Ausblendung jeder Vor- und Nachgeschichte konzipiert: »Fustel de Coulan-

---

[32] KONERSMANN 1991, 92

[33] BENJAMIN 1989, 253

ges empfiehlt dem Historiker, wolle er eine Epoche nacherleben, so solle er alles, was er vom späteren Verlauf der Geschichte wisse, sich aus dem Kopf schlagen.«[34] Für BENJAMIN ist solche Orientierung historischer Forschung nichts anderes als die Bestätigung dafür, daß der Historismus sich zur Hilfswissenschaft für herrschende Mächte degradiert, denn die Isolierung der res gestae von jeder Vor- und Nachgeschichte bedeutet für die historische Erkenntnisform, daß ein Verfahren gewählt werden muß, daß die »Einfühlung« des erkennenden Subjektes in die jeweils in Frage stehende Epoche anzielt. »Einfühlung« aber, so BENJAMIN weiter, ist ein Verfahren, daß ausschließlich am herrschenden Bild der Geschichte sich orientieren kann. Deutlich werde dies, »wenn man die Frage aufwirft, in wen sich denn der Geschichtsschreiber des Historismus eigentlich einfühlt. Die Antwort lautet unweigerlich in den Sieger. Die jeweils Herrschenden sind aber die Erben aller, die je gesiegt haben. Die Einfühlung in den Sieger kommt demnach den jeweils Herrschenden allemal zugut.«[35]

BENJAMIN kritisiert an solcher Einfühlung nicht nur die politisch-ideologische Entscheidung der historistischen Schule zugunsten der herrschenden Mächte. Seine Kritik inkriminiert darüber hinaus die methodische Reduktion, die mit dieser affirmativen Haltung einhergeht. Die »Tradition der Unterdrückten«, die Geschichte der Besiegten kann schon deshalb nicht Gegenstand der historistischen Untersuchung werden, weil sie darauf verzichtet, in kritische Distanz zur Überlieferung zu treten. Der nicht eingestandene ideologische und ethische Hintergrund des Historismus nötigt ihm eine Verfahrensweise auf, die die Frage nach dem Zustandekommen der Überlieferung nicht stellt: »Der Historismus hat eine Ethik, auch wenn er nicht darüber spricht: Er begreift das Überlieferte als das einzig Überlieferungswürdige. Eben deshalb aber verbündet sein Objektivitätsideal ihn unausweichlich mit den Interessen der Herrschenden. Andere als diese, die zu ihrer Zeit für ihre Darstellung und für ihr Andenken haben Sorge tragen können, vermag er rückblickend gar nicht wahrzunehmen.«[36]

Gerade die Wahrnehmung der Niederlagen, die Geschichte der Besiegten aber vermag einen historischen Erkenntnisgewinn zu erschließen, der über die bloße Legitimation einer Gegenwart aus ihrer historischen Entwicklung hinausreicht. Ganz abgesehen von der ständig präsenten Neigung des Historismus', »kurzfristig erzielte Erfolge durch eine langfristige ex-post-Teleologie auf Dauer auszulegen«[37], also den methodologisch abgesteckten Rahmen historischer Erkenntnis zu verlassen und bewußt politisch-ideologische Stellungnahmen abzugeben[38], kann der histori-

---

34 BENJAMIN 1989, 253 f.

35 BENJAMIN 1989, 254

36 KONERSMANN 1991, 108 f.

37 KOSELLEK in: MEIER/RÜSEN 1988, 52

38 KOSELLEK nennt als Beispiele GUIZOTS »Geschichte der Zivilisation« und DROYSENS »Preußische Geschichte«. Angeführt werden könnten mit gleichen Recht die parteioffizielle Geschichtsschreibung

stische Ansatz nicht anders an die Geschichte der Besiegten herantreten als in der Retrospektive auf einen Irrtum, dem die Besiegten erlegen sind, einer falschen Hoffnung und Erwartung, die die Unterlegenen hatten. Der Historismus gibt allemal der Geschichte recht. Die Niederlagen beweisen ihm die Legitimation einer Herrschaft, deren Chronist er ist. Dieser Aporie des Historismus zu entgehen heißt bei BENJAMIN, den historischen Erkenntnisgang am Traditionsgehalt der Unterlegenen zu orientieren.

KOSELLEK weist in einem ähnlichen Zusammenhang darauf hin, daß die Besiegten, die in weitaus stärkerem Maße als die jeweilig Siegenden der Reflexion ihrer Lage bedürftig wären, die »weiterreichenden Einsichten in die Geschichte« hätten und daß aus »ihren einmaligen, ihnen aufgenötigten Erfahrungsgewinnen Einsichten entspringen, die von längerwährender Dauer und damit größerer Erklärungskraft zeugen.«[39] Ob eine »Geschichte der Besiegten« tatsächlich jene größere Erklärungskraft beanspruchen kann, sei dahingestellt[40]. Hier soll vielmehr der Frage nachgegangen werden, ob die »Geschichte der Niederlagen« sich ohne Schwierigkeit in derselben Weise rekonstruieren läßt wie die allfällige »Geschichte der Siege«. KOSELLEKS Sicht öffnet sich hier einem Optimismus, der unterstellt, daß die geschichtlichen Ereignisse in sozusagen »gegossener Form« hinter uns liegen und nur darauf warten, daß sich ihrer erinnert wird. Demgegenüber steht das Diktum BENJAMINS, daß historische Erkenntnis sich stets der Gefahr vergegenwärtigen muß, in der ihr Gegenstand und der sie selbst immer steht: »Die Gefahr droht sowohl dem Bestand der Überlieferung wie ihren Empfängern. Für beide ist sie ein und dieselbe: sich zum Werkzeug der herrschenden Klasse herzugeben.«[41]

Diese Gefahr ist weitreichend: BENJAMIN ist der Auffassung, daß der Bestand der Tradition, die Erinnerung an Vergangenes nicht aus jedem Präsens heraus zitierbar ist[42]. Von diesem benjaminischen Diktum läßt sich die historische Metho-

---

eines Franz MEHRING (vgl. etwa MEHRING 1980), wenngleich hier vorgegeben wird, eine »Geschichte der Unterdrückten« zu zeichnen. Die Orientierung am letztlichen »Sieg des Proletariats«, die bei MEHRING noch der beiläufigsten historischen Schilderung untergelegt ist, entspricht in nuce der historistischen Darstellungsform.

[39] KOSELLEK in: MEIER/RÜSEN 1988, 52

[40] Daß aus dieser Akzentuierung auch »Geschichtsumschreibung« im ideologischen Sinne resultiert, ist evident. Bei Brecht beispielsweise heißt dies dann: »Unsere Niederlagen nämlich beweisen nichts als daß wir zu Wenige sind« (BRECHT 1981, 439)

[41] BENJAMIN 1989, 254

[42] BENJAMIN supponiert, daß historische Ereignisse in einen sehr genau bestimmbaren Zusammenhang mit einer Gegenwart treten, die in ihnen »gemeint« war und sich umgekehrt als in ihnen als gemeint sehen kann. Beispiele für diese zunächst rätselhafte und für BENJAMIN typisch kryptische Formulierung sind etwa die Rezitationen des Imperium Romanum in der Französischen Revolution: Aufgerufen zur Legitimation des radikalen Bruchs mit der feudalistischen Herrschaft, der die bürgerlichen Revolutionäre zutiefst verunsicherte, bedeutete dieser doch die Beendigung eines unveränderlich scheinenden historischen Kontinuums, gemahnt er zugleich an Beschwörungen, die eine Tradition konstruieren möchten, in der eben die Gegenwart der Französischen Revolution »gemeint« war. MARX, dem diese Beschwörung in seiner Analyse der Französischen Revolution nicht entgangen ist, der jedoch gerade die Halbheit dieser »bürgerlichen« Revolution einmal mehr in ihr bestätigt findet, formuliert hierzu kondemnierend:

dik dieser Arbeit leiten: Die Geschichte des Anarchismus und die aus ihr ableitbare Geschichte einer anarchistischen Erziehungskonzeption ist heute alles andere als zitierbar. Anarchismus gilt weithin als Synonym für ein »Lebensgefühl«, für eine politische Haltung, die außerstande ist und war, Organisationsform und politische Effizienz zu entwickeln[43] und im besten Falle für eine Konzeption, die es zwar »gut meint« mit den Menschen, die aber in einer idealistischen Weltsicht ihren Ursprung hat und deshalb an der Realität politischer und ökonomischer Auseinandersetzungen scheitern mußte und muß. Auf diesen Umstand ist es auch zurückzuführen, daß Anarchismus nicht als konsistente, unterschiedliche historische Epochen durchlaufende Philosophie und politische Praxis untersucht wird, sondern allenfalls als in verschiedenen historischen Konstellationen immer wieder aufblitzendes Moment der Verweigerung und Fundamentalopposition[44], als kulturgeschichtliches und ästhetisches Nebenereignis, das ohne Konsequenz für die eigentlichen politisch-historischen Entwicklungen bleibt. Ein historistischer Geschichtsbegriff wird darüber hinaus den Anarchismus schlechterdings aus dem Blick verlieren, ist doch anarchistische Theorie und Praxis alles andere als eine Theorie und Praxis der »Sieger«. Vielmehr dokumentiert sich in seiner historischen Entwicklung jene bereits erwähnte »monumentale Wirkungslosigkeit«, die dazu geführt hat, daß der Anarchismus als Randnote in der historischen Forschung erscheint.

Nicht die Vorstellung von Effizienz als Maßgabe für das Überlieferungswürdige, die hierin ihren Ausdruck findet und im entsprechenden geschichtswissenschaftlichen Erkenntnisgang uneingestanden mitwirkt, soll hier diskutiert werden. Wohl aber ihr Gegenbild: Walter BENJAMIN entwickelt eine geschichtsphilosophische Konzeption, die darauf angelegt ist, »Geschichte gegen den Strich zu bür-

---

»Die Tradition aller toten Geschlechter lastet wie ein Alp auf dem Gehirne der Lebenden. Und wenn sie eben damit beschäftigt scheinen, sich und die Dinge umzuwälzen, noch nicht Dagewesenes zu schaffen, gerade in solchen Epochen revolutionärer Krise beschwören sie ängstlich die Geister der Vergangenheit zu ihrem Dienste herauf, entlehnen ihnen Namen, Schlachtparolen und Kostüm, um in dieser altehrwürdigen Verkleidung und mit dieser erborgten Sprache die neue Weltgeschichtsszene aufzuführen(MARX/ENGELS 1972, 34)«. Die marxistische Forderung aus dieser Beobachtung ist bekannt: Die Toten sollen ihre Toten begraben, die proletarische Revolution ist das absolute Novum der Geschichte und zugleich das Ende aller Geschichte. Deshalb auch hat sie die Rückgriffe auf sie legitimierende Vergangenheit nicht nötig. BENJAMIN veranschlagt den Stellenwert des Rückgriffes auf die Vergangenheit weitaus höher. Einer Skepsis geschuldet, die dem marxistischen Revolutionsoptimismus um die Erfahrung der Niederlage des Proletariats im Faschismus voraus ist, formiert sich bei BENJAMIN ein Geschichtsbegriff, der ein irreversibles Umschreiben der Geschichte für möglich erachtet. Die Vergangenheit muß für BENJAMIN im »richtigen Augenblick« von einer Gegenwart erkannt werden; andernfalls droht ihr ein Vergessen, das zugleich der »gemeinten« Gegenwart die Gelegenheit der »Einlösung« dieser von der Vergangenheit aufgegebenen Forderung nimmt. Mit anderen Worten: Die Vergangenheit kann einer Gegenwart »unrettbar« verloren gehen.

43 vgl. JOLL 1971, 7

44 Einzig dem spanischen Anarchosyndikalismus mußte zugesprochen werden, eine über den tagespoliti-
ti-
schen Erfolg hinausgehende Bedeutung beanspruchen zu dürfen, denn seine »Effizienz« stand angesichts der gewerkschaftlichen Massenorganisationen (CNT/FAI) nie außer Frage (vgl. BERNECKER 1980).

sten.«[45] Bei diesem Verfahren treten die Momente der Geschichte in den Blick, die gerade nicht im Brevier der Herrschaftsgeschichte, wie es der Historismus ausbreitet, nachzulesen sind. Die Geschlagenen und Unterlegenen haben nach BENJAMINS Vorstellung eine historische Relevanz, die aufgrund des fortdauernden Bestehens der Herrschaft als »uneingelöste« Forderung an die Gegenwart gesehen werden darf.

Anarchistische Geschichte ist in der Tat die Geschichte einer Niederlage. Und erst als solche wird die Geschichte des Anarchismus rekonstruiert werden können als historische Konstellationen, die der Gegenwart »etwas zu sagen haben«. Auf die benjaminsche Geschichtsphilosophie bezogen würde dies heißen: »Nicht dasjenige interessiert uns demnach, was (und insofern es) noch wirkt, sondern das, was war und dennoch nie zur Wirkung kam, weil es aus dem ganzen Zusammenhang ausgegrenzt, dem sieghaften ›sittlichen Kosmos‹ inkommensurabel geblieben ist.«[46]

In diese Richtung orientierte Geschichtswissenschaft findet im Anarchismus ein breites Feld, denn zahlreiche seiner Protagonistinnen und Protagonisten lassen sich, sowohl was ihre Lebenspraxis als auch was ihr theoretisches Werk betrifft, als Außenstehende und »Randexistenzen« charakterisieren. Es soll in dieser Arbeit gerade diese Eigentümlichkeit der anarchistischen Ideenbildung *affirmativ* in den Erkenntnisgang einbezogen werden. Die Radikalisierungen und die Extrempositionen, wie sie bei GODWIN, BAKUNIN und KROPOTKIN in philosophisch-politischen wie auch in den pädagogischen Fragen auffindbar sind, sollen nicht gemessen werden an ihrer jeweiligen Wirksamkeit und Bedeutsamkeit. Statt dessen werden umgekehrt ihre Vorschläge gerade in ihrer Eigentümlichkeit und Inadäquatheit kenntlich gemacht werden. Es geht nicht darum, die genannten Autoren in einen historisch-philosophischen Rahmen zu drängen, mittels dem in objektivistischer Manier das jeweils Nützliche und Folgenreiche ihrer Erwägungen und das jeweils zu Verwerfende resümiert würde. Die historische Rahmensetzung dient in dieser Arbeit vorrangig dazu, die Radikalisierung zu derivieren. Der historische Rahmen ist hier also jenes Netz von ökonomischen, sozialen und daraus philosophischen Bedingungen, dessen Darstellung gerade zeigen soll, wo die genannten Autoren die Kontinuität der zeitgenössischen Ideenbildung verlassen. Es sind die Brüche, die Abweichungen von der historischen Norm, die »Extreme«, anhand derer die Besonderheit der untersuchten Konzeptionen aufgewiesen werden soll.

Dabei wird auch deutlich werden, daß ein innerer Zusammenhang besteht zwischen der Radikalisierung der Ideen und der tatsächlichen Bedeutung, die – zumindest was BAKUNIN und KROPOTKIN angeht – ihrer politischen und philosophischen Ideenbildung zuerkannt wurde. Allgemein gesprochen könnte gesagt werden, daß die jeweiligen politischen Niederlagen ein um so radikaleres Eintreten

---

[45] BENJAMIN 1989, 254

[46] KONERSMANN 1991, 49

für die »anarchistischen Ideale« zur Folge hatten. BAKUNIN beispielsweise läßt erst nach der Niederlage der Commune resignative respektive »realistische«, dem Stand der proletarischen Bewegung entsprechende Analysen zu. In der Regel aber scheinen ihm Niederlagen nichts anderes zu belegen, als daß die Radikalität in den jeweiligen Kämpfen zu wenig ausgeprägt war. Wenn aber die Erfolglosigkeit die Radikalisierung zur Konsequenz hat – eine Konsequenz übrigens, die in ähnlicher Schärfe bei den frühsozialistischen bzw. »utopistischen« Programmen gefunden werden kann – dann ist der Rekurs auf die persönlichen und politischen Niederlagen der untersuchten Autoren obligat. Wie die biografischen Skizzierungen, die der Analyse der Arbeiten der untersuchten Autoren jeweils beigegeben sind, zeigen, sind diese Lebensläufe vom Scheitern gezeichnet. Besonders trifft dies auf BAKUNIN zu, dessen Lebensgeschichte geradezu tragische Züge anhaften. Aber auch GODWIN und KROPOTKIN sind Beispiele für nicht alltägliche »Schicksale«; die biographischen Notizen – soviel sollte nun deutlich geworden sein – sind nicht allein als eine für eine historische Arbeit erforderliche Pflichtübung zu betrachten. Die biografische Verortung ist in dieser Arbeit konstituierend für die Analyse des philosophischen und pädagogischen Gehaltes der Werke GODWINS, BAKUNINS und KROPOTKINS, und sie ist es im Sinne des Scheiterns der Ideen und auch der praktischen Initiativen der Genannten. Erst das Scheitern setzt jene instand, ohne taktische Rücksichten (im Falle BAKUNINS und KROPOTKINS) oder Zugeständnisse an Konventionen gesellschaftlicher Art (im Falle GODWINS) ihre Konzeptionen zu entwickeln. Die produktive Annahme der Außenseiterrolle, die hierin zum Ausdruck kommt, begründet zugleich die Faszination und vielleicht die Langzeitwirkung ihrer Ideen.

0.3.2 Die Markierungen des diskursiven Feldes (FOUCAULT)

Der Gegenstand dieser Untersuchung – also die Rekonstruktion der Ursprünge libertärpädagogischer Theorie und Praxis – bringt es mit sich, daß in einem historischen Zeitraum geforscht wird, der mit der französischen Revolution einsetzt (GODWIN) und bis ins 20. Jahrhundert (KROPOTKIN) hineinreicht. Es wäre vermessen, zu beanspruchen, diesem breiten historischen Rahmen, der sich über zwei Jahrhunderte europäischer Geschichte erstreckt, auch nur annähernd im historisch beschreibenden Sinne gerecht zu werden. Statt dessen wird hier versucht, historische Orientierungspunkte anzugeben, die zum Verständnis der philosophischen und pädagogischen Problemstellungen, wie sie bei den untersuchten Autoren aufzufinden sind, beitragen sollen. Hierbei treten die allgemeine philosophische Diskussion der jeweiligen historischen Konstellation und die speziell pädagogische Auseinandersetzung der Zeit in den Blick. Auch hier soll sogleich die Eingrenzung genannt sein: Nicht die philosophisch-pädagogische Diskussion in ihrer nahezu unüberschaubaren Form ist darzustellen, sondern lediglich jene Diskussionen, für die eine Beteiligung der untersuchten Autoren nachgewiesen werden kann oder die einen klar auszumachenden Einfluß auf Werk und Ideenbildung ausüben. Gestützt ist dieses Verfahren auf werkgeschichtliche Befunde bei den jeweiligen Autoren, die mit den philosophiegeschichtlich relevanten Auseinandersetzungen der Zeit in Bezug gesetzt werden, wobei jene »Relevanz« weniger am von der Philosophiegeschichte vorgeschlagenen Rahmen sich orientiert als vielmehr am Diskussionszusammenhang, in welchem die untersuchten Autoren ihre Konzeptionen entwickeln.

Andererseits entbindet dies nicht davon, integrale Zusammenhänge zwischen dem philosophischen und vor allem pädagogischen Denken GODWINS, BAKUNINS und KROPOTKINS aufzuweisen, ist es doch auch eine Absicht dieser Arbeit, Verbindungslinien, Übereinstimmungen und Affinitäten zwischen diesen Klassikern anarchistischer Philosophie zu zeigen. Allerdings soll dieser Intention nicht in der Weise nachgegangen werden, daß »stillschweigend« ein innerer Zusammenhang, eine Kontinuität libertären Denkens bei den untersuchten Autoren vorausgesetzt wird. Vielmehr soll in methodisch klarer Abgrenzung zunächst das Spezifische im Denken der untersuchten Autoren dargetan werden. Diese methodologische Vorgehensweise orientiert sich an epistemologischen Überlegungen, wie sie von FOUCAULT angestellt wurden. Für FOUCAULT ist die verengende Zuweisung von Kontinuitäten und nur über Interpretation gewinnbare wechselseitige Zuordnungen nichts anderes als Ausdruck einer Forschungshaltung, die weniger dem Untersuchungsgegenstand gerecht zu werden wünscht als vielmehr in ihm »das unerläßliche Korrelat für die Stifterfunktion des Subjekts«[47] finden möchte. FOUCAULT kritisiert diesen historischen Ansatz und skizziert zugleich sein eigenes Programm einer diskursiven Herangehensweise an den historischen Forschungsgegenstand, wenn er sagt: »Die Analyse des Denkens ist stets allegorisch im Verhältnis zu dem Diskurs, den sie benutzt. Ihre Frage ist unweigerlich: was wurde in dem, was gesagt worden ist, wirklich gesagt? Die Analyse des diskursiven Feldes ist völlig anders orientiert; es handelt sich darum, die Aussage in der Enge und Besonderheit ihres Ereignisses zu erfassen; die Bedingungen ihrer Existenz zu bestimmen, auf das Genaueste ihre Grenzen zu fixieren, ihre Korrelationen mit den anderen Aussagen aufzustellen, die mit ihm verbunden sein können, zu zeigen, welche anderen Formen der Äußerungen sie ausschließt. Man sucht unterhalb dessen, was manifest ist, nicht das halbverschwiegene Geschwätz eines anderen Diskurses; man muß zeigen, warum er nicht anders sein konnte als er war, worin er gegenüber jedem anderem exklusiv ist, wie er inmitten der anderen und in Beziehung zu ihnen einen Platz einnimmt, den kein anderer besetzen könnte. Die für eine solche Analyse typische Frage könnte man folgendermaßen formulieren: was ist das also für eine sonder-

[47] FOUCAULT 1990, 23

bare Existenz, die in dem ans Licht kommt, was gesagt wird, – und nirgendwo sonst?«[48]

Diese scharf konturierten Vorgaben FOUCAULTS treffen sich in diesem Punkt mit dem Geschichtsbegriff BENJAMINS, der die bloß »kontinuitätsstiftende« Geschichtswissenschaft aufgrund ihrer Desensibilisierung für »Besonderheiten« und »Einzigartigkeiten« ablehnt. Die Konsequenz dieser Maßgaben für die hier unternommenen Versuche besteht darin, die Untersuchung an GODWIN, BAKUNIN und KROPOTKIN dahingehend zu orientieren, daß der Eigentümlichkeit und Besonderheit der Autoren Priorität eingeräumt wird gegenüber einer Darlegung der Gemeinsamkeiten oder auch nur Ähnlichkeiten im pädagogisch-philosophischen Entwurf der jeweiligen Autoren.

Die Akzentuierung der »Besonderheiten« ist zudem auch aus dem Gehalt des Quellenmaterials selbst geboten: Aus den Quellen selbst lassen sich Übereinstimmungen nur indirekt ableiten: BAKUNIN kannte die Schriften GODWINS nicht, KROPOTKIN bezieht sich nur peripher auf bakunistische Theorie und Praxis und dann auch nur in Fragen allgemein-politischen Charakters, nirgends aber in Hinblick auf libertärpädagogische Probleme.

Was diese Autoren aber dennoch verbindet – und dies oftmals in geradezu frappierender Weise – ist die Orientierung ihrer Philosophie auf Fragen der Individualität und der Freiheit des Menschen. Unbestritten ist diese Verbindung eine, die – vorausgesetzt das jeweilige Forschungsinteresse setzt sich diesen Schwerpunkt – bei einer ganzen Reihe von Autoren aufgefunden werden kann. Aber bei den hier untersuchten Denkern kommt als drittes verbindendes Kriterium hinzu, daß es sich hier nicht nur um entschiedene Verfechter einer Theorie der Individualität und Freiheit handelt, sondern daß darüber hinaus GODWIN, KROPOTKIN und ganz entschieden BAKUNIN Wege suchen, diese Ideen praktisch, d.i. politisch, zu realisieren.

0.3.3 Kontinuitätskritik als Gesellschaftskritik (HORKHEIMER/ADORNO)

Jeder Versuch, eine historische Kontinuität zu rekonstruieren, die sich an philosophischen Ideen wie Freiheit und Individualität orientiert, ist angehalten, sich einer fundamentalen Kritik zu stellen, wie sie von HORKHEIMER und ADORNO in der »Dialektik der Aufklärung« formuliert worden ist. HORKHEIMER/ADORNO erteilen jedem aus gutgemeinter »Arglosigkeit« unternommenen geschichtsphilosophischen Konstruktionsversuch einer kontinuierlich sich zum Besten der Menschheit sich entwickelnden Weltgeschichte eine radikale Absage: »Demgegenüber scheint es eine Art Schrulle zu sein, die Weltgeschichte, wie HEGEL es getan hat, im Hinblick auf Kategorien wie Freiheit und Gerechtigkeit konstruieren zu wollen. Diese

---

48 FOUCAULT 1990, 43

stammen in der Tat aus (sic!) den abwegigen Individuen, jenen, die vom Gang des großen Ganzen aus gesehen, nichts bedeuten, es sei denn, daß sie vorübergehende gesellschaftliche Zustände herbeiführen helfen, in denen besonders viel Maschinen und Chemikalien zur Stärkung der Gattung und zur Unterjochung der anderen geschaffen werden.«[49]

Nach dieser Sicht der geschichtlichen Ideen gibt es zwar eine Analogie zwischen den philosophischen Entwürfen und dem realen historischen Prozeß; diese Analogie ist aber nahezu immer so geartet, daß die jeweils sprengende, revolutionäre Idee dem »großen Ganzen«, also der Herrschaft des Menschen über den Menschen und über die Natur, eingefügt wurde. Geschichtsphilosophie wird – unabhängig von ihrer Intention – zur Ideologie: »In der Geschichtsphilosophie wiederholt sich, was im Christentum geschah: das Gute, das in Wahrheit dem Leiden ausgeliefert bleibt, wird als Kraft verkleidet, die den Gang der Geschichte bestimmt und am Ende triumphiert.«[50] Im Grunde ist dieser Subsumierungsakt unabhängig vom erklärten Ziel der Protagonisten. Nicht erst die entwickelte Industriegesellschaft, die – nach einem Wort H. MARCUSES – alles, »was sie berührt, in eine potentielle Quelle von Fortschritt *und* Ausbeutung, von schwerer Arbeit *und* Befriedigung, von Freiheit *und* Unterdrückung«[51] modelliert, bricht jeder emanzipatorischen und antagonistischen Idee gewissermaßen die Spitze. Der ursprünglich emanzipatorische Gehalt einer Idee wird in der Regel durch solche Subsumtion in sein Gegenteil verwandelt: »Die Befreiung der Bürger aus dem Unrecht feudalistischer und absolutistischer Vergangenheit dient durch den Liberalismus der Entfesselung der Maschinerie, wie die Emanzipation der Frau in ihre Durchtrainierung als Waffengattung mündet.«[52] Die Eingliederung der Ideen in den reibungslosen Fortgang der Geschichte ist für HORKHEIMER/ADORNO geradezu Bedingung für und Ausgangspunkt von Zivilisation und damit für den Fortbestand einer Herrschaftsform, deren Kontinuität wesentlich darin besteht, sich als Herrschaft auszubreiten – und zwar ebensosehr in qualitativer wie in quantitativer Hinsicht. Davon ausgenommen sind bei HORKHEIMER/ADORNO auch nicht jene Ideen und Philosophien, deren ursprüngliches Anliegen der Kampf gegen Herrschaft und Unterdrückung war: »So tragen Christentum, Idealismus und Materialismus, die an sich auch die Wahrheit enthalten, doch auch ihre Schuld an den Schurkereien, die in ihrem Namen verübt worden sind. Als Verkünder der Macht – und sei es der des Guten – wurden sie selbst zu organisationskräftigen Geschichtsmächten und haben als sol-

---

[49] HORKHEIMER/ADORNO 1981, 200

[50] HORKHEIMER/ADORNO 1981, 199

[51] H. MARCUSE 1970, 97 (Kursivierung bei MARCUSE)

[52] HORKHEIMER/ADORNO 1981, 199

che ihre blutige Rolle in der wirklichen Geschichte der Menschengattung gespielt: die von Instrumenten der Organisation.«[53]

Diese pessimistische Sicht der Geschichtsphilosophie und der Möglichkeiten emanzipatorischer Ideen verweigert sich jener Geschichtsauffassung, die leichtfertig Kontinuitäten und bruchlose Fortentwicklungen feststellen möchte. Für HORKHEIMER/ADORNO ist es der »Seitensprung«[54] – also das gänzlich Abwegige, außer der Zeit Stehende, Nicht-Kommensurable -, der beanspruchen darf, dem Gang der Geschichte widersetzlich zu sein. In ganz ähnlicher Weise soll in der vorliegenden Arbeit verfahren werden: Die Autoren, die hier behandelt werden, stehen auf je eigene Weise in historischen Umbruchsituationen und repräsentieren diese. GODWINS wichtigste Arbeit – »Political Justice« – ist zuerst ein Reflex auf die Folgen der Französischen Revolution. Deutlich läßt sich an diesem Autor nachzeichnen, wie die Desillusionierung eines Aufklärungsoptimismus parallel zur Kenntnisnahme der Terrorherrschaft ROBBESPIERRES sich vollzieht. BAKUNIN, als Propagandist der Tat, steht in anderer Weise an historischen Schwellen. Seine zentrale Erfahrung der Niederlage – von seiner 13jährigen Festungshaft in Schlüsselburg einmal abgesehen – ist wohl die Niederschlagung der Commune als das markante Signal für das Ende der »Frühgeschichte« der proletarischen Bewegung. KROPOTKIN schließlich verbindet in seiner Biografie die überkommene anarchistische Tradition der Konspiration und des Individualterrors, wie sie für das 19. Jahrhunderts steht, mit den Erfordernissen einer klassendisziplinären Ausrichtung im Syndikalismus. Ausdruck findet diese außerordentliche Umbruchsituation in seinen Arbeiten, die einerseits dem Optimismus und Utopismus des 19. Jahrhunderts letztmalig zur Blüte verhelfen, andererseits aber den Weg bereiten für einen grundlegend reformierten Anarchismus, der die Bedingungen der modernen Industrieproduktion reflektiert und im technischen Fortschritt ein wesentliches Moment für die Befreiung von Herrschaft erblickt. KROPOTKIN repräsentiert deshalb auch den Endpunkt des klassischen Anarchismus. Seine Versuche der Modernisierung hatten allerdings die genau gegenteilige Wirkung: Der Platz einer modernen, am Fortschritt in Wissenschaft und Technik orientierten sozialistischen Theorie und Praxis war fest vom Marxismus und vom aufkommenden Sozialdemokratismus besetzt. Der Versuch, hier zu intervenieren und die Fundamentalkritik, die den anarchistischen Konzeptionen zueignet und die wohl die eigentliche Faszination dieser Sozialphilosophie ausmacht, zugunsten einer konstruktiven, reformistischen und extrem fortschrittsgläubigen Gesellschaftstheorie aufzugeben, trägt entscheidend dazu bei, den Anarchismus klassischer Prägung endgültig zu neutralisieren.

---

[53] HORKHEIMER/ADORNO 1981, 201

[54] Ebd.

0.4 Aufbau der Arbeit

Abschließend seien noch einige Erläuterungen zum Aufbau dieser Arbeit gegeben: Die Entwicklung des pädagogischen Denken bei GODWIN wird – im Unterschied zur Darstellung der pädagogischen Konzeptionen BAKUNINS und KROPOTKINS – entlang der einzelnen Werke dieses Autors, die Fragen der Erziehung und Bildung berühren, nachverfolgt. Dies begründet sich mit der Eigenart seines Schaffensprozesses: Sein pädagogisches und philosophisches Denken entfaltet sich in Brüchen und Umbrüchen, die seinen radikalen Neubewertungen historisch-politischer Verhältnisse geschuldet sind; eine systematisierende Darlegegung würde unweigerlich diese Diskontinuitäten verwischen. GODWINS Pädagogik wird aus diesem Grunde werkorientiert dargestellt, weil nur so die erheblichen Abweichungen, Weiterentwicklungen und auch Relativierungen in ihrer Eigenart kenntlich gemacht werden können. Bei BAKUNIN kann hierauf verzichtet werden, da sein pädagogisches Denken, wie es in seinen späten Schriften zu Ausdruck gelangt, relativ konsistent bleibt. Die pädagogischen Ideen der Frühschriften allerdings stehen in einem unvereinbaren Gegensatz zur späten anarchistischen Sozialphilosophie BAKUNINS und werden deshalb in einem Exkurs vorgetragen, was dieser Inkonzilianz Rechnung tragen soll. KROPOTKIN schließlich entwickelt seine pädagogische Programmatik bis auf wenige Ausnahmen vor dem Hintergrund seiner anarchistischen Grundauffassungen, die bereits die ersten Schriften dieses Autors prädominieren. Hier kann eine systematisierende Darstellung versucht werden, die sich auch in der Entwicklung des Denkens des Autors legitimiert weiß.

Jedem Kapitel ist ein biografischer Überblick beigegeben, der neben den obligaten Daten zu Leben und Werk auch auf die Erziehungsgeschichte der untersuchten Autoren eingeht. Auch ist es ein Anliegen der biografischen Skizzen, die Entwicklung des philosophischen und pädagogischen Denkens vor dem Hintergrund der biografischen Erfahrungen der untersuchten Autoren zu betrachten – ein Verfahren, das insbesondere bei den *praktischen* Revolutionären BAKUNIN und KROPOTKIN angemessen ist.

Den einzelnen Kapiteln vorangestellt ist schließlich der Versuch einer Einordnung der philosophischen und sozialphilosophischen Abkunft des Denkens bei GODWIN, BAKUNIN und KROPOTKIN. Zu diesem Zweck wurde die Abhängigkeit ihres Denkens von den einschlägigen philosophischen Theorien dargetan und auch versucht, erste Emanzipationen oder Weiterentwicklungen ihrer jeweiligen philosophischen Traditionen aufzuzeigen.

Die einzelnen Kapitel ordnen sich – mit der erwähnten Ausnahme bei GODWIN – nach Gesichtspunkten und Problemkreisen, von denen erwartet wird, daß sie für die Erhellung des pädagogischen Denkens der Autoren von besonderem Belang sind. Zunächst wird eine allgemeine Orientierung bezüglich der philosophischen Grundideen der Autoren gegeben, die sich nach anthropologischen, wissenschaftstheoretischen und ethischen Fragestellungen strukturiert. Nach einer Darlegung der bildungs- und erziehungskritischen Aspekte der untersuchten Konzeptionen werden die eigentlichen pädagogischen Programme auf ihren inhaltlichen und formalen Gehalt untersucht und kommentiert.

Im Schlußkapitel wird versucht, der Aktualität (oder Überkommenheit) des Wissenschaftsbegriff des klassischen Anarchismus nachzugehen und einige Fragen nach der Bedeutung und dem Stellenwert seiner gesellschaftstheoretischen, sozialphilosophischen und schließlich seiner pädagogischen und bildungstheoretischen Ideenbildung für gegenwärtige Gesellschaftsanalysen und Erziehungs- und Bildungsdiskussionen zu stellen, wobei insbesondere die neuere Diskussion um die Möglichkeiten und Grenzen einer Rekonstruktion libertärer Pädagogik kritische Würdigung erfährt.

1 Bildung und Erziehung bei William GODWIN

1.1 Biografisch-Historische Einordnungen

1.1.1 Leben und Werk

Diese biografische Skizze maßt sich nicht an, »GODWINS Person objektiv beurteilen zu können«[55], wie noch KAYMER es in seiner Untersuchung zu GODWINS gesellschaftlichem Optimismus ausdrücklich beansprucht. Ergebnis solcher Verobjektivierung des Gegenstandes ist dann auch eine Post-festum-Verurteilung GODWINS, die sich in Belehrungen gegenüber dem Autor ausdrückt: »Vielmehr beweist das Studium seines Lebens, seines praktischen Handelns, daß GODWIN seiner eigenen Fortschrittstheorie nicht gewachsen ist, daß er seiner Lehre durch seine Haltung im alltäglichen Leben den schlechtesten Dienst erweist.«[56]

Deutlicher könnte nicht ausgesprochen werden, was die biografische Skizze, die diesem Abschnitt vorangestellt ist, *nicht* einzulösen vermag. Es soll nicht, um ein Wort von Karl KRAUS zu variieren, der Mann nach dem Werke beurteilt werden. Wenngleich der Verbalradikalismus, mit dem der frühe GODWIN gegen die bürgerliche Institution der Ehe zu Felde zieht, in eklatantem Widerspruch zu seiner Lebenspraxis – also der Heirat mit Mary WOLLSTONECRAFT – steht, wenngleich GODWIN – als Staatsgegner par excellence seine letzten Lebensjahre als Staatspensionär verbringt oder, um ein letztes Beispiel zu geben, in der Erziehung seines Zöglings Thomas COOPER die Prinzipien seiner freiheitlichen Pädagogik gründlich diskreditiert, kann es nicht Inhalt biografischer Erörterungen sein, gewissermaßen »Beweismittel« gegen das Sujet und für die Stringenz der eigenen Deutung zu sammeln.

Absicht und Grenze der biographischen Skizze ist es, einen Überblick darüber zu geben, welcherart die sozialen, politischen, philosophischen und hier insbesondere die pädagogischen Hintergründe für die Entfaltung des godwinschen Denkens sind und – wo dies zusätzliche Erklärung verspricht – darzulegen, inwiefern biografische Daten *möglicherweise* Anhaltspunkte sein können, die die Modifikationen im Denken des Autors zu klären vermögen. Im übrigen – und darin liegt der eigentliche Sinn der gegebenen biografischen Skizzierungen – soll die Darlegung der Biografie einen Blick auf die Epoche eröffnen: In der Person William GODWINS manifestiert sich in hervorragender Weise die utopistische Variante eines Denkens, dessen Originalität vornehmlich darin besteht, die revolutionären Aspirationen des französischen Materialismus und Naturalismus mit dem Empirismus und Rationalismus der angelsächsischen politischen Philosophie zu verbinden. William

---

[55] KAYMER 1958, 7

[56] Ebd.

GODWIN wird 03. März 1756 in Wisbech, Cambridgeshire, geboren. Sein Vater, John GODWIN, ist Dissenter-Geistlicher [57], seine Mutter, Anna GODWIN, geborene HULL, ist die Tochter eines Schiffseigners aus Kings Lynn. William GODWIN ist das siebte von dreizehn Kindern. Seine frühe Kindheit und Jugend steht ganz unter dem Einfluß des streng calvinistischen Elternhauses. Sein Vater, so berichtet GODWIN selbst in der nachgelassenen fragmentarischen Biografie, legt großen Wert auf die strikte Observanz calvinistisch-pietistischer Lebensführung. Es ist in verschiedenen biografischen Darlegungen angedeutet worden, daß die Strenge, die GODWIN in seinem eigenen Elternhaus erfuhr, maßgeblichen Anteil an der Orientierung seiner pädagogischen Theorie und Praxis gehabt hätte. WOODCOCK spricht beispielsweise davon, daß GODWINS Eintreten gegen jegliche Sklaverei aus diesen Kindheits- und Jugenderfahrungen sich ableiten lasse: »Having been in youth the victim of physical austerity and of the tyranny of ideas en-forced by others, William GODWIN took as his life's work the liberation of man from the slavery of the mind and thence from the bondage of material coercion.«[58]

Demgegenüber steht aber – wie noch zu zeigen sein wird – eine Ausrichtung der frühen pädagogischen Ideen GODWINS nach streng rationalistischen Prinzipien verbunden mit einer grundsätzlichen Ignoranz gegenüber der Emotionalität der Zu-Erziehenden. Diese strikt rationalistische Klassifikation erzieherischer Aufgaben ließe sich mit ebensolchen Recht auf »kindliche Erfahrungen« zurückführen, da die calvinistische Moral die Unterdrückung der Affekte intendiert. Die Deduktion pädagogischer Ideen GODWINS aus den Erfahrungen seiner Kindheit verführt zur Spekulation. Da GODWIN selbst auf solche Kausalitäten an keiner Stelle verweist – m.E. die einzig zulässige Legitimation für solche Erklärungsversuche, – wird im folgenden versucht, die Darlegung der godwinschen Kindheit und Jugend ohne Exkursionen auf sein späteres pädagogisches Programm darzulegen.

GODWIN illustriert in seinem autobiographischen Fragment die Eigenheiten seiner calvinistisch geprägten Erziehung: »One Sunday, as I walked in the garden, I happened to take the cat in my arms. My father saw me, and seriously reproved my levity, remarking that on the Lord's day he was ashamed to observe me demeaning myself with such profaneness.«[59]

GODWINS Erziehung ist von dieser puritanischen Umgebung geprägt, wenngleich sein Vater in seine Erziehung nur selten eingreift. Mrs. SOTHREN, eine Kusine des Vaters, wird seine Erzieherin und unterrichtet ihn in Literatur und Religion. Das autobiografische Fragment gibt Aufschluß über die Intensität des Verhältnisses zwischen der Erzieherin und GODWIN: »She made me her companion by night and by day. I accompanied her, as soon as I was able, during her little em-

---

57 »Dissenter« ist eine Sammelbezeichnung für verschiedene nonkonformistische Sekten, die dem Calvinismus nahestehen und sich außerhalb der »Church of England« organisieren.

58 WOODCOCK 1975, 10 f.

59 WOODCOCK 1975, 6

ployments in my father's garden, where she regularly spent an hour or two every morning. I then returned with her to the house, and for the most part for the rest of the day became the willing prisoner of her apartment, secluded from air, secluded from sports, and having no other companion but herself.« [60]

GODWIN ist im Alter von 5 Jahren in der Lage zu lesen und wird ausschließlich zur Lektüre religiöser Werke (beispielsweise BUNYANS »The Pilgrim's Progress«, JANEWAYS »An Account of the Conversion, holy and exemplary Lives and Joyful Deaths of several Young Children«, sowie verschiedener Katechismen, Lieder und Gebete für Kinder) angehalten. Der moralisch-drohende Duktus dieser Bücher, wie er für das calvinistische Milieu typisch ist, und die damit korrespondierende pädagogische Praxis der Erzieherin und zuweilen auch des Vaters schaffen eine Atmosphäre religiöser Unbedingtheit, die zwar weitgehend ohne körperliche Züchtigungen auskommt, deren Effektivität gleichwohl darin besteht, eine innere Disziplinierung auszubilden. Der Gewissenskonflikt, initiiert durch jenes dichotomische Weltbild aus Sünde und Reue, ist nicht weniger wirkungsvoll als die offene körperliche Züchtigung. Mrs. SOTHREN, so GODWIN rückblickend, war nicht befähigt, ihrem Zögling Verweise und Strafen in einer Weise zu vermitteln, die motivierende Wirkung gehabt hätte. GODWIN, der hier indirekt seine eigenen Überlegungen zu restriktiven Maßnahmen im pädagogischen Prozeß anklingen läßt, kennzeichnet seiner Erzieherin als »totally ignorant of that admirable art, which turns an admonition or a lesson into a pleasure.«[61]

Nach dem Umzug der Familie nach Guestwick in der Nähe von Norwich im Jahr 1760 besucht GODWIN zusammen mit einem Bruder für etwa ein bis zwei Stunden täglich eine »Dame's School« [62]. Er wird hier bis zu seinem achten Lebensjahr bleiben und in dieser Zeit die Bibel von der »Genesis bis zur Offenbarung«[63] lesen. Die intensive Bibellektüre, so GODWIN, hatte großen Anteil an der Bildung seines kindlichen Charakters[64], und diese religiöse Orientierung hat Konsequenzen. Er faßt den Entschluß, Geistlicher zu werden, und setzt diesen Entschluß sogleich in eine erste Praxis um: »I preached sermons in the kitchen, every Sunday afternoon, and at other times, mounted in a child's high chair, indifferent as to the number of persons present at my exhibitions, and undisturbed at their coming and going.«[65] GODWIN ist nach eigenen Angaben im Alter von sechs

---

[60] Au, 12

[61] Au, 24

[62] »Dame's Schools« sind weitverbreitete Einrichtungen auf privater Basis, die von einer weiblichen Leiterin geführt werden. Die Bezeichnung »school« ist mißverständlich. Tatsächlich hat eine »Dame's-School« primär Kindergartenfunktionen erfüllt: »Some of these schools attained a certain measure of efficiency, but for the most part they were very inefficient baby-minding establishments.« (CURTIS 1963, 196)

[63] WOODCOCK 1975, 9

[64] vgl. Au, 16

[65] Au, 16 f.

Jahren in der Lage zu schreiben, ohne daß er hierfür speziellen Unterricht erhalten hätte. Er liest Gedichte und Prosa und beginnt eigene Verse zu schreiben. Später verfaßt er Predigten und erwähnt in diesem Zusammenhang, daß er für die Abfassung einer Predigt über die Bekehrung des Paulus aus der väterlichen Bibliothek sechs Kommentare zum Damaskus-Erlebnis synoptisch vergleicht, bevor er mit seiner eigenen Deutung beginnt. Ob diese Anmerkungen der Realität entsprechen oder eher der Verklärung der eigenen Kindheit geschuldet sind, läßt sich rückblickend nicht mehr entscheiden[66].

Als seine Lehrerin im März 1764 stirbt, nehmen er und sein Bruder am Unterricht des autodidaktisch gebildeten Schneiders AKERS in Hindolveston teil. Die 37 Schüler dieser Schule werden vor allem im Lesen, Schreiben und in Arithmetik unterrichtet. Die didaktischen Prinzipien AKERS orientieren sich an einem Lohn- und Bestrafungssystem, ohne daß körperliche Züchtigung eingesetzt wird: AKERS setzt Preise für die Rechen- und Schreibfertigsten aus und führt ein militärisch anmutendes, auf Leistung basierendes Rangsystem ein. Das Wettbewerbsprinzip dieses Unterrichts motiviert GODWIN, dem es, aufgrund seiner fortgeschrittenen Lese- und Schreibkenntnisse, nicht schwer fällt, »hohe Ränge« zu erreichen. Er wird zum Lieblingsschüler AKERS. Zugleich verstärken sich seine Ambitionen, Geistlicher zu werden. Die Unterrichtslektüre – wiederum die Bibel und ausschließlich religiöse Literatur – trägt zur Befestigung dieser Absicht bei.

AKERS spricht sich dafür aus, GODWINS Begabungen zu fördern, und erreicht, daß er nach Norwich zu Samuel NEWTON, einem Geistlichen der »Independent Congregation«, geschickt wird. NEWTON ist ein sogenannter *sandemanian*, ein Anhänger einer der strengsten calvinistischen Sekten, »denying the necessity for a national Church, opposing all coercion, and teaching an apostolic communism.«[67]

Der Einzelunterricht bei NEWTON unterscheidet sich vor allem darin von den früheren schulischen Unterweisungen GODWINS, daß NEWTON regelmäßige körperliche Züchtigungen als probates pädagogisches Mittel gegen »intellektuelle Arroganz« erachtet. Im übrigen liest GODWIN unter NEWTONS Anleitung die »Klassiker«, also griechische und römische Autoren wie HORAZ, VERGIL, OVID etc., wobei NEWTON das übliche Verfahren des Auswendiglernens der Lesestücke verlangt, eine Lehrmethode, die den Schüler dazu zwingt, »to (...) construe the Latin authors, without understanding one word of their construction« [68].

---

[66] Allerdings wird GODWIN in seinen pädagogischen Bemühungen von einer frühen Lese- und Schreibfähigkeit bei seinen Schülern ausgehen, und auch seine fragmentarischen didaktischen Vorschläge implizieren die außergewöhnlich frühe Beschäftigung des Kindes mit Literatur.

[67] DRIVER 1967, 142. Robert SANDEMAN (1717 – 1771) vertritt eine ultracalvinistische Theologie, die ausschließlich die »Erlösung durch Gnade« zuläßt und sich damit von moderaten protestantischen Lehren absetzt. Die Angehörigen dieser Glaubensrichtung verpflichteten sich »to live the life of the New Testament, and restore the communism of primitive Christianity; every member was bound to hold his property at the disposal of the Church for the relief of the poorer brethren.« (MURRY 1936, 285 f.)

[68] Au. 30

1771, im Alter von fünfzehn Jahren, kehrt GODWIN zu seiner alten Schule in Hildolveston zurück und wird für kurze Zeit der Gehilfe AKERS. Er korrigiert die Rechenaufgaben der jüngeren Schüler und erteilt einem anderen Hilfslehrer Lateinunterricht.[69] WOODCOCK verweist in diesem Zusammenhang ausdrücklich darauf, daß diese ersten pädagogischen Betätigungen keinen Einfluß auf die späteren didaktischen Methoden GODWINS genommen hätten. Für WOODCOCK steht fest, daß der Hilfslehrer GODWIN zu jung und daß die nur ein Jahr währende Ausübung dieser Tätigkeit zu kurz gewesen sei, als daß diese Erfahrungen in die späteren pädagogischen Theorien Eingang hätten finden können.[70]

GODWIN kehrt im selben Jahr nochmals zu NEWTON zurück und beendet seine Ausbildung Ende 1771. NEWTON gelangt zu der Auffassung, er hätte dem Zögling ausreichend für den Besuch einer Academy vorbereitet, und weigert sich, ihn weiter zu unterrichten. GODWIN hat in der zweiten Hälfte des Jahres 1771 viel Zeit für seine eigenen Studien. Er benutzt hierzu die Bibliothek NEWTONS und beschäftigt sich mit griechischer, persischer und englischer Geschichte. Die Lektüre von LOCKES »Some Thoughts Concerning Education« wird in seinem biographischen Fragment ausdrücklich erwähnt. Die lockeschen Gedanken zur Erziehung veranlassen ihn, »books of imaginary institutions in education and government«[71] zu projektieren.

Anfang 1773 – sein Vater war kurz vorher gestorben – bewirbt sich GODWIN um einen Platz an der Homerton Academy in London. Homerton Academy war eine der wenigen Dissenter-Akademien, die Angehörigen nicht-konformistischer Glaubensrichtungen offenstand. GODWIN wird jedoch abgelehnt, weil ihm Nähe zum Sandemanismus[72] unterstellt wird, was mit der religiösen Ausrichtung von Homerton Academy als unvereinbar erachtet wird.

Im September des selben Jahres gelingt es ihm, an der Hoxton Academy aufgenommen zu werden. Er wird für die folgenden fünf Jahre in diesem Dissenter-Kolleg ausgebildet. Auf dem Unterrichtsplan stehen die Klassiker, Hebräisch, Logik, Ethik, Rhetorik, Mathematik und Natur-Philosophie. Er führt während seiner Studienjahre zwar ausführliche theologische Diskussionen und beschäftigt sich mit der Frage nach der Existenz Gottes – eine grundsätzliche Wendung gegen Religion und Christentum erfolgt jedoch erst in den Jahren nach seinem Studium.

Nach Abschluß seiner Studienzeit verwirklicht er statt dessen seinen Vorsatz, Geistlicher zu werden. Er bewirbt sich an der kleinen Gemeinde Hertfordshire. In

---

69 Au, 36

70 vgl. WOODCOCK 1975, 13

71 Au, 37

72 GODWIN selbst kann die Anklage des Sandemanismus und die damit verbundene Ablehnung nicht nachvollziehen. Er kennt die Werke SANDEMANS nicht und liest sie erst nach dieser Befragung – auch um zu vergleichen, ob er tatsächlich jenen »habits of thinking« (Au, 42), deren er angeklagt wurde, entspricht.

diese Zeit fällt die Bekanntschaft mit Reverend Joseph FAWCET, dessen rigide Absage an familiäre Gefühlsbindungen maßgeblichen Anteil an der godwinschen Kritik an Familienerziehung, wie sie in »Political Justice« zum Ausdruck kommt, haben wird. Im August 1779 verläßt er Hertfordshire und läßt sich, nach einem Zwischenaufenthalt in London, in Stowmarket, Suffolk, nieder. Dort macht er die Bekanntschaft mit F. NORMAN, der ihn in die Werke ROUSSEAUS, HELVÉTIUS' und D'HOLBACHs einführt. Der Materialismus und Atheismus dieser Autoren beeinflußt das Denken GODWINS nachhaltig, der endgültige Bruch mit Religion und Christentum erfolgt aber erst unter dem Einfluß PRIESTLEYS, dessen Werke ihn zum Übertritt zum Socianismus bewegen. GODWIN ist jetzt entschlossen, nicht länger als Geistlicher zu wirken, sondern als freier Autor tätig zu werden. Er veröffentlicht, anonym und auf eigenen Kosten, eine Biografie CHATHAMS im Jahr 1783, deren Erfolg aber beschränkt ist.

Daraufhin unternimmt er einen Versuch, als Schulleiter Fuß zu fassen. Er mietet dazu Räume in Epson an und entwirft eine kleine Broschüre mit dem Titel »An Account of the Seminary that will be opened on Monday the Fourth Day of August at Epson in Surrey«. Diese Broschüre, die eine Art Werbeschrift für interessierte Eltern darstellen soll, ist das wichtigste Zeugnis für den Bildungsbegriff bei frühen GODWIN: Der enthusiastische Ton, mit dem GODWIN seinen pädagogischen Optimismus vorträgt, sowie die harsche Kritik am Erziehungswesen seines Landes wurde offensichtlich von Eltern eher als Drohung denn als Anreiz verstanden, ihre Kinder in die Obhut GODWINS zu geben. GODWIN kann keine Schüler für seine Modellschule finden und ist gezwungen, sein Projekt aufzugeben.

Er wendet sich erneut dem Schreiben zu, und es gelingt ihm, durch regelmäßige Beiträge für die »English Review«, eine politische Monatszeitschrift, seinen Unterhalt zu bestreiten. Daneben verfaßt er einige Novellen, die als verloren betrachtet werden, und kann schließlich als freier Mitarbeiter des »Political Herald«, eines neugegründeten Periodikums, das den Whigs politisch nahesteht, seine Existenz soweit sichern, daß ihm Zeit für literarische Arbeit bleibt, die über das Lohnschreibertum hinausführt. [73]

1788 ergreift GODWIN die Gelegenheit, die ihm in Epson verwehrt war, und versucht sich als Erzieher: Er nimmt den zwölfjährigen Thomas COOPER, einen Cousin zweiten Grades, bei sich auf und übernimmt dessen Ausbildung. GODWINS Befähigung als Erzieher war nicht unumstritten, wie Mary SHELLEY, die Tochter GODWINS aus erster Ehe, anmerkt: »Godwin, der, gemäß der Natur seiner Überzeugungen, immer dazu bewegt war, den Geist zu analysieren und Schlüsse aus dem Charakter zu ziehen, hatte einen zuversichtlichen Glauben in die Prakti-

[73] Obwohl ihm der Eintritt in die Redaktion angeboten wird, was seine prekäre finanzielle Situation mit Sicherheit verbessert hätte, zieht er es vor, als freier Redakteur zu arbeiten, da ihm nur dadurch seine politische Unabhängigkeit garantiert schien. Diese Haltung wird GODWIN zeitlebens beibehalten.

kabilität der Vervollkommnung und hatte harte Ansichten über das Subjekt der Erziehung. Cooper war ein temperamentvoller Junge, äußerst unabhängig und entschlossen, stolz, willensstark und lässig. Godwin, in höchstem Grade gewissenhaft im Umgang mit jedermann, vergrößerte seine äußerste Sorgfalt gegenüber der Aufgabe der Erziehung; aber viele Dinge machten ihn unfähig dafür. Seine Strenge beschränkte sich auf Worte, aber diese waren gezielt und demütigend. Seine Genauigkeit war ohne Abweichungen; und dies war besonders in seinem frühen Leben der Fall, als er die Macht der Erziehung als unbegrenzt hinsichtlich der Ausformung des Charakters, des Verstandes und des Temperamentes betrachtete. (...) Er war zu kleinlich in seiner Notengebung, zu ernst und hart in seinen Anweisungen«[74]. Auf das folgende Jahr, 1789, datiert das Ereignis, das GODWIN – und mit ihm die radikalen politischen Intellektuellen seiner Zeit – wie kein anderes beschäftigen wird und dessen Nachwirkung in positiver und negativer Hinsicht das künftige Denken GODWINS nachhaltig beeinflussen wird. Die Rede ist von der Französischen Revolution, die für einen Mitarbeiter einer radikalen politischen Zeitschrift von hervorragendem Interesse sein mußte. Die unterschiedlichen philosophischen Strömungen dieser Zeit und die politischen und sozialen Bewegungen konvergieren in diesem Ereignis. Für GODWIN bedeutet die Französische Revolution die endgültige Orientierung seiner Philosophie auf soziale und politische Fragen. Allerdings wendet er sich bei aller Sympathie für die Revolution – und darin ist er ein Ausnahmefall in den radikalen republikanischen Zirkeln – gegen die revolutionäre Gewalt, die den Umsturz in Frankreich begleitet, und er vertritt diese Ansicht unmißverständlich: »I never for a moment ceased to disapprove of mob government and violence, and the impulses which men collected together in multitudes produce on each other. I desired such political changes only as should flow purely from the clear light of the understanding and the erect and generous feelings of the heart.«[75]

Hatten die englischen Republikaner unmittelbar nach der Revolution noch die politisch-kulturelle Hegemonie im intellektuellen Diskurs, so änderte sich diese Situation allmählich zugunsten der Konservativen, die anfangs die Revolution pflichtschuldigst begrüßten, tatsächlich aber die drohende Gefahr für das soziale Gefüge Großbritanniens klar erkannten. Eine anti-jakobinische Kampagne setzt ein und findet ihren stärksten Protagonisten in Edmund BURKE, einem ehemaligen Liberalen, der mit seiner Arbeit »Reflections on the Revolution in France«(1790) die hehren Ideale der Jakobiner mit ihrem blutigen Terrorregime konfrontiert.

BURKES Schrift provoziert sofort eine unübersehbare Zahl von Gegenpamphleten, jede und jeder »writer disposed toward free-thinking in politics attak-

---

[74] SHELLEY zit. in: WOODCOCK 1975, 33

[75] GODWIN zit. in: LOCKE, D. 1980, 40

ked BURKE at one time or another, however incidentally«[76] . Zu den wichtigsten Schriften gegen BURKE gehören Tom PAINES »The Rights of Man« (1791) und Mary WOLLSTONECRAFTS »Vindication of the Rights of Man« (1790). GODWIN unterstützt zwar die intellektuellen Angriffe auf BURKE; zugleich aber erachtet er die im Flugblatt-Stil schnell erarbeiteten Anathemata als unzureichend für die in Frage stehende Auseinandersetzung. Er beschließt, ein Werk zu verfassen, das der Problematik der sozialen Veränderung der Gesellschaft in gründlicher, philosophischer Weise sich nähert und das – wie er in einem Tagebucheintrag vermerkt – »by its inherent energy and weight, should overbear and annihilate all opposition, and place the principles of politics on a immovable basis«[77].

GODWIN verfaßt sein zweifellos wichtigstes Buch, die »Enquiry concerning the Principles of Political Justice, and its Influence on General Virtue and Happiness« zwischen März 1792 und Februar 1793. In diesem Zeitraum ändert das innenpolitische Klima England sich zusehends. BURKES Schrift war nur der intellektuelle Auftakt für einen reaktionären Umschwung im politischen Leben Englands, der vornehmlich die republikanischen Intellektuellen betraf und mit Hochverratsprozessen und Kerkerstrafen für die Publikation republikanischer Schriften einherging. In dieser Situation war die Publizierung von »Political Justice« nicht ohne Risiko, und der Autor – im vollen Bewußtsein dieses Umstandes – versuchte, mit einem beruhigenden Vorwort Gefahr von sich abzuwenden. Allerdings genügte der vielzitierte Ausspruch PITTS, ein Buch, das im Handel für drei Guineen[78] erhältlich sei, könne schwerlich weite Verbreitung finden und damit der Obrigkeit Schaden zufügen, um GODWIN vor Verfolgung zu schützen. Die Ideen von »Political Justice« fanden dennoch Popularisation. Das Buch wurde besprochen, in Auszügen nachgedruckt, und zahllose Vorträge und Lesungen, organisiert von radikalen Zirkeln, förderten seine Bekanntmachung.

»Political Justice« legte mit seiner scharfen Kritik am Staat und am gesellschaftlichen Zustand, der Ausdruck der staatlichen Dominanz sei, den philosophisch-politischen Grundstein für den englischen Radikalismus. Die Wirkung von »Political Justice« war einzigartig. HAZLITT beschreibt rückblickend den durch »Political Justice« entfachten Enthusiasmus der Radikalen: »No work in our time gave such a blow to the philosophical mind of the country as the celebrated Enquiry concerning Political Justice. Tom Paine was considered for time as a Tom Fool to him, Paley and old woman, Edmund Burke a flashy sophist. Truth, moral truth, it was supposed, had here taken up its abode; and these were the oracles of thought.«[79]

---

[76] ADAMS 1947, 17

[77] GODWIN zit. in: WOODCOCK 1975, 39

[78] Drei Guineen entsprechen dem Monatslohn eines einfachen Arbeiters. (vgl. POLLIN 1962, 169)

[79] HAZLITT, zit. in: SMITH/SMITH 1965, 21

Neben dem politischen Erfolg dieses Werkes saturiert sich GODWIN auch finanziell, und er verfügt jetzt über ausreichend Mittel, um seinen schriftstellerischen Betätigungen ungestört nachgehen zu können.

Das breite Echo des Werkes gründet auch in der innenpolitischen Lage Englands. Das Erscheinungsjahr von »Political Justice« markiert zugleich den ersten ernsthaften Angriff der Regierung PITT auf die radikale Bewegung. In Schottland wird im Oktober 1793 eine Versammlung von Radikalen aufgelöst, die über Parlamentsreformen und eine Einführung des allgemeinen Wahlrechts diskutiert. Gegen fünf der Versammelten, darunter Mitglieder der London Corresponding Society (L.C.S.), eines Gesprächszirkels, dem auch GODWIN nahesteht, wird ein Hochverratsprozeß eingeleitet. Verbannung und langjährige Haftstrafen werden verhängt, und GODWIN, der diesen Prozeß als den Anfang einer Repressionswelle deutet und damit Recht behalten soll, ergreift zugunsten der Angeklagten Partei. Er exponiert sich damit wiederum, denn die Regierung PITT weitet die antiradikale Repression aus und klagt fünf andere Mitglieder der L.C.S. in einem weiteren Verfahren der Konspiration und des Hochverrates an. GODWIN verfaßt eine Streitschrift, in der er die Anklage Punkt für Punkt ihrer Haltlosigkeit zu überführen sucht. Die fünf Angeklagten werden schließlich freigesprochen, und GODWINS Schrift hatte sicherlich nicht geringen Anteil an diesem Freispruch, der zugleich der letzte »Sieg« des liberalen und radikalen England für die nächsten Jahrzehnte bleiben soll.

Der anhaltende Krieg mit Frankreich zeitigt allmählich einen Umschwung, in dessen Verlauf alles »Französische«, also auch die Inhalte und Ideen der Französischen Revolution und damit die Politik und Philosophie des englischen Radikalismus', vom erstarkenden Nationalismus denunziert wird. Die Machtlosigkeit der Radikalen gegenüber einem staatlich wohlorganisierten Patriotismus endet im Verlust ihrer politischen und kulturellen Hegemonie.

Verbunden ist dieser Verlust mit ideologischen Streitigkeiten innerhalb des radikalen Lagers. GODWIN leitet eine dieser Auseinandersetzungen ein, indem er ein Pamphlet gegen ein von der Regierung PITT eingebrachten Gesetzesvorschlag zur Beschneidung des Versammlungs- und Rederechtes veröffentlicht. Neben der obligatorischen Zurückweisung des pittschen »Anschlages« auf die Freiheit enthält dieses Pamphlet auch Kritik am Praxisbegriff einiger Assoziierter der L.C.S.. GODWIN wiederholt sein in »Political Justice« entwickeltes Konzept einer friedlichen Umwandlung der Gesellschaft durch Erziehung und Überzeugung und setzt sich damit in Widerspruch zu den Ideen, wie sie von THELWALL und anderen propagiert werden, die für die revolutionäre Umwandlung der Gesellschaft nach französischen Maßgaben eintreten. Die L.C.S. spaltet sich an dieser Frage, und GODWIN wird von der Mehrheit der THELWALL-Fraktion wegen seiner gemäßigten Haltung angegriffen. Bei GODWIN leitet dieser Angriff den Rückzug vom tagespolitischen Geschehen ein. Zugleich ist diese Kritik der Beginn seiner »Demontage« als philosophischer Führer des englischen Radikalismus.

GODWINS folgende größere Arbeit ist der Roman »Caleb Williams oder Die Dinge wie sie sind«, der im Mai 1794 erscheint und dessen Absicht, die Verbreitung der Ideen von »Political Justice« in allgemeinverständlicher, novellistischer Ausdrucksform, als literarische Umsetzung des philosophischen Programms gedeutet werden darf. GODWIN entwickelt in seinem Roman die Geschichte eines Dieners, der den ungerechtfertigten Nachstellungen seines Herren ausgesetzt ist und dessen unnachgiebiges Beharren auf moralische Grundsätze mit dem Macht- und Standesvorsprung in Kollision gerät. GODWIN bestätigt und bekräftigt in »Caleb Williams« seine Ideen von der Dominanz gesellschaftlicher Einwirkungskraft auf das Individuum und charakterisiert zugleich die Grenzen moralischer Integrität in einem standes- und klassengebundenen Rechts- und Gesellschaftssystem. Das Buch hat Erfolg und wird als Theaterstück (»The Iron Chest«) aufgeführt und in verschiedene Sprachen übersetzt. Zugleich tritt nun eine Pause im literarischen Schaffen GODWINS ein, der in den Jahren bis 1797 lediglich die Neuauflagen von »Political Justice« und »Caleb Williams« bearbeitet.

Anfang 1797 erscheint dann die Essaysammlung »The Enquirer – Reflections on Education, Manners and Literature«. In »The Enquirer« dokumentiert sich ein bedeutender Richtungswechsel im philosophischen und pädagogischen Denken GODWINS. Wie noch zu zeigen sein wird, artikuliert sich in »The Enquirer« die Revision des strikten Rationalismus, die schon in »Caleb Williams« im letztendlichen Scheitern des Helden am gesellschaftlichen status quo angedeutet wurde. GODWIN begründet in »The Enquirer« seine Akzeptanz nicht-rationalistischer Einwirkungen auf das Individuum und modifiziert zudem seine streng induktive Epistemologie zugunsten deduktiver Verfahren. Die Revision godwinschen Denkens, wie sie sich in »The Enquirer« nachweisen läßt, steht unter anderem im Zusammenhang mit der Einflußnahme Mary WOLLSTONECRAFTS auf das Denken GODWINS.

GODWIN lernt Mary WOLLSTONECRAFT, seine spätere Frau, schon im November 1791 kennen, zu einer näheren Befreundung führt dieses Zusammentreffen allerdings nicht. Erst 1796 findet eine Annäherung statt, und der für GODWIN »most important personal event«[80] seines Lebens bereitet sich vor. Mary WOLLSTONECRAFT bezieht Anfang des Jahres 1796 eine Wohnung in der Cumming Street, in unmittelbarer Nähe zu GODWINS Haus. Die Beziehungen zwischen GODWIN und Mary WOLLSTONECRAFT intensivieren sich, und sie beschließen zu heiraten. Die Heirat zwischen Mary WOLLSTONECRAFT, der Vorkämpferin für die Rechte der Frau, und William GODWIN, dem zwar schon in die Kritik geratenen, aber immer noch unbestrittenen »philosophical representative of Eng-

---

80 WOODCOCK 1975, 135

lish radicalism«[81], wird zwar zunächst von beiden geheim gehalten, läßt sich aber auf Dauer nicht verbergen. Selbstverständlich ist diese Ehe eine Sensation und lädt ein zu Spott über GODWIN, der in »Political Justice« energisch gegen die bürgerliche Ehe und das Familienleben als Inbegriff von Unfreiheit zu Felde gezogen war. Letztendlich ändert die Ehe nichts an der Lebensform des Paares. Sie verbleiben beide in ihren jeweiligen Wohnungen und treffen sich zu festgesetzten Zeiten. Die gegenseitige Unabhängigkeit bleibt dem Paar wichtig, und diesem Sachverhalt ist es zu verdanken, daß ein umfangreicher Briefwechsel anstelle des konventionellen Gespräches tritt, ein Umstand, der die Rekonstruktion des Einflusses Mary WOLLSTONECRAFTS auf GODWIN entscheidend zu erleichtern vermag.

Die Ehe der GODWINS währt nur kurz. Nach der unkomplizierten Geburt eines Mädchens, Mary GODWINS, der späteren Mary SHELLEY, stirbt Mary WOLLSTONECRAFT am 10. September 1797 am Kindbettfieber. Der Tod seiner Frau ist – nach übereinstimmender Auskunft der Biografien – der Wendepunkt in GODWINS Leben. Die Krise, die der Tod Marys auslöst, wird GODWINS weiteres Leben überschatten.

Zunächst ist er damit konfrontiert, für die beiden Mädchen, Fanny – die Tochter aus WOLLSTONECRAFTS erster Ehe – und Mary, zu sorgen und räumt ein, mit dieser Aufgabe überfordert zu sein: »The poor children! I am myself totally unfitted to educate them. The scepticism which perhaps sometimes leads me right in matters of speculation, is torment to me when I would attempt to direct the infant mind. I am the most unfit person for this office; she was the best qualified in the world. What a change. The loss of the children is less remedyless than mine.«[82]

Die Kinder werden von einer Haushälterin versorgt, und GODWIN, der sich zunächst außerstande sieht zu schreiben, gerät zunehmend in finanzielle Schwierigkeiten.

Die nächste Arbeit, die GODWIN vorlegt, ist als Bewältigungsversuch seiner durch den Tod Mary WOLLSTONECRAFTS ausgelösten Krise interpretierbar. Er veröffentlicht im Jahr 1798 die »Memoirs of the Author of a Vindication of the Rights of Woman«, eine sentimentale Biografie Mary WOLLSTONECRAFTS, die ein literarischer Mißerfolg bleiben wird. Dies kann den Autor jedoch nicht beeindrukken, da nicht der literarische Erfolg seine Absicht war, sondern die Glorifizierung seiner verstorbenen Ehefrau.

Er plant in diesem Jahr zwei weitere Veröffentlichungen, ein Buch mit dem Arbeitstitel »First Principles of Morals«, das seinen Wandel hinsichtlich der Bewertung der menschlichen Vernunft darlegen soll und auch in anderer Hinsicht Korrekturen an den Lehren von »Political Justice« beabsichtigt, sowie ein Werk über Religion und Vernunft (Arbeitstitel: »Two Dissertations on the Reasons and Ten-

---

81 STEPHEN 1885, 65

82 GODWIN zit. in. WOODCOCK 1975, 145

dency of Religious Opinion«). Beide Arbeiten verbleiben im Projektstadium. Zur gleichen Zeit bemüht sich GODWIN, sein Familienleben zu ordnen. Er sieht sich – wie erwähnt – außerstande, der Anforderungen als Familienvater standzuhalten und erwägt, wieder zu heiraten. Nach mehreren erfolglosen Versuchen stellt er seine diesbezüglichen Bemühungen vorerst ein.

1799 erscheint ein weiterer Roman, »St. Leon«, der in seinem ersten Teil eine Idealisierung des Familienlebens zum Inhalt hat und unschwer als Reminiszenz und Aufarbeitung der Ehe mit Mary WOLLSTONECRAFT identifiziert werden kann. Im übrigen wiederholt sich in »St. Leon« die Apologie der menschlichen Emotionalität, die zur bloßen Vernunftorientierung ergänzend und erfüllend hinzutreten muß. Das Buch hat Erfolg, wenngleich dieser nicht mehr mit dem der früheren Arbeiten GODWINS gleichzuziehen vermag. Die relative Erfolglosigkeit der godwinschen Veröffentlichungen, die bis an sein Lebensende anhalten soll, begründet sich einerseits aus der Qualität seiner Werke, die nach »Political Justice« und »Caleb Williams« keine weitere Steigerung mehr erfährt, sondern mit der Veröffentlichung der Tragödie »Antonio« (1800), dem »worst piece of writing GODWIN ever produced«[83], an einem Tiefpunkt anlangt.

Andererseits – und das scheint der gewichtigere Aspekt – sind GODWINS Arbeiten alles andere als konform zur politisch-kulturellen »Konjunktur« seiner Zeit. Mit und nach dem englisch-französischem Krieg setzt die konservative Restauration ein und erreicht um die Jahrhundertwende ihren vorläufigen Höhepunkt: »The reaction was violent. As the century approached its close, the conservatives' concerted attack in books, journals, and newspapers managed to swing public opinion so thoroughly against the scientists and philosophers of the new radicalism that men like the ›atheist' Tom Paine and that sinister high priest of reason William GODWIN and evolutionist Erasmus Darwin found themselves plunged within a decade from fame to infamy.«[84]

GODWIN sieht sich permanenten Angriffen ausgesetzt, und unter den Angreifern sind nicht wenige konvertierte Radikale, deren Diffamierungen godwinschen Denkens und Handelns um so schärfer ausfallen, je mehr diese selbst in die revolutionären Umtriebe der 70er und 80er Jahre verwickelt waren. GODWIN antwortet in der Regel auf die Anfeindungen mit Schweigen. Erst 1801 reagiert er – gleichsam in einem »Rundumschlag« – auf mehrere, jeweils unterschiedlich motivierte Schmähschriften gegen ihn. In seinen »Thoughts Occasioned by the Perusal of Dr Parr's Spital Sermon« bringt er seine Indigniertheit gegen den wankelmütigen Charakter seiner Kritiker und die Form der Kritik zwar zum Ausdruck und begründet erneut seine Standpunkte; er läßt sich jedoch nicht zur polemischen Denunziation hinreißen, wie sie beispielsweise in der »Anti-Jacobinian Review«,

83 WOODCOCK 1975, 173 f.

84 CHAMBERLAIN 1965, 58 f.

dem »Kampfblatt« der Konservativen, geradezu turnusmäßig gegen ihn entwickelt wird.

Ende des Jahres 1801 heiratet GODWIN erneut. Seine Ehefrau wird die Witwe Mary Jane CLAIRMONT, die zwei Kinder mit in die Ehe bringt. Im folgenden Jahr ist seine Frau erneut schwanger, und die Familie GODWIN umfaßt nun sieben Personen, was für den immer mehr in finanzielle Schwierigkeiten geratenden GODWIN Ansporn zur schriftstellerischen Tätigkeit wird. Er verfaßt eine voluminöse Biographie CHAUCERS (1803), die zwar nur mäßige Resonanz findet, ihn aber kurzfristig finanziell sichert. 1805 legt GODWIN einen neuen Roman vor. »Fleetwood; or The New Man of Feeling« perpetuiert seine Gedanken zur Bedeutung der Gefühle und Sensationen und ist in pädagogischer Hinsicht insofern interessant, als GODWIN hier in literarischer Form eine Kritik der zeitgenössischen Universitätsausbildung entwickelt und sich mit der Kinderarbeit in den entstehenden Fabriken auseinandersetzt.

In den nächsten Jahren entstehen die Arbeiten »Faulkner, a Tragedy«(1807), eine nicht sehr erfolgreiche Tragödie, die es zu sechs Aufführungen bringt, und »An Essay on Sepulchres« (1809), eine Arbeit, die weitgehend ignoriert wird, und schließlich eine weitere Biographie, »The Lives of Edward and John Phillips, Nephews and Pupils of Milton« (1809).

In den folgenden acht Jahren erscheinen keine weiteren Bücher unter GODWINS eigenen Namen. Er veröffentlicht in dieser Zeit jedoch unter verschiedenen Pseudonymen eine Reihe von Kinderbüchern, Unternehmungen, die im Zusammenhang mit der Gründung der sogenannten »Juvenile Library« durch GODWIN und seine Frau stehen[85]. Die »Juvenile Library« war zuallererst ein Projekt, das die finanzielle Situation der Familie GODWIN sichern sollte; die Herausgabe von Kinderbüchern folgte einem Modetrend[86] und konnte deshalb auf eine freundliche Rezeption vertrauen. Dennoch endet das anfangs prosperierende Unternehmen 1822 schließlich im Bankrott. Die völlige Unfähigkeit, die GODWIN hinsichtlich finanzieller Transaktionen attestiert wird, sowie die Schuldenlast aus früheren Jahren verhindern die Konsolidierung des Unternehmens.

Die Flucht seiner Tochter Mary mit dem unglücklich verheirateten Dichter SHELLEY (1813) und der Selbstmord seiner Stieftochter aus erster Ehe, Fanny IMLAY, im Oktober 1816, über dessen Gründe nur Spekulationen möglich sind, sollen hier am Rande vermerkt werden.

1817 veröffentlicht GODWIN die Erzählung »Mandeville, a Tale of the Times of Cromwell«. Auch hier ist das godwinsche Thema vom überwältigenden Einfluß der Umwelt und der Erziehung auf das Individuum einmal mehr die Kernaussage. 1820 folgt dann eine ausführliche Antwort auf MALTHUS, dessen durch die Lektü-

---

[85] Zu GODWINS Kinderbüchern vgl. auch: TWAITE 1963, SHEFRIN 1980 und DARTON 1982.

[86] vgl. MUIR 1953, 103

re godwinscher Schriften initiierter Essay über den Zusammenhang zwischen Überbevölkerung und natürlichen Ressourcen Anlaß zu Diskussion innerhalb des radikalen und progressiven Lagers war. MALTHUS erbrachte den – am Material und mit den Methoden seiner Zeit entwickelten – statistischen Nachweis, daß der Fortschritt der Menschheit durch die Begrenztheit natürlicher Ressourcen erheblich eingeschränkt sei.[87] GODWINS Antwort ist nur eine von vielen, die MALTHUS' desillusionierende Feststellungen betreffen. Es stand der noch ungebrochene Glaube an den Fortschritt der Menschheit auf dem Spiel, und er wurde nicht, wie es bislang üblich war und von den Radikalen toleriert und belächelt wurde, im Sinne einer Beschwörung der Tradition attackiert, sondern in jener nüchternen, »wissenschaftlichen« Diktion hinterfragt, die als Privileg der progressiven Kräfte gegolten hatte. GODWIN wird in »Of Population, an Answer to Malthus« zum Statistiker, er versucht, Malthus auf eigenem Terrain zu begegnen. Schließlich kann er – wie mit ihm viele der Opponenten MALTHUS' – doch nur auf das hilflos anmutende Argument rekurrieren, eine zukünftige Menschheit würde das Problem der Überbevölkerung zweifellos kraft neuer Erkenntnisse der Wissenschaft zu bewältigen wissen.

In den Jahren 1824 bis 1828 werden die vier Bände »History of the Commonwealth« herausgeben, eine historische Abhandlung, die in erster Linie wieder der finanziellen Not geschuldet ist. Neben »Cloudesly, a Tale« (1830), einer sentimentalen Novelle und »Lives of the Necromancers« (1834) erscheinen 1831 die »Thoughts on Man, his Nature, Productions and Discoveries«. »Thoughts on Man« ist eine Essaysammlung, in der GODWIN sein philosophisches und implizit sein pädagogisches Programm nochmals und mit nicht unerheblichen Modifikationen darlegt. GODWIN stirbt am 7. April 1836 im Alter von 80 Jahren. Seine letzten Lebensjahre verbringt er unter relativ gesicherten Lebensumständen: Freunde erwirken für ihn einen Posten im Schatzministerium, also einer staatlichen Institution, was selbstverständlich die beißende Kritik seiner Gegner und Gegnerinnen auf sich zieht.

1.1.2 *Jakobinismus und Dissentertum – Bemerkungen zur philosophischen Abkunft godwinschen Denkens*

Im Denken GODWINS spiegelt sich eine Tradition, die gleichermaßen aus den philosophischen und politischen Vorgaben der Aufklärung englischer Provenienz

[87] In eine ganz ähnliche Richtung ging auch schon eine Problematik, die GODWIN in »*Political Justice*« ausbreitet: Die Frage, ob dem menschlichen Fortschritt oder – in godwinscher Terminologie – dem »moral progress« durch klimatische Bedingungen natürliche Grenzen gesetzt seien, wird mit einem Verweis auf die unbegrenzte Flexibilität menschlicher Fähigkeiten beantwortet (vgl. FLEISHER 971, 74 f.). Symptomatisch für den aufgeklärten Optimismus GODWINS und seiner Zeitgenossen ist es, den empirisch induzierten Begrenzungen mit einem gleichsam in die Zukunft prolongierten Insistieren auf eben diese empirische Wissenschaftlichkeit, die lediglich die Antworten auf ihre Fragen noch nicht gefunden hat, auszuweichen.

und den Ideologien, Ideen und Programmen, die in der Französischen Revolution ihren praktischen Ausdruck finden, ihre Herkunft hat. Hinsichtlich der englischen Entwicklungslinie sind es vor allem LOCKE, HARTLEY, PRIESTLEY und HUTCHESTON, die GODWIN beeinflussen und bisweilen in einer Intensität, die eine klare Scheidung zwischen originär godwinschen Denken und den Einflüssen dieser Philosophen nahezu verunmöglicht.

Die französische Tradition ist vergleichsweise eindeutiger abzuleiten. Hier sind es vornehmlich MONTESQUIEU, ROUSSEAU, CONCORDET und die Materialisten (HELVÉTIUS, D'HOLBACH), die auf sein Denken Wirkung ausüben.

Schließlich ist diejenige Denk- und Geisteshaltung, die gemeinhin unter dem Begriff »Dissentertum« gefaßt wird, als Hintergrund (und möglicherweise als Ausgangspunkt) der godwinschen Überlegungen anzuführen. Im Zentrum dieser drei Strömungen[88] steht GODWINS Philosophie; diese Stellung nimmt er nicht allein ein. Er führt in seinen Arbeiten, insbesondere in »Political Justice«, ein Denken zum Abschluß und Höhepunkt, das er mit dem »englischen Radikalismus« teilt, der sich Mitte des 18. Jahrhunderts zu formieren beginnt.

Der frühe englische Radikalismus läßt sich als politische und soziale Richtung beschreiben, die vermittels Aufklärung und Reformen – und insbesondere vermittels einer Parlamentsreform – die existierende Gesellschaft zu verändern und zu verbessern sucht.

Dieser Radikalismus, repräsentiert vor allem durch Horne TOOKE und Major CARTWRIGHT, sieht in dieser Parlamentsreform, die eine wirkliche Repräsentation der gesellschaftlichen Kräfte im »House of Commons« garantieren würde, den entscheidenden Hebel zur gesellschaftlichen Veränderung. Die Zuschreibung »radikal« für dieses – verglichen etwa mit französischen Verhältnissen unmittelbar vor und während der Revolutionszeit – relativ gemäßigte Politikverständnis ist zunächst ein Abgrenzungsbegriff[89] gegenüber jenen politischen Kräften, die lediglich Reformen unterhalb der fundamentalen Parlamentsreform anstreben. Der Bruch zwischen den moderaten und radikalen Kräften intensiviert sich unter dem Eindruck der Französischen Revolution. Zugleich modifiziert dieses Ereignis auch die Inhalte der politischen Konzepte radikaler Prägung: War bislang die Veränderung der Konstitution[90] Hauptanliegen des Radikalismus und damit der Schwerpunkt

---

[88] Streng genommen kann nicht scharf unterschieden werden zwischen Aufklärung und dissenterscher Tradition. Zumindest PRIESTLEY und HARTLEY sind erklärtermaßen Dissenter. Die hier vollzogene Begriffstrennung ist allein der Übersichtlichkeit geschuldet.

[89] Dies ist ein Abgrenzungsbegriff, der auch post festum zustande kommt und so von den Protagonistinnen und Protagonisten nicht verwandt wurde. Zeitgenössische Quellen verzichten auf eine Subsumierung unter einen Sammelbegriff, und erst gegen Ende des 19. Jahrhunderts einigt sich die toristische Gegenbewegung auf den denunziatorischen Kampfbegriff »Jakobinertum« für die verschiedenen Richtungen des englischen Radikalismus.

[90] Selbst dies ist nicht einheitlich. Nicht unbedeutende Strömungen innerhalb des Radikalismus verstehen unter Veränderung zunächst nur die Wiedereinsetzung der ursprünglich durch CROMWELL und die

des Interesses auf die Erlangung politischer Rechte gelegt, so zeitigt die Französische Revolution und ihre politisch-philosophische Rezeption in England eine Verlagerung des Interesses nach einer Reform des gesellschaftlichen Gefüges im Ganzen. Insbesondere PAINES »Rights of Man« bringt diese Tendenz zum Ausdruck und darf als erstes und folgenreiches Werk des neuen, sozialreformerisch orientierten Radikalismus gesehen werden.

Auffallend ist der nahezu durchgängige Verzicht des Radikalismus, die Revolution für England selbst zu fordern, obwohl die in den 90er Jahren einsetzende antijakobinische Propaganda – zumeist wider besseres Wissen – unermüdlich genau diesem Verdacht Ausdruck verleiht. Die Beschränkung des Radikalismus gründet gleichermaßen im Bewußtsein der grundsätzlich demokratischen Verfaßtheit und damit Reformierbarkeit der englischen Gesellschaft[91] und im längst nicht an realen Verhältnissen erschütterten Vertrauen in die grenzenlosen Möglichkeiten von Aufklärung und Erziehung. Erst die proletarischen Bewegungen, die sich im Radikalismus zwar zu formieren beginnen, jedoch ganz im Rahmen der Reform verbleiben, schaffen die ideologisch-historischen Voraussetzungen, die die gesellschaftspolitischen Forderungen des Radikalismus mit den realen kapitalistischen Angriffen auf »Freiheit«, »Unversehrtheit« und »Teilhabe an Macht« konfrontieren und damit das Ende des Reformismus und die Hinwendung zur Revolution einleiten. Den Schnittpunkt und das Bindeglied zwischen Reformismus und Revolution bildet die »Entdeckung« der Gesellschaft als selbständige, der Regierung konträre oder zumindest äußerliche Größe. Es findet der philosophisch und politisch bedeutsame Ablösungsprozeß vom corpora-Begriff des Mittelalters statt, der auch die staats- und gesellschaftstheoretischen Schriften von LOCKE und HUME, trotz ihrer weitgehenden impliziten Emanzipationen, geleitet hatte. In politischer Hinsicht ist es Thomas PAINE, der diesen Bruch am deutlichsten exekutiert. Im philosophischen Sinne ist GODWINS »Political Justice« die erste gründliche Suspension der traditionellen Herrschaftsform im Namen der »Gesellschaft«.

In praktischer Hinsicht bedeutet die Ausrichtung auf die Gesellschaft eine Neuformierung und Neuzusammensetzung der radikalen politischen Organisationen. Bislang waren die politischen Organisationen vornehmlich »upper class reform clubs«; die Präferierung sozialen Wandels gegenüber Forderungen nach politischen Rechten schlägt sich auch in der sozialen Zusammensetzung der politischen Organisationen nieder. Die L.C.S. gilt hier als die bedeutsamste radikale Gruppe im England des ausgehenden 19. Jahrhundert.

Parlamentsgründung »gemeinten« Demokratie der Magna Charta. Gesucht wird in diesen Kreisen nach der »solid Saxon simplicity« (CARTWRIGHT), deren Geist durch Parteienstreit und durch die Anmaßungen der Aristokratie verloren gegangen sei.

[91] Das englische Parlamentssystem hatte – insbesondere durch die Vermittlung MONTESQUIEUS – Modellcharakter für einige Strömungen in der Französischen Revolution, und noch CONCORDETS Verfassungsentwurf zeigt deutliche Spuren dieses Einflusses.

Die L.C.S. »had among its 103 members recruited between November 1792 and January 1793, 11 cordwiners and shoemakers, 8 tailors, 7 watchmakers, 7 weavers, 5 cabinet makers, and small numbers of frameworkers, hairdressers, dyers, hatters, bricklayers, bakers, hosiers and similar trades.« [92]

In der sozialen Zusammensetzung dieser radikalen Gesellschaften kündigt sich das Ende eines Politikbegriffes an, demzufolge politische Organisation ein Feld gesellschaftlicher Elitegruppen sei.

Die Abkehr von der Elitevorstellung involviert eine Hinwendung der Intellektuellen in diesen Zirkeln zu erzieherischen und volkserzieherischen Anstrengungen. Erziehung und Bildung werden als Instrumente gesellschaftlicher Veränderung begriffen, und insbesondere der Erwachsenenbildung wird hierbei große Bedeutung zugemessen. Die L.C.S. arrangiert – gewissermaßen als profane Variante der Sonntagsschulen – sonntägliche Diskussions- und Leseveranstaltungen, es werden Subskriptionen für als wichtig erachtete Bücher organisiert und Billigdrucke beschafft. Diese Tätigkeiten haben Breiten- und Tiefenwirkung, wie ein zeitgenössischer Beobachter vermerkt: »The moral effects of the Society were considerable. It included men to read books, instead of wasting their time in public houses, it taught them to respect themselves, and to desire to educate their children.«[93]

Die soziale Zusammensetzung und die demokratisch inspirierte Abwendung vom Elitegedanken dieser societies sollte jedoch nicht verwechselt werden mit einer – im moderneren Sinne – »klassenbewußten« Orientierung. Es handelt sich vielmehr, worauf KRAMNICK hinweist, um eine »association of sober shopkeepers, craftsmen and journeymen.[94] Die überwiegende Mehrheit der Mitglieder der L.C.S. wird nach den »stürmischen« Jahren nach 1792 »all in business and all flourishing men« [95] sein; die L.C.S. verkörpert in diesem Sinne jene gesellschaftlichen und politischen Visionen des aufgeklärten Bürgertums, die vor dem Hintergrund der industriellen Revolution erklärlich sind. Die pädagogische Orientierung kann somit auch als Ausdruck der virulenten ökonomischen Notwendigkeit einer Bildung und Ausbildung qualifizierter Arbeiter und Arbeiterinnen gedeutet werden, die den Bedürfnissen der rapide sich entwickelten Industrie angemessen ist.[96]

Die Entwicklung des neuen, gesellschaftlich orientierten Denkens im Radikalismus ist mit dem französischen Einfluß nur unzureichend erklärt. In England

[92] SILVER 1975, 11

[93] PLACE, zit. in: SILVER 1975, 14

[94] KRAMNICK 1985, 39

[95] PLACE, zit. in: SILVER 1975, 14

[96] James WATT, der Erfinder der Dampfdruckmaschine und engagierter »Radikaler«, steht hier beispielhaft für den engen Zusammenhang zwischen Erziehung und ökonomischer Nützlichkeit. Die Erziehung seines Sohnes ist exemplarisch für jene Auffassung: »Thus James Watt junior, after finishing his early schooling, spent a year gaining industrial experience at Wilkinson's ironworks, followed by three years' schooling at Geneva and Germany, where he attended science courses as well as learning foreign languages; there followed two years at Manchester to impose his knowledge of business.« (SIMON 1960, 37)

selbst existiert spätestens seit HEINRICH VIII., dessen Installation der »Church of England« auch als Einladung zur religiösen Selbstbestimmung gefaßt werden kann, eine breite Strömung religiösen Nonkonformismus', die gemeinhin als Dissentertum bezeichnet wird.

Die Dissenter, die aufgrund ihrer religiösen Überzeugungen von vielen Feldern gesellschaftlichen Lebens von vorn herein ausgeschlossen sind, haben naturgemäß nur wenig Interesse an einer partiellen Veränderung, wie etwa der Parlamentsreform, die ihre gesellschaftliche Lage nur peripher betreffen würde. Sie sind sich bewußt, daß ihre gesellschaftliche Lage in krassem Widerspruch zu ihren gesellschaftlichen Leistungen steht. So ist es die dissentersche Tradition, die, nachdem 1680 Restriktionen gegen ihr Recht, öffentlich zu lehren und zu predigen verhängt worden waren, eine Art » ›alternative‹ English educational system in the form of dissenting academies«[97] entwickelt. Dieses Erziehungssystem überdauert den Niedergang des englischen Schul- und Universitätsniveaus im späten 17. Jahrhundert und repräsentiert zeitweise allein qualifizierte Erziehung und Bildung in England.[98] Zugleich entwickeln die Dissenter-Akademien eine bemerkenswerte Offenheit gegenüber modernen philosophischen und pädagogischen Theorien; die Verbreitung der Ideen der Aufklärung sind im englischen Raum aufs Engste mit den dissenterschen Akademien verbunden, und auch der enorme Einfluß der Französische Revolution ist ohne die dissentersche »Vorarbeit« kaum vorstellbar, hat doch erst das Dissentertum »a range of institutions and activities in which ideas of social and political change circulated« [99] geschaffen. In pädagogischer Hinsicht hat die prinzipielle Offenheit und Diskussionsfreudigkeit des Dissentertums zur Folge, daß sich Konzepte entwickeln, die den jeweils neuesten, progressivsten Stand pädagogischer Auseinandersetzungen reflektieren, ohne daß die Grundlagen und Ausgangspunkte des pädagogischen Zwecks aus dem Blick geraten.

Im Mittelpunkt des dissenterschen Erziehungskonzeptes, wie es sich bei PRIESTLEY, KIPPES und FOURNEUX entwickelt, stehen vor allem drei Aspekte: Der Naturrechtsgedanke, die Anknüpfung an psychologistische Theorien und selbstverständlich die theologische Fundierung der Erziehung.

Die pädagogischen Implikationen des Naturrechtsgedankens verweisen auf das natürliche Recht eines Kindes, erzogen zu werden und zugleich auf das Recht der Eltern, diese Erziehung zu gewähren und den Inhalt der Erziehung zu bestimmen. PRIESTLEY und KIPPES verweigern in ihren erziehungstheoretischen Schriften dem Staat oder der Regierung weitgehend das Mitspracherecht in Fragen der Erziehung und insistieren statt dessen auf Erziehung als »exercise of private right and private

---

97 SILVER 1975, 7

98 vgl. BOWEN 1981, 136 f.

99 SILVER 1975, 7

enterprise«[100]. Die Verwahrung gegenüber staatlicher Einflußnahme und die Akzentuierung des privaten Charakter der Erziehung hat jedoch nicht zur Folge, »asoziale« Individuen zu erziehen; vielmehr wird als Erziehungsziel angesehen, » to fashion good citizens, acceptable members of the congregation, skilled in the department of human society« [101].

Die psychologischen Grundideen, die im Erziehungskonzept des Dissentertums zu Ausdruck gelangen, stehen in der lockeschen Tradition. Die Tabula-rasa-Konzeption, derzufolge der menschliche Geist (»mind«) ursprünglich frei von allen Eindrücken und Inhalten ist und in der Art einen unbeschriebenen Blattes (»white sheet of paper«) gedacht werden könne, also prinzipiell jede erzieherischen Beeinflussung ohne Limitation durch vererbte Dispositionen sich formieren könne, eröffnet der pädagogischen Anstrengung große Möglichkeiten. Der pädagogische Optimismus LOCKES, wie er von PRIESTLEY und insbesondere von FOURNEAUX im dissenterschen Horizont aufgegriffen wird, steigert sich hier nochmals dahingehend, daß der Wunsch nach Erfahrung, wie er beim Kind auszumachen sei, in eine gleichsam anthropologische Kategorie transformiert wird. FOURNEAUX spricht in diesem Zusammenhang von einem »desire and thirst of knowledge and instruction which is natural to the mind of man.«[102] Diese Ausrichtung auf die *Wünsche* des Kindes nimmt GODWIN auf und stellt sie ins Zentrum seiner pä-dagogischen Theorie. Die natürliche Aufnahmefähigkeit und der »Bildungshunger« des Kindes wird in der dissenterschen Erziehungstheorie im religiösen Sinne instrumentalisiert. Erziehung, wie jede geistige Anstrengung, ist immer auch Gottesdienst; Kardinalziel der Vermittlung von Wissen kann es nur sein, die Größe und Allmacht Gottes zu demonstrieren.

Auffallend in diesem Zusammenhang ist es, daß die Dissenter weitgehend darauf verzichten, die modernen Entwicklungen in Philosophie und Wissenschaft zu zensieren oder zu unterschlagen. Der religiöse Optimismus des Dissentertums ist stark genug, den Anfechtungen, die ja immerhin auch aus den Lehren eines LOCKE oder HUME erwachsen können mit souveränem Vertrauen in die Richtigkeit und Überlegenheit der eigenen Theologie gegenüberzutreten. Diese Souveränität mag ausschlaggebend sein für die hervorragende Stellung dissenterscher Schulen und Akademien. Das Dissentertum entwickelt ein Erziehungskonzept, das einerseits in unerschütterlichen religiösen Grundüberzeugungen wurzelt und andererseits beansprucht, im wissenschaftlichen und philosophischen Diskurs auf der Höhe der Zeit zu stehen. WATTS, ein Dissentergeistlicher und Pädagoge, charakterisiert treffend den Gehalt dieses Konzeptes, wenn er schreibt: »God and religion may be better known, and clearer ideas may be obtained from the amazing wisdom of our Crea-

---

100 LINCOLN 1938, 68

101 Ebd.

102 FOURNEAUX zit. in: LINCOLN 1938, 69

tor, and of the glories of the life to come, as well as the things of his life, by the rational learning and the knowledge of nature that is now so much in vogue.«[103]

GODWIN hat im Grunde diese Definition für die Notwendigkeit von Bildung beibehalten – und *Gott* mit *Wahrheit* bzw. *Gerechtigkeit* ersetzt. Seine Pädagogik, die besonders in den früheren Schriften der vernünftigen, am neuesten Stand der Erkenntnis orientierten Instruktion breiten Raum gibt, ist auch – ohne daß GODWIN in seinen Schriften solche Abkunft namhaft macht – eine *säkularisierte* Weiterführung des progressiven dissenterschen Bildungsideals.

1.2 »The most powerful instrument« – Der Erziehungsbegriff in »An Account«

»An Account of the Seminary that will be opened at Epsom in Surrey for the Instruction of Twelve Pupils in the Greek, Latin, French and English Languages«, so der volle Titel des »Erstlingswerkes« GODWINS zur pädagogischen Theorie, erscheint im Juli 1783 als eine Art Anzeige im »Morning Herald«. Obwohl im renommierten »Gentleman's Magazine«[104] der Text GODWINS wohlwollend besprochen wird, bleiben – bis auf wenige Ausnahmen – die Anmeldungen von Schülern aus, und das Projekt wird von GODWIN fallengelassen. GODWIN ist zwar bemüht, curriculare und didaktische Fragen in den Mittelpunkt seiner Darlegungen zu stellen; immer wieder jedoch verläßt er sein Thema zugunsten von Auseinandersetzungen allgemeiner philosophischer oder politischer Natur, auch wenn ROSENS polemische Anmerkung, es handele sich bei »An Account« um »more an exposition of a philosophical point of view than a prospectus of a new school«[105] hier überinterpretiert. LOCKE allerdings weist zu Recht darauf hin, daß GODWINS Schrift hinter den Erwartungen, die gemeinhin an die Vorstellung einer neuen Schule geknüpft sind, deutlich zurückgeblieben ist: »Nowhere is there mention of practical matters like classroom, facilities, the teacher and his qualification, fees, meals, or the length of terms.«[106]

Im »Account« dokumentiert sich GODWINS Verarbeitung der Einflüsse der französischen Materialisten (HELVÉTIUS, D'HOLBACH), GODWINS sehr spezifische Lesart ROUSSEAUS und seine Referenz an die pädagogischen und psychologischen Überlegungen, wie sie durch LOCKE vorgebracht worden waren. »An Account« ist zudem eine der ersten Arbeiten GODWINS überhaupt, die mit dem Anspruch verbunden sind, in die aktuelle politische Diskussion einzugreifen. GODWIN ist zur Abfassungszeit von »An Account« an einem Wendepunkt und – vorläufigem – Endpunkt seiner philosophisch-politischen Entwicklung angelangt und hat, nach

---

103 WATTS zit. in: LINCOLN 1938, 70

104 vgl. Gentleman's Magazine 1783, 688

105 ROSEN 1987, 150

106 LOCKE, D. 1980, 20 f.

vielfältigen Richtungswechseln, wie sie in der biografischen Skizze angedeutet wurden, eine formale und inhaltliche Basis gefunden, die für das pädagogische Denken, das sich in »Political Justice« und in »The Enquirer« ausdrückt, substantiell bleiben wird.[107]

1.2.1 Erziehung und Regierung

Die Macht der *Erziehung* und die Macht der *Regierung* und ihr Verhältnis zueinander sind die Ausgangspunkte für GODWINS pädagogische Konzeption in dieser Frühschrift. Die *Regierung*[108] nimmt Einfluß auf den erwachsenen Menschen[109], und dieser Einfluß ist gegenüber den Wirkungen der Erziehung zunächst prävalent. Erwachsene werden durch Regierungsgewalt und dadurch vermittelte Konventionen in einem künstlichen Gesellschaftszustand gehalten, der seine Stabilität im Grunde nur der Bewußtseinslage (mode of thinking) der Unterworfenen verdankt: »Let the most oppressed people under heaven once change their mode of thinking, and they are free«[110]. Dies heißt auch, daß der Freiheitsbegriff, den GODWIN hier vorstellt, vorrangig als rationale Potentialität gedacht ist. Freiheit ist nicht als ein über emanzipatorische Handlungen zu erkämpfendes Gut definiert, sondern als Bewußtseinsakt. Die Änderung der »mode of thinking« werden hier noch nicht mit sozialen Bedingungen verknüpft. Auch interessiert GODWIN sich nicht für die praktischen Folgen dieses Bewußtseinswandels. Freiheit bleibt in dieser Frühschrift ein *innerer Wert.*

Schon in diesen ersten Bestimmungen werden Nähe und Distanz zur Konzeption ROUSSEAUS[111] deutlich. ROUSSEAU hatte ebenfalls von einem *künstlichen* Gesellschaftszustand, historisch befestigt durch die Etablierung von Eigentum und daraus abgeleiteter gesellschaftlicher Macht, gesprochen[112]. Die Schlußfolgerungen

---

[107] vgl. FLEISHER 1971, 31

[108] *Regierung* (government) ist im godwinschen Sinne zunächst jede Form institutionalisierter Herrschaft. Die – von MONTESQUIEU übernommene – Differenzierung in monarchistische, despotische und demokratische oder republikanische Formen von Regierung (vgl. MONTESQUIEU 1973, 14 f.) wird von GODWIN zwar hinsichtlich der Klassifizierung der Ausdrucksformen von Herrschaft aufgegriffen – eine Präferenz, wie sie MONTESQUIEU der demokratischen Herrschaftsform zuschreibt, findet sich bei GODWIN allerdings nicht.

[109] Wie PRIESTLEY versteht GODWIN diese Einflußnahme als *soziale Tatsache.* PRIESTLEY hatte – im Unterschied etwa zu BENTHAM – der Regierung die organisierte Erziehungsfähigkeit nicht wirklich zuerkannt, sondern zunächst nur verlangt, die jeweilige Regierungsform als bedeutenden Einflußfaktor bezüglich der konkreten pädagogischen Handlungsbedingungen zu berücksichtigen. (vgl. hierzu: RÖSSNER 1986, 279 ff.)

[110] Acc, 150

[111] GODWIN weist ausdrücklich darauf hin, daß er viele seiner Überlegungen rousseauschen Anregungen verdankt. Zugleich betont er die Grenzen seiner ROUSSEAU-Rezeption: »The learned reader will readily perceive, that if I have not scrupled to profit from his (ROUSSEAUS, M.H.) discoveries, at least I have freely and largely dissented from him, where he appeared to me to wander from the path of truth.« (Acc, 153)

[112] vgl. ROUSSEAU 1983, 87; ROUSSEAU 1977, 22 ff.

seiner Analyse waren weitaus pessimistischer als die GODWINS. ROUSSEAU hatte bekanntlich im »Emile« eine *negative Erziehung*[113] vorgeschlagen und die vorläufige Exklusion der Schülerinnen und Schüler vom gesellschaftlichen status quo zur einer Bedingung für den erfolgreichen Verlauf des pädagogischen Prozesses erklärt. Eine simple Änderung des »mode of thinking«, wie sie GODWIN für den erwachsenen Menschen für möglich hält – und dies zunächst prinzipiell zu jedem Zeitpunkt und unter allen Voraussetzungen -, ist für ROUSSEAU undenkbar.

GODWIN deutet im gleichen Zusammenhang die Definition eines Gesellschaftsbegriffes an, die wiederum eine implizite Abhängigkeit von rousseauschen Überlegungen bezeugt: Historisch gesehen steht am Ausgangspunkt der gesellschaftlichen Entwicklung eine Welt, die »united in one community«[114] gewesen sei. Der gesellschaftliche Fortschritt erst führt zu komplexeren gesellschaftlichen Formationen.

In pädagogischer Hinsicht haben die verschiedenen gesellschaftlichen Formationen je unterschiedliche Erziehungssituationen und Vorausbedingungen für den pädagogischen Prozeß geschaffen; gemeinsam ist ihnen jedoch die Beschränkung jeder pädagogischen Anstrengung durch die *Regierung*. *Regierung*, so GODWIN, hat den Einfluß der Erziehung seit je limitiert. Während aber der quantitative Einfluß der *Regierung* unbestreitbar ist und – in dieser Hinsicht – dem pädagogischen Einfluß überlegen, so ist bezüglich qualitativer, substantieller Einflußnahme von einem Primat der Pädagogik zu sprechen: »It (der Einfluß der Regierung, M.H.) is indeed wider in its extent, but it is infinitely less absolute in its power.«[115] *Regierung* ist nicht imstande, den Menschen »virtuous or happy«[116] zu machen. Der erwachsene Mensch wird sich nur in wenigen »outward actions«[117] vom Einfluß der Regierung bestimmen lassen. Im Gegensatz hierzu sind die moralischen und charakterlichen – also substantiellen – Dispositionen – des Menschen Erziehungsergebnisse. *Regierung*, so der Kern dieser Vorüberlegungen, ist immer der Rahmen des pädagogischen Prozesses. Eine qualitative Einwirkung ist damit allerdings nicht verbunden. »Erziehung«, obwohl nicht außerhalb der Gesellschaft vorstellbar, leistet die qualitative Bestimmung des Menschen – und dies in relativer Autonomie vom Einfluß der Regierung.

1.2.2 Prolegomena einer pädagogischen Ethik

Die *Regierung* also beschränkt die erzieherische Anstrengung. Gleichzeitig aber ist Erziehung als machtvolle Interventionsmöglichkeit im gesellschaftlichen Prozeß

---

[113] vgl. ROUSSEAU 1962, 80 f., 111

[114] Acc, 152

[115] Acc, 150

[116] Acc, 151

[117] Ebd.

bestimmt, und damit ist zugleich die Frage nach dem Ziel und dem Inhalt dieser Erziehung aufgeworfen. Welche Gesellschaft soll die Erziehung antizipieren, welcherart sind die moralischen Kategorien, nach denen die Erziehung gestaltet werden soll, und woraus lassen sie sich begründen? Es geht GODWIN um die Begründung einer pädagogischen Ethik und damit um die philosophische Deduktion für eine *Moralerziehung*, die garantieren soll, daß die oben angesprochene *qualitative* Veränderung der Gesellschaft durch Erziehung realisiert werden kann.

GODWIN hat hierbei keine pädagogische Ethik »as an abstract science«[118] im Blick, sondern eine Moralerziehung, die einfache Unterscheidungen zwischen Tugend (virtue) und Irrtum (vice), wie sie vom Kind getroffen werden, unterstützt. Dies bleibt gebunden an den Entwicklungsstand des Kindes; Moralerziehung kann nur dann Aussicht auf Erfolg haben, wenn sie zu einem Zeitpunkt eingesetzt wird, zu dem die »intuitive faculty (...) by which we decide upon the differences of virtue and vice«[119] entwickelt ist. Dies ist dann der Fall, wenn die menschliche Erinnerungsfähigkeit (faculty of memory) sich herausgebildet hat: Erst dann kann vom Menschen als *moralischem Wesen* (moral being) gesprochen werden, das in der Lage ist, zukunftsorientiert und voraussehend zu denken und zu handeln. GODWIN nimmt in diesem Zusammenhang einmal mehr die Auseinandersetzung mit ROUSSEAU auf. Nach GODWINS Verständnis hatte ROUSSEAU bestritten, daß Kinder in der Lage seien, mit Voraussicht zu entscheiden. GODWIN bezieht sich auf die bekannte Aussage ROUSSEAUS, ein Kind würde, wäre es vor die Entscheidung gestellt, heute einer Bestrafung zu entgehen oder Belohnungen erhalten, wenn es dafür verspräche, morgen aus dem Fenster zu springen, unzweifelhaft zustimmen. ROUSSEAU hatte daraus eine Reihe moralpädagogischer Schlußfolgerungen gezogen, die allesamt eine Fähigkeit des Kindes, nach moralischen Kriterien zu handeln, in Abrede stellten. GODWIN verneint diese Konsequenz und die mit ihr verbundene Negation voraussehender Fähigkeiten beim Kind. Für GODWIN kann diese Negation nicht pauschal behauptet werden. Wenn Kinder einer bestimmten Altersstufe nicht in der Lage sind, sich Tod oder ähnliche eher abstrakte Phänomene vorzustellen, dann sagt dies noch nichts über die prinzipielle Fähigkeit zu Voraussicht (foresight) aus, einiges jedoch über eine Pädagogik, die mit solchen Abstraktionen an das Kind herantritt. »Foresight« ist – wie jede pädagogisch bedeutsame Fähigkeit – an den Entwicklungsstand des Kindes gekoppelt und deshalb kann auch von einer – wenn auch rudimentären – Fähigkeit zur Voraussicht für Kinder jener Altersstufen ausgegangen werden, die ROUSSEAU als zunächst unzugänglich für moralpädagogische Instruierung definiert hatte. Die Entschiedenheit, mit der GODWIN von dieser grundsätzlichen Fähigkeit des Kindes zur moralischen Urteilsfähigkeit spricht, hat Wurzeln, die über die in Frage stehende Aus-

118 Acc, 194

119 Ebd.

einandersetzung hinausweisen. Die Unterscheidungsfähigkeit zwischen G*ut* und *Böse*, *vice* und *virtue*, ist untrennbar mit der prinzipiellen Bestimmung des *Guten* bzw. *Bösen* in der Gesellschaft verbunden. In Anlehnung an ROUSSEAU verneint GODWIN die »existence of evil in connection with the Divine Will«[120] und bestimmt das *Böse* als Konsequenz falscher Überzeugungen. Daraus folgt, daß ein gesellschaftlicher Wandel, der jene falschen Überzeugungen modifizieren würde, auch das *Böse* in der Gesellschaft eliminieren würde. Diese Sicht ist keineswegs originell sondern fester Bestandteil des aufklärungsphilosophischen Diskurs.

Differenzen entwickeln sich erst in der Auseinandersetzung darüber, *wie* eine ursprüngliche, natürliche Gesellschaft *schlecht* werden konnte. ROUSSEAU hatte hierauf keine überzeugende Antwort geben können, was auch als eine der entscheidenden Schwächen seines Konzeptes angesehen wurde[121]. GODWIN geht nun nicht von einer ursprünglich *guten* Menschheit im Naturzustand aus, sondern ist der Auffassung, »that there is in mankind no natural bias towards either good or evil, and that everything depends on the forming of the mind, hence the all-importance of education.«[122] Dies bedeutet zugleich, daß es keine altersbezogene Beschränkung für eine Entfaltung zum »Guten« geben darf, und GODWIN begründet diese Sicht unter anderem mit dem lockeschen Tabula-rasa-Konzept: »Their minds (die der Kinder, M.H.) like a white sheet of paper, are susceptible to every impression. Their brain, uncrouded with a thousand confused traces, is a cause, that every impression they receive is strong and durable.«[123]

Daß GODWIN an dieser Stelle lockesche Positionen einführt, die von diesem primär in formallogischer Absicht entwickelt wurden[124], um eigene, inhaltliche Positionen zu begründen, ist typisch für godwinsche Verfahrensweisen[125] und wird

---

120 BOUTEN 1975, 138

121 Vgl. hierzu etwa ROUSSEAUS Darlegungen zum *Naturzustand* und seiner Aufhebung (ROUSSEAU 1983, 92f; 118). GODWINS historische Anthropologie setzt an den Auslassungen ROUSSEAUS ein: ROUSSEAU hatte die Frage nach dem Umschlag der Naturgesellschaft in die zivilisierte Gesellschaft nur andeutungsweise beantwortet. Die Genese des *Bösen* in der »unschuldigen« Naturgesellschaft bleibt weitgehend ungeklärt. GODWINS Anthropologie verschiebt kurzerhand den Akzent: Er negiert eine Ontologie von *Gut* und *Böse* – auch dies ein wenig beachteter Bruch mit theologischen Fundamentalismen – und läßt allein den Einfluß der Außenwelt via Eindrücke (im lockeschen Sinne) oder Erziehung als Konstitutionsbedingungen für *Gut* oder *Böse* gelten.

122 Acc, 194

123 Acc, 195

124 LOCKE hatte mit der tabula-rasa-Konzeption keineswegs einer ontologischen Relativität in Begrifflichkeiten wie *Gut* und *Böse* das Wort reden wollen. Seine Fundamentalethik kennt ein *göttliches Gesetz*, mit dem sich *Gut* und *Böse* definieren läßt, wenngleich diese Definition nicht mehr nur durch Offenbarung sondern auch empirisch gewonnen wird. (vgl. SPECHT 1989, 169 ff.) Auch im pädagogischem Zusammenhang steht es für LOCKE außer Frage, daß diese Begrifflichkeiten transzendentalen Ursprungs sind und *gerade deshalb* integrale Erziehungsinhalte darstellen: »Als ihre Grundlage sollen seinem Geist (dem des Schülers, M.H.) recht früh ein richtiger Begriff von G o t t, als dem unabhängigen Höchstem Wesen, dem Urheber und Schöpfer aller Dinge, eingeprägt werden.« (LOCKE, J. 1967, 125)

125 DRIVER und auch PREU haben darauf hingewiesen, daß solche Verfahrensweise das eigentlich Orginelle am gesamten godwinschen Denken sei. (Vgl. DRIVER 1967, 146, 148; vgl. PREU 1972, 23 f.)

noch an anderer Stelle nachweisbar sein. Hier gilt es festzuhalten, daß GODWIN eine fundamentale Rezeptionsfähigkeit des Menschen gewissermaßen ontologisiert und allein den richtigen, d.i. angemessenen, pädagogischen Zugang zur entscheidenden Bedingung der Moralerziehung erklärt.

GODWIN ist nicht der Auffassung, diese Rezeption sei rationaler Natur. Hier trifft er sich wieder mit der rousseauschen Akzentuierung der *Gefühle* (feelings, sentiments, sensations) als zentraler Ebene kindlicher Perzeption, aber auch mit den sensualistischen Konzeptionen, wie sie von HARTLEY, D'HOLBACH und HELVÉTIUS[126] in Anlehnung an LOCKE entwickelt worden waren. Moralische Werte werden zunächst durch die Phantasie (imagination) vom Kind aufgenommen, und demgemäß sollte sich die Vermittlung moralischer Werte gestalten. Moralische Werte sind auch nicht einfach von außen heranzutragende Inhalte, sondern können sich auf eine innere Struktur stützen, die GODWIN als Fähigkeit zur nicht-selbstinteressierten »benevolence« bezeichnet. Er spricht damit eine Diskussion an, die für die sensualistischen Konzeptionen von gravierender Bedeutung war: Es handelt sich um die Frage nach der Fundierung der inneren, moralischen Grundsätze. Da der Rückgriff auf metaphysische Setzungen, der bislang die Frage nach Abkunft und Entwicklung moralischer Maßstäbe eindeutig im Sinne einer transzendentalen Macht entschieden hatte, sich für die Aufklärungsphilosophie verbat und von ihr als unzulässiges weil nicht-rationales Ausweichen kritisiert wurde, mußte die Begründung der Moral oder des moralischen Verhaltens auf andere, vermittels der Befunde der positiven Wissenschaften oder durch auf Immanenz bezogene Spekulation gefunden werden.

HELVÉTIUS und D'HOLBACH hatten die Frage mit einem grundsätzlichen Streben des Menschen nach Gerechtigkeit beantwortet. Die Motivation dieses Strebens ist für HELVÉTIUS primär der Eigennutzen oder das Selbst-Interesse. Apodiktisch stellt er hierzu fest, daß Tugendhaftigkeit immer einem selbstbezogenen Streben nach Lust bzw. Schmerzvermeidung entspricht: »Lust und Schmerz, die Ursprünge der männlichen Tugenden, sind auch die Prinzipien der patriotischen Tugend. Die Hoffnung auf Belohnung läßt sie entstehen. Wie interesselos die Liebe auch sein mag, die man für die Tugend empfindet: Ohne Interesse, sie zu lieben, gibt es überhaupt keine Tugend.« [127] D'HOLBACH hatte ebenfalls das Interesse als die »einzige Triebkraft der menschlichen Handlungen« definiert, wobei Interesse »stets nur das sein kann, was jeder von uns für seine Glückseligkeit als notwendig erachtet.«[128] GODWIN verweigert sich dieser Ableitung des Strebens nach Gerechtigkeit oder Tugend, die im übrigen – mutas mutandis – als paradigmatisch für die gesamte utilaristische und empiristische Philosophie nach LOCKE

---

[126] vgl. D'HOLBACH 1960, 148, 512; HELVÉTIUS 1972, 85 f.

[127] HELVÉTIUS 1972, 220

[128] D' HOLBACH 1960, 231

gesehen werden darf und bestimmt statt dessen in Anlehnung an HUTCHESON Wohlwollen, Tugend und Güte als »disinterested benevolence«, die in »the human heart«[129] angesiedelt sei. FLEISHER hat darauf hingewiesen, daß hierin eine entscheidende Differenz zu den Konzeptionen von HELVÉTIUS und D'HOLBACH besteht: GODWIN erweitert die Fragestellung nach Handlungsmotiven, wo HELVÉTIUS und D'HOLBACH nur nach den Konsequenzen der Handlungen gefragt hatten, und kommt zu dem Ergebnis, daß jede *gute* Handlung zugleich dem Allgemeinwohl dienen und einem *wohltätigen* (benevolent) Motiv entspringen müsse. Die selbstischen Motive, die bei HELVÉTIUS und D'HOLBACH[130] das Allgemeinwohl garantieren, werden von GODWIN zurückgewiesen, seine Konzeption »contended that man is capable of genuinely desiring other men's happiness as well as his own.«[131] Das egoistische *Selbstinteresse* ist für GODWIN zuallererst ein Ergebnis der Erziehung. Ursprünglich wären Kinder *selbstlos,* und er erachtet es für eine pädagogische Fehlleistung, wenn das Prinzip des Selbstinteresses die gewissermaßen konstitutive »disinterested benevolence« ablöst. GODWIN verweigert sich hier schlicht der Entscheidung darüber, wie sich menschliche Gerechtigkeit begründet und wie sie sich ausformt. Der Verweis auf HUTCHESON ist nur vordergründig ein Ausweg: Auch HUTCHESON hatte vom Prinzip des »größten Glücks der größten Zahl« (SMITH) gesprochen und menschliche Tugend(-fähigkeit) ebenfalls auf ein *Interesse* zurückgeführt. »And in the same manner, for the moral Evil or Vice, is as the Degree of Misery, and Number of the Sufferers; so that, that Action ist best, which accomplishes the greatest Happiness for the greatest Numbers; and that, worst, which, in like manner, occasions Misery.« [132]

Eine prinzipielle Negation des *Interesses,* wie sie GODWIN HUTCHESON unterstellen möchte, kennt dieser nicht. Auch er intendiert eine Identität von Eigeninteresse mit Gemeininteresse. Für diesen Zusammenhang sei festgehalten, daß GODWIN eine Fundierung der Moralerziehung in der *interesselosen* Tugendhaftigkeit des Kindes anstrebt und daß sein pädagogisches Konzept eben diese Tugendhaftigkeit als *anthropologische* Dimension zum Ausgangspunkt nimmt: »The vices of youth spring not from nature, who is equally the kind and blameless mother of all her children; they derive from the defects of education.«[133] Wenn die Irrtümer und die Untugenden aber Effekte der (falschen) Erziehung sind, so ist klar, daß eine Erziehung, die von der grundsätzlichen und selbstlosen Tugendhaftigkeit des Kindes ausgeht, alle Aussicht auf Erfolg, also auf Heranbildung des tugendhaften, *guten* Kindes hat.

---

[129] Acc, 197

[130] vgl. D' HOLBACH 1960, 238 ff.; HELVÉTIUS 217 f.

[131] FLEISHER 1971, 68

[132] HUTCHESON zit. in: RÖSSNER 1984, 88

[133] Acc, 200

1.2.3 Didaktische Überlegungen

GODWIN diskutiert neben diesen philosophischen Grundüberlegungen eine Reihe didaktischer Fragen, die den Aufbau und den Verlauf des Unterrichts betreffen. Zunächst legt er hierbei seine Überlegungen zur Spracherziehung vor. Die frühe Unterweisung in klassischen Sprachen, wie sie für den Unterricht des 18. Jahrhunderts nicht nur im englischen Raum üblich war, hatte wiederum ROUSSEAU im »Emile« scharf kritisiert.[134] GODWIN verteidigt zunächst engagiert die Originalität und Natürlichkeit der Schriften der Klassiker, verwahrt sich gegen Übersetzungen derselben ins Englische (oder Französische), da hierbei die »best thoughts and expressions of an author«[135] verloren gingen und besteht schließlich darauf, mit dem Unterricht in den klassischen Sprachen im Alter von zehn Jahren zu beginnen, da die Kenntnis einer zweiten Sprache positive Auswirkungen auf das Verstehen der Muttersprache habe. Voraussetzung für diese Unterrichtung ist dabei für GODWIN immer, daß »the ideas are already competent to the capacity of the pupil.« [136] Die frühere Unterweisung wäre sinnlos, da das Kind den Lerninhalt nicht nachvollziehen könne. Auch sei dieses Alter – analog zu den Überlegungen ROUSSEAUS[137] – eine sensible Phase für die Annahme komplexer Lehrinhalte: »A youth of ten years is omnipotent, if we contrast him with a youth of eight.«[138]

Die didaktische Form seines Sprachunterrichts grenzt GODWIN von der herkömmlichen Praxis der bestehenden Schulen ab. Dort würden während eines zwölfmonatigen Unterrichtes stupide und unreflektiert grammatikalische Regeln »gepaukt«, ohne daß die innere Struktur grammatikalischer Formen vermittelt würde. GODWIN ist demgegenüber der Überzeugung, seinen Schülern den Kern grammatikalischer Gesetze in kürzester Zeit nahebringen zu können: »For my own part, I am pesuaded the whole business of grammar may be dispatched in a fortnight.«[139] Die weitere Ausbildung würde dann entlang der praktischen Anwendung dieser Grundregeln erfolgen. Die Ausbildung in Grammatik und in klassischen Sprachen sollte komplettiert werden durch eine Beschäftigung mit lebenden Sprachen, wobei hier vor allem Französisch genannt wird, das den Schülern etwa im Alter von neun Jahren beigebracht werden könne.

Weitaus mehr Aufmerksamkeit allerdings widmet GODWIN in diesem Zusammenhang der Frage nach dem Verhältnis zwischen Schüler und Lehrer, wie es sich seiner Auffassung nach in dieser Vermittlung von Wissen gestalten sollte. Alle

---

134 vgl. ROUSSEAU 1962, 100 f.

135 Acc, 158

136 Acc, 165

137 Ohne weitere Begründung verlegt GODWIN diese sensible Phase in das Alter von zehn Jahren; ROUSSEAU hatte Zwölfjährige als besonders aufnahmefähig beschrieben (vgl. ROUSSEAU 1962, 100).

138 Acc, 169

139 Acc, 179

Lehrinhalte sollten »with a smile«[140] präsentiert werden und GODWIN kritisiert hier pädagogische Vorstellungen, die gerade für jene in Frage stehende sensible Phase eine Disziplinierung akzentuieren. Die kindliche Sensibilität verlangt pädagogische Sensibilität: »There is not in the world a truer object of pity, than a child terrified at every glance, and watching, with anxious uncertainty, the caprices of a pedagogue.«[141]

Strenge (severity) ist nicht nur unangebracht, Strenge als Korrektiv verkennt auch den Ursprung kindlichen Fehlverhaltens. »Vices« (Irrtümer), die mit Autorität eliminiert werden sollen, verdanken sich gerade jener Strenge. GODWIN rekurriert an dieser Stelle auf die pädagogische Praxis der Antike, die – zumindest in seiner Lesart – niemals die Jugend gezwungen hätte, sich dem »inglorious yoke of a pedagogue«[142] zu beugen. Er negiert keineswegs die Notwendigkeit einer strukturierten, nach bestimmten Regeln organisierten Unterrichtsform. Allerdings sollten diese Regeln, nachdem sie einmal etabliert sind, auch vom Lehrer oder von der Lehrerin beachtet werden. Eines der gröbsten Fehlverhalten, deren eine Lehrerin oder ein Lehrer schuldig werden kann, ist für GODWIN die Launenhaftigkeit (caprice)[143], die eben auch dazu führen mag, daß eben diese die etablierten Regeln zu verletzen. GODWIN intendiert eine Regelhaftigkeit im Unterrichtsgeschehen, die einmal festgelegt wird und dann kontinuierlich und gewissermaßen *unbemerkt* den Unterrichtsverlauf leitet.

Diese prinzipiellen Überlegungen zu den »corruptions of modern education«[144], die wenig mit *antiautoritärer Pädagogik* im heutigen Sinne gemein haben, viel aber mit einer Affinität zum rousseauschen Gefühlsbegriff, wie er im »Emile« deutlich wird, leiten die engeren, unterrichtsbezogenen Erwägungen GODWINS ein. Er hält es für sinnvoll, mit Büchern zu arbeiten, die einfach und interessant gehalten sind, die Phasen der Vermittlung von Lerninhalten sollten auf die kindlichen Fähigkeit, Aufmerksamkeit zu bewahren, abgestimmt werden. Die pädagogischen Untugenden, mit Büchern zu arbeiten, die den Kindern gedankenloses Repetieren abverlangen oder auch ihnen Worte beizubringen, die sie nicht verstehen, werden von GODWIN scharf zurückgewiesen, ohne daß er – mit ROUSSEAU – die Liquidation jeder »zivilisationsgebundenen« Form von Literatur im Unterricht unterstützen würde. Polemisch gegen ROUSSEAU gewendet fragt er in diesem Zusammenhang: »Shall we return to a state of savage ignorance, because all the

140 Acc, 171

141 Acc, 172

142 Ebd.

143 Möglicherweise ist hier die Erinnerung GODWINS an den Unterricht bei Samuel NEWTON präsent. Dieser Unterricht – so zumindest lassen die biografischen Aufzeichnungen GODWINS vermuten – war nicht zuletzt der Unbeständigkeit NEWTONS unterworfen.

144 Acc, 174

advantages of civilisation have their attendant disadvantages?«[145] Seine Anwort hierauf ist eindeutig: Statt der radikalen Abkehr vom traditionellen Erziehungskonzept, wie ROUSSEAU sie in dieser Frage unternimmt, vertritt GODWIN einen gemäßigten Reformismus. Zu stark ist sein eigener Impetus, sich mit den »Klassikern« zu beschäftigen[146], als daß er diesen für ihn zentralen Bildungsinhalt einer vorschnellen Streichung opfern könnte. Er ist zudem davon überzeugt, daß nicht der Inhalt als solcher unvermittelbar sei, weil er künstlicher, zivilisatorischer Abkunft sei, sondern daß immer auch die didaktische Präsentation entscheidenden Einfluß auf das Ergebnis einer Erziehungssituation nimmt. Ohne daß die grundsätzlichen Differenzen anthropologischer Natur zwischen seiner Konzeption und den Vorstellungen ROUSSEAUS genauer artikuliert werden, deutet sich hier schon eine gewisse Favorisierung der Veränderungsfähigkeit beim Menschen an. Diese Fähigkeit ist, wie noch zu zeigen sein wird, für GODWIN ebensowenig an pädagogische Determinationen gebunden wie etwa an eine Notwendigkeit der Negation zivilisatorischer Beschränkungen, wie ROUSSEAU sie gefordert hatte.

Neben einem Unterricht in Grammatik, den »Klassikern« und in Französisch führt GODWIN als weiteres Fach seiner fiktiven Schule Geschichte ein. Auch hier stellt er sich zunächst die Frage, ob Geschichte »proper for uninstructed minds«[147] sei. Er schlägt einen Geschichtsunterricht vor, der gleichermaßen von der bloßen Faktenvermittlung und von der chronologischen Darstellung Abstand nimmt. Inhaltlich kritisiert er Geschichtsunterricht, der sich an Kriegführung oder Politik im allgemeinen orientiert und bezweifelt auch die »utility of the history of arts and sciences (...) as a general study«[148]. Geschichte soll anhand von lebendigen Beispielen vermittelt werden; es ist dabei darauf zu achten, nur solche Literatur zu verwenden, – GODWIN empfiehlt hierfür PLUTARCH und VERTOT – die diese Beispiele in möglichst einfacher Weise nahezubringen vermag. Das Erziehungsziel, das in GODWINS Sinne jedem Geschichtsunterricht zugrunde liegt, ist die Heranführung der Schüler an die gesellschaftlichen Verhältnisse und Verhaltensweisen:

---

[145] Acc, 184. ARGENTON mißversteht gründlich das Anliegen GODWINS, wenn er eine Übereinstimmung zwischen ROUSSEAU und GODWIN in der Kritik der Zivilisation präsumiert (vgl. ARGENTON 1977, 18 f). ARGENTON geht soweit, GODWIN eine »automatische Rückkehr zum freien Naturstaat« [*automatico riconfluire nel libero stato di natura* (ARGENTON 1977, 35; vgl. auch 45)] zuzuschreiben, was den Bildungsbegriff GODWINS ad absurdum führen würde. GODWIN kann im Gegenteil eher das Konzept einer *Zivilisierung der Natur* durch den Menschen unterstellt werden und ROSEN hat im selben Zusammenhang darauf hingewiesen, daß GODWIN gerade der *Gesellschaft* all jene Attribute zuordnet, die ROUSSEAU als *natürlich* angesehen hatte. (vgl. ROSEN 1987, 13).

[146] GODWINS leidenschaftliche Verehrung der griechischen und lateinischen Klassiker durchdringt sein gesamtes literarisches und philosophisches Schaffen. Mit Vorliebe erläutert er seine Positionen anhand von Beispielen aus der Antike. Seine biografischen Notizen beschreiben ihn als eifrigen Leser der Klassiker – in Hoxten etwa verging kein Tag »in which I did not read a portion first of the Greek, then of the Roman classics« (GODWIN, zit. in: WOODCOCK 1975, 15), und diese Praxis wird er zeitlebens beibehalten.

[147] Acc, 187

[148] Acc, 188

»It introduces us, without expences, and without danger, to an acquaintance with manners and society.«[149]

Insgesamt konzipiert GODWIN eine Unterrichtsform, die zwar in inhaltlicher Hinsicht einige Abweichungen zum »klassischen« Schulsystem Englands aufweist[150], ansonsten aber eher gemäßigt-reformerisch orientiert ist und sich von vermeintlichen rousseauschen Extrempositionen abzusetzen gedenkt. Erst seine Darlegungen, die die didaktische Form des Unterrichts betreffen, seine Ermahnungen und Anleitung der Lehrer und Lehrerinnen, und sein Insistieren auf die Beachtung der kindlichen *Kapazitäten* zeugen von seiner Differenz zur klassischen Ausbildung. So kritisiert er etwa eine Unterrichtspraxis, die dem Kind in extensiver Weise unnützes Faktenwissen oktroyieren möchte: »I would not have a child required to commit any thing to memory more than is absolutely necessary.«[151] Diese Begrenzung des Stoffes hält GODWIN deshalb für geboten, weil sie eine Voraussetzung für die freie und zwanglose Beschäftigung des Schülers mit Unterrichtsinhalten, die ihn wirklich interessieren, darstellt. Aus diesem Grund bietet GODWIN in seinem Schulprojekt auch weder Schauspielunterricht noch Kompositionslehre an[152]. Beide Fächer scheinen ihm unangemessen: Schauspielunterricht würde, abgesehen von den schon abgelehnten zusätzlichen *Wissensballast* für die Kinder Affektiertheit und Selbstgefälligkeit befördern, und Kompositionslehre ist eine inakzeptable Überforderung der Kinder, zumal sie – jedenfalls gemäß der Unterrichtspraxis der herkömmlichen Schulen – verlangt, die Schüler sollten Verse verfassen noch bevor sie imstande sind, die Struktur der Sprache nachzuvollziehen.

Damit der Schüler *versteht*, was die Erzieherinnen und Erzieher ihm nahebringen wollen, ist eine *Einfühlung* in die kindliche Aufnahmefähigkeit die höchste pädagogische Prämisse. GODWIN will pädagogische Situationen schaffen, die ein enges Verhältnis zwischen Erziehenden und Zu-Erziehenden garantieren. Daß dies in einer großen Gruppe von Schülern von vornherein unmöglich ist, hat GODWIN gesehen und deshalb eine geringe Klassenstärke (12 Schüler) vorausgesetzt. Zugleich verwirft er jedoch den Einzelunterricht, weil hierbei der Einfluß der Klasse als soziale Gruppe verloren geht. Diese Überlegungen zum *sozialen Lernen* werden im »Enquirer« ebenso wieder aufgegriffen werden wie die Bestimmungen des pädagogischen Verhältnisses.

Insgesamt ist »An Account« eine frühe Arbeit GODWINS zur Pädagogik, die einige wesentliche Fragen seiner Erziehungslehre vorwegnimmt. Insbesondere die im didaktischen Teil geforderte Orientierung der Erziehung an der Kapazität der

---

149 Acc, 192 f.

150 Vor allem das von ihm vorgeschlagene Alter für den Beginn des lateinischen Sprachunterrichts oder die besonderen Vorstellungen zur Vermittlung von Grammatik sind hier zu erwähnen.

151 Acc, 182

152 Beide Disziplinen wurden an einigen Eliteschulen gelehrt; der Unterricht in der herkömmlichen *Grammer-School* sah diese Fächer allerdings – von wenigen Ausnahmen abgesehen – nicht vor.

Schüler sowie die Kritik einer formalen, mit Strenge und Bestrafung einhergehenden Pädagogik werden für seine pädagogische Konzeption konstitutiv bleiben.

1.3 Vernunft und Autonomie – Menschenbild und Erziehungstheorie in »Political Justice«

GODWINS »Enquiry concerning Political Justice and its Influence on Morals and Happiness« erscheint, nach knapp zweijähriger Abfassungszeit, 1793 und macht den Autor schlagartig zum anerkannten und vielleicht zeitweise wichtigsten Apologeten des englischen Radikalismus. Wenngleich »Political Justice« nur eine von mehreren Schriften GODWINS ist, in der seine pädagogischen Überlegungen niedergelegt sind, so kommt diesem Werk doch schon deshalb eine Sonderstellung zu, als sich in ihm der Wendepunkt seines Konzeptes der Gefühle und Empfindungen im pädagogischen Prozeß beispielhaft darstellt: GODWIN hat »Polititical Justice« zweimal revidiert. Beide Revisionen betreffen – in unterschiedlichem Maße – die Wendung zu sensualistischen Anschauungen. Darüber hinaus ist »Political Justice« die philosophische Arbeit GODWINS, die seine Auffassungen zum politischen und philosophischen Begriff der Autonomie, wie er für seine Überlegungen zu einer freiheitlich orientierten Pädagogik bedeutsam ist, in dezidiertester Form präsentiert.

1.3.1 Anthropologische und philosophische Grundlegungen

1.3.1.1 Das Anlage-Umwelt-Problem und seine pädagogischen Implikationen

Die pädagogisch bedeutsame Frage nach dem Anteil von genetisch bedingten Einflüssen und Determinationen wird von GODWIN eindeutig beantwortet: Unter Bezugnahme auf LOCKE, auf HELVÉTIUS und D'HOLBACH entwickelt er in »Political Justice« eine konsequent durchgeführte Milieutheorie.

Die aristotelische Ethik, die Scholastik und zum Teil auch noch HOBBES begreifen die menschliche Urteilskraft oder die Fähigkeit des Menschen zwischen, *Gut* und *Böse* zu unterscheiden, und das *Streben nach Gerechtigkeit* als Ausdruck angeborener innerer Prinzipien, deren letztliche Begründung in einem *höchsten Wesen* zu finden sei. In seinem »Treatise concerning Human Understanding« hatte LOCKE die Vorstellung von angeborenen Ideen negiert und auf die *Erfahrung* als Konstitutionsbedingung für Ideen verwiesen.[153] GODWIN, der sich, zumindest in Hinblick auf die pädagogischen Schlußfolgerungen aus einer Milieuorientierung, ausdrücklich dem lockeschen Konzept anschließt, konzentriert sich in »Political Justice« auf drei zentrale Problemkreise, die sich aus der Anlage-Umwelt-Diskussion entwickeln. Er beschäftigt sich mit der Vorstellung eines *angeborenen Gerechtigkeitsgefühls*, mit *Instinkten* im weitesten Sinne und schließlich mit den Auswirkungen *frühkindlicher Einflüsse* auf die spätere Entwicklung des Individuums.

153 vgl. SPECHT 1989, 46 52

Angeborenes Gerechtigkeitsgefühl oder »innate principles of virtue« werden aus drei unterschiedlichen Gründen von GODWIN nicht akzeptiert. Zum einen ist das Basisargument für die Annahme eines angeborenen Gerechtigkeitsgefühl, nämlich die Nicht-Deduzierbarkeit bestimmter menschlicher Verhaltensmuster, mit einem progressiven, im Grunde unlimitierten, Entwicklungsgang der menschlichen Vernunft nicht kompatibel. GODWIN, und mit ihm der englische Empirismus und die französische Aufklärungsphilosophie, sind sich prinzipiell einig in der Opposition zu einer Epistemologie, die am Unerklärlichen endet und *Gott* oder eben *angeborene Prinzipien* einführt. Was nicht erkannt werden kann, kann entweder nur *noch* nicht erkannt werden oder, und dies wird von GODWIN in diesem Zusammenhang prononciert, der Erkenntnisweg hat bislang einen falschen, von Vorurteilen und Selbstbeschränkungen bestimmten Gang genommen. Die Annahme angeborener Prinzipien impliziert einen fortwährenden »appeal to our ignorance«[154] und verschließt sich gleichermaßen einem möglichen künftigen Erkenntnisfortschritt wie der vollen Anwendung des aktuellen Erkenntnisstandes der Wissenschaft. Letztere würde erweisen, daß die vorgebliche Existenz *angeborener innerer Prinzipien* eine bloße Simplifikation darstellt und daß die Genese allgemeingültiger menschlicher Prinzipien von Recht und Gerechtigkeit multikausale und genau zu deduzierende Wurzeln hat: »If we consider the infinitely various causes by which the human mind is perceptibly modified, and the different principles, argument, imitation, inclination, early prejudice and imaginary interest, by which opinion is generated, we shall readily perceive, that nothing can be more difficult than to assign any opinion, existing among the human species, and at the same time incapable of being generated by any of these causes and principles.«[155]

GODWINS Kritik am Einfluß der *Instinkte* auf das Individuum entwickelt sich in ähnlicher Weise. Auch hier ist die Selbstbeschränkung des Wissens und Erkennens sein Haupteinwand. Die Instinkttheorie verfügt in den Augen GODWINS eine Ruhigstellung der Vernunft. Sie verlangt die ungeprüfte Akzeptanz unerschlossener Phänomene als determinierte, nicht weiter ableitbare Evidenzen und präsentiert somit »the limits of what is already known, as the limits of human understandig.«[156] Darüber hinaus sind einige Konklusionen der Instinkttheorie begrifflich ungenau: Der Greifreflex und der Lidschlagreflex können nach GODWINS Auffassung mit ebensolchem Recht als umweltbedingte Phänomene definiert werden, da sie sich mit zunehmendem Alter des Individuums modifizieren (der Greifreflex wird zur *bewußten* Handlung, der Lidschlagreflex ist beim Kleinkind nicht beobachtbar) und ihre Irrestibilität verlieren.

---

154 PJ I, 28

155 Ebd.

156 PJ I, 32

Frühkindliche Eindrücke (»early impressions«) werden von GODWIN zwar grundsätzlich akzeptiert. Die Bedeutsamkeit dieser Eindrücke für die weitere Entwicklung des Individuums bleibt allerdings fraglich. Die ersten Eindrücke sind oberflächlicher Art. Sie haben nur geringen Einfluß auf den reifen Menschen und sind grundsätzlich korrigierbar. Die pädagogische Anstrengung ist hier in der Lage, Fehlentwicklungen, sofern sie sich ausschließlich aus frühkindlichen Eindrücken herleiten, in kürzester Zeit aufzuheben: »The skilful parent (...) knows that this evil ist not invincible, and sets himself with an undoubting spirit to the removal of the depravity. It often happens that the very impression, which, if not counteracted, shall decide upon the pursuits and fortune of an entire life, might perhaps under other circumstances be reduced to complete inefficiency in half an hour.« [157]

Diese optimistische Sicht der Möglichkeiten erzieherischer Korrektur frühkindlicher Eindrücke wird erst in der letzten revidierten Fassung von »Political Justice« (1798) formuliert. In der Urfassung diskutiert GODWIN in Anlehnung an HARTLEY die frühkindlichen Eindrücke ausführlicher und gewichtet die Bedeutung des pädagogischen Prozesses in früher Kindheit deutlich stärker. Falsche Erziehungsmaßnahmen legen den Grundstein für die Entwicklung des Kindes zum »Tyrannen« oder »Sklaven«[158]. Wenngleich auch in der Urfassung nicht von einer endgültigen Festlegung des Kindes durch frühkindliche Einflüsse gesprochen wird, so ist doch auffallend, daß GODWIN hier noch von entscheidenden Momenten in der kindlichen Entwicklung ausgeht, die besondere pädagogische Beachtung verdienen. Die Emendation dieser Anschauung widerspricht auf den ersten Blick der Revisionspraxis GODWINS: Ein Großteil der inhaltlichen Revisionen von 1798 schulden sich dem (neu)entdeckten Sensualismus bei GODWIN. Frühkindliche Eindrücke aber, darin sind ROUSSEAU, LOCKE und auch HARTLEY einer Meinung, sind in erster Linie emotional vermittelte Eindrücke. Eine Betonung dieser frühen Gefühlsprägungen wäre also für die Revision zu erwarten gewesen, nicht aber die Elimination derselben. Ein Erklärungsansatz für diese Revi-sionspraxis ist die zunehmende Distanzierung GODWINS von allen Determinationen menschlichen Verhaltens. Wenn die frühkindlichen Einflüsse zwar nicht mit einer definitiven Bestimmung im Sinne der Veranlagung vergleichbar sind, so deutet sich in ihnen doch eine Statik und Irreversibilität an, die für GODWIN zu diesem Zeitpunkt seiner philosophischen Entwicklung inakzeptabel ist. Das Individuum ist ad infinitum erziehbar und Feststellungen jedweder Art sind prinzipiell modifizierbar.

Der Nachweis darüber, daß der Einfluß von *innate principles*, von *Instinkten* und schließlich von *frühkindlichen Eindrücken* eine zu vernachlässigende Größe im pä-dagogischen Prozeß sei, wird von GODWIN mit der Intention erbracht, die alleinige Dependenz der Individuen von Umwelteinflüssen aufzuzeigen. Wenn die

---

[157] PJ I, 37

[158] vgl. PJ III, 142

Unterschiede zwischen den Individuen nicht angeboren oder in früher Kindheit unaufhebbar grundgelegt sind, dann kann es keine Ungleichheit in den Fähigkeiten und Möglichkeiten der Menschen geben. Lastenträger und Adeliger sind prinzipiell gleich; allenfalls über *Training* auszugleichende Unterschiede lassen sich feststellen. Sollte ein Gebildeter (wise man) möglicherweise über eine höhere *Gehirnkapazität* im Vergleich zu einem »Dummen« (fool) verfügen, so beweist auch dies nichts: Es könnte sich herausstellen, daß dies lediglich ein Ergebnis der »incessantly repeated action of the intellectual faculties«[159] des Erstgenannten ist. GODWIN gibt ein einziges Beispiel in dieser Diskussion der Einflüsse von Anlage und Umwelt auf die Entwicklung des Menschen, in dem er eine gewisse Angelegtheit von Fähigkeiten anerkennt: Herkules und sein Bruder, die zweifellos unterschiedliche Voraussetzungen aufweisen, würden, wären sie beide derselben Erziehung ausgesetzt, eine unterschiedliche Entwicklung nehmen. Der Bruder würde zwar auf die Höhe seiner Möglichkeiten gebracht; letztlich wäre er Herkules, dem die Umstände »most favourable in the outset«[160] gewesen sind, unterlegen. Dies widerlegt nicht die vorausgegangenen Überlegungen. Erziehung, so GODWIN, ist niemals identisch, da die äußeren Bedingungen immer variieren: »First, education never can be equal. The inequality of external circumstances in two beings whose situations most nearly resemble, is so great as to baffle all power of calculation.«[161]

Dies allein entscheidet über die verschiedenen Verläufe von Erziehungsprozessen, und nur die über die Erziehung vermittelten Eindrücke determinieren die Entwicklung des Menschen. Die Vermittlung der Eindrücke, die planvoll und unter Beachtung des Entwicklungsstandes des Educandus[162] zu organisieren sind, sind im Vergleich zu instinkthaften, animalischen Prädispositionen dominant. Die letzteren sind zugleich eine weitere Bestätigung für die anthropologische Sonderstellung des Menschen. Nirgends, so GODWIN, beweise sich die Außerordentlichkeit eines Vaters in seinen Söhnen, keinesfalls garantiere »Blutsverwandtschaft« künftige Superiorität. Allenfalls eine – hypothetische – *negative Erziehung*, die dem Individuum jeden Zugang zu Bildung verweigern würde und »absolutely de novo«[163] ihren Ausgang nehmen würde, hätte möglicherweise zur Folge, daß sich natürliche Anlagen auswirken würden; auch dies aber verlöre spätestens beim *Erwachen* (awakening) des Kindes zu geistiger Sebstbestimmung seine Einflußkraft. Jede ursprüngliche Differenz (original difference) tritt bei diesem *Erwachen* in den

---

159 PJ I, 38

160 Ebd.

161 PJ I, 39 HELVÉTIUS hatte ebenfalls darauf hingewiesen, daß »niemals zwei Menschen die gleiche Erziehung erhalten.« (HELVÉTIUS 1972, 45).

162 Wobei prinzipiell keine pädagogische Instruktion an das Alter des Kindes gebunden ist. Alles ist jederzeit lernbar!

163 PJ I, 41

Hintergrund, und ihr prägendes Potential auf das Individuum ist demgegenüber »almost nothing«[164]. Zu stark ist die Flexibilität und Veränderungsfähigkeit des Menschen, als daß diesen Prädispositionen peremptorische Bedeutung zukommen könne: »If the temper of the man appears in many instances to be totally changed, how can it be supposed that there is any thing permanent and inflexible in the propensities of a new-born infant? and, if not in the character of the disposition, how much less in that of the understanding?«[165] GODWIN setzt es hier als selbstverständlich voraus, daß dem *understanding* die eigentliche bildende Macht zueignet. Diese Vorrangstellung der Vernunft, des Verstehens ist – wie noch zu zeigen sein wird – der Leitgedanke seiner philosophischen Ansichten vor der Revision von 1798 und bestimmt konsequent seine Überlegungen zur Begründung eines milieutheoretisch orientierten Bildungskonzeptes. In der Verknüpfung der milieutheoretischen Ansätze mit der Vorstellung einer unbegrenzten Autorität der Vernunft setzt sich sein Konzept ebensosehr von den materialistischen Anti-Nativisten D'HOLBACH und HELVÉTIUS wie vom lockeschen Modell der *first impressions* ab. GODWIN akzeptiert weder die Begründung der Vernunft als ein Prinzip unter anderen, das der Disposition der *external circumstances* gänzlich unterworfen sei, noch kann er dem lockeschen Konzept an diesem Punkt ungeteilt zustimmen: LOCKE hatte mit seiner Konzeption der *einfachen Ideen* in gewisser Weise eine Prädominanz sensualistischer Prinzipien nahegelegt[166] und dergestalt die Vernunftentwicklung als kontinuierlichen, aber von der richtigen Rezeption der *first principles* abhängigen allmählichen Prozeß[167] dargestellt. Für GODWIN ist die Vernunft das Prinzip schlechthin. Ihre Kompetenz im Entwicklungsgang des Menschen ist unteilbar und darf durch die milieutheoretischen Bestimmungen ebensowenig eingeschränkt werden wie durch die Anmaßungen des Nativismus.

Die pädagogischen Schlußfolgerungen, die sich aus dem milieutheoretisch verankerten Konzept GODWINS entwickeln, akzentuieren konsequenterweise die Bedeutung der Vernunft im Erziehungsprozeß. Zum Kind soll in der Sprache der *Wahrheit* und der *Vernunft* gesprochen werden[168], es soll ihm gezeigt werden, was vom Erzieher oder von der Erzieherin selbst als wertvoll und erstrebenswert erachtet wird. Die (falsche) Auffassung von der menschlichen Begrenztheit durch angeblich angeborene Fähigkeiten war viel zu lange eine Fessel für die pädagogische Anstrengung: Solange Erziehung nur als *Entfaltung* (unfolding) gegebener Mög-

---

164 PJ I, 43

165 Ebd.

166 vgl. LOCKE, J. 1962, Bd. I, 139 f.

167 vgl. LOCKE, J. 1962, Bd. I, 124

168 Noch vernachlässigt GODWIN Fragen didaktischer Provenienz weitgehend: Wie zu einem Kind »vernünftig« und »wahrhaftig« gesprochen werden kann, ohne auf vollständiges Unverständnis zu stoßen, wird im erst in späteren, von gewissen praktischen Erfahrungen diktierten Schriften zur Pädagogik beschäftigen.

lichkeiten interpretiert wurde und nicht zusätzlich – wie es GODWIN fordert – als ein *Hinzufügen* (adding) von Wissen und Fähigkeiten, konnte sie nur innerhalb dieser Selbstbegrenzung agieren und demzufolge niemals die tatsächliche Extensität ihres Geschäftes erkennen. Die Folge ist ein circulus vitiosus der Selbstbeschränkung, der zugleich verantwortlich zeichnen würde für den autoritären Charakter solcher Pädagogik. Eine Pädagogik, die von angelegten Fähigkeiten ausgeht, ist statischer Natur: Wenn alle Fähigkeiten des Kindes im Sinne einer Begabung bereits vorhanden sind, so besteht die Gefahr, daß sie vermittels eines Gewaltaktes gehoben werden. Demgegenüber stellt GODWIN ein pädagogisches Konzept, das bei der grundsätzlichen Unabgeschlossenheit des Menschen seinen Ausgangspunkt nimmt und es primär dem Verhalten und der Sensibilität des Lehrers oder der Lehrerin zuschreibt, welchen Verlauf und welches Ergebnis der pädagogische Prozeß hat: »Education will proceed with a firm step and with genuine lustre, when those who conduct it shall know what a vast field it embraces; when they shall be aware, that the effect, the question whether the pupil shall be a man of perservance and enterprise or a stupid and inanimate doll, depends upon the powers of those under whose direction he is placed, and the skill with which those powers shall be applied.« [169]

1.3.1.2 Vernunft und Gefühle

Die ersten Annäherungen an die Untersuchung des Verhältnisses von Vernunft (reason) und Gefühlen (sentiments) und ihre jeweiligen Auswirkungen auf die menschliche Entwicklungsfähigkeiten und -möglichkeiten gibt GODWIN im Zusammenhang seiner Diskussion über den *freien Willen* oder die *freien Handlungen* (voluntary actions) des Menschen.[170] GODWIN akzeptiert zwar eine grundsätzliche Bestimmung des Menschen durch *Gefühle* und dies vor allem auch bei Kindern; letztlich ist aber der Verstand des Menschen die dominante Instanz. Anhand von Beispielen versucht GODWIN diese Dominanz zu beweisen: Der von Gefühlen und Empfindungen eingenommene Mensch befindet sich in einem Zustand der Labilität und ist jederzeit in einen anderen Gefühlszustand versetzbar. Der mit allen Sinnen Genießende wird durch die Nachricht vom Tode seines Vaters oder durch ähnliche Mitteilungen vergleichbarer Tragweite sofort in eine andere Stimmung versetzt sein. Gefühle und Empfindungen werden durch andere Gefühle und Empfindungen beeinflußt und abgelöst. Bedeutsam ist hier, daß GODWIN zunächst nur von Prozessen spricht, die sich ausschließlich im emotionalen Bereich abspielen. Nicht die Vernunft greift in das emotionale Geschehen ein, sondern eine andere Emotion. Diese Sicht ist eine Referenz an HARTLEY und seine Assoziationslehre, der das Prinzip der sensualistischen Dynamik, die nicht durch bloßen

---

[169] PJ I, 44

[170] Eine sehr detaillierte und kenntnisreiche Darstellung des Problems des *freien Willens* bei GODWIN findet sich bei AMMITZBØLL (vgl. AMMITZBØLL 1991, 44 – 51; 54 -56)

Vernunfteingriff zu steuern ist, als erster konsequent entwickelt hatte. Auch die von HELVÉTIUS formulierte anthropologische These vom Menschen als einem *animal purely sensual*[171] zitiert GODWIN zustimmend und kündigt an, sie zum Grundgedanken seiner Überlegungen zu machen. Unmittelbar nach dieser Ankündigung allerdings stellt er die Empfindungen rationalen Wahrnehmungen gegenüber, um zu dem Schluß zu gelangen, daß Empfindungen ohne die Kombination und Verknüpfung mit vernunftgemäßen, rationalen Erkenntnis- und Wahrnehmungsmethoden im Grunde nicht zu Genüssen (pleasures) werden können: »Our sensual pleasures, commonly so called, would be almost universally despised, had we not the art to combine them with the pleasures of intellect and cultivation. No man ever performed an act of exalted benevolence, without having sufficient reason to know, at least so long as the sensation was present to his mind, that all the gratificatons of appetite were contemptible in the comparison.«[172]

Diese Verknüpfung gilt auch umgekehrt: Schmerz, das sei durch historische Beispiele hinreichend nachgewiesen, »has been condemned and defied by the energies of intellectual resolution.«[173] Immer sei die Vernunft jene Kraft gewesen, die über die körperlichen Angriffe gesiegt hätte, und daraus lasse sich ablesen, daß die Herrschaft der Vernunft über die Empfindungen für den Menschen geradezu charakteristisch sei: »Man is not a vegetable to be governed by sensations of heat and cold, dryness and moisture. He is a reasonable creature, capable of perceiving what is eligible and right, of fixing indelibly certain principles upon his mind, and adhering inflexibly to the resolutions he has made.«[174]

Diese Sätze machen im Grunde die einleitenden Zugeständnisse an HARTLEY, HELVÉTIUS und D'HOLBACH zu einem Lippenbekenntnis. Die Trennung vom Vernunftbegriff eines HELVÉTIUS, der sich fast ausschließlich aus einer synoptischen Sicht verschiedener, in bestimmten Hierarchien zueinander stehender Empfindungsassoziationen konstituiert, könnte kaum deutlicher ausgesprochen werden. Konsequent läßt GODWIN unmittelbar nach seiner Darstellung der Beschränktheit der Empfindungen anklingen, daß die Vernunft prinzipiell infinit ist und deshalb insbesondere langfristig einen weitaus größeren Einfluß auf das Leben und Handeln des Menschen zu nehmen vermag.[175] Progressive Vernunft ist der Gegenbegriff zu statischen, in konditionierter Weise ablaufenden Sinneswahrnehmungen. In ganz ähnlicher Weise behandelt GODWIN die Frage nach den *Neigungen* (passions), die nach der Assoziationslehre und auch im Sinne von LOCKE *Gefühlskombinationen* darstellen und sich von den »einfachen Ideen« (LOCKE) oder direkten

---

[171] vgl. HELVÉTIUS, 105 ff.

[172] PJ I, 76

[173] PJ I, 78

[174] PJ I, 79

[175] vgl. PJ I, 80

Sinneseindrücken unterscheiden. Auch für jene *Neigungen* war als sensualistischer Konsens erklärt worden, nur andere Neigungen können sie ablösen, es sei sinnlos, *passions* mit Vernunftmaßstäben zu messen und den Einklang mit der Vernunft zu fordern. GODWIN stimmt zu und verweigert sich zugleich der Einschränkung der Vernunft, die diese Sicht seiner Auffassung nach zur Folge haben könnte: » (...) it is true, that the only way to conquer one passion is by the introduction to another; but it is equally true that, if we employ our rational faculties, we cannot fail of thus conquering our erroneous propensities. The maxims therefore are nugatory.«[176]

Tatsächlich führt GODWIN damit das eigentliche Anliegen der sensualistischen Assoziations-Theorie ad absurdum. Es war ja durchaus das Ziel der Sensualisten, die Vernunft als Ableitung aus der sinnlichen Erfahrung und damit letztendlich aus der »Materie« im weitesten Sinne zu beschreiben. Beabsichtigt war damit auch eine deutliche Abgrenzung zu metaphysischen Positionen. GODWINS Überbetonung der Macht der Vernunft über die Gefühle und die nur beiläufig erwähnte Ableitung der Vernunft aus der Sinnlichkeit steht hier in der Gefahr, in metaphysischen Kategorien zurückzufallen, was GODWIN-Interpreteten wie F.E.L. PRIESTLEY veranlaßt hat, Platonismus als eine treibende Kraft im Denken GODWINS zu bestimmen[177] oder dazu geführt hat, GODWIN als Illusionär zu betrachten, der seine Denkvoraussetzungen zu wenig hinterfragt und es »quietly takes for granted that reason is the sole and sufficient force by which men are or may be guided«.[178]

Die eigentliche Begründung für diese starke Akzentuierung der Vernunft liegt aber nicht in metaphysische Setzungen oder Illusionen über die menschlichen Fähigkeiten, sondern in einem Vertrauen auf die Dynamik der Vernunft, die GODWIN durch metaphysische Ableitungen ebensowenig eingeschränkt wissen will wie durch die materialistischen Beschränkungen, die der Sensualismus notgedrungen mit sich bringt. Die Vernunft, so GODWIN, ist nicht durch Natur und nicht durch Instinkte, deren Existenz überdies auch grundsätzlich in Frage steht, nicht durch Gefühle und nicht durch »Neigungen« einschränkbar. Immer läßt sich entweder eine Wechselbeziehung beobachten – wie zwischen Neigungen und einer Vernunft, die diese Neigungen erst als solche erkennbar macht -, oder es ist die Vernunft, die die Sinnlichkeit in ihren verschiedenen Variationen lenkt und leitet[179]. Dieser Begriff von Vernunft ist in seiner Unbeschränktheit das eigentliche Ergebnis seiner Überlegungen zu Gefühl und Vernunft. GODWINS Duktus erreicht

---

176 PJ I, 82

177 vgl. PJ III, 8 f.; Zur Auseinandersetzung um den »Platonismus« in GODWINS Philosophie vgl. auch POLLIN 1962, 13 ff.

178 STEPHEN 1899, 76

179 MONRO geht soweit, die Empfindungen bei GODWIN als eine Art »Erfüllungsgehilfen« der Vernunft zu deuten: Die angemessenen (appropriate) Empfindungen würden bei GODWIN sich als Ergebnis der Perfektionierung der Vernunft einstellen, also das Produkt intellektueller Prozesse darstellen: »When we really see something clearly, instead of ›looking at things from a distance‹, the appropriate emotion comes of itself.« (MONRO 1953, 33)

polemisches, wenn nicht doktrinäres Niveau, wenn er schreibt: »Sound reasoning and truth, when adequately communicated, must always be victorius over error: Sound reasoning and truth are capable of being so communicated: Truth is omnipotent: The vices and moral weakness of man are not invincible: Man is perfectible, or in other words susceptible of perpetual improvement.«[180]

Insgesamt betrachtet hat GODWIN das Verhältnis zwischen Vernunft und Gefühlen oder Empfindungen in »Political Justice« unmißverständlich bestimmt: Zwar werden die empirischen Befunde des Sensualismus und der Assoziationslehre in die Untersuchung mit einbezogen. Die Konklusionen aber fallen entschieden zugunsten der *Macht der Vernunft* aus. Im Folgenden ist deshalb zu fragen, was GODWIN unter Vernunft versteht und insbesondere, welche pädagogischen Implikationen dieser Vernunftbegriff beinhaltet.

1.3.1.3 Die *Unendlichkeit der Vernunft* – GODWINS »Perfectibility-Begriff«

Wahrheit, so wurde von GODWIN versichert, ist allmächtig, vorausgesetzt, sie wird in richtiger, d.i. *vernünftiger* Weise kommuniziert und *verstanden*. Grundsätzlich ist dies auch der Fall, denn der Mensch ist ein »rational being«[181], und sollte er sich dessen verweigern oder nicht über die Kapazitäten zur vernünftigen Kommunikation verfügen, so gehört er praktisch nicht länger zur menschlichen Gemeinschaft: »If there be any man who is incapable of making inferences for himself, or of understanding, when stated in the most explicit terms, the inferences of another, him we consider as an abortive production, and not in strictness belonging to the human species.«[182]

Diese beunruhigende Ausschlußlogik[183], die auch in den Diskussionen über die Grenzen der Erziehung in Bezug auf *Idioten* (brutes) oder geistig Minderbemittelte von GODWIN wieder aufgegriffen wird, ist die Konsequenz aus einem Denken, das sich auf *ein* Prinzip stützt, das als Grundlage und Ausgangspunkt für alle Ableitungen philosophischer und pädagogischer Art fungiert. Dieses Prinzip ist bei GODWIN die Vernunft bzw. die Wahrheit als Inhalt und Ziel der Vernunft. Auffallend ist hierbei, daß es GODWIN strikt vermeidet, die Wahrheit oder die Vernunft in irgendeiner Weise zu deduzieren. Es handelt sich um nicht hinterfragbare Evidenzen.[184]

---

180 PJ I, 86

181 PJ I, 88

182 Ebd.

183 Pointiert weist POLLIN auf diesen Umstand hin, wenn er GODWINS Vernunftbegriff attestiert, daß dieser den Menschen vor die Wahl stelle, »either rational or not human« (POLLIN 1962, 3) zu sein.

184 PHILP hat darauf aufmerksam gemacht, daß GODWIN möglicherweise auch deshalb keine Notwendigkeit darin sieht, hier genau zu definieren, weil seinem dissenterscher Hintergrund »Letztbegründungen« fremd sind, und diese Tradition »simply assumes that we have a deep and abiding obligation to truth and that such truths are sufficient to motive moral acts.« (PHILP 1986, 32)

Diese Evidenzen werden nur dadurch limitiert, daß die Individuen zuwenig Anstrengung zur Erlangung der Wahrheit aufgewendet haben oder aber daß eine verfehlte Kommunikation (oder eine verfehlte Erziehung) die Erkenntnis der Wahrheit verhindert hat. Dies aber sind menschliche Schwächen, die dem übermenschlichen Prinzip der Wahrheit und ihrer Durchsetzung nur kurzfristig Behinderung sein können. Die Wahrheit ist auf die Zukunft ausgerichtet. Was heute nicht oder noch nicht als »wahr« erkannt wird und insofern die allgemeine Durchsetzung der Wahrheit behindert, kann durch den menschlichen Erkenntnisfortschritt, den »progress of knowledge« in der nächsten Generation beseitigt sein: »Perhaps it will be said that, though the effect of truth may be obscured for a time, they will break out in the sequel with double lustre.«[185]

Wahrheiten, die noch nicht als Wahrheiten verstanden werden, sind noch nicht kommunizierbar und können deshalb nicht als »sound reasoning« gefaßt werden. Dennoch sind sie Wahrheiten, die gewissermaßen auf die Generation warten, die sich ihrer annimmt und in der Lage ist, ihren Wahrheitsgehalt zu identifizieren und nutzbar zu machen. GODWIN vergleicht die Wahrheit in diesem Zusammenhang mit einem Künstler, der seinem Instrument nur jene Töne entlocken kann, die dieses Instrument technisch hervorbringen kann. Der Mensch im Zustand der nicht vollständig kommunizierten Wahrheit – also der nicht vollständig gebildete Mensch – ist dieses Instrument. Die Begrenzung der Wahrheit ist der begrenzte Mensch. Zu dieser Begrenzung gehören auch die Fehler (vices) und die moralische Schwächen des Menschen, die in »ignorance und error«[186] sich begründen und für gewöhnlich der Kraft der Vernunft und der Wahrheit unterlegen sind und bei richtiger Vermittlung eliminiert werden können, denn »truth is more powerful than any champion that can be brought into the field against it; consequently truth has the faculty of expelling weakness and vice, and placing nobler and more beneficient principles in their stead.«[187] Wahrheit oder Vernunft sind nicht nur in der Gefahr, durch falsche Kommunikation oder falsche Erziehung beschränkt zu werden. Auch die Gesellschaft, vermittelt über Regierung und Staat, sowie über gesellschaftliche Konventionen können hier einen Zwang ausüben, der der Entfaltung der Vernunft antagonistisch sein kann. GODWIN definiert deshalb die optimale Vernunftentwicklung als individuelle, durch Gesellschaft und Regierung nicht manipulierte Anstrengung. Höchste Priorität hat hier das sogenannte »own judgement« oder »private judgement«[188], also die autonome Urteilsfähigkeit des Menschen. Sie garantiert die Genese der Vernunft.

---

[185] PJ I, 90

[186] PJ I, 92

[187] Ebd.

[188] Der philosophische Ursprung dieses Begriffes bei GODWIN ist nicht klar auszumachen. Es ist nicht zu entscheiden, ob hierin in erster Linie eine Reminiszenz an dissentersche Traditionen im Vordergrund steht, in der das Recht auf das private, religiöse Urteil essentiell war. ROUSSION favorisiert diese Erklä-

Wenn die Wahrheit als zwar blockierbar, aber doch als grundsätzlich überlegen eingeschätzt wird, so ist der menschlichen Entwicklungsmöglichkeit in Richtung dieser Wahrheit nahezu uneingeschränkte Expansion zugestanden. Der Mensch ist nach GODWINS Auffassung vollkommen (perfectible[189]), was vornehmlich besagen soll, daß er sich kontinuierlich vervollkommnet und fortschreitet. Dieser Vervollkommnungsprozeß ist unabschließbar. GODWIN insistiert darauf, daß der statische Begriff »Vollkommenheit« (perfection) in diesem Sinne sogar das Gegenteil des von ihm Gemeinten ausdrücken würde: »The term perfectible, thus explained, not only does not imply the capacitiy of being brought to perfection, but stands in express opposition to it. If we could arrive at perfection, there would be an end to our improvement.« [190]

Vollkommenheit bzw. Vervollkommnung sind also nichterreichbare Ziele, und eben ihre Nichterreichbarkeit garantiert die innere Dynamik des kontinuierlichen Strebens nach Vollkommenheit. Die Gründe für die Nichterreichbarkeit der Vollkommenheit sind im Menschen und seiner anthropologischen Grundverfassung zu finden: Der Mensch ist in seiner Wahrnehmungs- und Rezeptionsfähigkeit von Natur aus eingeschränkt. Hier werden die aristotelischen Qualitäten eingeführt, denen zufolge der Mensch nicht gleichzeitig an verschiedenen Orten sein kann oder die Essenz der Dinge zu erkennen vermag. Auch die empirischen Vorbehalte des Sensualismus im Sinne LOCKES, dessen Lehre von den einfachen und komplexen Eindrücken die menschliche Rezeptionsfähigkeit gerade in dieser klaren Definition beschränken, sind für GODWIN Beleg für die Grenzen der menschlichen »perfectiblity«. Es ist aber wichtig festzuhalten, daß diese Begrenzungen noch nichts über das Prinzip der Vervollkommnung aussagen: Selbst wenn der Mensch niemals den Zustand der Vollkommenheit erreichen kann, so ist es doch die Aufgabe seines Lebens – und die Erziehung bildet den Ausgangspunkt für die Bewältigung dieser Aufgabe -, diesen Versuch zu unternehmen. »Vervollkommnung« und »Verbesserung« sind die zentralen philosophischen und pädagogischen Maximen, die GODWIN am unendlichen Vernunftbegriff deduziert.

GODWIN sieht dabei den progressiven Gang der menschlichen Vervollkommnung nicht nur im Individuum bestätigt, das nach Wissen und Vervoll-

---

rung. Er spricht in diesem Zusammenhang von einem »kernel of anarchism which is at the heart of Protestantism« (ROUSSION zit. in POLLIN 1962, 18) und will damit auf die Tendenz zur radikalen Autonomie, wie sie dem Dissentertum eigen war, hinweisen. Ein anderer Begründungsansatz wäre der godwinsche Rekurs auf die Französische Revolution, von der er zumindest vor der jakobinischen Diktatur eine Regierungsform erwartet, die so einfach (simple) wie möglich sich organisiert und damit der Autonomie des *own judgement* breitestmöglichen Raum gibt. Schließlich wäre auch denkbar, daß das Primat des *own judgement* bei GODWIN seine Opposition zu den aufkommenden Massenbewegungen ausdrückt, die seine Ausführungen zur *National Education* begleiten wird.

189 *Perfectible* oder *perfectibility* bezeichnet im Englischen sowohl den *Status* der Vollkommenheit als auch den *Weg* zur Vollkommenheit. Für GODWIN ist vor allen Dingen die Bewegung und Dynamik des Perfektibilitäts-Begriffs von Relevanz und damit die *Vervollkommnung* des Menschen.

190 PJ I, 93

kommnung trachtet, sondern auch in der Entwicklungsgeschichte der Menschheit als solcher. Er verwahrt sich gegen Auffassungen, die eine Konstanz und Unveränderlichkeit der menschlichen Entwicklung konstatieren möchten. In der Geschichtsbetrachtung sollte immer bedacht werden, daß zwar von den Kenntnissen der Vergangenheit heute noch wissenschaftlich profitiert werden kann; eine Geschichtsauffassung, die sich in der Bewunderung der »Weisheit der Ahnen« verliert und so »no room for future improvement«[191] aus der Geschichtsbetrachtung eröffnet, wird von GODWIN zurückgewiesen. Geschichte und Geschichtsbetrachtung haben einen zukunftsweisenden Charakter; wo dies unterschlagen wird, kann Geschichte nur statisches, für Gegenwart und Zukunft bedeutungsloses Repetieren von Vergangenheit bedeuten. GODWIN ist zudem der Auffassung, daß sich auch für die moralischen Qualitäten der Menschheit eine langsame aber kontinuierliche Verbesserung nachweisen lasse – eine Vorstellung, die für seine Erläuterungen zum Revolutionsbegriff aber auch für die Relevanz, die er pädagogischen Bemühungen zumißt, von einiger Bedeutung ist: Die allmähliche moralische Verbesserung des Menschen kann die revolutionäre Umwälzung für obsolet erklären, und GODWIN wird unter dem Eindruck der Französischen Revolution und insbesondere unter dem Eindruck des jakobinischen Terrors diese Auffassung nicht nur befestigen, sondern sie zu einem Prinzip seiner Gesellschaftstheorie entwickeln.

1.3.2 Bildungskritik in »Political Justice«

1.3.2.1 Kritik am monarchischen Bildungsbegriff

GODWIN entwickelt in »Political Justice« eine Bildungskritik, die sich stark an seine Kritik an den verschiedenen Formen von *Regierung* anlehnt, implizit aber auch schon seine grundsätzlichen, jede Form von Erziehung und Bildung betreffenden Einwände und Korrekturvorschläge inkludiert.

Eines der wesentlichsten Anliegen von »Political Justice« ist es, den Nachweis zu erbringen, daß *Regierung* – gleichwelcher Form – nichts anderes ist als ein *notwendiges Übel* und daß die Anstrengungen von Philosophie und Politik dahingehend zu orientieren seien, jenes Übel weitgehend überflüssig zu machen. Zielvorstellung für GODWIN ist eine Gesellschaft *vernünftiger Individuen*, die in der Lage sind, autonom über ihr Leben zu verfügen und zu bestimmen und die nur die notwendigsten sozialen Angelegenheiten delegieren. Diese Utopie steht in krassem Gegensatz zu Gesellschaftsformationen, die die Delegation von Macht als innerstes Herrschaftsprinzip zugrunde legen, also zu monarchischen, aristokratischen aber auch demokratischen Gesellschaftssystemen.

Die Monarchie und hier insbesondere die absolute Monarchie als jene Herrschaftsform, die die maximale Vereinigung von Macht in einer Person darstellt, ist

[191] PJ I, 119

konsequenterweise für GODWIN das Gegenbild zur Konzeption einer auf Autonomie der Individuen gegründeten Gesellschaft.

GODWIN eröffnet seine Kritik an monarchistischer Ideologie und Praxis, die weite Teile des zweiten Bandes von »Political Justice« bestimmt, bemerkenswerterweise nicht mit einer Gesamtanalyse dieser Form von Herrschaft, sondern wendet sich dem eigentlichen Träger und Repräsentanten dieser Herrschaft zu, dem absoluten Monarchen. Ausgehend von seiner Überlegung, daß die Erziehung, als »the most powerful instrument« der Reform einer Gesellschaft gelten kann, ist umgekehrt die Erziehung eines Monarchen von entscheidender Bedeutung für die Stabilität der monarchistischen Gesellschaft: Der hierarchischen Orientierung der Monarchie gemäß hat die Bildung und Erziehung des Monarchen erhebliche Auswirkungen auf das politische Leben der monarchistischen Gesellschaft. GODWIN macht in seiner Beschreibung der Möglichkeiten und Grenzen einer Erziehung des Monarchen deutlich, daß er keineswegs mit einer *richtigen* Erziehung des Souveräns, wie sie im jesuitischen Konzept oder auch in MACHIAVELLIS »Il Principe« zum Ausdruck kommt, Erwartungen verknüpft. Vielmehr kommt er in seiner Analyse einer *Prinzenerziehung* zu dem Schluß, daß Erziehung und Bildung von Monarchen von vornherein Beschränkungen ausgesetzt sind, die einen tatsächlichen Fortschritt der Vernunft, also GODWINS Bildungsziel schlechthin, verunmöglichen.

Den Hintergrund für diese Negation bildet GODWINS entschiedene Zurückweisung aller nicht aus dem *private judgement* bzw. der autonomen Urteilsfindung abgeleiteten Zwangsmaßnahmen oder Herrschaftsformen. Die Monarchie und die Aristokratie stehen par excellence für solche Herrschaftsformen. Die Fundierung einer Autorität aus Tradition oder aus einer Erbfolge haben im godwinschen Sinne nichts gemein mit einer aus Überzeugung und Diskussion gewonnenen Unterordnung des Individuums unter eine – zeitweise – überlegene Autorität. Selbst diese Autorität kann GODWIN nur akzeptieren, wenn sie auf jegliches Zwangsmittel verzichtet und wenn sie *personifiziert* auftritt, d.h. wenn der *Nachbar* davon überzeugen kann, daß seine Urteile dem Sachverhalt mehr entsprechen und deshalb der Wahrheit näher sind. Adlige und insbesondere Königinnen oder Könige sind zu solcher Form der kollektiven Urteilsfindung weder bereit noch fähig. Diese grundsätzliche Unfähigkeit wiederum leitet sich ab aus der besonderen Form von Erziehung, wie sie für Prinzen oder andere, von Geburt an zur Herrschaft prädestinierte Menschen vorgesehen ist. Fürsten- oder Prinzenerziehung ist immer mit der Installation von künstlichen, mit dem Leben der Allgemeinheit in keiner Verbindung stehenden Rahmenbedingungen verknüpft[192]. Der Prinz oder Fürst wird in einem

---

192 PREU hat darauf hingewiesen, daß GODWINS Kritik an der monarchistischen Herrschaftsform von SWIFT beeinflußt ist (vgl. Preu 1972, 35 – 46). Auch in der Frage der Prinzenerziehung zeigen sich auffallende Parallelitäten: SWIFT hatte ebenfalls von der negativen Auswirkung exklusiver Erziehung bei

beschützten, jedem unkontrollierten Umwelteinfluß entzogenem Klima erzogen, seine Sonderstellung durchdringt jede erzieherische Maßnahme: »He ist dressed and undressed by his lacqueys and valets. His wants are carefully anticipated; his desires without any effort of his, profusely supplied. His health is of too much importance to the community, to permit him to exert any considerable effort either of body or mind.« [193]

Diesen äußeren Bedingungen korrespondiert die inhaltliche Orientierung der Fürstenerziehung. Es ist Ziel und Inhalt dieser Erziehung, den Educandus auf seine zukünftige Rolle als Herrscher vorzubereiten. Diese Zukunft des Prinzen ist zugleich Drohung für alle, die mit seiner Erziehung beschäftigt sind: Jeder Hinweis auf etwaige Fehlentwicklungen, Launenhaftigkeiten oder Schwächen kann zur Folge haben, daß der Erzieher oder die Erzieherin in Ungnade fällt. Darüber hinaus ist ein Prinz, der jegliches Vermögen, sich selbst kritisch zu betrachten, durch diese protektivistische Erziehung verloren hat, ein leicht dirigierbarer zukünftiger Herrscher. Der Prinz wird in einer Scheinwelt erzogen, die er aus eigener Kraft nicht mehr wird verlassen können. Für GODWIN gehört er in diesem Sinne nicht mehr zur Gesellschaft, er ist »some rare and precious creature, but not of human kind.«[194] Dies aber bedeutet, daß niemand weniger als der Monarch, der in dieser Weise erzogen wurde, dazu in der Lage ist, sich in die wirklichen Bedürfnisse und Probleme der von ihm beherrschten Untertanen hineinzuversetzen. Umgekehrt bedeutet diese Ignoranz der monarchistischen Herrschaftsform unweigerlich die Reduktion des Bildungsniveaus der gesamten Gesellschaft: Ein Volk, das dazu angehalten wird, einen souveränen Herrscher mit allen Attributen der Vollkommenheit zu bewundern und ihm zu huldigen, bewegt sich außerhalb der Maximen des *private judgement* und muß als retardiert und in »kindlicher« Gutgläubigkeit verhaftet gesehen werden[195]. Das monarchistische System – vermittelt über den höfischen Adel – wiederum wird diese Dialektik von Ignoranz des Monarchen und relativer Ungebildetheit des Volkes zu stabilisieren suchen und den Monarchen von jeglichem wirklichen Kontakt mit dem Volk fernhalten. Als Konsequenz hieraus wird der Monarch jedem realen Problem außerhalb seiner *Scheinwelt* hilflos gegenüberstehen, diese Hilflosigkeit aber nicht zu erkennen vermögen: »Knowing nothing, he believes himself sovereignly informed, and runs headlong into danger, not from firmness and courage, but from the most egregious wilfulness and vanity.«[196]

Hofe gesprochen, deren Auswirkung es sei, daß Monarchen » are usually more defective (...) than thousands of their subjects.« (SWIFT zit. in PREU 1972, 37)

193 PJ II, 13

194 Ebd.

195 vgl. PJ II, 50 f.

196 PJ II, 14

Im Grunde hält GODWIN, der sonst eher dem Konzept eines lebenslangen Lernens und einem unerschütterlichen Glauben an die alle Widerstände überwindende Macht der Vernunft und der Wahrheit anhängt, beim Prinzen oder Fürsten jegliche pädagogische Anstrengung für aussichtslos. Gegenüber den Prinzen und Fürsten spricht er das härteste Verdikt aus, das in seiner Konzeption von Bildung und Erziehung denkbar ist, denn der falsch erzogene Prinz oder Fürst ist außerstande, die *Wahrheit* zu rezipieren: »Above all, simple, unqualified truth is a stranger to his ear. It either never approaches; or, if so unexpected a guest should once appear, it meets with so cold a reception, as to afford little encouragement to a second visit.«[197]

Fundiert ist diese grundsätzliche Absage an die Bildungsfähigkeit eines Prinzen in den sensualistischen Anleihen GODWINS. Die vollständige Steuerung der Sinneseindrücke, die für die Prinzenerziehung typisch sei, hat eine Reduzierung der Wahrnehmung zur Konsequenz, die die Entwicklungsmöglichkeiten von vornherein entscheidend einschränkt. Die *frühen Eindrücke* und auch die assoziativen Verknüpfungen, wie sie für die Ausbildung der intellektuellen Fähigkeiten Bedingung und Voraussetzung sind, werden durch den speziellen Charakter der Prinzenerziehung in einer Weise modelliert, die einerseits das breite Spektrum der zufälligen, absichtslosen Einflüsse der Umwelt weitgehend reduziert und andererseits nur jene Eindrücke und Einflüsse zuläßt, von denen ein Nutzen für die spätere Rolle des Prinzen als Herrscher erwartet wird.

Insgesamt erzeugt die beschützende Erziehung von Prinzen ein extrem reizreduziertes Milieu, was insbesondere hinsichtlich der sozialen Kommunikation von Bedeutung ist: Prinzen, so GODWIN, werden systematisch vom realen sozialen Leben der Gesellschaft ausgeschlossen. Schon in frühester Kindheit wird diese Aus- und Abgrenzung organisiert und die Folge ist die vollständige Ignoranz des in dieser Weise erzogenen Individuums gegenüber dem sozialen Leben. Bemerkenswert ist, daß GODWIN, der die frühen Eindrücke und auch generell die Auswirkungen der Erziehung in Kindheit und Jugend den freien Entscheidungen und Umorientierungen des erwachsenen Menschen durchweg unterordnet und damit unverrückbare Feststellungen durch pädagogische Fixierungen negiert, im Falle der Prinzenerziehung von dieser Maxime abweicht: Auch der erwachsene Monarch wird von allen Einflüssen ferngehalten, die das Bewußtsein seiner Superiorität gefährden könnten und ihn die wirklichen Bedingungen der Gesellschaft erkennen lassen würden. Der Monarch bleibt in einer Scheinwelt eingeschlossen, er ist außerstande, im Sinne der *Wahrheit* zu denken und zu handeln, und deshalb muß er als »enemy of the human race«[198] angesehen werden.

---

197 Ebd.

198 PJ II, 23

In seiner Kritik an der Prinzenerziehung suspendiert GODWIN scheinbar einige Aspekte seines Bildungskonzeptes. Die unendliche Veränderungsfähigkeit, die dem Perfektibilitäts-Begriff zugrunde liegt und das Modell eines *livelong learning* stehen konträr zu den Bemerkungen zur Prinzenerziehung, die die Unveränderlichkeit der Ergebnisse dieser Erziehung festschreiben. GODWIN entgeht der Inkonsequenz, die diese Sonderstellung der Prinzen und Fürsten als festgelegte, unveränderbare Individuen impliziert, durch denselben Ausschlußmechanismus, der schon in seinen Ausführungen zu den sogenannten »fools« oder »brutes« (vgl. *perfectibility*) Verwendung fand: Monarchen gehören durch ihre Erziehung und damit durch ihre Unfähigkeit zur Rezeption der *Wahrheit* und *Gerechtigkeit* nicht länger zur menschlichen Gemeinschaft und sind darüber hinaus – anders als die »fools« oder »brutes« – die *Feinde* dieser Gemeinschaft. Die Vermutung liegt nahe, daß es sich bei dieser im Duktus der Wissenschaftlichkeit vorgetragenen Exklusion des Souveräns aus der menschlichen Gesellschaft primär um eine politische Stellungnahme handelt, die sich in die Monarchismuskritik, wie sie im radikalen Lager obligat ist, einordnet. GODWIN hebt sich allerdings insofern aus der Vielzahl der Kritiken am Monarchismus heraus, als er der allgemein üblichen Monarchismuskritik als Systemkritik – also einer Negation der Monarchie als *unvernünftiger* Form der Herrschaft (MONTESQUIEU, ROUSSEAU u.a.) – eine neue Variante hinzufügt: Er personalisiert gewissermaßen das Problem, indem er die Erziehungsgeschichte von Prinzen als unüberwindliche Schranke für die immerhin mögliche positive Orientierung dieser Herrschaftsform definiert. Damit sind zugleich jene Vorstellungen kritisiert, die – in Abwandlung jesuitischer Traditionen – in der Aufklärung des Monarchen eine Chance für den gesellschaftlichen Fortschritt sehen und deshalb den Dialog mit dieser Herrschaft suchen. GODWIN ist hier eindeutig: Die aus den Bedingungen der Monarchie erwachsenden Limitationen der Erziehung von Prinzen und Fürsten lassen keinen Spielraum für die progressive Kraft der Vernunft. Ein Monarch kann erst wieder *Mensch* und damit zugänglich für die Qualitäten der Gerechtigkeit und der Vernunft werden, wenn er sein Amt aufgibt. Der ironische Unterton ist kaum zu überhören, wenn GODWIN seine Aufforderung an den Monarchen richtet, in seinem ureigensten Interesse ein Amt aufzugeben, das ihn vom höchsten Glück menschlicher Entwicklungsmöglichkeiten ausschließt: »In reality, nothing can be more iniquitous and cruel, than to impose upon a man the unnatural office of a king. (...) Kings, if they understood their own interests, would be the first to espouse these principles (die Prinzipien der antimonarchistischen Kritik, M.H.), the most eager to listen to them, the most servent in expressing their esteem of the men who undertake to impress upon their species this important truth.«[199]

---

[199] PJ II, 30

1.3.2.2 Kritik am aristokratischen Bildungsbegriff

In engem Zusammenhang mit der Kritik an der Bildung und Erziehung des Monarchen steht bei GODWIN die Ablehnung der Erziehung des Adels, die nach seiner Auffassung vom Gedanken der *vererbbaren* Fähigkeiten geprägt ist. Vom Sohn eines Fürsten oder Grafen wird gemeinhin erwartet, daß er die Fähigkeiten seiner Vorfahren in sich trägt und daß eine richtig ausgerichtete Erziehung diese Fähigkeiten zu erwecken vermöge. Wie schon an anderer Stelle gezeigt wurde, verneint GODWIN Unterschiedlichkeiten bei Fähigkeiten und Begabungen, die ausschließlich auf die Anlagen zurückzuführen sind. Dementsprechend kann er der Auffassung von einer Superiorität des Adels aufgrund erblicher Veranlagungen nicht zustimmen: »No principle can present a deeper insult upon reason and justice. Examine the new-born son of a peer, and of a mechanic. Has nature designed in different lineaments their future fortune? Is one of the born with callous hands and an ungainly form?«[200]

GODWIN verneint diese hypothetische Frage und erklärt die Unterschiede zwischen den Individuen einmal mehr aus den unterschiedlichen sozialen Konstellationen, die den Ausgangspunkt ihrer Erziehung bilden. Es lassen sich zwar wenige und für die weitere Entwicklung der Individuen nahezu bedeutungslose Unterschiede, die genetisch bedingt sind, zwischen Individuen feststellen; diese Unterschiede sind aber keinesfalls an Schichten oder Klassen gebunden. Wenn ganz allgemein von einer gewissen *Ähnlichkeit* des Charakters des Kindes und des seiner Eltern gesprochen werden kann, so sieht GODWIN darin nicht eine Festlegung und Begrenzung der Möglichkeiten dieses Kindes, sondern wendet diese *Ähnlichkeit* ins Allgemein-Philosophische: Es lasse sich an solcher *Ähnlichkeit* zwischen elterlichen und kindlichen Charaktereigenschaften die progressive Evolution der Menschheit ablesen. Dergestalt gewendet werden bei GODWIN nativistische Argumente ins Modell der progressiven Vernunft integriert: »(...) nay it is problable that the human race is meliorated, somewhat in the same way as the races of brutes, and that every generation, in a civilised state, is further removed, in its physical structure, from the savage and uncultivated man.«[201] Verbunden mit der Kritik am Charakter der Erziehung des Adels, die ähnlich der Erziehung des Monarchen eine weitgehende Ausgrenzung der physischen und sozialen Realitäten beinhaltet, kann GODWIN aus der zitierten evolutiven Progression der Menschheit die künftige *Degeneration* des Adels ableiten, weil gerade diese gesellschaftliche Schicht eine Künstlichkeit und Weltabgewandtheit zum erzieherischen Ideal erklärt, die dem allgemeinen Gesetz der Sozialisierung der Menschheit diametral gegenübersteht.

Die Beschreibung des Adels als Schicht, der zunehmende Degeneration prognostiziert wird, hat zur Folge, daß GODWIN die Konzeption des Adels als besondere,

---

[200] PJ II, 86

[201] PJ II, 87

zur Führung und Herrschaft prädestinierte Schicht zurückweisen muß. Das zentrale Argument für die Herrschaft des Adels als *Regierung der Besten* ist die Überlegung, daß jene eine Erziehung genießen, die sich von der allgemein üblichen, der Mehrheit des Volkes vermittelten unterscheidet. GODWIN negiert eben diese Vorstellung: Der Adel wird allenfalls theoretisch gebildet, seine Erfahrungen sind Erfahrungen des *Wortes*, eine Verknüpfung mit praktischen, sinnlichen Phänomena läßt die beschützende Erziehung nicht zu. Hierin unterscheiden sich die Adeligen von den »Gemeinen«. Letztere haben weitaus größeren Anteil am Leben, seinen praktischen Anforderungen und sinnlichen Präsentationen: »The plebeian must be the maker of his own fortune; the lord finds his already made. The plebeian must expect to find himself neglected and despised, in proportion as he is remiss in cultivating the objects of esteem; the lord will always be surrounded with sycophants and slaves. The lord therefore has not motive to industry and exertion; no stimulus to rouse him from the lethargic, ›oblivious pool‹, out of which every human intellect originally rose.«[202]

Es wird also deutlich, welche gesellschaftliche Gruppe potentiell für den Fortgang der Vernunft und der Wahrheit nützlich sein wird. GODWIN verknüpft diese Zuschreibung allerdings nicht mit einer Entscheidung zugunsten der benachteiligten Klassen oder Schichten. Es geht ihm nicht um eine Parteinahme, sondern darum, die Konturen und Rahmenbedingungen seines pädagogischen Konzeptes abzustecken und insbesondere darum, dieses Konzept *empirisch* zu fundieren. Deutlich wird dies auch daran, daß seine Bildungskritik an Monarchie und Aristokratie komplettiert wird durch eine Kritik am pädagogischen Entwurf, wie er sich in den verschiedenen demokratischen Gesellschaftsformationen herausbildet.

1.3.2.3 Kritik am demokratischen Bildungsbegriff

Um die Bildungs- und Erziehungskritik darzulegen, die GODWIN an der demokratischen Herrschaftsform entwickelt, ist es zunächst erforderlich, auf die spezifische Terminologie hinzuweisen, mit der GODWIN diese Gesellschaftsformation umschreibt. Wenn GODWIN von Demokratie spricht, so verwendet er diesen Terminus sowohl für die konstitutionelle Demokratie, wie sie in England unter Pitt existiert, als auch im prinzipiellen, die bürgerlich-revolutionären Demokratien in Frankreich und Nordamerika inkludierenden Sinne. Diese Synonymität ist bezeichnend: Anders als der linke jakobinische Flügel des Radikalismus kann er in den revolutionären Demokratien nicht den fundamentalen Unterschied zum englischen parlamentarischen System, das durch die Revolution von 1688 etabliert worden war, erkennen. Beide Systeme delegieren die Macht, und dieses Verfahren ist inkompatibel mit dem Individualismus in politischen Entscheidungen, den GODWIN im Sinne seiner *private-judgement*-Doktrin akzentuiert.

---

202 PJ II, 91

GODWIN räumt allerdings ein, daß die Demokratie als Regierungsform monarchistischen und aristokratischen Herrschaftsformen vorzuziehen sei. Die Demokratie ist für ihn – zumindest in ihrer idealen Form – »a system of government, according to which every member of society is considered as a man, and nothing more.«[203] Hierin liegt der entscheidende Unterschied zur auf Übertragung der Macht durch Erbfolge ausgerichteten monarchistischen und aristokratischen Herrschaftsform. Die formale Gleichstellung der Individuen in der Demokratie garantiert jedoch nicht die tatsächliche Gleichstellung der Individuen. Entscheidende Bedeutung bei der Machtverteilung in demokratischen Gesellschaften kommt einmal mehr der Bildung zu: GODWIN gewinnt seine Deduktionen hier aus dem humeschen Konnex von Wissen und Macht und kritisiert wie dieser die Nutzung von Wissen als bloßes Machtmittel. In der Demokratie wird, auch wenn das Ideal dies nicht vorsieht, mit der Überlegenheit, die aus Wissen erwächst, die Mehrheit der Menschen manipuliert. Dies ist einer der großen Nachteile des demokratischen Systems, wenngleich hier eine historische Erscheinung und nicht ein struktureller Mangel angesprochen ist. Weitere Nachteile der Demokratie ergeben sich aus dieser Manipulierbarkeit. So präsentieren sich Demokratien als instabile Gebilde, die jederzeit durch Revolten und Revolutionen bedroht sind, und GODWINS Skepsis gegen alle eruptiven gesellschaftlichen Transformationen veranlaßt ihn – ganz im Gegensatz zum revolutionären Credo des Radikalismus[204] – hierin eine Bedrohung für den ruhigen Fortgang der Vernunft zu sehen. Seine Ablehnung der Aristokratie und der Monarchie, die ja immerhin Stabilität garantieren, wird durch diese Kritik an der Demokratie nicht geschmälert. Zumindest potentiell ist die Demokratie jene Staatsform, die die Entwicklung der Vernunft am wenigsten behindert: »Democracy restores to man a consciousness of his value, teaches him, by the removal of authority and oppression, to listen only to the suggestions of reason, gives him confidence to treat all other men with frankness and simplicity, and induces him to regard them no longer, as enemies against whom to be upon his guard, but as brethren whom it becomes him to assist.«[205] Diese generelle Akzeptanz der Demokratie als beste aller möglichen Staatsformen darf nicht vergessen machen, daß GODWIN Staat und Regierung insgesamt als notwendiges Übel versteht, das in einer Gesellschaftsform gegenseitiger Nachbarschaftshilfe und vor allem individueller Urteilsfindung aufgehen muß. Die Demokratie ist aber auf dem Hintergrund der godwinschen Vorstellung vom evolutiven Gang der Vernunft ein wichtiger Zwischenabschnitt in der Vervollkommnung der menschlichen Gesellschaft. Werden der Vernunft und der Wahrheit in demokratischen Gesellschaften nicht

---

203 PJ II, 114

204 Durch die Klassifizierung gesellschaftlicher Unruhe als Gefahr und zu bekämpfendes Übel stellt GODWIN sich im übrigen auch außerhalb des in den verschiedenen anarchistischen Konzeptionen entwickelten Begriffs der Revolte, der dort durchweg positiv besetzt ist.

205 PJ II, 119

künstliche Fesseln angelegt, dann – so die Hoffnung GODWINS – werden diese Gesellschaften unweigerlich sich in die von ihm antizipierte föderalistische Individualanarchie transformieren. Folgerichtig sind für GODWIN die Bildungs- und Erziehungsinstitutionen in der demokratisch verfaßten Gesellschaft von besonderer Bedeutung. Namentlich das Modell einer *National Education* – wie es bis weit ins radikale Lager hinein als das pädagogische Reforminstrument schlechthin gesehen wurde – rückt hierbei ins Zentrum seiner Kritik. GODWINS Ablehnung einer *National Education* war nicht nur in den Diskussionen im radikalen Lager immer wieder Gegenstand der Auseinandersetzung – schließlich setzt sich GODWIN mit dieser Ablehnung in offenen Widerspruch zu den Vorstellungen von Thomas Paine oder auch von Mary Wollstonecraft. Auch in der GODWIN-Rezeption stehen sich die Bewertungen dieser »antiradikalen« Orientierung GODWINS konträr gegenüber.

Die Ablehnung einer Nationalerziehung, die von den Radikalen und auch von gemäßigt reformistischen Kreisen als wichtiges Mittel zur Veränderung des – im europäischen Maßstab – überaus rückständigen Erziehungswesens in England betrachtet wurde und deshalb ungeachtet der mit ihr verbundenen politischen Hoffnungen, die von *Demokratisierung* der Gesellschaft durch ein nationales Erziehungssystem (PRIESTLEY) bis hin zur *Erziehung zur Revolution* (PAINE u.a.) reichten, primär als Mittel zur allgemeinen Hebung des Bildungsstandard des Volkes forciert wurde, gründet bei GODWIN in drei zentralen Argumenten: *National Education* impliziert Stagnation des Wissens, *National Education* ist ein Angriff auf die individuelle Urteilsfähigkeit, und schließlich ist *National Education* ein gefährliches Manipulationsinstrument in Händen des Staates.

Das erste Argument gegen ein nationales Erziehungssystem steht dabei in engem Bezug zu GODWINS Konzeption vom permanenten, unaufhörlichen Anwachsen der Vernunft und der Wahrheit. Die Einrichtung einer allgemeinen nationalen Erziehung unter staatlicher Aufsicht wird – wie alle Institutionen, die die Regierung etabliert – tendenziell konservative Züge haben, denn »all public establishments include in them the idea of permanence.«[206] Konstanz, Unveränderlichkeit und Stagnation sind aber die antagonistischen Begriffe zu GODWINS Vorstellung vom Gang der Vernunft, der jederzeit bereit ist, seine Richtung zu wechseln, Prinzipien, die als falsch erkannt werden, aufzugeben und für neue Ideen und Entwicklung Offenheit zu bewahren. All dies wird in der *National Education* unter staatlicher Kontrolle keine Rolle spielen und zudem verhindert werden. Die staatlich regulierte Bildung – und an den Universitäten ist dies für GODWIN erwiesen – vermittelt ein Wissen, das dem modernen Stand der Wissenschaft nicht entspricht und statt dessen intendiert, Neuerungen zu verhindern und auf anachronistische Lehrmethoden und -inhalten zu beharren. Diese Tendenz, die im Selbsterhal-

206 PJ II, 298

tungsbestreben jeder Institution begründet ist, ist inkompatibel zum Fortschritt der Vernunft: »The moment any scheme of proceeding gains a permanent establishment, it becomes impressed, as one of its characteristic features, with an aversion of change. (...) Real intellectual improvement demands, that mind should, as speedily as possible, be advanced to the height of knowledge already existing among the enlightened members of the community, and start from thence in the pursuit of further acquisitions.«[207] In diesem Zitat ist bereits angedeutet, was GODWIN als Alternative zur staatlichen Lösung anbietet: Die *enlightened members* der Gemeinschaft sind für GODWIN diejenigen, die allein den Aufstieg der Vernunft befördern können. GODWIN erläutert die genauen Aufgaben und Möglichkeiten dieser »Aufgeklärten« an dieser Stelle nicht weiter. Festzuhalten bleibt aber, daß Alternativen zur *National Education*, die GODWIN angesichts des katastrophalen Zustandes des englischen Erziehungswesens ebenfalls sucht, für ihn nur im Sinne einer nichtstaatlichen, maximal individualisierten Konstituierung vorstellbar sind. Neben der Stagnation und Unbeweglichkeit, die jeder Institutionalisierung anhaftet, ist der Idee einer Nationalerziehung auch vorzuhalten, daß sie in der Analyse der Genese menschlicher Bewußtseinsbildung fehlgeht. GODWIN erachtet es gemäß seiner Vorstellung vom individuellen Weg der Wahrheitsfindung und der Bildungsanstrengung für falsch, gewissermaßen *von außen* an das Individuum heranzutreten und – wenn auch in wohlmeinender Absicht – es zu unterrichten und zu belehren.

Es handelt sich hier um eine Frage von grundsätzlicher Bedeutung: GODWIN ist der unerschütterlichen Überzeugung verhaftet, daß die Macht der Vernunft stark genug ist, jedes Individuum intrinsisch zu motivieren. Erziehung ist für ihn deshalb immer nur eine zusätzliche Funktion, die sich dieser Selbstentwicklungskraft der Vernunft bewußt sein muß und damit auch ihre Grenzen erkennt[208]. Der Mensch ist dann voll entwickelt, wenn er der Erziehung im Sinne der Anleitung nicht mehr bedarf und selbsttätig beginnt zu lernen. Diese Freisetzung der Eigenmotivation ist das Primärziel aller Erziehung: »Whatever each man does for himself, is done well; whatever his neighbours or his country undertake to do for him, is done ill. It is our wisdom to incite men to act for themselves, not to retain them in a state of perpetual pupillage. He that learns, because he desires to learn, will listen to the instructions he receives, and apprehend their meaning.«[209]

Nationale Erziehung korrespondiert mit einem permanenten Mißtrauen gegenüber dieser Autonomie des Lernens und kann demzufolge auch nicht an einer

---

207 PJ II, 298 f.

208 Auch hieraus erklärt sich GODWINS Konzeption des *Erwachens* (awakening): Es gibt Zeitpunkte im Leben des Individuums, die gleichsam das Zu-Sich-Selbst-Kommen der Vernunft markieren. Diese Momente des Erwachens sind gleichzusetzen mit dem Ende der Notwendigkeiten elementarer Erziehungsaufgaben. Der Mensch soll dann seiner eigenen Urteilskraft überlassen werden, und die systematische Instruktion weicht einer Präsenz des Lehrers oder der Lehrerin für gelegentliche Fragen.

209 PJ II, 301

individuell ausgerichteten Erziehung interessiert sein. Statt dessen wird ein einheitliches Erziehungskonzept das Resultat einer *National Education* sein, das die Individuen zu Uniformität und Gleichförmigkeit anhält. Die *fortgesetzte Schülerschaft*, die GODWIN im Zitat anspricht, ist damit zugleich eine Bedingung für die Aufrechterhaltung der etablierten Herrschaft.

Das dritte Argument, das GODWIN gegen *National Education* in Anschlag bringt, bezieht sich auf die Gefahren, die darin begründet sind, daß der Regierung in Zuerkennung von Erziehungsaufgaben ungeheure Mittel zur Manipulation in die Hand gegeben werden. GODWIN betrachtet Erziehung, wie gesehen, als das *most powerful instrument* hinsichtlich der Formung eines Individuums. Gemäß seiner radikalen Kritik an jedweder Form staatlicher Herrschaft über das *private judgement* erachtet es GODWIN für völlig verfehlt, die staatlichen Institutionen mit Erziehungsaufgaben zu betrauen. Die Herrschenden werden im pädagogischen Bereich nicht anders verfahren, als dies für den politischen Bereich hinlänglich bekannt ist: »Their views as institutors of a system of education, will not fail to be analogous to their views in their political capacity: the data upon which their conduct as statesman, is vindicated, will be the data upon which their instructions are founded.«[210] Ein Ergebnis dieser Analogie wird es sein, daß die Schülerinnen und Schüler in einem System nationaler Erziehung dazu angehalten werden, der Verfassung des Staates zu huldigen und sich der jeweils herrschenden Regierung zu unterwerfen. Nationale Erziehung in diesem Sinne impliziert Massenmanipulation, und GODWIN antizipiert hier Momente einer anarchistischen Bildungskritik, die im bakuninischen Verdikt gegen die bürgerliche Erziehung als Erziehung zur Verewigung der Herrschaft des Kapitals einen ersten Höhepunkt finden und schließlich noch in der Bildungskritik der antiautoritären Bewegung der 60er Jahre des 20. Jahrhunderts nachklingen werden.

In seiner Haltung zur Frage der *National Education* bezieht GODWIN in aller Deutlichkeit Stellung in einer Diskussion, die im progressiven Lager von größter Bedeutung ist und letztendlich zur Spaltung beiträgt zwischen den Apologeten der inneren Reform vermittels Forcierung staatlich organisierter und durch Reformisten und Reformistinnen inhaltlich bestimmter allgemeiner Erziehung und jenen, die zwar ebenfalls auf ein allgemeines, staatlich präfiguriertes Erziehungssystem setzen, dies aber nur als postrevolutionäres Projekt erstreben. GODWIN verwirft beide Positionen, und diese Absage erfährt in der dritten revidierten Fassung von »Political Justice« eine bemerkenswerte Verschärfung: In der revidierten Fassung wird die ursprünglich anthropologisch motivierte und deshalb nicht in aller Unbedingtheit auf die aktuellen Diskussionen um das Konzept einer *National Education* verbundene Kritik in eine mehr politisch orientierte Kritik verändert. GODWIN legt in den Fassungen von 1793 und 1796 dar, daß die affirmative Struktur der

---

210 PJ II, 302

öffentlichen Erziehung und damit ihre Tendenz zu Inflexibilität und bloßer Bestätigung des überkommenen Standes der Wissenschaft im Widerspruch stehen zu den »true interests of mind«[211]. Der Akzent liegt hier zunächst auf der in *wissenschaftlicher* Hinsicht unhaltbaren Reduktion der Möglichkeiten der geistigen Entwicklung. In der revidierten Fassung von 1798 ersetzt GODWIN *mind* (Geist, Bewußtsein) durch *mankind* (Menschheit). Die Suche nach Lösungen für die Menschheit aber ist das genuin politische Anliegen, das auch der Kontroverse der Diskussionen um die *National Education* zugrundeliegt. GODWIN stellt seinen »dritten Weg« der Individualisierung der Erziehung hier *politisch* und nicht länger nur *philosophisch-anthropologisch* zur Diskussion.

Dies zeigt sich auch in einer anderen auf den ersten Blick geringfügig anmutenden Revision: In der Erstausgabe schließt seine Kritik an der Institutionalisierung einer *National Education* mit dem Appell an den Staat beziehungsweise an die Strömungen, die eine staatliche regulierte Erziehung protegieren, das menschliche Lernvermögen nicht zu zerstören. In der ursprünglichen Fassung wird dieser Appell in der Ichform vorgetragen[212], in der revidierten Fassung setzt GODWIN im selben Zitat den Plural:»Destroy us if you please; but do not endeavour, by a national education, to destroy in our understandings the discernments of justice and injustice.«[213]

Damit ist deutlich eine politische und nicht länger eine rein individuelle philosophische Stellungnahme gegeben, die zugleich mit dem besonders im zweiten Band von »Political Justice« skizzierten Aufgaben einer Gruppe von *aufgeklärten* Individuen korrespondiert und deren Bedeutung für die gesellschaftliche Reform und insbesondere für die Katalysation dieser Reform in der Darstellung der pädagogischen Utopie GODWINS dargetan werden wird. Für den hier verfolgten Zusammenhang bleibt festzustellen, daß GODWIN die radikale Kritik einer *National Education* grundsätzlich durch alle Editionen von »Political Justice« beibehält, daß aber die über die rein philosophische Spekulation hinausgehende Bedeutung dieser Frage von ihm zunehmend erkannt wird und er deshalb in den revidierten Fassungen von »Political Justice« um eine politische und praktische Bewältigung des Problems bemüht ist – allerdings in scharfem Gegensatz zur Bewältigungsstrategie, die versucht, durch die revolutionäre Umwälzung die Veränderung der Gesellschaft herbeizuführen.

Anders als BAKUNIN und KROPOTKIN sieht GODWIN im Widerstand des Volkes gegen eine als tyrannisch empfundene Regierung keinen anzustrebenden Akt. Seine Konzeption leitet sich vielmehr von einem nahezu grenzenlosen Vertrauen in die Selbstmächtigkeit von Vernunft und Gerechtigkeit ab. Gewaltsame Wider-

---

211 vgl. PJ III, 198

212 Ebd.

213 PJ II, 304

standshandlungen und Revolutionen stehen zum allmählichen, durch Aufklärung vermittelten Umbau der Gesellschaft in Widerspruch.

Es wurde GODWIN wiederholt vorgeworfen, er hätte sich in dieser Frage allzuweit vom Konsens der Radikalen entfernt und aus Gründen persönlicher Sicherheit auf eine klare Aussage zur revolutionären Gewalt verzichtet. Besonders in den Revisionen, die an der zweiten und dritten Auflage von »Political Justice« vorgenommen wurden, zeige sich eine deutliche Abwendung von gewissen, prorevolutionären Standpunkten des englischen Radikalismus, und sie seien deshalb als Reflex auf die Repressionswelle gegen den Jakobinismus anzusehen. Im Ganzen, so der zeitgenössische Kritiker DE QUINCEY, stellten die revidierten Auflagen von »Political Justice« »not a recast, but absolutely a travesty of the first«[214] dar. Tatsächlich aber kann von einem derart absoluten Gesinnungswechsel bei GODWIN zumindest in Hinsicht auf die Überlegungen zu einer revolutionären Umgestaltung der Gesellschaft nicht gesprochen werden; seine Auffassung hierzu ändert sich auch in der Ausgabe von 1798 keineswegs in der Substanz. Bei aller Kritik an Staat und Regierung bevorzugt GODWIN immer die *vernünftige Unterweisung* und die allmähliche Aufklärung der Herrschenden, was ihm auch den Spott seiner erklärten Gegner wie etwa dem des viktorianischen Historikers STEPHEN, eingetragen hat: »Could Godwin have caught Pitt, or George III., or Mrs. Brownrigg, and subjected them to a Socratic cross-examination, he could have restored them to the paths of virtue, as he would have corrected an error in a little boy's sums.«[215]

GODWIN hat an seiner Skepsis gegenüber revolutionärer Gewalt als Mittel der Umwälzung niemals einen Zweifel aufkommen lassen. Nur der Widerstand des Individuums im Sinne einer Selbstverteidigung und auch dies nur als ultima ratio ist für ihn akzeptabel. Ein Selbstverteidigungsrecht eines Volkes oder einer Nation, wie es immer wieder als Legitimation für revolutionäre Umwälzung herangezogen wurde und wird, negiert er mit dem Hinweis auf die Unschärfe der Begriffe »Volk« bzw. »Nation«. GODWIN stellt in Abrede, daß historische Situationen gefunden werden könnten, in denen das gesamte Volk übereinstimmend zu Entschlüssen und Handlungen komme[216] – und allein solche Einmütigkeit würde den Umsturz gegenüber einer minoritären Regierung rechtfertigen. In der Regel werden bedeutende Teile der Nation oder des Volkes gegen den gewaltsamen Umsturz opponieren und somit eine nachrevolutionäre Situation schaffen, die von Unfrieden und weiteren Umwälzungen bedroht ist. Falls jedoch die überwiegende Mehrheit einer Nation oder eines Volkes von der Nichtrechtmäßigkeit einer Regierung überzeugt ist, dann ist die Umwälzung vermittels revolutionärer Gewalt nicht mehr notwen-

---

214 De QUINCEY zit. in: PJ III, 81

215 STEPHEN 1949, 268 f.

216 Ein »Großteil« oder eine »Mehrheit« des Volkes, wie sie in ROUSSEAUS *volonté générale* als hinreichend erachtet wird, ist für GODWIN nicht akzeptabel. Zu stark wäre hier die Gefahr einer autoritären Unterwerfung des »own judgement«.

dig. Regierung gründet sich immer auf *Meinung* (opinion), und wenn diese Übereinstimmung der *Meinungen* nicht mehr gewährleistet ist, verliert diese Regierung jenen inneren Zusammenhalt, der für sie existentiell ist. Die Regierung, so GODWIN, bricht dann in sich selbst zusammen, und alle revolutionäre Anstrengung »by force« ist obsolet. Eine Regierung, die sich gegen den Konsens der Regierten an der Macht halten will, ist nach GODWINS Auffassung nicht überlebensfähig: »If a man or a set of men, unsanctioned by any previous prejudice in their favour, pretend to exercise sovereignty in their favour, pretend to exercise sovereignty in a country, they will become objects of derison, rather than of serious resistance. Destroy the existing prejudice in favour of any of our present institutions, and they will fall similar disuse and contempt.«[217]

Aus dieser Sicht verbieten sich Einzelaktionen, die den vorschnellen Umsturz herbeiführen sollen. GODWIN wendet sich in diesem Zusammenhang gegen Märtyrertum, weil hierin unter anderem ein Mißtrauen gegen die Durchsetzungskraft der Vernunft sich ausdrücke und das Opfer, das der Märtyrer für die Umgestaltung der Gesellschaft zu bringen glaubt, sich letztlich als sinnlos herausstellen könnte. GODWIN betont, daß nicht »any weakness of personal feeling«[218] die Entscheidung gegen eine Aufopferung für die Revolution leiten dürfe. Falls die Analyse der gesellschaftlichen Situation das Opfer eines oder mehrerer Revolutionäre verlangt – und diese Situation ist immer ein Sonderfall -, dann ist auch hier die Vernunft die leitende Instanz und nicht Rücksicht persönlicher Art. Grundsätzlich aber gilt, daß nicht die Handlungen der Revolutionäre, und seien sie auf den ersten Blick noch so aufopferungsvoll und edel, die Veränderung der Gesellschaft fördern, sondern die Überzeugung der Beherrschten *und* der Herrschenden durch Diskussion und Belehrung. Nicht die revolutionäre Tat und ebensowenig die revolutionäre Agitation sind hierzu geeignete Mittel.

Gegen seinen zeitweise wichtigsten Gegner innerhalb der radikalen Opposition, gegen THELWALL [219], richten sich die Bemerkungen GODWINS zur revolutionären Propaganda, die nach seiner Auffassung im Widerspruch stehen zu einer allmählichen aber gründlichen Belehrung und Aufklärung der Unterdrückten. Er wirft der revolutionären Bewegung vor, das Volk mit kurzsichtigen, auf momentane Empörung ausgerichteten Propagandaaktionen in eine revolutionäre Stimmung zu versetzen, die nicht seinem tatsächlichen Bewußtseinstand entspreche. Diese allgemei-

---

[217] PJ I, 251 f.

[218] PJ III, 281

[219] GODWIN stand den Massenveranstaltungen der L.C.S, die durch THELWALL und die Anhänger des aktionistischen, am Jakobinertum orientierten Flügels der Society organisiert wurden und zeitweise bis zu 10 000 Menschen mobilisierte, immer kritisch gegenüber. Der Massencharakter und die propagandistische Ausrichtung dieser Veranstaltungen, die im übrigen die ersten dieser Art in englischen Raum waren, stehen konträr zu seinem individualistischen Konzept des »private judgement«, das die Abgeschiedenheit und ruhige, gründliche Durchdringung und Analyse gesellschaftlicher Probleme zur Voraussetzung hat.

ne Stimmung der Empörung, die nach GODWINS Auffassung ebenso leicht herstellbar wie substanzlos ist, werde dann mit dem Wollen der Mehrheit des Volkes verwechselt: »A majority, we say perhaps, is dissatisfied with the present state of things, and wishes for such a specific alteration. Alas, it is to be feared, that the greater part of this majority are often mere parrots, who have been taught a lesson, of the subject of which they understand little or nothing. What is it they dislike? A specific tax perhaps[220], or some temporary grievance. (...) They are very angry, and fancy themselves very judicious. (...) It is an insult upon human understanding, when we speak of persons in this state of infantile ignorance, to say that the majority of the nation is on the side of political renovation.«[221]

Demgegenüber steht bei GODWIN die Vorstellung der Durchsetzung der Vernunft und damit verbunden das Vertrauen auf die Zeit, die nach seiner Auffassung allemal für die Vernunft arbeitet. Umgekehrt hält er den ungeduldigen Aktivisten der revolutionären oder auch nur reformistischen Bewegung vor, sie würden das Vertrauen in diese Kraft der Vernunft vergessen und erklärt sie aus diesem Grund zusammen mit den »friends of antiquity«[222], also den konservativen Kreisen, zur Gegenkraft der gesellschaftlichen Reform. Die vorzeitige Revolution, dies ist die Kernaussage GODWINS in diesem Zusammenhang, verhindert geradezu den Fortschritt und die Verbesserung der gesellschaftlichen Wirklichkeit im Sinne der Vernunft. Revolutionen sind Ausdruck von »passion, not of sober and tranquil reason.«[223] Ihr Gegenbegriff ist die allmähliche Reform, die sich im Einklang mit der Vernunft entwickelt und die sukzessive und langsam sich durchzusetzen versteht.

Ein weiterer gewichtiger Einwand gegen die revolutionäre Umwälzung der Gesellschaft ist für GODWIN der notwendige Einsatz der Gewaltmittel, deren Gebrauch durch den Staat und die Regierung von den progressiven Kräften gerade kritisiert wird. GODWIN diskutiert hier die für alle revolutionären Bewegungen immer wieder entscheidende Frage nach den *Mitteln* der Revolution und gibt eine eindeutige Antwort. Gewalt ändert in den Händen der Aufständischen nicht ihren Charakter und ihre Natur und steht zu der friedlichen, auf Überzeugung und Vernunft ausgerichteten Veränderung der Individuen im krassen Widerspruch: »Force is an expedient, the use of which is much to be deplored. It is contrary to the na-

---

220 GODWIN wählt hier nicht zufällig die Steuerfrage als Beispiel: THELWALL und die Majorität in der L.C.S hatten die angesprochenen Massenveranstaltungen unter anderem auch in Reaktion auf Steuererhöhungen der Regierung PITT organisiert, und der große Erfolg dieser Veranstaltungen war diesem Umstand möglicherweise mehr geschuldet als der politischen Forderung nach einer Parlamentsreform.

221 PJ I, 254 f.

222 PJ I, 256

223 PJ I, 244

ture of intellect, which cannot be improved but by conviction and persuasion. It corrupts the man that employs it, and the man upon whom it is employed.«[224]

Gewalt ist als Mittel zur individuellen Selbstverteidigung denkbar; sie wird dann spontan eingesetzt, wenn kein anderer Ausweg mehr offen steht. Als revolutionäre Strategie, als sorgfältig erwogenes Mittel einer Gruppe gegen eine andere ist sie zurückzuweisen, weil für GODWIN keine Situation vorstellbar ist, in der nicht in anderer, gewaltloser Weise gehandelt werden könnte. Zudem ist beim Einsatz der revolutionären Gewalt keineswegs sichergestellt, daß sie auf ihre Interimsfunktion beschränkt bleibt. Stattdessen, so GODWIN, wird sie sich ausbreiten und vertiefen und alles andere als eine friedliche, vernunftgeleitete Gesellschaft zeitigen: »Those who sustain the loss of relations or friends by a catastrophe of this sort (durch revolutionäre Gewalt, M.H.), are filled with indignation and revenge. Distrust is propagated from man to man, and the dearest ties of human society are dissolved.«[225]

GODWIN spricht diese Gewaltverzichtsforderung nicht in Rücksicht auf eine »Unantastbarkeit« des menschlichen Lebens aus. In repressiven Regierungssystemen, in denen die Würde der Individuen »no more than a name«[226] ist, ist der Tod nicht das Schlimmste, was dem Menschen widerfahren kann. In der Tat zögert GODWIN nicht, seinem Ziel, Maximierung der Wahrheit und Vernunft, das Leben des Einzelnen zu subsumieren[227].

Ebensowenig wie die Mittel, die zu einer revolutionären Umgestaltung der Gesellschaft notwendig sind, von GODWIN akzeptiert werden, kann er den Zielen zustimmen, die gemeinhin mit revolutionären Umwälzungen verbunden sind. Revolutionen versprechen die endgültige, allgemeine Erneuerung der Gesellschaft. Aus GODWINS Begriff von der Vollkommenheit (perfectibility) verbieten sich derartige Endgültigkeiten. Er betrachtet die Festschreibung einer Gesellschaftsformation als perfektes, nicht weiter verbesserbares Gebilde als Einschränkung der unendlichen Möglichkeiten der Vernunft. Vernunft ist eine dynamische, progressive Kategorie, die niemals zum Stillstand kommen kann und darf. Die Vernunft ist niemals zufriedenzustellen, und dies gilt auch für diejenigen, die ihre politischen Anstrengungen in den Dienst dieser Vernunft stellen wollen: »The wise man is

---

224 PJ I, 260

225 PJ I, 272

226 PJ I, 271

227 In diesem Zusammenhang sei auf seine vieldiskutierte Darstellung einer hypothetischen Situation hingewiesen, in der das Haus Fenelons brennt, und entschieden werden muß, ob Fenelon selbst oder seine Bediensteten (in der früheren Fassung von »Political Justice« ist statt der Bediensteten vom eigenen Vater oder Bruder die Rede) gerettet werden sollen. GODWINS Entscheidung ist eindeutig: Fenelon ist der Menschheit von größerem Nutzen, ihm gebührt die Rettung. Dem menschliche Leben kommt in diesem Sinne kein eigentlicher Wert zu. Allein aus der Relevanz dieses Lebens für die Wahrheit (und damit auch für den Allgemeinnutzen) bestimmt sich sein Wert.

satisfied with nothing. It ist scarcely possible there should be any institution, in which impartial disquisition will not find defects.«[228]

Was für den »Weisen« gilt, ist zugleich für den politischen Führer Bedingung. Nimmt er die progressive Kraft der Vernunft ernst, so weiß er, daß er sich einer »labour without end«[229] verpflichtet hat und daß das Erreichen von Etappenzielen nicht verwechselt werden darf mit dem eigentlichen Ziel einer Durchdringung der Gesellschaft mit Vernunft, einem Ziel, das immer nur approximativ erreicht werden kann und gerade daraus dynamische Kraft gewinnt. Nachrevolutionäre Situationen, in denen die progressive Kraft der Vernunft mißachtet wird und in denen der status quo der gesellschaftlichen Veränderung als höchste erreichbare Stufe gesellschaftlicher Entwicklung assertiert wird, tendieren zur Restauration einer Tyrannei unter anderen Vorzeichen, die gerade durch die Revolution überwunden werden sollte. GODWIN schreibt hier mit Blick auf den jakobinischen Terror, der für einen Teil der englischen Radikalen zweifellos das Gegenbild der Umgestaltung der Gesellschaft nach vernünftigen und humanitären Kategorien darstellt. GODWIN antizipiert hier eine Diskussion, wie sie für die Theorie und Praxis revolutionärer Umwälzung immer wieder und unter wechselnden Prämissen Relevanz haben wird: Er attestiert einer Gesellschaft, die zu plötzlich durch eine revolutionäre Umwälzung konstituiert wurde, die Unfähigkeit, soziale Konflikte ohne Gewalt und durch bloße *vernünftige Kommunikation* zu lösen: »Many will be oppressed; many will be exposed to unjust condemnation; discontent will have its empire and its votaries; and the reign of inequality will be extensive.«[230]

In die sozialistische Diskussion wird diese Frage in den Begrifflichkeiten von der *Reife* bzw. *Unreife* einer Gesellschaft zur Revolution Eingang finden und bei MARX zu einer tendenziellen Nähe zur godwinschen Position gegen eine vorschnelle Umwälzung der Gesellschaft führen und etwa in der MARX-BAKUNIN-Kontroverse ihren Niederschlag finden. Die Konsequenzen, die die marxistische bzw. sozialistische Revolutionstheorie aus der Diskussion um die *Reife* einer gesellschaftlichen Formation für die revolutionäre Umgestaltung ziehen, sind freilich denkbar weit entfernt vom godwinschen Konzept: Erstere postulieren die allmähliche Aufklärung des Volkes, *um* die revolutionäre Erhebung herbeizuführen, während GODWIN *in* derselben Aufklärung gerade die Bedingung dafür sieht, die Revolution überflüssig zu machen. Revolutionen sind für GODWIN im Grunde Unfälle der Geschichte; ihr Kern istdie Abwendung vom Fortschritt der Vernunft. Der Fortschritt der Vernunft verläuft in seinem Sinne »mild and gradual, through in-

228 PJ I, 266

229 Ebd.

230 PJ I, 267

cessant advance, not by violant leaps, not by concussions which may expose millions to risk, and sweep generations of men from the stage of existence.«[231]

Unter diesem Gesichtspunkt betrachtet seien die Französische und die Amerikanische Revolution zwar bemerkenswerte geschichtliche Ereignisse gewesen, sie wären aber in weitaus friedlicherer Weise verlaufen, wäre der philosophischen und politischen Wahrheit, wie sie sich bei LOCKE, MONTESQUIEU und ROUSSEAU artikuliert hatte, mehr Zeit zur Verfügung gestanden, sich im Bewußtsein des Volkes zu verankern: »If these revolutions had happened still later, not one drop of the blood of one citizen would have been shed by the hands of another, nor would the event have been marked so much perhaps as with one solitary instance of violence and confiscation.«[232] Beweisen läßt sich für GODWIN die Unzulänglichkeit revolutionärer Umwälzungen auch daran, daß jede radikale, verfrühte Umwälzung die Strukturen der alten Gesellschaft annimmt. Dieselbe Tyrannei, die von der bekämpften Herrschaft ausgeübt wird, muß die Kämpfe der Aufständischen durchdringen. Nur Gewalt und Unterdrückung kann die Konterrevolution in Bann halten, die nach der gelungenen Revolution versuchen wird, sich die Macht wieder anzueignen. Diese Unterdrückung reduziert sich nicht auf offen gewalttätige Aktionen gegen vermeintliche Feinde. Auch wird die siegreiche Partei im kulturellen und geistigen Leben restriktive Maßnahmen ergreifen, die dem Vernunftprinzip GODWINS konträr gegenüberstehen. Für ihn scheint einer der größten Schrecken der revolutionären Umwälzung darin zu liegen, daß während und nach dieser Revolution die freie geistige Auseinandersetzung suspendiert sein könnte: »But in a moment of revolution, when every thing is in crisis, the influence even of a word is dreaded, and the consequent slavery is complete.«[233] Niemals hätten es Revolutionen verabsäumt, ihre intellektuellen Widersacher zu bekämpfen und an der freien Aussprache ihrer Kritik zu hindern. Dies aber bedeutet, daß gerade Revolutionen den Fortschritt der Vernunft, also das höchste Prinzip GODWINS, behindern oder gar verunmöglichen. Die Versuche, die Gedanken der Individuen im Sinne der Revolution zu überprüfen und sie für ihre Überzeugungen zu bestrafen, ist »of all kinds of despotism the most odious; yet this attempt is peculiarly characteristic of a period of revolution.«[234]

Es darf GODWIN hier eine erstaunliche Hellsichtigkeit hinsichtlich der Eigengesetzlichkeiten revolutionärer Prozesse zuerkannt werden. Weder die Französische Revolution noch die Amerikanische Revolution – also jene beiden wichtigen Umwälzungen, aus denen sich GODWINS Revolutionsbegriff historisch ableitet – können als besonders durchgreifend im Sinne einer allgemeinen Zensur und Elimina-

---

231 Ebd.

232 PJ III, 286

233 PJ I, 268

234 PJ I, 269

tion der freien Meinungsäußerung betrachtet werden. Tatsächlich hatte das Gesetz von Le Chapelier schon 1791 festgelegt, daß die Individuen das Recht auf freie Meinungsäußerung in Wort, Schrift und Druck haben, sofern »die Meinungsäußerungen nicht die bestehende gesetzliche Ordnung stören und keinen Mißbrauch dieser Freiheit darstellen.«[235] Trotz dieser Einschränkung stand die damit verbundene Freiheit der Meinungsäußerung in keinem Verhältnis zur Zensur der Monarchie. Dennoch wird von GODWIN die der Revolution inhärente Gefahr des Antiliberalismus und der Behinderung der freien Aussprache so hoch bewertet, daß diese allein schon seine Ablehnung einer revolutionären Erhebung begründet. Er nimmt damit eine Kritik an nachrevolutionären Übergangsperioden vorweg, wie sie auch BAKUNIN und KROPOTKIN – in abgewandelter Form – gegen das Revolutionskonzept MARXENS vorbringen werden. Wenngleich GODWIN nicht die *Diktatur des Proletariats* zum Gegenstand seiner Kritik machen konnte, so finden sich doch Tendenzen in seinen Einwänden zum Verlauf revolutionärer Prozesse, die seine Zugehörigkeit zu einer antiautoritären Gesellschaftstheorie andeuten. Die Einschätzung der Revolution als Prozeß der Elimination von Freiheit allerdings entfernt ihn zugleich wieder von den Vorstellungen eines BAKUNIN oder eines KROPOTKIN, für die im Gegenteil der revolutionäre Prozeß die Vorbedingung des gesellschaftlichen Wandels bleibt. GODWIN sieht in der Revolution eine Bedrohung der Freiheit. Deutlicher könnte seine Distanz zur revolutionären Anstrengung nicht artikuliert werden: »Thus, we propose to make men free; and the method we adopt, is to influence them, more rigorously than ever, by the fear of punishment. We say that government has usurped too much, and we organise a government, unfold more encroaching in its principles, and terrible in its proceedings. Is slavery the best project that can be devised, for making men free?«[236]

Wenn die revolutionäre Umwälzung also zurückzuweisen ist, GODWIN aber sich als Apologet des gesellschaftlichen Fortschritts versteht und den Anhängern und Anhängerinnen der revolutionären Umwälzung wie gesehen sogar vorwirft, eben diesen Fortschritt zu verhindern, dann ist zu untersuchen, woraus sich die Obsoletheit und der Anachronismus der Revolution begründen. Es wurde schon erwähnt, daß die Vernunft und ihre allmähliche Durchsetzung durch Reform für GODWIN die einzige wirklich gesellschaftsverändernde Kraft ist. Bedeutsam ist hier, daß die Vernunft, wie GODWIN sie versteht, nur in einem gesellschaftlichen Klima der Ruhe und des Friedens wirksam werden kann. Revolutionen, die von GODWIN in diesem Zusammenhang als kriegerische Auseinandersetzungen zwischen zwei verfeindeten Parteien charakterisiert werden, erfüllen die Bedingungen für den ruhigen Gang der Vernunft in keiner Weise. In Revolutionen wird die politische und philosophische Urteilskraft dispensiert, und statt rationaler Analyse

---

235 SOBOUL 1977, 58

236 PJ I, 269

wird die unreflektierte, von Empfindungen geleitete Aktion zur treibenden Kraft. Politik wird nicht länger als *Wissenschaft* (science) aufgefaßt. GODWINS Konzeption aber hat genau diese Definition von Politik zum zentralen Inhalt. Seine Vorstellung, die hier eng an die Grundlegungen des englischen Empirismus in Nachfolge von LOCKE, HUME und auch HOBBES sich anschließt, akzentuiert eine noch durch die Erfahrungen der Französischen Revolution ungebrochene *positivistische* Methodik für die Gesellschaftsanalyse: GODWIN ist hier der Adept einer soziologischen Betrachtungsweise, die bei KROPOTKIN in aller Schärfe ausgebreitet werden wird und die versucht, die Gesetzlichkeiten der Naturwissenschaft auf die Analyse historischer und gesellschaftlicher Formationen anzuwenden. Politik als empirische Wissenschaft bedeutet in diesem Kontext, daß jede politische Handlung und insbesondere die revolutionären Aktionen dem rationalen Verständnis zugänglich sind und deshalb auch auf ihre Nützlichkeit für den gesellschaftlichen Fortschritt a priori analysiert werden können: »The general features of the nature of man are capable of being understood, and a mode may be delineated which, in itself considered, is best adapted to the condition of man in society.«[237]

Aus der Geschichte der Naturwissenschaft – GODWIN bezieht sich auf Isaac NEWTONS physikalische Theorien – lasse sich ablesen, daß die neuesten Erkenntnisse jener Wissenschaften in den seltensten Fällen anerkannt und zum Allgemeingut würden. Zunächst würden diese Erkenntnisse von einer Minderheit spezialisierter Gelehrter in ihrer Bedeutung und Tragweite wahrgenommen und dann durch die Vermittlung durch diese Minderheit allmählich der Allgemeinheit zugänglich gemacht. Dies ist für GODWIN eine für alle Gebiete der Wissenschaft gültige Gesetzlichkeit: »It is the history of all science to be known first to a few, before it descends through the various descriptions and classes of the community.«[238] Die hier angesprochenen *Wenigen* (few), die im Besitz der neuesten wissenschaftlichen Erkenntnisse – oder auch der Wahrheit – sich befinden, sind für GODWIN die eigentlichen Garanten gesellschaftlichen Fortschritts. Zu unterscheiden von diesen *Wenigen*, die für die Instruktion der Massen besondere Verantwortung tragen, sind jene Repräsentanten politischer Theorie und Praxis, die sich in politischen Vereinigungen (political associations) organisieren. GODWIN entwickelt vor allem in der zweiten und dritten Auflage von »Political Justice« eine Kritik an diesen Vereinigungen, die sich in ihrer Schärfe zweifellos aus seinen Erfahrungen mit THELWALL und dem »linken« Flügel der L.C.S. erklärt. GODWIN kritisiert den Sektencharakter der politischen Vereinigungen[239], er unterstellt ihren Mitgliedern eine Konformität der Ansichten[240], die mit dem unabhän-

---

237 PJ I, 272

238 PJ I, 273

239 vgl. PJ I, 288

240 vgl. PJ I, 292 f.

gigen und freien Suchen nach Wahrheit inkompatibel ist und antizipiert damit eine Kritik, die in der politischen Theorie des Anarchismus als Zurückweisung einer autoritären Parteidisziplin integraler Bestandteil werden wird. Vor allem aber ist es die Tendenz zur politischen Agitation und Aktion, die GODWIN an politischen Vereinigungen angreift und die seiner Auffassung nach im Widerspruch steht zur gründlichen und ruhigen Vermittlung der Vernunft: »Truth can scarcely be acquired in crowded halls and amidst noisy debates. Where hope and fear, triumph and resentment, are perpetually afloat, the severer faculties of investigation are compelled to quit the field.«[241]

Der wirkliche Fortschritt der politischen Körperschaft kann nur durch die Parallelität von allgemeinem Bewußtsein und praktischen politischen Reformen gesichert werden. Wenn die Gemeinschaft nicht auf die praktischen politischen Veränderungen vorbereitet ist, wenn also die Belehrung und Instruktion der Massen nur teilweise geleistet wurden, ist die revolutionierte Gesellschaft in ihrer Substanz von vornherein gefährdet. Daß die Mitglieder einer politischen Gemeinschaft instruierbar sind, daß also gesellschaftliche Reform jederzeit allen Individuen einer Gemeinschaft plausibel gemacht werden kann, steht für GODWIN außer Frage. Wiederum ist es sein Vertrauen in die Macht der Vernunft, die diesen Optimismus leitet. GODWIN läßt hier auch keine Einwände gelten, die im bloßen Verweis auf die Durchsetzungskraft der Vernunft einen *Betrug* an jenen Generationen sehen, die nicht mehr in den Genuß des gesellschaftlichen Fortschritts zu gelangen vermögen.[242] Für GODWIN läßt sich die Eigengesetzlichkeit der Vernunft nicht zugunsten des aktuellen und notgedrungen kurzlebigen politischen Fortschritts, den die Revolution verspricht, ignorieren, denn es ist die Natur der Wissenschaft und des Fortschritts, »to be slow, and in a manner imperceptible, in its first advances.«[243] Diese Tendenz zur Langsamkeit und anfänglichen Unvermittelbarkeit ist allerdings nicht gleichzusetzen mit einer Einflußlosigkeit des wissenschaftlichen Fortschritts in Hinblick auf die gesellschaftliche Reform. Die gewissermaßen *unterhalb* der gesamtgesellschaftlichen Rezeption sich vollziehende Entwicklung hat letztlich weitreichende Konsequenzen: »Few advert to it; few have any perception of its existence. It attains its growth in obscurity; and its result, though long in preparation, is a considerable degree sudden and unexpected.«[244]

Solch »subversive« gesellschaftliche Wirksamkeit des Fortschritts ist nicht unabhängig vom aktiven Eingreifen der politisch und wissenschaftlich Gebildeten.

---

241 PJ I, 290

242 GODWIN befindet sich mit dieser Zurückweisung in deutlicher Aberration zur anarchistischen Theorie, wie sie sich seit BAKUNIN entwickelt und die die sofortige, unaufschiebbare Umwälzung und damit die Aneignung des gesellschaftlichen Reichtums zu einer Hauptforderung macht. »Revolutionäre Ungeduld« (HARICH) kann sogar als ein Erkennungsmerkmal anarchistischer Theorie und Praxis gelten!

243 PJ I, 279

244 Ebd.

Nicht nur die kontinuierliche Verbreitung des wissenschaftlichen Fortschritts ist ihre Aufgabe, sondern auch eine Analyse des Standes der gesellschaftlichen Reife: In Übereinstimmung mit HELVÉTIUS ist GODWIN der Auffassung, daß bestimmte historische Konstellationen ermittelbar wären, die für den *Umschlag* einer bislang den Gebildeten vorbehaltenen wissenschaftlichen Erkenntnis zum gesellschaftlichen Allgemeingut besonders sensibel seien. Es gelte, diese sensiblen Phasen auszumachen und sie im Sinne des Fortschritts zu nutzen. Diese Phasen bleiben jedoch das einzige Zugeständnis GODWINS an *plötzliche* Umgestaltungen. Die eigentliche Konsequenz aus seiner Revolutionskritik ist die Forderung nach einer Reform der Gesellschaft durch Bildung und Instruktion.

Voraussetzung hierfür ist die Unaufhaltsamkeit des wissenschaftlichen Fortschritts, und GODWIN stellt sich hier kritischen Einwänden, die die Geschichte der Menschheit in weniger fortschrittsgläubiger Sicht interpretieren: Am Beispiel von Athen und Rom, also kulturell und wissenschaftlich hochentwickelten Gesellschaftssystemen, lasse sich zeigen, daß einem erreichten kulturellen Standard durchaus auch der Untergang in die Barbarei drohen könne. GODWIN macht hiergegen geltend, daß wissenschaftlicher und kultureller Fortschritt in der Antike nur der herrschenden Schicht vorbehalten war. Das Gros der Gesellschaft hatte keinen Anteil an den Errungenschaften der Zivilisation. Die Verbreitung des Wissens vermittels der Presse, wie sie für die Neuzeit charakteristisch sei, habe hier neue Voraussetzungen geschaffen: »Knowledge is communicated to too many individuals, to afford its adversaries a chance of suppressing it. The monopoly of science, though, from the love of distinction, which so extensively characterises the human race, it has been endeavoured to be prolonged, is substantially at an end.«[245] Die Demokratisierung des Wissens, wie es durch die Buchdruckerkunst gewährleistet ist, fundiert gesellschaftliche Voraussetzungen, hinter die nicht mehr zurückgegangen werden kann. Die einmal in Gang gesetzte Entmonopolisierung des Wissens ist ein irreversibler Prozeß und kann in seinem weiteren Verlauf nur einen Zuwachs an gesellschaftlichem Wissen zur Konsequenz haben. Im Grunde hat gerade diese Entwicklung die Obsoletheit revolutionärer Umwälzungen zur Folge. Die Vernunft läßt sich durch Repression nicht aufhalten, nur behindern. Sie kann dementsprechend durch die Revolution auch nicht befördert werden: Wie oben gezeigt, sind revolutionäre Umbruchsituationen in der Regel fortschrittshemmende Konstellationen. Dennoch ist GODWINS Konzeption realitätsorientiert genug, um zuzugestehen, daß die mahnenden Worte des »reasoner (...) in its closet«[246] nicht hinreichen werden, um revolutionäre Um-wälzungen zu verhindern. Dann, so seine Empfehlung, ist der politisch und philosophisch gebildete Menschen dazu angehalten, seine prinzipielle Abwehrhaltung gegen Aufruhr und revolutionäre

---

245 PJ I, 282 f.

246 PJ I, 277

Gewalt hintanzustellen und belehrend und beratend tätig zu werden. Der politisch denkende Intellektuelle hat die Pflicht, jederzeit und unter allen Umständen seinen Beitrag zum sozialen Wohl zu erbringen: »The friend of human happiness, will endeavour to prevent violence; but it would be the mark of a weak and valetudinarian temper, to turn away our eyes from human affairs in disgust, and refuse to contribute our labours and attention to the general weal, because perhaps, at last, violence may forcibly intrude itself. It is our duty, to make a proper advantage of circumstances as they arise, and not to withdraw ourselves, because every thing ist not conducted according to our ideas of propierty.«[247]

Zusammenfassend kann festgehalten werden, daß GODWIN Erziehung oder Aufklärung der Allgemeinheit jeder vorschnellen revolutionären Umwälzung vorzieht, sie sogar zur Bedingung zum wirklichen gesellschaftlichen Fortschritt erklärt. GODWIN setzt sich damit in einen deutlichen Widerspruch zum Konsens des englischen Radikalismus und insbesondere zum jakobinisch orientierten Kurs der Mehrheit der L.C.S. Die Französische Revolution, dies die vorläufige Deutung, ist ihm mehr Anschauungsbeispiel für die Möglichkeiten einer nach vernünftigen Prinzipien organisierten Gesellschaft als Lehrstück für die praktische Umwälzung der »alten« Gesellschaft. Es wäre verfehlt, in seiner Revolutionskritik einen einfachen Reflex auf die anti-revolutionäre Tendenz in der von BURKE durch seine »Reflections on the Revolution in France« ideologisch eingeleitete und durch PITT praktisch exekutierte Repressionswelle zu sehen. Die Revisionen von »Political Justice« in dieser Frage geben keine deutlichen Anhaltspunkte, die eine solch grundlegende Abwendung belegen würden. Vielmehr ist GODWINS Revolutionskritik integraler Bestandteil seiner Theorie vom unaufhaltsamen Aufstieg der Vernunft. Des weiteren implizieren GODWINS Überlegungen zur notwendigen *Reife* einer Gesellschaft zur revolutionären Umwälzung genuin pädagogische Fragestellungen: Die durch die Instruktion der Intellektuellen vorbereitete Gesellschaft gelangt durch diese allmähliche und quasi kryptische Modifikation zu einem erweiterten Bewußtseinsstand, der sich schließlich in plötzlichem aber friedlichem Reformbegehren Ausdruck zu verschaffen versteht. Die Mehrheit einer Gesellschaft wird durch die stetige Expansion der Vernunft auf ein *Erwachen* vorbereitet, das durchaus mit dem *Erwachen* des Kindes im Bildungsprozeß verglichen werden kann: »In forming the mind of a young person, in endeavouring to give a new bent to that of a person of maturer years, I shall for a long time seem to have produced little effect, and the fruits will show themselves when I least expected them. The kingdom of truth comes not with ostentation. The seeds of virtue may appear to perish before they germinate.«[248]

---

[247] PJ I, 284

[248] PJ III, 289

Die gesellschaftliche Reform ist für GODWIN primär ein erzieherisches Projekt. Die Revolution ist demgegenüber der überhastete Abbruch dieses Projektes.[249]

1.3.3 Wege zur Autonomie – Erziehungsbegriff und *Pädagogische Utopie* in»Political Justice«

1.3.3.1 Der Begriff der Erziehung in »Political Justice«

Die Anlage-Umwelt-Diskussion, soviel wurde klar, führt GODWIN schließlich zur Annahme der überragenden Bedeutung von Erziehung. Die Betonung der Wirkmacht pä-dagogischer Einflußnahme geht so weit, daß Erziehung zur nahezu ausschließlichen Konstitutionsbedingung der *Differenz* zwischen Individuen erklärt wird und ihr unbegrenzte Macht in der Entwicklung der menschlichen Gesellschaft zuerkannt wird.

GODWIN unterscheidet hierbei drei Arten von Erziehung, nämlich (1) die Erziehung durch Zufall bzw. durch »impressions, we receive independently of any design on the part of the preceptor«[250], (2) die Erziehung im allgemeinen Sinn bzw. Erziehung durch »impressions which he (der Lehrer) intentionally communicates«[251] und schließlich (3) die politische Erziehung bzw. die »modification our ideas receive from the form of government under which we live.«[252]

Die Erziehung durch Zufall ist für GODWIN Beleg und Begründung dafür, daß es eine identische Erziehung zweier Zu-Erziehenden nicht geben kann. Keine planende und organisierte pädagogische Anstrengung kann unkontrollierbare Umwelteinflüsse und ihre Auswirkungen auf den organisierten pädagogischen Prozeß negieren. Wie schon im Herkules-Beispiel gezeigt wurde, kann es für GODWIN keine »identische« Erziehung geben: »Two men view a picture. They never see it from the same point of view, and therefore strictly speaking never see the same picture. If they sit down to hear a lecture or any piece of instruction, they never sit

[249] ARGENTON behauptet demgegenüber, GODWIN sähe in der Revolution die Alternative, die »die politische und religiöse Autokratie auslöscht« (*L'alternativa, volta a eliminare l'autocrazia zia politice e religiosa*«). Nach seiner Interpretation wirkt die Revolution »auf die Vernunft ein, welche durch die Selbstkenntnis und das Selbstbewußtsein aller frei und fähig zu einer immer größeren Verbesserung machen wird.« [*agente sulla ragione che, attraverso la conoscenza e la consapevolezza di sé, render à tutti liberi e capci di un miglioramneto sempre più elevato.* (ARGENTON 1977, 21; vgl. auch 51)]. Es ist zu vermuten, daß ARGENTON hier propagandistischen, proanarchistischen Zwecken erliegt, denn die Verweise mit denen er diese Sicht zu legitimieren sucht, sind die Überlegungen GODWINS, die unter der Überschrift »Of Revolutions« in »Political Justice« vorgetragen werden; diese aber lassen in keiner der drei Fassungen von »Political Justice« einen Zweifel an der *antirevolutionären Haltung* GODWINS aufkommen.

[250] PJ I, 45

[251] Ebd.

[252] PJ I, 45 f. Diese Dreiteilung der Einflüsse gemahnt in formaler Hinsicht an MONTESQUIEUS' Definition von Erziehung durch »nos pères, celle nos maîtres, celle du monde« (MONTESQUIEU 1973, 40 f.). Wie bei GODWIN ist der Einfluß der »Welt« entscheidend und »sabotiert« alle anderen pädagogischen Anstrengungen: »Ce qu'on nous dit dans la dernière renverse toutes les idées des premières.« (MONTESQUIEU 1973, 41)

down with the same degree of attention, seriousness or good humour. The previous state of mind is different, and therefore the impression received cannot be the same.« [253]

Die prinzipielle Differenz des *previous state of mind* verschiedener Individuen ist in diesem Sinne immer gegeben. Selbst die ursprünglichste, früheste *impression*, die *einfachen Ideen*, wie LOCKE sagen würde, präsentieren sich individuell unterschiedlich. Wenn es keine identischen Kommunikationsformen der *einfachen Ideen* gibt, ist die Frage nach der Unterschiedlichkeit der Entwicklung der Individuen bei gleicher bzw. ähnlicher Erziehung – eine Frage, die immer wieder vom nativistischen Konzept zugunsten einer anlagebedingten Begrenzung der Erziehung ins Feld geführt wurde – im Sinne der Milieutheorie entschieden.

Wenngleich die Erziehung durch Zufall also gewisse Auswirkungen auf die Entwicklung des Individuums hat, die dem Erzieher oder der Erzieherin gewärtig sein müssen, so ist doch die geplante Erziehung, die *education by design*, in jedem Falle von höherer Bedeutung. GODWIN skizziert hier eine erste Charakteristik des pädagogischen Konzeptes einer nicht-autoritären, für den Entwicklungsstand des Kindes sensibilisierten Pädagogik. Kinder sollen als »raw material«[254] in den Händen der Erzieherinnen und Erzieher gesehen werden. Ob die Verantwortung, die daraus erwächst, wahrgenommen wird oder nicht, entscheidet darüber, wie die Kinder sich entwickeln. Die Erzieherinnen und Erzieher sollen eine Atmosphäre der Freundschaft zwischen sich und dem Kind herstellen. Auch soll nicht allein die »conformity to our wishes«[255] die pädagogische Instruktion bestimmen; das Kind ist vielmehr als eigenständiges Individuum zu betrachten, dessen Entwicklung zur Unabhängigkeit gefördert und nicht durch Restriktionen verhindert werden soll. Werden die pädagogischen Maximen *Vernunft* und *Wahrheit* im Erziehungsprozeß genügend beachtet, so werden die Voraussetzungen für eine freie Entfaltung des Individuums geschaffen; die tatsächliche Erlangung dieser Freiheit freilich kann die Pädagogik nicht gestalten, sie bleibt dem gewollten Akt des sich selbst bewußt werdenden Menschen vorbehalten.

Als drittes Definitionskriterium für Erziehung wird bei GODWIN jene Form von Erziehung angeführt, die sich über die politischen Institutionen und hier insbesondere durch die *Regierung* vermittelt. Diese Erziehungsform ist nur schwer von der *education by design* zu unterscheiden. Was immer die letztere auszurichten vermag, immer bleibt sie gebunden und eingeschränkt durch den Einfluß der Regierung bzw. der jeweiligen politischen Institutionen, die die äußeren Rahmenbedingungen jedes pädagogischen Feldes markieren. Scharf zurückgewiesen werden in diesem Zusammenhang Experimente rousseauscher Provenienz, die eine Erziehung

---

253 PJ I, 46

254 PJ I, 47

255 Ebd.

außerhalb gesellschaftlicher Reichweite offerieren möchten und versichern, eine Erziehung ohne den schädigenden Einfluß der *Regierung* wäre realisierbar. GODWIN macht geltend, daß hierbei die Person des Erziehers oder der Erzieherin gänzlich außer acht gelassen werden muß, andernfalls würde sich sofort die Frage nach der Erziehung der Erziehenden stellen: »Is he (der Erzieher, M.H.) born in the ordinary mode of generation, or does he descend among us from the skies? Has his character been in no degree modified, by that very influence (der Gesellschaft, M.H.) he undertakes to counteract?« [256]

Die entschiedene Form dieser Zurückweisung erklärt sich aus der kritischen Distanz GODWINS zu ROUSSEAU in dieser Frage. ROUSSEAU hatte bekanntlich in der »Ersten Preisschrift« und in »Emile« eine überaus negative Sicht der Zivilisation vorgelegt und insbesondere in »Emile« eine pädagogische Situation konstruiert, die eine weitgehende Exklusion des Schülers von der »Gesellschaft« involvierte. GODWIN teilt nun einige Überlegungen ROUSSEAUS, etwa die Vorstellung von der Freiheit des Kindes, wie sie ROUSSEAU in der »Zweiten Preisschrift« einforderte[257] oder auch die Konzeption einer »Gleichheit des Ausgangspunktes«[258] der Menschen. Die fundamentale Zivilisationskritik ROUSSEAUS trägt GODWIN jedoch nicht mit. Er sieht im Gegenteil die Akzeptanz der unausweichlichen gesellschaftlichen Abhängigkeit des Menschen als Basis aller politischen und pädagogischen Überlegungen. Die Dialektik dieser Abhängigkeit ist ihm dabei durchaus bewußt. Die Erziehung durch die *Regierung* und die Verflochtenheit von Lehrerinnen, Lehrern und Eltern in den gesellschaftlich-politischen Kontext wirft konsequenterweise für GODWIN die Frage nach der *Erziehung der Erziehenden* auf: »As long as parents and teachers in general shall fall under the established rule, it is clear that politics and modes of government will educate and infect us all. They poison our minds, before we can resist, or so much as suspect their malignity.« [259]

Erziehung in diesem Sinne ist immer sozial; sowohl für die Geschichte des pädagogischen Prozesses, wie er sich über Generationen hinweg darstellt, als auch bezüglich aktueller pädagogischer Situationen ist die Absenz sozial vorgegebener Zwänge und Einschränkungen eine Fiktion, denn »the preceptor cannot go out of the world or prevent the intercourse of his pupil with human beings of a character different from his own.«[260] Das rousseausche Konzept der Ausblendung gesellschaftlicher Einflüsse aus dem Erziehungsprozeß hätte – zumindest langfristig – negative Auswirkungen auf die Entwicklung des Kindes. Spätestens mit der Pubertät würde jene Konfrontation mit der wirklichen Welt einsetzen und die *Täu-*

---

[256] PJ I, 49

[257] vgl. ROUSSEAU 1983, 101 f.

[258] vgl. ROUSSEAU 1983, 85

[259] PJ I, 49

[260] PJ I, 50

schung (delusion), die den bisherigen Erziehungsverlauf latent begleitet hat, offenbaren. Diese Auswirkungen einer *negativen Erziehung* (ROUSSEAU) können zwar revidiert werden – in »Political Justice« argumentiert GODWIN noch ganz auf dem Boden einer generellen Veränderungsfähigkeit des Menschen. Es ist im Sinne GODWINS aber ebenso falsch wie schädlich und überflüssig, die gesellschaftliche Dimension aus dem Erziehungsprozeß bewußt ausblenden zu wollen. Erst eine Erziehung, die sich der Restriktionen durch *Regierung* oder gesellschaftliche Zwänge bewußt ist, ist gleichzeitig instand gesetzt, die ihr gegebenen Möglichkeiten und Grenzen auszuloten.

1.3.3.2 Individualismus und Moralität

GODWINS Konzept einer Pädagogik, die auf das Individuum ausgerichtet ist und das die Individualität der Zu-Erziehenden erhalten und fördern will, ist nicht zu verstehen, wenn nicht der philosophischen Basis dieser Konzeption nachgegangen wird. In seinen Reflexionen zu den Rechten und Pflichten des Menschen unterscheidet GODWIN zunächst zwischen aktiven und passiven Rechten: Die aktiven Rechte sind jene, die den Menschen erlauben, das zu tun was ihm beliebt, die passiven Rechte beziehen sich auf die Aufgaben, die die Einzelnen gegenüber anderen Individuen oder der sozialen Gemeinschaft haben. Beide Formen von Recht sind aber der *Moral* (morality) unterstellt, die als Meta-Instanz die jeweiligen Orientierungen der Handlungen im Sinne der Rechte zu geben vermag. GODWIN, der keine ontologische Begründung für das Zustandekommen und die Abkunft dieser *Moral* gibt[261], sieht in ihr – und eben nicht im Interesse – die eigentliche Motivationsgrundlage für jede Handlung im Sinne der Rechte und Pflichten. Die Moral verlangt von den Einzelnen, daß diese Handlungen am Ziel der allgemeinen Nützlichkeit und Glückseligkeit ausgerichtet sind, und jede Handlung ist – bewußt oder unbewußt – auf genau diese Intention ausgerichtet: »Our property, our time, and our faculties, may all of them be made to contribute to this end. The periods, which cannot be spent in the active production of happiness, may be spent in preparation. There is not one of our avocations or amusements, that does not, by its effects, render us more or less fit to contribute our quota to the general utility.«[262]

Solche Bestimmungen, die GODWINS Nähe zum Utilarismus dokumentieren, implizieren die Forderung an das Individuum, der moralischen Determination Folge zu leisten. Ein Ausbruch aus den Ansprüchen dieser Moral ist ebenso falsch wie folgenschwer. Nach GODWINS Auffassung darf das Individuum nur unter den »dictates of morality«[263] handeln, weil allein darin sein Glück und das Glück Aller zusammenfallen. Jede Verletzung dieser Verpflichtungen ist deshalb unvernünftig

---

[261] Ebensowenig tut er dies an anderen Begriffen wie *Wahrheit* oder *Gerechtigkeit*; auch diese werden als Evidenzen eingeführt und verhandelt.

[262] PJ I, 159

[263] Ebd.

und unmoralisch. Sie ist aber nicht auf eine bewußte, beabsichtigte Handlung des Individuums zurückzuführen, sondern Ausdruck dafür, daß dieses Individuum nicht genügend über den Zusammenhang zwischen seinen Rechten und Pflichten und dem allgemeinen Wohlergehen aufgeklärt wurde. Im Grunde gibt es die falsche, die nutzlose oder nur auch die selbstbezogene Handlung für GODWIN als eigenständige, bewußte Handlung nicht. Diese Handlungen haben vielmehr ihren Grund in »ignorance and imbecility«[264], und es ist die Aufgabe des aufgeklärten Menschen, hier im Sinne der Vernunft einzugreifen und diese falschen Orientierungen zu verändern. Es ist kein Zufall, daß GODWIN in diesem Zusammenhang einen der gewichtigsten Einwände gegen diese optimistische Vorstellung von Gesellschaft und gesellschaftlicher Veränderung diskutiert: Das Vorhandensein von *Eigentum* setzte den utilaristischen Konzeptionen materielle Grenzen, die nicht zu übersehen waren.[265] GODWIN löst dieses Problem, indem er die Funktion des Eigentums unter die ethischen Anforderungen seiner Moralkonzeption subsumiert: »We have in reality nothing that is strictly speaking our own. We have nothing that has not a destination prescribed to it by the immutable voice of reason and justice; and respecting which, if we supersede that destination, we do not entail upon ourselves a certain portion of guilt.«[266] Obwohl dies selbstverständlich das Problem der ungerechten Verteilung des Eigentums nicht aufhebt, ist damit doch ausgedrückt, daß die Besitzenden, sollten sie nicht im Sinne der allgemeinen Nützlichkeit ihr Eigentum verwalten und in gewissem Sinne zur Verfügung stellen, sich letztlich nur selbst schaden, da sie sich hierin als unaufgeklärt und unwissend erweisen. Aufklärung und Vernunft sind die Hebel für die Gerechtigkeit der Gesellschaft, und für GODWIN besteht kein Zweifel darüber, daß die allgemeinen moralischen Vorgaben letztendlich über Irrtümer und Unwissenheit triumphieren werden. Die Voraussetzung dafür schaffen die praktischen pädagogischen Bemühungen, wie sie in einer Moralerziehung zum Ausdruck kommen, sowie die Verpflichtung gegenüber den Nachbarn und Mitmenschen, Verfehlungen und falsche Verhaltensweisen unverzüglich mitzuteilen: »He (der Nachbar, M.H.) is guilty of an omission in this point, if he fails to employ every means in his power from the amendment of our errors, and to have recourse for that purpose, as he may see occasion, to the most unreserved animadversion upon our propensities and conduct.«[267]

---

264 PJ I, 161

265 Die Eigentumsfrage wurde denn auch die entscheidende Frage im beginnenden 19. Jahrhundert, ohne daß der grundsätzliche Appell an die Besitzenden, von dem der frühe Utilarismus durchdrungen war, an Bedeutung verlor. Erst PROUDHON und MARX markieren hier den (philosophischen) Bruch.

266 PJ I, 162

267 Ebd.

Diese Forderung nach der *Beratung des Nachbarn* wird bei GODWIN auch in seinen Darlegungen zur Familie und zur sozialen Gemeinschaft überhaupt zum Ausdruck kommen: GODWIN setzt diese Forderung, jederzeit direkt auf die Fehler und Irrtümer seiner Gegenüber hinzuweisen, durchaus praktisch um, was nicht immer auf Verständnis gestoßen ist und sieht in der mangelnden Bereitschaft zur Auseinandersetzung mit den Fehlern und Irrtümern der Mitmenschen ein Haupthindernis für die Durchsetzung der moralischen Prinzipien. Die Fehler der Menschen sind für GODWIN nicht ihre Privatangelegenheiten, sondern müssen zum Thema eines gesellschaftlichen Diskurses gemacht werden, wobei freilich zu beachten ist, daß diese Hinweise und Ratschläge für die Nachbarn nicht im Duktus einer belehrenden, arroganten Überheblichkeit gegeben werden: »Advice perhaps requires above all things, that it should be administered with simplicity, disinterestedness, kindness and moderation.«[268] Wenn die Nachbarn auch darüber zu belehren sind, inwiefern sie den allgemeinen moralischen Prinzipien nicht oder unzureichend in ihren Handlungen entsprechen, so ist GODWIN gleichzeitig entschieden dafür, den Individuen ihren abgesteckten, privaten, von der Gesellschaft und von den Nachbarn getrennten Raum zuzugestehen: »Every man has a certain sphere of discretion, which he has a right to expect shall not be infringed by his neighbours. This right flows from the very nature of man.«[269] Die natürliche Prädisposition, die GODWIN hier anspricht, besteht darin, daß der Mensch zur eigenständigen, *privaten Urteilsfindung* (*own judgement*) gleichsam anthropologisch vorherbestimmt ist. Schule und Unterricht, Anleitung und Hilfe sind nur die Mittel zum Zweck: Der eigentliche Sinn pädagogischer Anstrengung kann es nur sein, das Individuum zur Selbstbewußtheit zu bringen. Zwischen Erwachsenen, die in GODWINS Sinne immer potentiell *selbstbewußt* und *vernünftig* sind (oder eben zu den »brutes« und »fools« zu zählen sind und damit nicht mehr zum Diskurs gehören), ist deshalb nur ein Dialog oder eine rationale Kontroverse erlaubt. Eine Unterwerfung durch Gewalt, was das Gegenbild der hier konzipierten Vorstellungen wäre, ist ebenso falsch wie – langfristig gesehen – erfolglos.

Grundsätzlich ist der erwachsene Mensch zwar nicht frei von Irrtümern und Fehlern; es ist aber in erster Linie seine eigene Aufgabe, diese Fehler zu erkennen und zu beseitigen. Der Selbstreflexion wird bei GODWIN eindeutig Prävalenz gegenüber der auch notwendigen »vorsichtigen« Korrektur durch Mitmenschen eingeräumt. In dieser Betonung der individuellen Urteilsfindung sind die Grenzen des pädagogischen Engagements deutlich gesetzt. Die nachbarschaftliche Korrektur ist erst dann legitim, wenn die vernünftigen Anstrengungen des erwachsenen Menschen keine Erweiterung in Hinblick auf die Durchsetzung der allgemeinen moralischen Inhalte mehr versprechen oder wenn ausdrücklich der Dialog gesucht wird.

---

[268] PJ I, 163

[269] PJ I, 167

Vorher aber ist die Individualität und Selbstbezogenheit des Einzelnen zu akzeptieren: »No man must encroach upon my province, nor I upon his. He may advise me (...) but he must not expect to dictate to me. He may censure me freely and without reserve; but he should remember that I am to act by my deliberation and not his.«[270]

Die Orientierung an der allgemeinen Moral gilt im Verhältnis zwischen einzelnen Individuen ebenso wie in komplexen gesellschaftlichen Formationen. Gesellschaft und positive Institutionen, d.i. rechtliche und exekutive Organe des Staates, sind dem allgemeinen moralischen Grundsätzen ebenso verpflichtet wie das Individuum. Wenn der staatliche oder der gesellschaftliche Anspruch an die Individuen im Gegensatz zur Moralität steht, ist es für GODWIN unzweifelhaft, daß das private Urteil (*private judgement*) und die individuelle Erkenntnis der staatlichen oder gesellschaftlichen Meinung oder Urteilsfindung vorzuziehen sind. Es kann zwar, ähnlich wie im Nachbarschaftsverhältnis, durch Staat und Gesellschaft der Versuch unternommen werden, das Individuum zu überzeugen. Dies aber soll nur in freier, vernünftiger Aussprache geschehen.

Tatsächlich aber haben die staatlichen und gesellschaftlichen Überzeugungsversuche durchweg Zwangscharakter. Strafe (punishment) und Gewalt (force) ersetzen im ungünstigstem Fall den rationalen Diskurs, den GODWIN verlangt. Aber auch wenn die »positiven Institutionen« ohne direkte Zwangsmittel operieren, greifen sie durch ihre bloße Existenz entscheidend in die Urteilsfindung, in das *private judgement* der Einzelnen ein: Es werden gesellschaftliche Werte fixiert, die durchaus arbiträre, nicht-überprüfbare und dem Moralgesetz möglicherweise zuwiderlaufende Züge haben können und dennoch dem Individuum als Wahrheit präsentiert werden. GODWINS Individualismus wird hier besonders dezidiert vorgebracht. Seine Idiosynkrasie gegenüber einer gesellschaftlichen Indoktrination – und nichts anderes ist GODWIN eine Wertvermittlung, die sich nicht am Moralgesetz verifizieren lassen will – muß sich um so deutlicher artikulieren, als mit der einfachen Bestrafung oder mit der Gewalt als Durch-setzungsform auf einer anderen, nichtvernünftigen Ebene agiert wird und hier die allgemeine Moral oder das Vernunftgesetz im Grunde unberührt bleiben. In diesen Fällen wird das Individuum zwar materiell zu Handlungen und – vorgeblichen – Denkweisen gezwungen, eine tatsächliche Deviation vom allgemeinen Moralgesetz ist hier nur in Ausnahmefällen zu erwarten, da der Zwangscharakter der staatlichen und gesellschaftlichen Zumutung zu offensichtlich ist: »But strength apparently does not constitute justice. The case of punishment, in the view in which we now consider it, is the case of you and me differing in opinion, and your telling me that you must be right, since you

---

[270] PJ I, 168

have a more brawny arm, or have applied your mind more to the acquiring skill in your weapons than I have.«[271]

Der doktrinäre Angriff allerdings ist imstande, das Verhältnis des Individuums zur Moral und vor allem sein Recht auf die private Urteilsfindung empfindlich zu stören. GODWIN antizipiert hier die Grundzüge eines Liberalismus, wie er bei BENTHAM und MILL volle Entfaltung finden wird: Der Staat (und bei GODWIN zudem die Gesellschaft) hat sich aus der Urteilsbildung des Individuums herauszuhalten. Die allgemeine Moral, nicht ein staatlicher oder gesellschaftlicher Konsens, ist der Maßstab des Individuums. Wenn staatliche und gesellschaftliche Körper sich in Übereinstimmung mit jener allgemeinen Moral befinden sollten, das Individuum sich also ohne Verlust an persönlicher Freiheit dem staatlichen oder gesellschaftlichem Wollen unterwerfen könnte, so gilt auch hier, daß das Individuum von der Legitimität und Wahrheit dieser Übereinstimmung in rationaler Auseinandersetzung überzeugt werden muß: »If a man be in some cases obliged to prefer his own judgment, he is in all cases obliged to consult that judgment, before he can determine whether the matter in question be of the sort provided for or no. So that from this reasoning it ultimately appears, that the conviction of a man's individual understanding is the only legitimate principle, im-posing on him the duty of adopting any species of conduct.«[272]

Die freie Auseinandersetzung und der rationale Diskurs garantieren dafür, daß die *Moralisierung* der Gesellschaft möglich wird. Allerdings ist nach GODWIN Auffassung die *Moralisierung* auch dann nicht aufzuhalten, wenn die Gesellschaft und der Staat dies zu unterbinden versuchen. Mag es in der Entwicklung der Gesellschaft Rückschläge und Fehleinschätzungen hinsichtlich dieses Zieles gegeben haben, so ist doch insgesamt für GODWIN eine Tendenz zur *Moralisierung* der Gesellschaft aufweisbar. Das Moralgesetz setzt sich in allen zentralen Entscheidungen, die von einer Gesellschaft getroffen werden, letztendlich durch, ob dies nun bewußt verfolgt wird oder nicht: »The most crowded forum, or the most venerable senat, cannot make one proposition to be a rule of justice, that was not substantially so, previously to their decision. They can only interpret and announce that law, which derives its real validity from a higher and less mutable authority.«[273]

Der Mensch kann und darf sich dieser Gesetzlichkeiten nicht verschließen. Es ist in diesem Zusammenhang auch nicht von Bedeutung, ob seine Nichteinhaltung oder sein Nicht-Orientieren an diesen Moralgrundsätzen andere betreffen oder schädigen. GODWINS *morality* würde auch für den Menschen gelten, der »alone in

---

[271] PJ I, 180

[272] PJ I, 181

[273] PJ I, 166

the world«[274] wäre, da diese »morality« überzeitliche und übermenschliche Gültigkeit beansprucht.

Zusammenfassend kann also von einer genuin philosophischen Begründung der *Individualität* und der damit verbundenen Rechte und Pflichten des Menschen gesprochen werden. Daß diese Begründung philosophischer Provenienz ist und nicht etwa wie bei ROUSSEAU sich aus einer Analyse der menschlichen Psyche oder wie bei LOCKE und HUME aus theologischen Reflexionen herleitet, erlaubt die Zuordnung des godwinschen Individualismus zu jener Strömung in der Aufklärungsphilosophie, die von COMTE und DESCARTES begründet wurde und »Letztbegründungen« nur im Sinne von Arbeitshypothesen zuläßt.

1.3.3.3 Pädagogische Utopie in »Political Justice«

Die Vorstellungen GODWINS zur Veränderung der Gesellschaft und damit zur veränderten pädagogischen Praxis können als utopistisch[275] bezeichnet werden. Begründen läßt sich solche Begriffsbestimmung unter anderem aus dem – auch für die Verhältnisse des 18th-Century-England – geradezu phantastischen Antizipationen in den letzten Büchern des zweiten Bandes von »Political Justice«: Die Verkürzung der täglichen Arbeitszeit auf eine halbe Stunde pro Person[276], die Mutmaßungen über eine Verlängerung des menschlichen Lebens bis hin zur Unsterblichkeit[277] oder – ganz allgemein – die zustimmende Anführung eines FRANKLIN-Zitates, das die zukünftige Überlegenheit des Bewußtseins über die Materie[278] prophezeit, bestätigen die Deszendenz GODWINS von einer utopistischen Tradition, die im englischen Raum von MORUS über BACON bis zu SWIFT reicht und gerade »Gulliver's Travels« sind für GODWIN immer wieder Quelle für seine eigenen Visionen von der vernunftgeleiteten Gesellschaft.

Die Konzeption einer Zukunftsgesellschaft, wie sie GODWIN entwirft, ist zunächst Ausdruck und Fortsetzung seiner Überlegungen zur Vernunft und zur unabschließbaren Progression dieser Vernunft. Dies ist zugleich die Grenze seines *Utopismus*: Wenn die Vernunft dynamisch ist, kann es die ideale Gesellschaft nicht geben. Vorstellbar ist allenfalls eine – vom historischen Stand der Vernunft ausgehende – *bessere* Gesellschaft.[279] Die Gesellschaft der Zukunft wird sich an den Prinzipien orientieren, wie sie in »Political Justice« entwickelt wurden: Dabei steht

---

274 Ebd.

275 BRODTMAN etwa bezeichnet GODWIN als *rationalen Utopisten*, weil sein Gesellschaftsbild »im Gegensatz zum älteren naiven Utopismus eine wirkliche Reform im Sinne seines Ideals verlangt und das von ihm geforderte Ziel als das einzig vernunftgemäße durch das Naturrecht begründet.« (BRODTMAN 1930, 44)

276 vgl. PJ II, 484; PJ II, 493

277 vgl. PJ II, 519 ff.

278 vgl. PJ II, 503

279 vgl. ROSEN 1987, 31

an erster Stelle die Maßgabe einer Moral, deren Hauptgehalt die Bestrebung ist, das Glück Aller zu erreichen, ohne dabei das Glück eines Individuums zu verletzen oder zu schmälern. Erreicht wird dieser Standard der Moral durch die Selbstentfaltungskraft der Vernunft und der Wahrheit. Dieser Entfaltungprozeß entwickelt sich, wie dies aus den bereits dargestellten Auffassungen GODWINS zur Revolution und zur Reform konsequent folgt, allmählich und graduell. Die gesellschaftliche Utopie GODWINS basiert auf Egalität. Er antizipiert ein Gemeinwesen, in dem die Individuen insgesamt auf demselben Stand von Wissen und Reichtum stehen und deren gesellschaftliche Organisation aus gemeinsam getroffenen Entscheidungen sich ableitet. Konzeptioniert wird eine Gesellschaft föderativen Zuschnitts, deren geografische Ausdehnung allerdings weit unter den damals aktuellen föderativen Gesellschaften, wie etwa den nordamerikanischen Kolonien, liegt. GODWINS Vision ist ein gesellschaftlicher Zusammenschluß, der jedem Individuum die Mitentscheidung über alle Entscheidungen gesellschaftlicher Relevanz erlaubt. Realisierbar ist dies nur in Klein- bzw. Kleinstgemeinden, die sich föderalistisch strukturieren[280], und dieses findet bei GODWIN im Terminus *parishes*[281] (Gemeinde) seinen Ausdruck. Aber auch die Gemeinde ist nur eine Notwendigkeit und keineswegs ein Ideal. Das Individuum, das allein seinem eigenen Urteil gehorcht und in Unabhängigkeit zur Gemeinschaft autonom und frei über sein Leben bestimmt, steht im Zentrum der godwinschen Utopie. Selbst die Kooperation, also die auf Freiwilligkeit beruhende Arbeitsteilung, wird nur als *Übel* (evil) klassifiziert, das im Gegensatz steht zu den Freiheitsansprüchen des autonomen Individuums: »From this principles it appears, that every thing that is usually understood by the term cooperation, is, in some degree, an evil. A man in solitude, is obliged to sacrifice or postpone the execution of his best thoughts, in compliance with his necessities, or his frailties. (...) It is still worse, when a man is also obliged to consult the convenience of others.«[282]

GODWIN radikalisiert diese Sichtweise, wenn er gemeinsame Mahlzeiten, Konzerte oder Theateraufführungen, anläßlich derer Individuen »words and ideas that are not their own«[283] sinnlos wiederholen würden, als Tendenzen kritisiert, für die in einer nach Vernunftprinzipien individualisierten Gesellschaft kein Platz wäre. Er komplettiert seine Zukunftsgesellschaft mit einer Kritik an Heirat im bürgerlichen Sinn, weil er darin einen Eingriff in die Entscheidungsmöglichkeiten der Individuen erkennt. Ehe, als einmaliges, unter oftmals *unvernünftigen* Umständen ausge-

---

280 ARGENTON weist zurecht darauf hin, daß diese Dezentralisierungsvorschläge »charakteristisch für den Anarchismus« [*caratteristico dell' anarcismo* (ARGENTON 1977, 55)] wären, und in der Tat sind die utopistischen Konstruktionen einer Gesellschaft der selbstverantwortlichen Individuen, die GODWIN hier skizziert, zentrale Legitimationskriterien für seine Klassifizierung als anarchistischer Denker.

281 Ursprünglich sind damit die Kirchsprengel bezeichnet. GODWIN betont aber, daß nur die geographische und populare Ausdehnung von ihm gemeint ist und jede religiöse Implikation ihm fern liegt.

282 PJ II, 501

283 Ebd.

sprochenes Versprechen, kann nicht vereinbar sein mit der Flexibilität der Vernunft, die nichts als gegeben und unveränderlich hinnehmen kann. Zudem besteht in einer auf Vernunft gegründeten Sozialstruktur keine Notwendigkeit für die eheliche Absicherung. Beziehungen zwischen den Geschlechtern regeln sich durch vernünftige Übereinkunft; Besitzansprüche sind einer aufgeklärten Gemeinschaft fremd: »I shall assidously cultivate the intercourse of that woman, whose moral and intellecutal accomplishments strike me in the most powerful manner. But ›it may happen, that other men will feel for her the same preference that I do.‹ This will create no difficulty. We may all enjoy her conversation; and, her choice being declared, we shall all be wise enough to consider the sexual commerce as unessential to our regard.«[284]

Eng verbunden mit den Überlegungen zu Ehe und Familie, in denen sich – wie BRODTMAN treffend vermerkt – ein »theologisch und philosophisch gefärbtes Jungesellentum«[285] ausdrückt, sind Fragen pädagogischer Relevanz. Eine Gesellschaft, die aus autonomen Individuen, die in Freiheit und möglichst in *Einsamkeit* (solitary) ihre Entscheidungen treffen und ihr Leben organisieren, bietet vordergründig wenig Raum für die geplante und gesellschaftlich strukturierte Erziehung. Wie schon in seiner Zurückweisung einer *National Education* sieht GODWIN in solcher Organisierung auch keineswegs einen Gewinn. Zwar wird die Abschaffung der Ehe und der Familie im traditionellen Sinn die Erziehungsaufgaben, wie sie für das Kleinkind gelten, in erster Linie in die Hände der Mutter legen. Die Ungerechtigkeit, die in dieser ausschließlichen Belastung der Mutter liegt, wird durch die aufgeklärten Mitglieder der Gemeinschaft erkannt werden und »it will be amicably and willingly be participated by others.«[286] Aus ebensolcher Solidarität werden sich auch die materiellen Voraussetzungen wie Kleidung, Nahrung und Wohnung für das heranwachsende Kind ergeben. Die eigentliche Erziehung schließlich wird in GODWINS Zukunftsgesellschaft ebenfalls »problemlos« verlaufen. Zunächst gilt, daß eine dezentralisierte, in kleinen Gemeinschaften strukturierte Gesellschaft durch ihre *Einfachheit* (simplicity) die pädagogischen Anforderungen, wie sie in hochzivilisierten und komplexen Gesellschaften notwendig sind, von vorn herein reduziert: »The task of instruction, under such a form of society, will be greatly simplified and altered from what it is at present. It will be scarcely be thought more necessary to make boys slaves, than to make men so.«[287]

---

284 PJ II, 511.

285 BRODTMAN 1930, 37

286 PJ II, 512. GODWIN verwendet in den Ausgaben von 1793 und 1796 noch den Konjunktiv. Erst in der letzten Fassung wird das indikative *will*, dessen apodiktische Form im englischen Futurum ohnehin akzentuiert ist, als Bestätigung und Verstärkung eingeführt. Diese Verschärfung, die als Reaktion auf die kritischen Stimmen zu seiner Utopie gedeutet werden kann, findet sich auch in den Bemerkungen zur Erziehung. (vgl. PJ III, 221)

287 PJ II, 511.

GODWIN antizipiert pädagogische Rahmenbedingungen, die der Autonomie des Individuums größtmöglichen Raum lassen, und diese Bedingungen gelten für Kinder ebenso wie für Erwachsene. In seinem Utopia, in dem die Selbstentfaltungskraft der Vernunft im weitesten Sinne freigesetzt ist, wird Erziehung zur nicht-professionalisierten Hilfestellung, die nur dann »by the neighbour« unternommen wird, wenn die Umstände dies erfordern und die ansonsten als »spontaner, fast automatischer«[288] Prozeß gesehen werden kann. Im übrigen genügt GODWIN auch hier der Hinweis auf die Dynamik der Vernunft, deren progressive Kraft jede restriktive Pädagogik hinfällig macht: »The mind will be suffered to expand itself, in proportion as occasion and impression shall excite it, and not tortured and enervated by being cast in a particular mould. No creature in human form will be expected to learn any thing, but because he desires it, and has some conception of its value«.[289]

Die Liberalisierung pädagogischer Prozesse, die GODWIN hier vorstellt, darf nicht vorschnell als Bestätigung für eine antiautoritäre oder libertäre Ausrichtung seines pä-dagogischen Denkens gelesen werden. Vielmehr äußert sich in der Zurückweisung von Zwang im pädagogischen Prozeß, wie sie im obigen Zitat zum Ausdruck kommt, die Bilanz eines Denkens, das die Notwendigkeit von Zwang im Erziehungsgang der *aufgeklärten* Gesellschaft negiert. Nur weil Zwang als sinnlos und ohne positiven Effekt auf das pädagogische Geschehen gesehen wird, ist er zu suspendieren. Umgekehrt ist GODWIN jede Maßnahme, die das Endziel der allgemeinen Glückseligkeit zu unterstützen vermag – unabhängig von ihrer vordergründigen, unaufgeklärten Bewertung – willkommen. In GODWINS »Political Justice« und in den pädagogischen Implikationen dieses Werkes ist zunächst kein Humanismus oder Philanthropismus zu finden, der den Eigenwert des Individuums und damit die Freiheit des Individuums über Notwendigkeiten gesellschaftlicher oder moralischer Natur stellen würde. Die Autonomie des Individuums wird nur deshalb präferiert, weil dies für das Individuum und für die Gesellschaft vor dem Hintergrund des moralischen Imperatives, dem GODWIN verpflichtet ist, *zweckhaft* erscheint. Ebenso wäre mit diesem Verfahren die Begründung einer Diktatur möglich, sollte zu beweisen sein, daß der gesamtgesellschaftliche Effekt dieser Herrschaftsform »das größte Glück der größten Zahl« zu garantieren vermag.

Die utopischen Vorschläge, die in »Political Justice« unterbreitet werden, entwickeln sich folgerichtig aus der Deduktion aus einem gedanklichen Konstrukt, dem alle praktischen politischen und pädagogischen Analysen und Folgerungen nachgeordnet sind: GODWINS basales Prinzip der politischen Gerechtigkeit, das gleichzusetzen ist mit den Inhalten der *Vernunft* oder der *Wahrheit,* ist der Ausgangspunkt für die Behandlung jeder gesellschaftlichen, philosophischen und letzt-

---

288 *»un fatto spontaneo, quasi automatico«* (ARGENTON 1977, 59)

289 PJ II, 512 f.

lich auch pädagogischen Frage. Es wird zu zeigen sein, daß GODWIN das deduktive Verfahren, das den Erkenntnisgang von »Political Justice« (und – mutas mutandis – auch von »An Account«) leitet, in nachfolgenden Arbeiten durch induktive Verfahren ablöst. Damit verbunden ist die dezidierte Hinwendung zu praktischen, den empirischen Tatbeständen verwandten Problemkreisen, die im deduktiven Verfahren nur als beliebiges »Beweismaterial« a posterior dem Erkenntnisgang beigefügt werden.

Die dialektische Struktur des deduktiven Verfahrens erlaubt einerseits, daß GODWIN in seiner Kritik der bestehenden Verhältnisse, die mit dem Maßstab der Omnipotenz der Vernunft gemessen werden und insofern sich als unzureichend erweisen müssen, einen radikalen Angriff auf diese Verhältnisse unternehmen kann, der selbst auf die ausgewiesenen Vertreter und Vertreterinnen der gesellschaftlichen Umwälzung ausgeweitet ist. Andererseits zeigt sich die Schwäche und implizite Grenze dieses Verfahrens in allen Vorschlägen, die GODWIN zur Reform der Gesellschaft unterbreitet und namentlich in seinen utopischen Betrachtungen: Schon in der Zurückweisung der *National Education* deutete sich eine akademisch anmutende Ignoranz gegenüber praktischen Reformvorschlägen an. Die extremen Reduktionen, die insbesondere in der pädagogischen Utopie ihren Ausdruck finden, und komplementär dazu das Vertrauen auf eine Vernunft, deren Selbsttätigkeit den Nutzen des pädagogischen Einflusses in Abrede stellt, verschärfen diese Tendenz.

GODWINS Zukunftsgesellschaft ist die konsequente Weiterentwicklung eines Vernunftkonzeptes, für das die limitierenden Rahmenbedingungen oder auch reformistische Zwischenschritte von untergeordneter Relevanz sind. Folgerichtig muß die Frage nach der tatsächlichen Umsetzung bzw. der Durchdringung der Gesellschaft mit Vernunft eine Antwort finden, die weniger an den gesellschaftlichen und politischen Realitäten sich orientiert, sondern an den Spuren der fortgeschrittensten Vernunft, die in der Gesellschaft entdeckt ihre Legitimation finden. GODWINS Revolutionskritik hatte bereits auf die Bedeutung der *Wenigen* verwiesen, in denen sich der fortgeschrittenste Stand der Vernunft und der Wahrheit inkorporiert, ohne daß dies gesamtgesellschaftlich sichtbar wäre und direkte Auswirkungen hätte. Die utopistischen Darlegungen GODWINS verdeutlichen die Bedeutung dieser Gruppe von aufgeklärten Personen: Sie nämlich sind diejenigen, die die Verantwortung dafür tragen, daß die Vernunft sich *vergesellschaftet,* und sie sind diejenigen, die dort eingreifend tätig werden müssen, wo der Gang der Vernunft beschränkt zu werden droht. GODWIN skizziert diese Gruppe von Personen, die sogenannten *public instructors* als eine Art geistigen Ältestenrat: »They are bound to be active, infatigable and disinterested. It is incumbent upon them to abstain from inflammatory language, and expressions af acrimony and resentment.«[290] Der Verzicht auf *inflammatory language*, also die Verpflichtung dieser *instructors* zu ruhiger, vernünftiger Vermittlung der Vernunft, beinhaltet einmal mehr latente Kritik an den Massenveranstaltungen der L.C.S. Zugleich ist aber auch die Allmählichkeit und Gemessenheit der Vernunft, die GODWIN immer wieder akzentuiert, präsent. Die *instructors* wissen um die Selbstentfaltungskraft der Vernunft, und dementsprechend können sie auf eine Überzeugungsanstrengung verzichten, die auf äußerliche, propagandistische Methoden zurückgreift. Neben der Besonnenheit ist es die Aufrichtigkeit (sincerity), die die Vernunftvermittlung der *instructors* zu leiten hat. Aufrichtigkeit bedeutet für GODWIN in diesem Kontext, daß auch solche »Wahrheiten«, die nicht dem Zeitgeschmack entsprechen, dem breiten Publikum unterbreitet werden. Nicht parteioffizielle und doktrinäre Verlautbarungen und ebensowenig leere Versprechungen und falsche Hoffnungen sollen der Inhalt der öffentlichen Stellungnahmen der *instructors* sein, sondern die uneingeschränkte Wahrheit. Daß GODWIN hier keine taktischen Rücksichten akzeptiert und etwa die Repressionen, die solcher Rede in reaktionären Gesellschaften drohen, zum Anlaß nimmt, die Unbedingtheit seiner Forderungen zu relativieren, schuldet sich seinem unerschütterlichen Glauben an die Omnipotenz der Vernunft, deren eben auch die Herrschenden[291] – früher oder später – gewahr werden müssen. Für die »Aufgeklärten« gilt, daß sie jederzeit und in jeder Gesellschaftsformation kompromißlos den Forderungen der Wahrheit nachzukommen haben und daß sie dies gemäß dem sukzessiven und graduellen Voranschreiten der Vernunft über Diskussion und geduldige Belehrung tun sollen: »Every community of men, as well as every individual, must govern itself according to its ideas of justice. What I should desire is, not by violence to change its institutions, but by discussion to change its ideas.«[292]

GODWINS Alternative zu den aufkommenden Massenbewegungen, die sich zwar noch nicht in Parteien proletarischen Zuschnitts organisieren, die aber durchaus als Gegenmacht zum Kurs der promonarchistischen Regierung gesehen werden können und die sich erste Führerfiguren in THELWALL und seinen Parteigängern schaffen, ist die individuelle Aneignung von Wissen und Erkenntnis und dadurch die gesellschaftliche Veränderung. Weder macht GODWIN genaue Angaben darüber, auf welche Weise einzelne zu *Wissenden* werden, noch wird geklärt, ob diese *Aufgeklärten* sich in irgendeiner Form organisieren. Vielmehr ist davon auszugehen, daß diese Frage außerhalb des godwinschen Horizontes liegt: Die Wahrheit ist omnipotent, und deshalb sind Details – wie die konkrete Struktur einer Erziehung im Sinne der Wahrheit – von sekundärer Bedeutung. Die Wahrheit setzt sich

---

[290] PJ II, 538

[291] vgl. PJ II, 541 ff. GODWIN erwartet von den Herrschenden zudem, daß sie – würden sie die Vorzüge der *impartial truth* erkennen und damit die Beschränkungen, denen sie durch ihren Reichtum und ihre Verblendung ausgesetzt sind – zu Anwälten (advocates) der Gleichheit werden würden.

[292] PJ II, 539

durch, und die Geschichte der Menschheit beweist dies: Antike Gesellschaften, Feudalgesellschaft, Monarchie und Aristokratie und schließlich die Republik sind insgesamt gesehen Durchgangsstadien, die jedoch eine aufsteigenden Tendenz der Entfaltung der Wahrheit belegen.[293]

Daß GODWIN die genaue Beschreibung der *Aufgeklärten* unterläßt, ist mit der Weigerung, die Omnipotenz der Vernunft regulieren zu wollen (bzw. zu können), nur teilweise erklärt. Hinzu tritt ein anderes Element godwinscher Philosophie, das bereits in den Erörterungen zur Bildungsfähigkeit des Menschen dargetan wurde: GODWIN geht davon aus, daß Alle Alles lernen können. Dies impliziert aber, daß die Zugehörigkeit zu einer Gruppe von Aufgeklärten oder zu einer geistigen *Elite*[294] prinzipiell Jedem und Jeder offensteht. Der Elitebegriff, wie er von GODWIN entwickelt wird, ist nicht *exklusiv.* Sein gesamtes Bildungskonzept ist auf die Interessen der Wahrheit gerichtet, und insofern sind ihm Eliten, die sich aus Abgrenzung und Selbstbestätigung bilden, fremd. Es geht bei GODWIN durchaus um eine Demokratisierung des Wissens; die *offene Elite* hat gerade dies zur Aufgabe – was langfristig nichts anderes bedeutet als ihre Auflösung in der Gemeinschaft. Nicht die Monopolisierung von Wissen und Kenntnissen also ist intendiert, sondern die größtmögliche Verbreiterung desselben, ohne aber dieses Wissen in der Substanz zu »egalisieren«. Die *Aufgeklärten* selbst sind – in der Vermittlung des Wissens – abhängig von dieser Verbreiterung, denn eine geschlossene Elite, die ihr Wissens im Sinne von Macht gebraucht und nicht, um es »disinterested« weiterzugeben, ist gleichzusetzen mit anderen gewalttätigen oder zumindest gleichheitsfeindlichen Formen der gesellschaftlichen Herrschaft: »It (die Gleichheit der Menschen, M.H.) is not the result af accident, of the authority of a chief magistrate, or the over-

---

293 Die Anklänge an marxistische Kategorien – sowohl in Hinblick auf die Beschreibung der Epochen als *Stufen* als auch bezüglich einer Etablierung historisch-dynamischer Gesetzlichkeiten (vgl. KRAMNICK, 1985, 36) – können nicht überraschen, denn Geschichtsphilosophie als Wissenschaft, der solche Ausarbeitung historischer »Gesetze« inhärent war (und ist), darf als ein integrales Moment aller Aufklärungsphilosophie erachtet werden (vgl. hierzu etwa: KOSELLEK 1969, 146 ff.).

294 Der Stellenwert, den GODWIN einer Gruppe von wenigen Aufgeklärten einräumt, hat eine Diskussion darüber entfacht, ob GODWIN eine *Elite* begründen will, in deren alleiniger Verantwortung der gesellschaftliche Fortschritt liegt oder ob nicht eine Demokratisierung des Wissens das Hauptanliegen GODWINS sei. KRAMNICK hat darauf insistiert, daß GODWIN eine solche Elite begründen will und sieht darin zudem eine anarchistische Tradition eröffnet: »The only social group capable of the noble mission of moving society to its blissfull future was for GODWIN, as for legions of future anarchists, the literary and intellectual elite.«(KRAMNICK 1972, 127) Dem hält CLARK entgegen, daß GODWIN mit der Sonderstellung der *Wenigen* allenfalls aktuelle Notwendigkeiten beschreibe: Eine Gesellschaft, deren »Aufklärungsniveau« Regression statt Progreß erwarten läßt, ist auf die Einwirkung der *few* angewiesen. Dies aber ist keine Zielvorstellung und insgesamt gesehen sei GODWINS Philosophie »a plea for the creation of a social structure in which the barriers to the enlightenment and liberation of he masses will be removed, so that the equality which he (GODWIN, M.H.) firmly believed to be the natural condition of humanity could be realized.« (CLARK 1975, 166) CLARK hat damit das Verhältnis zwischen Utopie und gesellschaftlicher Reform, wie es bei GODWIN entwickelt wird, konsequent auf die Frage einer Elite angewandt. Allerdings läßt er außer acht, daß GODWIN keineswegs die Masse im Blick hat. Seine Konzeption zielt vielmehr auf eine Individualisierung des gesellschaftlichen Wissens; was er anstrebt ist in letzter Konsequenz nichts weniger als eine *Elitisierung Aller* auf der Grundlage der allgemeinen Individualisierung.

earnest persuasion of a few enlightened thinkers; but is produced by the serious and deliberate conviction of the public at large.«[295]

In dieser Forderung nach einer Demokratisierung des Wissens kulminiert der Bildungsbegriff, wie er in »Political Justice« entwickelt wird. Die Vernunft – als Fähigkeit und Aufgabe – hat im Zentrum jeder Überlegung zu Erziehung und Bildung zu stehen. In seiner weiteren philosophischen Entwicklung wird GODWIN diese Sicht der omnipotenten Vernunft moderieren – ihren konstitutiven Charakter für jeden menschlichen Fortschritt und damit für jede erzieherische Anstrengung wird sie immer beibehalten.

---

[295] PJ II, 477

1.4 *»All education is despotism« – Erziehung und Autonomie im »Enquirer«*

»The Enquirer – Reflections on Education, Manners and Literature in a Series of Essays«, erscheint 1797 und kann als die *Anwendung* der pädagogischen Theorie, wie sie in »Political Justice« entwickelt wurde, auf *praktische* Fragen von Erziehung und Bildung gesehen werden. In sechzehn von insgesamt achtundzwanzig Essays legt GODWIN seine Auffassungen zu verschiedensten pädagogischen Problemgebieten dar. Schon in der Einleitung weist GODWIN nachdrücklich darauf hin, daß die Essays nicht beanspruchen, eine konsistente und in sich geschlossene pädagogische Theorie zu entwickeln, sondern daß die einzelnen Essays für sich selbst stehen und als Gelegenheitsschriften zu betrachten sind.[296]. In formaler Hinsicht dokumentiert sich in diesen Essays ein bedeutender methodologischer Richtungswechsel: GODWIN suspendiert die induktive Methode, die in »Political Justice« in extremer Ausprägung angewandt wurde, zugunsten deduktiver Verfahren. Obzwar er nach wie vor das induktive Verfahren als den »highest style of man«[297] erachtet und fast alle Einzelessays mit einer allgemein-philosophischen »deduktiven« Einleitung versieht, erkennt GODWIN nun auch die Schwächen jener Methodik: »A mistake in the commencement is fatal. An error in almost any part of the process is attended with extensive injury; where every thing is connected, as it were, in an indissolubable chain, and an oversight in one step vitiates all that are to follow.«[298]

Demgegenüber soll vermittels induktiver Methodik auf Einzelprobleme und Spezialfragen der Erziehung eingegangen werden, ohne daß GODWIN damit den Anspruch aufgibt, im Kontext mit den in »Political Justice« grundgelegten allgemeinen Prinzipien der Wahrheit und Gerechtigkeit zu verbleiben. Tatsächlich ist die Essaysammlung »The Enquirer« in weiten Teilen einer empirischen Konkretheit verpflichtet, deren Erkennungsmerkmal ein profundes Wissen um praktische pädagogische Fragen ist. Dieses Wissen verdankt sich einerseits den praktischen pädagogischen Erfahrungen, die GODWIN mit seinen Schülern WEBB und COOPER gemacht hatte und andererseits dem Einfluß Mary WOLLSTONECRAFTS, seiner Ehefrau und Diskussionspartnerin in pädagogischen Fragen.

Neben den formalen Änderungen ist auch in inhaltlicher Hinsicht eine Reformulierung einiger Positionen zu vermerken, die bereits in der zweiten und dritten Fassung von Political Justice sich angedeutet hatte und im »Enquirer« zu voller Entfaltung gelangt. Es handelt sich primär um GODWINS Revision der Rolle der Gefühle im Entwicklungsprozeß des Individuums und daraus resultierend um eine stärkere Orientierung seiner Pädagogik an den Bedürfnissen und Eigenheiten des Kindes. Auch hier dürften die Diskussionen mit Mary WOLLSTONECRAFT von

---

296 vgl. E, VII

297 E, VI

298 Ebd.

tragender Bedeutung gewesen sein. Darüber hinaus war der Hyperrationalismus der ersten Fassung von »Political Justice« schlechterdings praxisfern und GODWIN, dessen Anspruch auch immer die Wirklichkeitstauglichkeit seiner Lehre war, ist realistisch genug, um die Omnipotenz der Vernunft, die er zweifelsohne als Grundprinzip weiterhin anerkennt, in moderater, praktikabler Form seinem Publikum darzutun.

1.4.1 Anthropologische und philosophische Grundlegungen

1.4.1.1 Die Revision der Begabungsdiskussion

Die Frage nach der Wichtigkeit der Talente oder der angeborenen Fähigkeiten wurde von GODWIN schon in »Political Justice« eingehend erörtert. Diese Frage und die daran anknüpfende Problematik einer »Genieerziehung«, deren Behandlung gewissermaßen zum »Pflichtprogramm« jeder seriösen philosophischen oder pädagogischen Konzeption dieser Zeit gehören, werden von GODWIN nicht länger in jener rigorosen Orientierung am umwelttheoretischen Ansatz HELVÉTIUS' und D'HOHLBACHS' beantwortet wie noch in »Political Justice«. Vielmehr wird jetzt anerkannt, daß es gewisse Unterschiede zwischen Individuen bei der Geburt geben kann. Dieses Zugeständnis jedoch wird gewissermaßen en passant gewährt. Wichtig ist GODWIN die Frage offensichtlich nicht mehr: Nicht ob Talente vorhanden sind und wie sie zustande kommen ist entscheidend, sondern in welcher Weise diese Talente optimal genutzt werden können.

Die Unterschiede bei der Geburt lassen nicht per se Rückschlüsse zu über die weitere Entwicklung des Individuums. GODWIN ist der Auffassung, daß die frühen *Gewohnheiten* (habits) des Kindes, die im lockeschen Sinne über »early impressions« oder bei HARTLEY als »first associations« sich ausbilden, lediglich als »very insignificant cata-logue«[299] für den Erkenntnisgewinn bezüglich der weiteren Entwicklung des Menschen betrachtet werden können und daß jene Eindrücke erster Ordnung nachträglich korrigierbar und modifizierbar seien. Dies aber bedeutet, daß nicht die Gewohnheiten und die »simple ideas« (LOCKE) die Differenzen zwischen den Individuen konstituieren können. Die Unterschiede müssen vielmehr in »the structure of their bodies«[300] gesucht werden und zwar genauer in der »sensibility of one body«[301].

Diese Differenzbegründung GODWINS verdient genauere Betrachtung. Zunächst ist die Fokussierung auf den Grad der Sensibilität oder Empfindsamkeit für Eindrücke erster Ordnung eine deutliche Distanzierung vom lockeschen Konzept, nach dem die »early impressions« ohne weitere Berücksichtigung des Modus der Rezeption *unkritisch* aufgenommen werden. GODWIN hingegen führt gerade diese

---

299 E, 12

300 E, 13

301 Ebd. Die Genese dieser Differenz wird von GODWIN nicht weiter zurückverfolgt.

Sensibilität als das entscheidende Merkmal des Genies ein und unterstellt diesem eine »nervous sensibility originally existing in the frame.«.[302] Diese Sensibilität ist nicht vergleichbar mit Differenzen der »external organs«[303], wie dies in klassischen Begründungsansätzen vorgeschlagen wird. Ebensowenig ist sie unveränderbar, sondern kann entweder durch mangelnde Förderung stillgelegt bleiben oder sich bei adäquater Förderung ausbilden. Insgesamt gilt, daß die Differenz des Genies zwar als besondere Sensibilität feststeht, daß aber diese Differenz graduellen und nicht fundamentalen Charakters ist und vor allem, daß sie der Entwicklung bedarf: »Genius appears to signify little more in the first instance than a spirit of prying observation and incessant curiosity. But it is reasonable to suppose that these qualities are capable of being generated.«[304]

GODWIN hat mit dieser Akzentuierung der *nervous sensibility* im Grunde eine zentrale Frage der Begabungsdiskussion in einer Weise beantwortet, die es ihm einerseits erlaubt, die Dominanz der Erziehung zu bekräftigen und andererseits die Schwächen des radikalen milieutheoretischen Ansatzes zu umgehen: Die Konzeption einer *nervous sensibility* hat zunächst den Vorteil, daß sie nicht auf empirisch nachweisbare äußere Körpermerkmale rekurriert und insofern maximale Offenheit für Modifikationen sichert. Hinzu tritt, daß die Determiniertheit, die der *nervous sensibility* zugesprochen wird, die Differenzen zwischen Individuen gleicher oder ähnlicher Förderung zu erklären vermag, ohne daß zugleich ein »Schicksal« des Genies als unabänderliche Gesetzmäßigkeit vorgezeichnet ist. Bei GODWIN kann das Genie dort scheitern, wo die adäquate Förderung ausbleibt: »Genius requires great care in the training and the most favourable circumstances to bring it to perfection. Why should it not be supposed that, where circumstances are eminently hostile, it will languish, sicken and die?«[305]

Im Dilemma zwischen radikaler Milieutheorie und Nativismus findet GODWIN einen interessanten Zwischenweg, wenn er in der Begabungsfrage schlicht die Blickrichtung wechselt. Nicht die Abkunft – also die körperlich determinierte Struktur – bedingt das Genie, sondern ausschließlich die produktive Arbeit an den gegebenen genialen Fähigkeiten. Mit anderen Worten: Die Entwicklung des Genies ist für GODWIN eine pädagogische Produktion im weitgefaßten Sinne seiner Definition von Erziehung (education by accident, education by design, education by government). Die Zukunft – also der Gang und Fortgang der Erziehung – und nicht die Vergangenheit – also die vorgeburtlich festgelegten Begabungen – entscheidet auch *qualitativ* über die Begabung.

---

302 Ebd.

303 Ebd.

304 Ebd.

305 E, 17

Die Förderung, die GODWIN anspricht, ist nicht allein als bewußte, geplante Instruktion zu verstehen: Da die Entwicklung genialer Begabungen sich aus der besonderen Rezeptionsfähigkeit in einer frühen, der organisierten Erziehung weitgehend unzugänglichen Phase des Kindes sich erklärt, sind Umweltreize die entscheidenden Konstitutionsbedingungen für die Entfaltung genialer Fähigkeiten. Die genauere Wirkung und Funktion jener Konstitutionsbedingungen werden bei GODWIN nicht näher erläutert, und dementsprechend bietet GODWIN keine dezidierte »Genieerziehung« an. Vielmehr sollen Beobachtungen, die er aus der Entwicklungsgeschichte Hochbegabter deduzieren zu können glaubt zur Legitimation allgemeiner pädagogischer Maximen herangezogen werden: Wenn das »Genie« dadurch gekennzeichnet ist, daß es eine *nervous sensibility* entwickelt, die der Förderung bedarf, so kann daraus geschlossen werden, daß eine vielfältige Reizpräsentation in früher Kindheit auch allgemein von pädagogischer Relevanz ist. Der pädagogische Einfluß bleibt allerdings aufgrund der relativen Unbestimmtheit der Funktionen der frühen Einflüsse begrenzt: »It by no means follows from hence, that it (Genialität, M.H.) is the produce of education, or ever was the work of the preceptor. Thousands of impressions are made upon us, for one that is designedly produced. The child receives twenty ideas *per diem* perhaps from the preceptor; it is not impossible that he may have a million of perceptions in that period, with which the preceptor has no concern.«[306]

Dies bedeutet auch, daß keine Erziehung dazu in der Lage ist, zu prognostizieren, in welche Richtung sich die Zu-Erziehenden entwickeln werden. Die zufälligen, nicht kontrollierbaren Einflüsse der Umwelt bedingen, daß Pädagogik im organisierten Sinne sich nicht als mechanische, alle Kausalitäten überblickende Disziplin verstehen darf, sondern daß sie als durch vorgegebene Bedingtheiten außerhalb ihrer Reichweite begrenzte Einflußnahme auf die Zu-Erziehenden zu definieren ist. GODWIN vergleicht Erziehung im engeren Sinne mit der Arbeit des Sämanns, dessen »Arbeitsertrag« ebenfalls von Unwägbarkeiten abhängig ist: »The sower of seed cannot foretell which seed shall fall useless to the ground, destined to wither and to perish, and which shall take root, and display the most exuberant fertility. As among the seeds of the earth, so among the perceptions of the human mind, some are reserved, as it were, for instant and entire oblivion, and some, undying and immortal, assume an importance never to be superseded.«[307]

Die unkontrollierbare und unorganisierbare Assoziation von Ideen und Eindrücken bildet die Grenze des pädagogischen Zugriffs. Zugleich ist hierin eine frühe – der organisierten Erziehung noch unzugängliche – Ausdrucksform der Individualität angedeutet: Die unterschiedliche Rezeption ähnlicher oder gleicher

[306] Ebd.

[307] E, 30

Eindrücke sind Merkmal eines ersten aber auch grundlegenden[308] Individualisierungsprozeß. Wenn das Genie durch eine besondere Rezeptionsfähigkeit ausgezeichnet ist und seine Genese eng mit der Repräsentation von »ersten Eindrücken« und ihrer Verarbeitung verbunden ist, so bestätigt sich dieser Zusammenhang auch im regressiven Sinn. GODWIN verweist auf die Möglichkeit einer Zurückentwicklung genialer Befähigungen, die dann zu beobachten sei, wenn die Voraussetzungen – also das Angebot vielfältiger Umweltreize – fehlen oder zurückgenommen werden. Besonders ausgeprägt findet sich solche Retardierung nach GODWINS Auffassung bei Kindern und Jugendlichen aus den unteren Klassen der Gesellschaft. Die Kinder von Bauern etwa zeigen im Alter von sieben Jahren »a promise of understanding, a quickness of observation, an ingeniousness of character, and a delicacy of tact«[309], deren weitere Entwicklung durch den Zwang zur Arbeit, dem diese Kinder unterworfen werden, abrupt zum Abbruch gebracht wird. Die »immoderate and unintermitted labour«[310] ist verantwortlich dafür, daß jede positive Weiterentwicklung verunmöglicht wird und statt dessen Stagnation und Retardierung einsetzt: »Their hearts are hardened, and their spirits broken, by all that they see, all that they feel, and all that they look forward to. This is one of the most interesting points of view in which we can consider the present order of society«.[311]

Diese Fundamentalkritik an der Kinderarbeit bedeutet umgekehrt, daß GODWIN von einer reformierten Gesellschaft, die diese Mißstände beseitigt hat, eine Erhöhung des allgemeinen Bildungsstandards erwartet. Eine Gesellschaft, die Kinderarbeit in der beschriebenen Form zuläßt und fördert, ist ihm das »slaughterhouse of genius and mind«[312], und jede Diskussion über Begabung bewegt sich auf einer abstrakten, weltfremden Ebene, vergißt sie dieses Destruktionspotential der auf Arbeitszwang gegründeten Gesellschaft. Begabung und Genie sind für GODWIN eng verbunden mit sozialen Strukturen. Er behauptet nicht, daß das Genie durch bestimmte Erziehungstechniken »produziert« werden kann, ist aber der Auffassung, daß die Fehler und vor allem die Unterlassungen der Erziehung und besondere soziale Mißstände erklären, warum das »Genie« Einzelphänomen und Sonderfall bleiben muß.

Insgesamt ist festzuhalten, daß GODWIN in der Frage der angeborenen Talente und damit in der Anlage-Umwelt-Diskussion den radikalen milieutheoretischen

---

[308] »Grundlegend« ist hier im Sinne GODWINS gemeint, d.h. es wird eine Tendenz sichtbar; ein Richtungswechsel und eine Modifikation sind jedoch nahezu immer möglich.

[309] E, 16

[310] E, 17

[311] Ebd. Ganz ähnlich argumentiert GODWIN in seinem Roman »Fleetwood«, dessen Beschreibung der Kinderarbeit in frühkapitalistischen Fabriken zu den ersten Dokumenten einer Kritik an der Kinderarbeit zählt: »Children, before they had learned that firm step with the sole of the natural foot, without which it is impossible ever to be a man, where thus disciplined to lotter upon stilts.« (FW, 96)

[312] E, 17

Ansatz in jener Entschiedenheit, wie sie in Political Justice exerziert wurde, nicht länger aufrechterhält, daß aber seine Auffassungen zur unbegrenzten Flexibilität der menschlichen Entwicklung damit nicht obsolet geworden sind. Nicht die Existenz der Determiniertheiten ist das Problem, sondern die Schlüsse, die daraus gezogen werden: »That a man brings a certain character into the world with him, is a point that must readily be conceded. The mistake is to suppose that he brings an immutable character.«[313]

---

[313] E, 24

1.4.1.2 Sensualistische Revisionen

GODWINS Ausgangsfrage gilt zunächst dem eigentlichem Ziel der Erziehung. In Anschluß an seine in »Political Justice« entwickelten Vorstellungen ist auch im »Enquirer« die Entwicklung des Glücks (generation of happiness) der Individuen und damit der Gesellschaft das Ziel jeder Erziehung. Glück (happiness) und Tugend (virtue) sind für GODWIN untrennbar, und dementsprechend hat die Erziehung die Aufgabe, die Tugendhaftigkeit auszubilden und zu fördern. Dies wiederum ist ohne eine Vermittlung von Wissen und Kenntnissen nicht zu leisten: »To make a man virtuous we must make him wise. All virtue is a compromise between opposite motives and inducements. The man of genuine virtue, is a man of vigorous comprehension and long views. He who would be eminently useful, must be eminently instructed.«[314]

Auffallend ist hier, daß GODWIN nicht mehr von einer Grundtendenz des Menschen zur Entwicklung im Sinne der Tugend und der allgemeinen Glückseligkeit ausgeht, sondern daß er – durch den Hinweis auf »opposite motives«, denen die besondere Aufmerksamkeit der Erziehung zu gelten hat – die Möglichkeit einer gegenläufigen Entwicklung andeutet. Der philosophische Determinismus[315] von »Political Justice«, der in der Omnipotenz der Vernunft gründete und der die Entwicklung der *vices* zu temporären und – bei rechter Einsicht – leicht zu behebenden Fehlentwicklungen erklärte, weicht einer Sicht, die die Möglichkeit einer Dominanz der *vices* zumindest mitbedenkt. GODWIN geht nicht so weit, eine gleichgewichtige Polarität von *vice* and *virtue* zu konstruieren: Dazu steht das Vernunftprinzip zu sehr im Zentrum seines Denkens. Aber die Möglichkeit eines Scheiterns oder zumindest Verzögerns des Durchsetzungsprozesses der Vernunft wird jetzt zugestanden, und der Optimismus der Urfassung von »Political Justice« wird durch eine Hinwendung zu Fragen nach der Herstellung von Bedingungen zur Durchsetzung der Vernunft überformt. Von der Erziehung hängt nun nicht nur – wie noch in »Political Justice« – die Schaffung von Voraussetzungen für die Entwicklung der Vernunft ab, sondern es wird ein *direkter Zusammenhang* zwischen der Instruktion und der Entwicklung der Vernunft postuliert.

Diese Akzentverschiebung, die nicht zuletzt der Ernüchterung des Vernunftglaubens bei GODWIN vor dem Hintergrund der Entwicklungen der Französischen Revolution und auch der Entwicklungen im englischen Jakobinismus geschuldet sein dürften und schon die Revision von »Political Justice« mitbeeinflußt hatten, läßt jedoch den Kern seiner pädagogischen Theorie unberührt: Immer noch sind die Kardinalziele einer progressiven Erziehung in GODWINS Sinne *Glückseligkeit*, *Tugend* und *Weisheit* bzw. *Wissen*. Allerdings tritt in seiner Definition von Tugend

---

314 E, 2

315 AMMITZBØLL hat diesen Determinismus sehr treffend als »harten Determinismus« (vgl. AMITZBØLL 1991, 56 f.) gekennzeichnet, wenngleich er der Modifikation dieses »harten Determinismus« im »Enquirer« wenig Beachtung schenkt.

und Glückseligkeit eine Motivationsstruktur hinzu, die in dieser Form die früheren Schriften GODWINS nicht bestimmt hat. Er anerkennt nun, daß das Streben nach Glück und nach Tugend mit Empfindungen und Emotionen verknüpft ist: »All other happiness, which is not connected with self-approbation and sympathy, is unsatisfactory and frigid.«[316]

Die Vernunft und das Glück werden nicht mehr allein als rationale Phänomene dargestellt, sondern in einen Zusammenhang mit nicht-rationalen, sinnlichen Dimensionen gestellt. GODWIN nimmt dieses verhaltene Zugeständnis an die Emotionalität aber indirekt wieder zurück, wenn er gerade die Verfügung über Wissen, als Kennzeichen und Ziel des wahrhaft Gebildeten, als Beispiel für die Motivation durch Gefühle heranzieht und den »man of enlightened understanding«[317] als den wahrhaft Glücklichen vorstellt. Der Vernunft wird also die Empfindung zu- und untergeordnet.

Es bleibt dennoch fraglich, ob GODWIN tatsächlich die Empfindungen als *philosophisch* ernstzunehmende Kriterien akzeptiert. In der Beschreibung der Entwicklung des Menschen nehmen sie im »Enquirer« weiten Raum ein. In »Political Justice« waren die *sensations* – in Anlehnung an LOCKE und HARTLEY – *Konstitutionsbedingungen* der menschlichen Erkenntnisfähigkeit. Letztendlich aber blieben Empfindungen vor dem Hintergrund der entwickelten Vernunft sekundäre Qualitäten und jederzeit unter der Kontrolle des bewußten, erwachsenen Menschen. Dies wird auch im »Enquirer« im Prinzip durchgehalten. Lediglich die Funktion der Gefühle bei der Entwicklung des Menschen erfährt eine stärkere Gewichtung. Zugleich ist es aber genau diese Akzentverschiebung, die GODWINS »reformierte« Pädagogik, wie sie sich in dieser Essaysammlung dokumentiert, zur praktischen Pädagogik modelliert und die seinem erziehungstheoretischen und philosophischen Konzeptionen jene Strenge und Unbedingtheit nehmen, die ihm nicht zu Unrecht den Titel »sinister high priest of reason«[318] eingetragen haben. Die Erziehungsziele *Glückseligkeit* und *Tugendhaftigkeit* werden durch die Anknüpfung an Motivationen, Bedürfnisse und Wünsche erreicht und – dies ist die entscheidende Modifikation – nur unter der Bedingung solcher Anknüpfung. Gelingt die pädagogische Vermittlung, so sind die Grundvoraussetzungen für eine erfolgreiche Erziehung gelegt. Verfehlt die Erziehung ihre Anbindung an emotionale Strukturen im Kind oder Jugendlichen, so treten zumindest Fehlentwicklungen auf, und eine Reihe von Korrekturen werden notwendig. Eine endgültige Festlegung des Individuums durch falsche oder richtige Erziehung negiert GODWIN nach wie vor. Das Ziel, das Individuum der allgemeinen Glückseligkeit und Tugendhaftigkeit zuzu-

---

316 E, 2

317 Ebd.

318 CHAMBERLAIN 1965, 59

führen, ist zu jedem Zeitpunkt und auch unter schwierigen Voraussetzungen erreichbar.

1.4.2 Erziehung zwischen *Autonomie* und *Despotismus*

1.4.2.1 *Erwachen* als Merkmal kindlicher Autonomie

Detailliert äußert sich GODWIN im »Enquirer« zur in »Political Justice« bereits bedeutsamen Kategorie des *Erwachens* als Orientierungsmarke für den pädagogischen Zugriff. Wie bereits gezeigt wurde, ist GODWINS pädagogisches Denken stark an eine Dynamik der Vernunftentwicklung gebunden. Seine rationale Konzeption ist immer in gewisser Distanz zu jeder nicht-vernünftigen bzw. – im Falle des kleinen Kindes – *vor-vernünftigen* Konstitution. Im »Account« und in »Political Justice« hatte GODWIN daraus die Konsequenz gezogen, Erziehung im eigentlichen Sinne könne frühestens mit dem *Erwachen* des Geistes systematisch und mit Aussicht auf Erfolg betrieben werden; alle Versuche einer gewaltsamen Instruktion eines Kleinkindes vor einem *Erwachen* des Geistes sei ebenso falsch wie folgenlos. Im »Enquirer« behält GODWIN diese Position grundsätzlich bei. Während in »Political Justice« jedoch die Argumentation gegen eine Früherziehung primär vom Nachweis der Zwecklosigkeit solcher Versuche geleitet war und damit an die Einsicht der Eltern oder der Erzieherinnen und Erzieher appelliert wurde, gerät im »Enquirer« weitaus stärker das *Interesse des Kindes* in den Mittelpunkt. GODWIN weist darauf hin – und diese Bestimmung ist eines der Axiome seines reformierten pädagogischen Konzeptes im »Enquirer« – daß das Verhältnis zwischen Kind und Erwachsenem in erster Linie als *ungleiches Abhängigkeitsverhältnis* zu beschreiben sei. Die Abhängigkeit ist dann am schärfsten ausgeprägt, wenn die geistige Entwicklung des Kindes noch nicht eingesetzt hat und nimmt graduell mit dem Vernunftzuwachs und dem geistigen *Erwachen* des Kindes ab. Die Erziehung muß sich dieses Zusammenhanges bewußt sein und soll – auch um das Abhängigkeitsverhältnis zwischen Erzieher und Zögling zu durchbrechen – den Weg bereiten für das geistige *Erwachen*, ohne daß hierfür eine systematische Ausrichtung dieser Erziehung geboten ist: »It seems probable that early instruction is a thing, in itself considered, of very inferior value. Many of those things which we learn in our youth, it is necessary, if we would well understand, that we should learn over again in our riper years. Many things that, in the dark and unapprehensive period of youth, are attained with infinite labour, may, by a ripe and judicious understanding, be acquired with an effort inexpressibly inferior.«[319]

Die Zurückweisung einer systematischen Früherziehung bedeutet nicht, daß GODWIN die ersten Jahre eines Kindes – wie noch in der revidierten Fassung von »Political Justice« – für pädagogisch bedeutungslos erachtet. Auch wenn die eigentliche geistige Entwicklungen des Menschen erst mit seinen Fähigkeiten zum

---

[319] E, 5

Vernunftgebrauch einsetzen, ist die erste Lebensphase zur Vorbereitung des *awakening* zu nutzen. GODWIN versteht unter dieser Vorbereitung eine Art *Einübung* in den Gebrauch der Vernunft. Nicht an der Vermittlung eines speziellen Wissensgebietes soll der Inhalt der pädagogischen Anregungen sich orientieren, sondern es sollen Grundlagen geschaffen werden, die den späteren Gebrauch der Vernunft ermöglichen können. GODWIN beschreibt die Verfaßtheit des jugendlichen Geistes als »uncultivated land«[320], das durch die frühe Erziehung vorbereitet wird. Zu vermitteln ist die formale Struktur der vernunftgeleiteten Rezeption von Wissen, nicht aber der Inhalt dieses Wissens: »In a word, the first lesson of a judicious education is, learn to think, to discriminate, to remember and to enquire.«[321]

GODWIN schlägt also eine Art *Einübung ins Denken* vor, ohne daß die Inhalte der pädagogischen Instruktion für ihn von Bedeutung sind. Wichtig ist, daß den Zu-Erziehenden formale Handreichungen gegeben werden, an die die spätere, *eigentliche* Erziehung anknüpfen kann.

1.4.2.2 Erziehung und Sklaverei

Die allmähliche Reduktion der Abhängigkeit des Kindes ist für GODWIN eine Konsequenz der dynamischen Struktur der Vernunft. Zugleich wird in dieser *notwendigen* Entlassung des Kindes in Autonomie die Bedeutung GODWINS für eine libertär orientierte Erziehungstheorie deutlich: GODWIN geht davon aus, daß jedes pädagogische Verhältnis zuerst einmal *despotischer Natur* ist: »All education is despotism.«[322] Dieses Verdikt, das als eine Maxime seiner pädagogischen Überlegungen im »Enquirer« angesehen werden kann, ist weniger als pessimistische Deskription der gegebenen Verhältnisse zu verstehen, sondern sollte als negative Bestimmung verstanden werden, die sich aus seiner Utopie des *autonomen Lernens* ableitet. Durchaus vorstellbar sind ihm gesellschaftliche Zustände, die die Despotie der Erziehung überwunden haben. GODWIN spricht allerdings nirgends davon, daß eine reformierte Erziehung das fundamentale Abhängigkeitsverhältnis zwischen Schüler und Lehrer oder Eltern vollständig aufheben könnte. Kinder und Jugendliche befreien sich aus der pädagogischen Tyrannei eben nur durch das *Erwachen* bzw. das »Erwachsen-Werden«. Seine Frage gilt also nicht dem »Ob« und »Wie« einer Aufhebung der Despotie in der Erziehung. Dies nämlich wäre realpädagogisch eine Illusion und nur als Ergebnis einer gesellschaftlichen Utopie vorstellbar, die sich auf das *own judgement* und die allgemeine Vernunft gründet. GODWIN sucht statt dessen nach Wegen, die den Zustand der Sklaverei in der Erziehung erträglich zu gestalten vermögen. Auch ist es sein Anliegen, eine Methode zu ent-

---

320 E, 6

321 Ebd.

322 E, 60

wickeln, die die optimale Verkürzung der Zeit bis zum *Erwachen* des Menschen, also die Entlassung des Individuums in seine Freiheit, gewährleistet.

1.4.2.3 Das pädagogische Verhältnis als Vertrauensverhältnis

In welcher Form dieser Despotismus in der pädagogischen Situation sich darstellt und welche Konsequenzen die Tyrannei hat oder haben kann, der Kinder und Jugendliche notwendig unterworfen sind, erläutert GODWIN detailliert in einem eigenen Essay, der den ironisierenden Titel »Of the Happiness of Youth« trägt. GODWIN kritisiert hierin energisch jene romantisierenden Vorstellungen, die die Kindheit und Jugend als die »glücklichste Zeit« des menschlichen Lebens beschreiben. Für GODWIN ist der schlagendste Beweis dafür, daß Kindheit und Jugend als Zeit der permanenten Abhängigkeit und Kontrolle zu fassen sind, zunächst einmal seine eigene Erfahrung: »I never was told, when a boy, of the superior felicity of youth, but my heart revolted from the assertion.«[323]

Dieser Bezug auf die eigene Erfahrung zeigt zugleich, in welcher Weise GODWIN sich der Problematik zu nähern sucht: Nicht die verklärenden Post-festum-Beurteilungen der Erwachsenen sind für ihn von Interesse, sondern die Empfindungen und Erfahrungen der Kinder und Jugendlichen selbst. Die Grunderfahrung des Kindes aber ist die einer Abhängigkeit und Nicht-Wichtigkeit: »A child usually feels that he is nobody. Parents, in the abundance of their providence, take good care to administer to them the bitter recollection.«[324]

Die kontinuierliche Bestätigung der Irrelevanz und Abhängigkeit durchzieht die gesamte Kindheit und Jugend und ist vor allen Dingen allgegenwärtig: »There is no moment free from the danger of harsh and dictatorial interruption; the periods, when my thoughtless heart began to lose the sense of its dependence, seem of all others most exposed to it. There is no equality, no reasoning, between me and my task-master.«[325]

Wenn GODWIN Kindheit und Jugend als Lebensabschnitte der totalen Abhängigkeit und Ungleichheit bestimmt, dann ist damit mehr ausgedrückt als eine bloß übersteigerte Gegenreaktion gegen die romantische Verklärung der Kinder- und Jugendzeit. GODWINS Konzept vom Menschen als Vernunftwesen mit eigener Urteils- und Entscheidungsfähigkeit führt notwendig in eine Sicht der Kindheit als Phase der Vorvernunft und ist zugleich Ausdruck einer tiefen Skepsis gegenüber der Idealisierung der Vorvernunft oder *Natürlichkeit* des Kindes, wie sie – zumindest in der Lesart GODWINS – bei ROUSSEAU gefunden werden kann.

Die im obigen Zitat augenfällige Synonymisierung von Gleichheit (equality) und Vernunftgebrauch (reasoning) macht überdies deutlich, daß GODWIN diese Kategorien nur als Einheit fassen will. Wer nicht die wirkliche Gleichheit im Erziehungsprozeß zumindest anzustreben gewillt ist, kann nicht den Anspruch vertreten, im Sinne und in Hinblick auf die Vernunft zu erziehen, und eben dies ist

---

[323] E, 66

[324] Ebd.

[325] E, 67

für GODWIN die Grundtendenz aller herkömmlichen Pädagogik. Er geht hier soweit, die Lage des Kindes mit der Situation eines »negroe-slave in the West Indies«[326] zu vergleichen und letzterem graduell mehr Freiheit zuzusprechen, ist er doch nicht jener unentwegten Kontrolle ausgesetzt, mit dem das Kind und der Jugendliche zu rechnen haben.[327]

Die Sklaverei und die Abhängigkeit, die die Kindheit und Jugend prägen, werden nach GODWINS Auffassung nicht durch das Glück und die Freude neutralisiert, die das Kind selbstverständlich auch erfährt: Zunächst gilt, daß Leiden größeren Eindruck hinterläßt als Glück. Wichtiger für GODWIN aber ist, daß die Glücksempfindung des Kindes – aufgrund der Struktur kindlicher Apperzeption – äußerst eingeschränkt ist. Den frühen Empfindungen von Freude und Glück fehlt die Beständigkeit, sie bleiben an den Augenblick gebunden. Zwar ist dieses Glücks- (oder auch Unglücks-)Empfinden rein (pure) und unverfälscht, und dies trägt zur von GODWIN kritisierten Romantisierung der Kindheit nicht unwesentlich bei. Von wirklichem Glück kann aber im godwinschen Sinne erst gesprochen werden, wenn Bewußtsein und Unabhängigkeit zu dominieren beginnen; dies aber ist das Signum des *erwachten* Erwachsenen. GODWINS radikale Befürwortung des autonomen und selbstbewußten Individuums ist hier wiederum wirksam. Unabhängigkeit und Bewußtsein sind ihm nicht trennbare Qualitäten. Da letzteres der Kindheit und Jugend nicht oder nur tendenziell zueignen kann, gibt es in dieser Lebensphase zunächst nur die Sklaverei. Dies heißt auch, daß Erziehung für GODWIN in erster Linie ein *Aufhebungsprozeß* ist: Hier wird Kindheit und Jugend nicht als eigene Lebensphase mit besonderen Gesetzmäßigkeiten gesehen, der ein besonderer, positiver Wert zugesprochen wird. Keine »Entdeckung der Kindheit« als eine Art »Paradise Lost« (MILTON) steht im Zentrum seiner pädagogischen Überlegungen, sondern eher eine Beschreibung der Kindheit und Jugend als »Hölle« der Sklaverei, die zu überwinden die Pädagogik aufgefordert ist.

GODWIN legt hierbei besonderen Wert auf die Feststellung, daß die Ungleichheit zwischen Lehrer und Schüler zwar graduell differieren kann, daß aber die eigentliche Konstitutionsbedingung der Ungleichheit nicht der »bösen Absicht« der Erwachsenen entspringt, sondern in der Unentwickeltheit der Kinder und Jugendlichen begründet ist. Sein Interesse ist es deshalb, nicht den Erwachsenen oder den Lehrer der Despotie anzuklagen und zu verurteilen, sondern lediglich, ihn auf das gegebene und unbestreitbare Ungleichheitsverhältnis hinzuweisen und daraus abgeleitet zu einer Form der In-struktion zu finden, die das sklavische Verhältnis erträglich machen kann. Falsch wäre es, diese Grundstruktur zu ignorieren, denn nur die Einsicht in die Natur des pädagogischen Verhältnisses ermöglicht seine Reform. GODWIN strebt eine Art *moderate Unterwerfung* an, deren Hauptmerkmal

---

326 Ebd

327 vgl. E, 67 f

das offene Eingeständnis des Erziehers ist, daß er mit Zwang operieren wird: »he (der Lehrer oder Erzieher, M.H.) will say to his pupil, I know I shall occasion you many calamities; this with all my diligence and good will I cannot avoid. But I will endeavour to procure for you a greater sum of happiness than it is probable any other person, who should be substituted in my place, would do«.[328]

GODWIN erklärt das *Vertrauensverhältnis* zwischen Schüler und Lehrer zu Vorbe-dingung für jenes offene, vernunftgeleitete Gespräch. *Vertrauen* als Basis der pädagogischen Kommunikation ist nur denkbar im Sinne einer *Annäherung* zwischen Erwachsenen und Kindern. Diese *Annäherung* hat für GODWIN insbesondere in der Repräsentation allgemeiner Werte wie Tugend oder Moralität Ausdruck zu finden. Zurückzuweisen ist deshalb ein pädagogisches Verhalten, das die (vermeintliche) Inferiorität des Kindes zum Anlaß nimmt, mit Täuschung (deception) und falschen Drohungen zu operieren. Die moralische Erziehung – und GODWIN dürfte hier auch das eigene calvinistische Elternhaus im Blick haben – greift auf Drohungen zurück, die eine wirkliche *Moralisierung* des Individuums behindern statt fördern. Für GODWIN ist eine Moralerziehung, die auf Druckmittel wie Strafen oder Drohungen zurückgreift, absurd: »But this rotten morality will not abide the slightest impartial examination; and, when it is removed, the dissipated and thoughtless imagine they have detected the fallacy of every thing that bears the much injured name of morality.«[329]

Die *rotten morality* dieser verfehlten Pädagogik korrespondiert mit einer Ignoranz gegenüber der Macht der moralischen Erziehung: Kinder sind für GODWIN durchaus in der Lage, moralische Dimensionen und Kategorien zu erkennen *und* zu empfinden, denn Moral »is nothing more than a calculation of pleasures«[330], und deshalb können Kinder und Jugendliche die zentralen Linien der *morality*[331] nachvollziehen, wenngleich ihnen die Differenzierungsfähigkeit der Erwachsenen fehlt. Es gibt für GODWIN nur *eine* Moral, und die Destruktion dieser Einheit durch eine falsch orientierte Pädagogik ist gefährlich: »Nothing tends more effectually to poison morality in its source in the minds of youth, than the practice of holding one language, and laying down one set of precepts, for the observation of the young, and another of the adult.«[332]

Was für die Moralerziehung im besonderen gilt, nämlich der Universalismus der Moral für Kinder und Erwachsene, hat im einzelnen Auswirkungen auf die pädagogischen Handlungen. GODWINS Negativbild einer nur scheinbaren Anpas-

---

328 E, 73

329 E, 103

330 E, 104

331 Diese Universalisierung der Moral wurde in der zeitgenössischen Kritik »als dangerous definition of morality« (British Critic 1798, 24) kritisiert, und in der Tat war diese *Gleichheit vor der Moral* eine bemerkenswerte Radikalisierung der *Rechte des Kindes*.

332 E, 105

sung des Erziehers an den Entwicklungsstand des Zöglings ist ROUSSEAUS Konzeption. GODWINS kritisiert ROUSSEAUS Pädagogik, die er zumindest in dieser Frage als »a series of tricks, a puppet-show exhibition«[333] abqualifiziert. ROUSSEAU, so GODWINS Vorwurf, spiele dem Schüler vor, daß er dem Lehrer nicht unterlegen sei: »The scholar is never to imagine that his instructor is wiser than himself. They are to be companions; they are to enter upon their studies together; they are to make a similar progress; if the instructor drops a remark which facilitates their progress, it is to seem the pure effect of accident.«[334]

Diese Vorspiegelung falscher Tatsachen steht nach GODWINS Auffassung nicht nur konträr zum Aufrichtigkeitsgebot jeder Erziehung, sondern impliziert auch die permanente Gefahr der Entdeckung der Täuschung durch den Schüler: »The deception he prescribes would be in hourly danger of discovery, and could not fail of being in a confused and indistinct manner suspected by the pupil; and in all cases of this sort a plot discovered would be of incalculable mischief, while a plot rejected could have little tendency to harm.«[335]

ROUSSEAUS und GODWINS Pädagogik sind getragen von einer Orientierung am Kind als autonomen Individuum. ROUSSEAUS Konsequenz ist die Bestätigung dieser Autonomie durch die Verleugnung der Überlegenheit des Erziehers. GODWIN hingegen sucht das dialogische, partnerschaftliche Verhältnis zwischen Schüler und Erzieher, das die Überlegenheit des letzeren nicht negiert, sondern gerade zum Ausgangspunkt für einen approximativen Prozeß nimmt; die Dynamik, die eine Annäherung und Angleichung von Kind und Erwachsenem garantiert, ist im progressiven godwinschen Moralitätsbegriff selbst begründet.[336] Der offene, vernünftige und auf Vertrauen und Aufrichtigkeit basierende Dialog zwischen Schüler und Lehrer ist für GODWIN ein Ansatz, den Hiatus, dem jede pädagogische Situation unterworfen ist, produktiv zu begegnen. Daß der Vorschlag des rationalen Gesprächs voraussetzt, daß der Schüler in dieser Weise kommunizieren kann und also bereits in irgendeiner Weise Erziehung und Ausbildung vorangehen mußte, ist für GODWIN kein Widerspruch. Erziehung wird bei ihm unter anderem vorgestellt als allmählicher Prozeß der Vernunftentfaltung, und deshalb ist nicht der jeweilige Entwicklungsstand des Zöglings ausschlaggebend, sondern die Dynamik des Prozesses und die Bereitschaft des Erziehers zur Berücksichtigung derselben. Es wird einer pädagogischen Praxis maximale Ehrlichkeit bei gleichzeitiger maximaler Anpassung an die *Autonomiefähigkeit* des Zu-Erziehenden abverlangt,

---

333 E, 106

334 Ebd.

335 E, 107

336 Wo ROUSSEAUS Zivilisationskritik Moralität als in erster Linie naturhafte, antizivilisatorische und vor allem als regressive Kategorie setzt, weist GODWINS Zivilisations- und Fortschrittsoptimismus gerade in die entgegengesetzte Richtung. Sein Moralitätsbegriff verlangt nach einer Pädagogik, die sich als Einübung in Gesellschaft und Zivilisation versteht; seine Erziehung ist als *Sublimierung* des Naturhaften zu fassen. Die Vorstellung von Zivilisation als *Gefahr* ist zu diesem Konzept vollkommen inkompatibel.

was auch bedeutet, daß GODWINS pädagogisches Konzept die permanente Neubestimmung der Grenzen des Zugriffs der Erziehung fordert.

1.4.3 Pädagogische Praxis

1.4.3.1 *Public Education* als soziale Erziehung

Ein Essay im »Enquirer« beschäftigt sich mit dem Komplex *Öffentliche Erziehung* (*Public Education*) oder – was aus dem Zusammenhang des Essays gesehen die richtigere Übersetzung wäre – mit *Gemeinschaftserziehung.* Es ist naheliegend, hier den Übereinstimmungen und Abweichungen zu der in Political Justice entwickelten Ne-gation einer *National Education* nachzugehen, obgleich die *Public Education,* die GODWIN im »Enquirer« entwickelt, nicht die politischen Vorgaben im Blick hat, die für die Analyse der *National Education* Gültigkeit hatten. GODWIN behandelt die Frage vielmehr unter Ausschluß der politischen Rahmenbedingungen, und es darf deshalb angenommen werden, daß ihm hier weniger an der Konzeption eines institutionell abgesicherten, staatlich organisierten Erziehungsmodells gelegen ist als an einer Untersuchung der Bedingungen und Notwendigkeiten *sozialer Erziehung.*[337] Gleichwohl lassen sich gewisse Modifikationen in seiner Haltung zur *National Education* ableiten, und diese Modifikationen sind nicht zuletzt Ergebnis der Diskussionen mit seiner Ehefrau Mary Wollstonecraft, die gerade in dieser Frage Revisionen seiner Position für dringend geboten hält: »Als ich heute morgen einige Deiner Aufsätze durchsah, fiel mir ein, daß der Aufsatz, vom dem ich aus absoluter Überzeugung am dringendsten möchte, daß Du ihn änderst, derjenige über staatliche und private Erziehung ist. – Ich wollte, daß Du Tagesschulen empfiehlst; das würde das Übel, daß Kinder mit Bediensteten alleingelassen werden, verhindern und es ermöglichen, daß sich Kinder mit Kindern unterhalten können.«[338]

Zwar reagiert GODWIN, wie Mary WOLLSTONECRAFT an anderer Stelle vermerkt[339], nicht direkt auf diese Anregung. Eine Akzentuierung der angesprochenen Notwendigkeit einer sozialen Konfrontation des Kindes mit Gleichaltrigen findet sich im Enquirer allerdings – und überdies in sehr ausgeprägter Form.

Zunächst ist jedoch festzuhalten, daß die Diskussion um *Public Education,* wie sie im Enquirer dargetan wird, von ganz anderen Prämissen und Interessen geleitet

---

337 Auch eine Verbindung zum Utopismus' GODWINS ist nicht auszuschließen: In »Political Justice« hatte er in den Darlegungen zu einem auf das *own judgement* gegründeten Gemeinwesen darauf hingewiesen, daß die Erziehung dort »in a certain sense the affair of the public« (PJ II, 511) werden wird. POLLIN hingegen interpretiert die diesbezüglichen Ausführungen GODWINS als Referenz an die »private education of the middle class child.« (POLLIN 1962, 119)

338 WOLLSTONECRAFT zit. in: DEIDRE 1975, 182. Mary WOLLSTONECRAFT hatte in ihrer »Verteidigung der Rechte der Frau« der Nationalerziehung ein eigenes Kapitel gewidmet. Auch sie problematisiert die Vor- und Nachteile privater und nationaler Erziehung und schlägt vor, »öffentliche und private Erziehung miteinander zu verbinden.« (WOLLSTONECRAFT 1989, 253)

339 vgl. WOLLSTONECRAFT zit. in: DEIDRE 1975, 22. Indirekt allerdings lasssen sich Reaktionen GODWINS auf die Anregungen WOLLSTONECRAFTS nachweisen (vgl. WARDLE 1966, 59).

ist: Nicht die Gefahren staatlicher Indoktrination und die langfristigen politischen Folgen einer *National Education* stehen im Mittelpunkt, sondern die Bedürfnisse der »Betroffenen«, nämlich der Kinder und Jugendlichen, sind für GODWIN Fragen erster Ordnung im »Enquirer«.

Er weist einleitend auf die Vorzüge einer privaten Erziehung hin, die vornehmlich darin bestehen, daß dem Kind oder Jugendlichen gebührende Beachtung geschenkt wird und ein emotionales Verhältnis zwischen Schüler und Erzieher sich entwickeln kann. Öffentliche oder Gemeinschaftserziehung dagegen bedeutet auch, daß das Kind »is turned loose among a multitude of other children«[340], und es besteht die Gefahr, daß es mürrisch (sullen) und selbstsüchtig (selfish) aus einer derart orientierten Erziehung hervorgeht. Die öffentliche Erziehung ist aus strukturellen Gründen außerstande, jedem einzelnen Kind die adäquaten *sozialen Zuneigungen* (social affections) zu gewähren, die für das *Erwachen* bedingend sind. Diese soziale Zuneigung, die sich in Lob, Verstärkung des Selbstwertgefühls und insgesamt in der Anerkennung und Wertschätzung der individuellen Fähigkeiten – die dadurch als eigene und besondere erkannt werden können – ausdrückt, ist durch das enge Verhältnis zwischen Schüler und Lehrer im Privatunterricht garantiert. Damit aber sind die Vorteile der *private education* für GODWIN abgetan, und er präsentiert sich im folgenden als entschlossener Verfechter öffentlicher Erziehung. Der *Private Education* fehlt es aufgrund der relativen Isolierung des Zu-Erziehenden an *exitements*, die sozialen Reize eines Einzelunterrichts stehen im keinem Verhältnis zur Komplexität der Reizangebote in einer Gruppe oder Klasse von Schülern. Die Gruppenstruktur fördert den Wettbewerb und das Interesse am Stoff, und vor allem ist es die soziale Gemeinschaft mit Gleichaltrigen, die GODWIN als das markante Merkmal des öffentlichen Unterrichtes ansieht: Wenn auch im Privatunterricht der emotionale Bezug zwischen den am Erziehungsgeschehen Beteiligten intensiver ausgeprägt ist, so ändert dies nichts daran, daß das Schüler-Lehrer-Verhältnis immer ein Abhängigkeitsverhältnis bleiben muß. Die Abhängigkeit ist im engen Privatunterricht allgegenwärtig, weil die Nähe zwischen Schüler und Lehrer bis hinein in die »control of the passions«[341] reicht, während im öffentlichen Unterricht nur die »inflexible laws of nature and necessity«[342], also äußere, formale Zwänge, herrschen, die nicht den totalitären Charakter einer permanenten Überwachung und Kontrolle aller Äußerungen und Gefühlsregungen des Schülers erreichen. Der Lehrer im öffentlichen Unterricht »is an object placed in too distant a sphere for me to enter into contention with him«[343], und dies

340 E, 56

341 E, 61

342 Ebd.

343 Ebd.

garantiert unter anderem, daß die Schüler in einer gewissen Unabhängigkeit und Eigenständigkeit sich im Unterrichtsgeschehen bewegen können.

Die *Public Education* unter dieser Perspektive betrachtet, konstituiert zumindest eine Art *Gemeinschaft der Sklaven*, nämlich die einer der gleichen Autorität unterworfenen Schulklasse, und dadurch relativiert sich pädagogischer Zwang zumindest ansatzweise: »In public education there is comparative liberty. (...)›Slavery, disguise it as we will, is a bitter draught;‹ and will always excite a mutinous and indignant spirit. But the most wretched of all slaveries is that which I endure alone; the whole weight of which falls upon my own shoulders, and in which I have no fellow-sufferer to share with me a particle of my burden.«[344]

Diese »Gemeinschaft der Sklaven« impliziert darüber hinaus ein gewisses Solidaritätsgefühl, das der Autorität des Lehrers Grenzen zu setzen vermag: »But, when I have companions in the house of my labour, my mind begins to erect itself. (...) I adjust the account in my own mind with my task-master, and say, Thus far you may proceed; but there is a conquest that you cannot achieve.«[345]

Die ersten Elemente von Autonomie und Freiheit, die sich in solcher Solidarität gegen den Lehrer artikulieren, haben weitreichende Konsequenzen: Während der Schüler, der Privatunterricht erhalten hat, aufgrund seiner relativen sozialen Isoliertheit und vor allem aufgrund der weitreichenden Kontrolle, der er unterworfen war, sich nur mit großen Schwierigkeiten ins soziale Leben der Gesellschaft integrieren wird, kann der Schüler, der öffentlichen Unterricht genossen hat, von der sozialen Einübung, zu der ihm die Klassengemeinschaft verholfen hat, profitieren. Der Schüler des öffentlichen Unterrichts – und hierin liegt eine der wesentlichen Differenzen zum Privatunterricht – muß sich die Grundlagen der Autonomie nicht mühsam zurückerobern.

GODWINS Stellungnahme zugunsten einer öffentlichen Erziehung ist eindeutig: Sie ist jene Erziehungsform, die den Bedürfnissen der Schüler am weitestgehenden entspricht, obzwar auch sie das despotische Verhältnis jedes Erziehungsverhältnisses nicht zu durchbrechen vermag. Die Betonung des Despotismus im Erziehungsverhältnis weist zudem auf einen realpädagogischen Pessimismus hin, der in dieser Form im Gegensatz steht zum allgemeinen pädagogischen Optimismus, wie er im »Account« und in »Political Justice formuliert wurde: Weder öffentliche noch private Erziehung sind Lösungen, die den Zwangscharakter jeder Erziehung aufheben können. Allein eine Utopie des *own judgement* kann hier wirkliche Veränderung bringen: »We have here considered only the modes of education at this time in practice. Perhaps an adventurous and undaunted philosophy would lead to the

344 E, 60.

345 E, 60 f.

rejecting them altogether, and pursuing the investigation of a mode totally dissimilar.«[346]

Die Aufhebung des Zwangscharakters in allen Formen von Erziehung wäre eine praktische Auswirkung der pädagogischen Utopie GODWINS. Daß er – anders als in »Political Justice« – bereits für die aktuelle, nichtreformierte Erziehung nach Wegen der Eindämmung des pädagogischen Zwangs sucht, spricht für die Hinwendung zur Praxis, wie sie für die Überlegungen im »Enquirer« typisch sind. Der rationale Utopismus, der die pädagogischen Überlegungen in seinen früheren Schriften bestimmt hatte, konnte das pädagogische Abhängigkeitsverhältnis und die Möglichkeiten einer Moderierung desselben schon deshalb nicht im Blick haben, weil die überkommene Erziehung – zusammen mit allen anderen gesellschaftlichen Institutionen – in jedem Fall zum Untergang verurteilt war. Die Hinwendung zur vor-utopischen Praxis nimmt zwar die Fundamentalkritik GODWINS am herrschenden System nicht zurück; andererseits aber erkennt GODWIN jetzt deutlich, daß der bloße Verweis auf die Zukunft nicht hinreichend ist und vielmehr die Beziehung zwischen der pädagogischen Utopie und den realen Bedingungen der Erziehung herzustellen ist.

1.4.3.2 Didaktische Vorschläge

Autonomie in der Erziehung bleibt keine theoretische Forderung. GODWIN versucht im »Enquirer« eine didaktische Realisierung der auf Reduzierung der Abhängigkeit und auf Orientierung an den kindlichen Möglichkeiten ausgerichteten Überlegungen in praktische didaktische Bereiche. Wie im »Account« interessieren ihn hier in erster Linie der Lese- und Sprachunterricht.

GODWIN beschreibt Lesen als jene kulturelle Errungenschaft, die die »grand line of demarcation between the human and the animal kingdoms«[347] bildet. Leseunterricht ist ihm deshalb eine der wichtigsten pädagogischen Disziplinen. Die Lesefähigkeit führt zur Disziplinierung des menschlichen Bewußtseins und konstituiert zudem die Entwicklung so unterschiedlicher (und »unintellektueller«) Qualitäten wie Empfindsamkeit und Geschmack. Die Verknüpfung einer in erster Linie intellektuellen Befähigung mit sinnlichen Rezeptionsfähigkeiten, die GODWIN hier unternimmt, gründet neben der Neuorientierung GODWINS auf Emotionalität und Sensibilität als Fundamentalkategorien menschlicher Entwicklung auch in der besonderen pädagogischen Praxis, die er für die Vermittlung von Lesekenntnissen vorschlägt: Die *frühen*[348] Lesekenntnisse sind nicht allein aus Gründen der höheren Aufnahme- und Lernkapazität des Kindes auszubilden. Diese frühe Phase impliziert bei GODWIN auch eine erhöhte Empfindsamkeit, die

---

346 E, 64

347 E, 31

348 Was »früh« – ausgedrückt in Lebensalter – bedeutet, präzisiert GODWIN nicht. Nimmt er sich selbst zum Maßstab, dann wird Lesen ab dem fünften Lebensjahr beherrscht.

dazu beiträgt, daß das Gelesene dem Kind *lebendig* wird. Es entsteht eine Art emotionaler Gemeinschaft zwischen Autor bzw. Autorin und kindlichem Leser oder kindlicher Leserin, das Kind wird zur »creature of his author«[349]. Der später einsetzende Leseunterricht leistet dies nicht oder nur unzureichend, weil dann die Unmittelbarkeit zwischen Autor und Rezipient bereits durch Lebenserfahrung »verschüttet« ist: »The late reader makes a superficial acquaintance with his author, but is never admitted into the familiarity of a friend. Stiffness and formality are always visible between them.«[350]

Umgekehrt führt das zu früh einsetzende Lesen zu einer bloß formalen Repetition des Erlernten und kann nur mit Zwang aufrechterhalten werden. Zwang als pädagogisches Mittel ist aber für GODWIN indiskutabel. Es zerstört die Motivationsstruktur beim Kind, und gerade im Leseunterricht, der entscheidend an der Bildung des Bewußtseins partizipiert, kann dies nachhaltige negative Konsequenzen haben: »That the mind may expatiate in its true element, it is necessary that it should become neither the victim of labour, nor the slave of terror, discouragement and disgust.«[351]

Insgesamt gilt auch für den Leseunterricht, daß es zwar *sensible Phasen* gibt, die zu nutzen Aufgabe einer modernen Erziehung im Sinne GODWINS wäre; wirkliche Festlegungen, die keinerlei Modifikation in späteren Phasen mehr erlaubt, gibt es jedoch auch hier nicht. Die allgemeine Flexibilität des menschlichen Bewußtseins ermöglicht eine Korrektur in späteren Phasen, auch wenn dann größere Schwierigkeiten zu überwinden sind.

Neben dieser formalen Bestimmung des Lesens und seiner Vermittlung geht GODWIN auch auf inhaltliche Fragen in bezug auf Lesen und Wahl der Lektüre ein. Er verwahrt sich hier gegen eine Zensur gegenüber Kindern und Jugendlichen: Nach seiner Auffassung gibt es keine schädlichen Bücher; gefährlich ist im Gegenteil das Verbot gewisser Schriften, weil genau dies die Neugierde (curiosity) der Kinder erweckt und sie gezwungen sind, heimlich zu lesen und ihr Wissen als »Geheimwissen« zu tarnen: »He imposes imperious silence upon the flutterings of his heart; he pitches to the true key of falsehood the tone of his voice; (...) It ist not possible to imagine a school of more refined hypocricy.«[352]

Kinder und Jugendliche sich für GODWIN grundsätzlich nicht anfällig für die »Unmoral« von Büchern, weil sie sich dem Thema nicht in der Vorbelastetheit von Erwachsenen nähern. GODWIN variiert hier ein Paulus-Zitat (»To the pure all things are pure.«[353]) und verweist im übrigen auf die Entscheidungsfähigkeit des

---

349 E, 34

350 Ebd.

351 E, 35

352 E, 132

353 E, 145

Zu-Erziehenden in dieser Frage: »There is a principle in the human mind by which a man seems to know his own time, and it will sometimes be much better that he should engage in the perusal of books at the period of his own choice, than at the time that you may recollect to put them in his hands. Man is a creature that loves to act from himself;«[354]

Es wird deutlich, daß GODWIN auch in dieser Frage der Autonomie des Kindes größtmöglichen Raum zugesteht. Zudem bezweifelt er die Bestimmbarkeit von Kriterien der Unmoral. Zwar gibt es für ihn tendenziell »unmoralische« Bücher, aber selbst hier ist der Inhalt des Buches nicht automatisch an spezifische Wirkungen bei den Jugendlichen gebunden. Von weitaus entscheidender Bedeutung ist »the temper of the mind and preparation with which we read it.«[355] Überdies beeinflussen Bücher generell eher im positiven Sinne[356] und bleiben so relativ gefahrlos für die weitere Entwicklung der Zu-Erziehenden – im Gegensatz etwa zu einem falschen Verhalten der Erwachsenen, das weitaus stärker nachempfunden und imitiert wird. Weil ihm Kinder als autonome Subjekte gelten, ist es nur folgerichtig, wenn GODWIN Restriktionen in der Auswahl der Bücher für unnötig und despotisch erachtet.[357] Die Kinder sind auch hier selbstverantwortlich, und die Pädagogik fungiert allenfalls als Beratungsinstanz, niemals aber als Zensurbehörde. GODWIN bleibt jedoch nicht dabei stehen, eine Freigabe der Bücher für Kinder und Jugendliche zu fordern. Sein eigener Beitrag in diese Richtung ist die Herausgabe und die Autorenschaft für eine ganze Reihe von Kinderbüchern[358].

Ein anderer Essay, in dem sich GODWIN zu im engeren Sinne didaktischen Problemen äußert, betrifft die Frage nach der Ausbildung in klassischen Sprachen. Wie schon im »Account« hält GODWIN die klassische Bildung für grundlegend für die intellektuelle Entwicklung. Rom und Athen sind ihm die Wiege der Philosophie: »From the Greek and Roman authors the moderns learned to think. While they investigated with unconquerable perseverance the ideas and sentiments of antiquity, the feculence of their own understanding. (...) They saw; they examined; they compared.«[359]

Die klassischen Sprachen zeichnen sich aus durch Eloquenz und Präzision und dadurch auch durch eine grundsätzliche Unübersetzbarkeit: Die verdichtete Sprache eines HORAZ – so GODWIN – kann nur unter Verlust wesentlicher Inhalte in

354 E, 144

355 E, 144 f.

356 vgl. E, 141

357 Allerdings, diese Anmerkung sei hier erlaubt, hat er erfahren müssen, welche Folgen bestimmte Bücher auf das Handeln seiner Kinder – nämlich Mary SHELLEY und Claire CLAIRMONT – haben können: Nicht zuletzt der Lektüre von »Political Justice« und namentlich die darin entwickelte fulminante Kritik an der Ehe war die abenteuerliche Flucht SHELLEYS, Lord BYRONS und der beiden Töchter GODWINS geschuldet.

358

359 E, 38

das Englische des 18. Jahrhundert übertragen werden und muß also, um wirklich verstanden zu werden, im Orginal gelesen werden. Zudem sind die klassischen Sprachen aufgrund ihrer Präzision Garantie für eine Kommunikation, die Mißverständnisse ausschließen hilft und insofern das Gegenbild zum »barbarous and undisciplined jargon«[360], den GODWIN im literarischen Leben seiner Zeit auszumachen vermeint. Schließlich läßt sich die Notwendigkeit einer Ausbildung in klassischen Sprachen daraus begründen, daß die Ursprünge der modernen Sprachen im Lateinischen und Griechischen wurzeln und somit der wirkliche Zugang und das Verständnis für die moderne Sprache nur über die Kenntnis der klassischen Sprachen möglich wird.[361] Diese Liste von Vorteilen wird von GODWIN mit den indirekten Vorzügen, die in der Kenntnis der klassischen Sprachen liegen, vervollständigt: Die formale Diszipliniertheit dieser Sprachen hat einen *ordnungsstiftenden* Charakter: »All here is in order. Every thing is subjected to the most inflexible laws. The mind therefore which is accustomed to it, acquires habits of order, and of regarding things in a state of clearness, discrimination and arrangement.«[362]

Die Vorteile einer klassischen Bildung sind für GODWIN über jeden Zweifel erhaben. In der Frage der Vermittlung der klassischen Sprachen ist es für ihn von entscheidender Bedeutung, daß – entsprechend dem Leseunterricht – ohne unnötige Autorität vorgegangen wird. Griechisch- und Lateinunterricht sind, dessen ist sich GODWIN bewußt, Synonyme für Zwang und Formalismus in der Erziehung: »The benefits of classical learning would perhaps never have been controverted, if they had not been accompanied with unnecessary rigours. Children learn to dance and to fence, they learn French and Italian and music, without its being found necessary to beat for that purpose. A reasonable man will not easily be persuaded that there is some mysterious quality in classical learning that should make it an exception to all other instances.«[363]

Unbeschadet hiervon bleibt der Unterricht in den klassischen Sprachen für GODWIN ein Fundament jeder Bildungsanstrengung. Wie im »Account« ist er zuerst das geeignete Werkzeug zur Disziplinierung des Geistes. Disziplinierung des Geistes aber hat nichts zu schaffen mit einer autoritären Disziplinierung des Unterrichts.

1.4.3.3 Realpädagogik und Pädagogische Utopie im »Enquirer«

Die Beschreibung des *tyrannischen Verhältnisses* zwischen Schüler und Lehrer und die *grundsätzliche* Nicht-Reformierbarkeit dieses Verhältnisses unter den Maßgaben einer »unaufgeklärten«, »unvernünftigen« Gesellschaft hat bei GODWIN nicht

---

360 E, 48

361 vgl. E, 48 f.

362 E, 49

363 E, 54

die Konsequenz, die pädagogische Anstrengung als von vornherein begrenzt zu halten. Er entwickelt im »Enquirer« Vorschläge zu einer Erziehungsreform, die zwar nicht das pädagogische Abhängigkeitsverhältnis aufzuheben vermögen, die aber durchaus als *Wege zur Freiheit* für Schüler und Lehrer verstanden werden dürfen. GODWIN leitet diese Überlegungen mit einer Untersuchung extrinsischer und intrinsischer Motivationen beim Lerngeschehen ein, um zu zeigen, daß die intrinsische Motivation, also der innere Wunsch oder das ursprüngliche Bedürfnis des Schülers zu fragen und zu lernen, die erste Voraussetzung für erfolgreiche Erziehung bildet: Wird eine Sache um ihrer selbst willen bzw. weil sie im Schüler Interesse weckt untersucht, so ist dies einerseits ein erster Ausdruck der Autonomie, andererseits aber – und dies ist zweifellos für GODWIN die wichtigere Konsequenz – kann dann die extrinsische Motivation, die immer auch einen gewissen Zwang mit sich führt, zurückgenommen werden. Gelingt es, das Interesse des Zu-Erziehenden zu wecken, so entfaltet (»unfold«) sich die weitere Entwicklung spontan und dynamisch. Allerdings ist die Entwicklung dieses Interesses bei GODWIN wiederum eng mit einer relativ entwickelten Vernunft verbunden. Es gilt nämlich, den inneren Wert (nicht den Nutzen) der zuerlernenden Sache aufzuzeigen, und dies kann nur durch den Appell an das *understanding* des Individuums gelingen: »The first of this classes of motives (intrinsische Motive, M.H.) is unquestionally the best. To be governed by such motives is the pure and genuine condition of a rational being. (...) It elevates us with a sense of independence. It causes a man to stand alone, and is the only method by which he can be rendered truly an individual, the creature, not of implicit faith, but of his own understanding.«[364]

Wenn das *understanding* darüber entscheidet, ob und in welcher Weise intrinsische Motivationen wirksam werden, so hat dies auch zur Konsequenz, daß Kinder, die sich im vorvernünftigen Entwicklungsstand befinden, zur intrinsischen Motivation nur partiellen Zugang haben können. GODWINS Konzeption sieht hier eine Formalisierung des Unterrichtes vor, in der die inhaltliche Differenzierung des Stoffes vorerst zweitrangig ist: »Is it necessary that a child should learn a thing, before it can have any idea of its value? It is probable that there is no thing of eminent importance for a child to learn. The true object of juvenile education, is to provide, against the age five and twenty, a mind well regulated, active, and prepared to learn.«[365]

Die gesamte Erziehung ist bei GODWIN ein Vorbereitungsprozeß auf das *wirkliche Lernen*, das als selbstbestimmtes, rationales Erfassen des Wertes des Lerngegenstandes gedacht ist. GODWIN ist jedoch nicht der Auffassung, daß der Verzicht auf das differenzierte frühe Lernen gleichbedeutend ist mit einer Negation pädagogischer Praxis. Im Gegenteil, GODWIN entwickelt aus der Kritik der zu frühen

---

[364] E, 77

[365] E, 77 f.

inhaltlichen Orientierung der Erziehung eine Reihe praktischer Vorschläge, in denen sich der Impetus der Autonomie der Zu-Erziehenden, wie er im »Enquirer« bestimmend ist, exemplarisch dokumentiert. GODWIN ist sich der Radikalität seiner pädagogischen Konstruktion der Autonomie durchaus bewußt. Er setzt sich wissentlich von den »modes of education« ab, wie er sie in seiner Zeit auszumachen glaubt: »According to the received modes of education, the master goes first, and the pupil follows. According to the method here recommended, it is probable that the pupil should go first, and the master follow.«[366]

Der Einfluß des Lehrers rückt hier gänzlich in den Hintergrund. Seine Aufgabe beschränkt sich darauf, auf Nachfragen des Schülers Antwort zu geben und gewisse unüberwindliche Erkenntnishindernisse beseitigen zu helfen. GODWIN erwartet von solcher Reform des pädagogischen Verhältnisses in letzter Konsequenz die Auflösung desselben: »This plan is calculated entirely to change the face of education. The whole formidable apparatus which has hitherto attended it, is swept away. Strictly speaking, no such characters are left upon the scene as either preceptor or pupil. The boy, like the man, studies, because he desires it. He proceeds upon a plan of his own invention, or which, by adopting, he has made his own. Every man bespeaks independence and equality.«[367]

Die Intention einer Aufhebung der Erziehung als Abhängigkeitsverhältnis, die die Konzeption GODWINS wesentlich bestimmt, kommt hier deutlich zum Ausdruck. Gesucht wird ein Verhältnis zwischen den am Erziehungsprozeß Beteiligten, das sich in Kooperation – und auch dies ist nur als unbedingt *notwendige* Kooperation angestrebt – konstituiert. Nicht nur der Lehrer nämlich kann hilfreich und unterstützend wirken, auch vom Schüler erwartet GODWIN in einer derart reformierten Erziehungssituation Einwirkungen auf den Lehrer: Die Aufrichtigkeit und Vorurteilslosigkeit des Schülers und die Differenziertheit seines noch nicht kultivierten und damit »eingeschliffenen« Auffassungsvermögens können durchaus originelle, vom durch Erfahrung und Gewohnheit bereits inflexibel gewordenen Lehrer nicht mehr wahrgenommene Antworten und Einsichten erbringen, die eine Art wechselseitiges Lehr- und Lernverhältnis begründen. GODWIN ist allerdings hier realistisch genug, dies als Ausnahmesituationen zu beschreiben. Auch verwahrt er sich gegen eine Befragung des Schülers durch den Lehrer, wenn dies aus pädagogischem Kalkül (calculation) erfolgt: »The boy however should be consulted by the man unaffectedly, not according to any preconcerted scheme, or for the purpose of persuading him that he is what he is not.«[368]

Die Aufrichtigkeit im Verhältnis zwischen Schüler und Lehrer ist besonders bedeutsam, wenn der Versuch unternommen wird, den Zu-Erziehenden Autonomie

---

366 E, 79

367 E, 80

368 E, 80 f.

zu gewähren: Wird hierbei der Zögling betrogen und unter falschen Voraussetzungen zu Freiheit und Gleichheit »eingeladen«, kann und wird dies äußerst negative Auswirkungen auf den Prozeß der Erziehung nehmen. GODWIN anempfiehlt deshalb, auf eine Gewährung der Autonomie dann zu verzichten, wenn nicht wirklich gesichert ist, daß Lehrer (und Eltern) die einmal zugestandene Freiheit und Gleichheit kontinuierlich weiter gewähren können oder wollen: »Do not fill me (das Kind, M.H.) with the sublime emotions of independence, and teach me to take up my rest among the stars of heaven, if your ultimate purpose be to draw closer my fetters, and pull me down unwilling to the surface of the earth.«[369]

Die einmal zugestandene Freiheit wieder zu entziehen ist für GODWIN eine pädagogische Fehlleistung ersten Ranges, die das Vertrauensverhältnis unweigerlich zerstört. Gleichheit und gewährte Autonomie sind Normen, die über das pädagogische Verhältnis hinausweisen, und dies bedeutet, es handelt sich um eine Norm, die auch der Erwachsene gegenüber dem Kind nicht verletzen darf. Keine Rückkehr zum Despotismus einerseits aber ebensowenig die bloße Illusion von Unabhängigkeit sind die Eckpunkte des Konzeptes vom pädagogischen Verhältnis, das GODWIN unterbreitet. Wichtig ist ihm eine klare und unmißverständliche Grenzziehung in jenen Bereichen, die von Erwachsenen als vorerst nicht kindgerecht erachtet werden[370]. Es handelt sich hierbei um eine *Schwäche* bei Eltern und Erziehern und keineswegs um eine aus der Sache sich erklärende Notwendigkeit. Nochmals sei darauf hingewiesen, daß GODWIN seine Ausführungen als Momente einer *Realpädagogik* verstanden wissen will – ganz im Gegensatz zu seinen *pädagogischen Utopien*, die auch in diesem Zusammenhang andere Orientierung hätten: »It were to be wished that no human creature were obliged to do any thing but from the dictates of his own understanding. But this seems to be, for the present at least, impracticable in the education of youth.«[371]

Festzuhalten ist, daß GODWIN sich um ein Schüler-Lehrer-Verhältnis bemüht, das als gleichberechtigtes Vertrauensverhältnis bestimmt werden kann. Freiheit (liberty), intrinsische Motivation und ein aktives Lernverhalten (habits of activity) sind die drei wichtigen Vorteile, die GODWIN von der Reform des pädagogischen Verhältnisses erwartet. Drei Viertel der bislang wirksamen pädagogischen Sklaverei, so GODWINS optimistische Schätzung, »would be annihilated at a stroke.«[372] Das Urteilsvermögen der Schüler – also jene Kapazität, die in GODWINS Philosophie die conditio sine qua non darstellt – würde unvergleichliche Steigerung erfahren. In der Gemeinschaft mit anderen Schülern und in der Arbeitsgemeinschaft mit

369 E, 97

370 GODWIN präzisiert die Bereiche, die für die kindliche Autonomie unzugänglich sein sollen nur an einer Stelle: Autoritäre Grenzziehungen der Erwachsenen sind nur in »cases of extraordinary emergency« (E, 99) wirklich notwendig.

371 E, 99 f.

372 E, 81

dem Lehrer soll ein pädagogisches Klima sich entwickeln, das zuerst die Schüler anhält, die Schwierigkeiten des Problems zu erfassen und selbständig zu lösen, und nur im Falle der Stagnation oder des Irrwegs greift die Gemeinschaft der Schüler und erst in einem zweiten Schritt der Lehrer korrigierend ein. Diese Korrektur wiederum ist nicht zu verstehen als Präsentation des richtigen Ergebnisses, sondern als *Nachweis des Irrweges*, denn es gibt nichts »that more strongly excites our enquiries than this mode of detecting our ignorance.«[373] GODWIN erwartet von dieser Modifikation der »modes of education« eine Steigerung der Aktivität der Schüler im Sinne von *echter Aktivität*, was mehr bedeutet als Fleiß oder monotone Beschäftigung: »I do not call a wheel that turns round fifty times in a minute, active. Activity is a mental quality. If therefore you would generate habits of activity, turn the boy loose in the fields of science. Let him explore the path for himself.«[374]

Dieses Allein-Lassen meint nicht ein Sich-selbst-Überlassen. Der Lehrer tritt nicht aus dem pädagogischen Feld, er tritt zurück und schafft damit Raum für die *experimentelle* Aneignung des Stoffes durch den Schüler.

GODWINS pädagogisches Modell ist nicht allein ein Plädoyer für die Autonomie des Schülers. Auch der Lehrer, der unter dem herrschenden Erziehungssystem leidet – er ist sogar »the worst of the slaves«[375] -, profitiert von der Reform der Erziehung: Seine Einsamkeit als Tyrann über Sklaven wäre in einem auf (relativer) Gleichheit gegründeten Erziehungssystem weitgehend aufgehoben.

Zusammenfassend kann GODWINS Beschreibung des pädagogischen Verhältnisses als *Verhältnis unter Gleichen* – mit all den notwendigen Relativierungen – gekennzeichnet werden. Hierin aber zeigt sich ebenso die Grenze seiner Pädagogik wie die seiner Philosophie: Voraussetzung für seinen Begriff von Gleichheit und Autonomie bleiben Urteilskraft und Vernunft, Kategorien also, die primär Erwachsenen zuzuschreiben sind. Was GODWIN anbietet, ist ein Modell, das – bei aller Beachtung der kindlichen Besonderheiten und dem, verglichen mit dem Rationalismus in »Political Justice«, bemerkenswerten Gespür für die kindlichen Bedürfnisse – im Kind zuerst den *potentiellen Erwachsenen* sucht und demzufolge Kindheit und Jugend primär als zu überwindende Phasen menschlicher Entwicklung begreift. Pointiert zum Ausdruck bringt dies eine Beschreibung des Kindes, die GODWIN als Begründung der Autonomie des Kindes verstanden wissen will, die aber zugleich exemplarisch verdeutlicht, wie sehr bei ihm Kindheit vom Erwachsensein her interpretiert wird: »But I do affirm that he (das Kind, M.H.) is an individual being, with powers of reasoning, with sensations of pain, and with principles

---

[373] E, 82

[374] Ebd.

[375] E, 84

of morality; (...) he has a claim upon his little sphere of empire and discretion; and he is entitled to his appropriate portion of independence.«[376]

Die hier gegebene Definition von Kindheit ist *identisch* mit seinen Definitionen des erwachsenen Menschen. Diese Deutung der Kindheit als Nicht-Erwachsensein zeitigt neben aller Anfälligkeit für Überinterpretationen der Kapazitäten von Kindern und Jugendlichen in zweifacher Hinsicht eine wirkliche Liberalisierung der Erziehungspraxis: Zum einen ist der Erzieher in diesem Modell aufgefordert, die Gleichheit zwischen ihm und seinem Objekt anzuerkennen, und zum anderen entrinnen die Schüler der Kommandopädagogik, wie sie trotz der *Entdeckung der Kindheit* und der pädagogischen Reformbestrebungen im 18 . und 19. Jahrhundert allgegenwärtig ist.

Das in dieser Form reformierte Verhältnis zwischen Schüler und Lehrer verspricht nach GODWINS Auffassung nur dann Aussicht auf Erfolg, wenn es nicht durch die Erziehung im Elternhaus sabotiert wird. Die Familienerziehung ist nach GODWINS Analyse in ebenso katastrophaler Verfassung wie alle übrigen Erziehungsinstitutionen. Hinzu tritt hier allerdings, daß GODWINS Negation der erzwungenen Gemeinschaft und sein an Idolatrie grenzendes Insistieren auf die eigene Urteilsfähigkeit ihn schon in »Political Justice« als entschiedenen Gegner der Familie zeigen. Dies wirkt im »Enquirer« fort, und er fordert – nach einer vernichtenden Kritik des elterlichen Despotismus – schlichtweg den Ausschluß der Eltern aus der Erziehung. Nur die Aufhebung der Enge der familialen Bande kann bewirken, daß das Kind mit dem ihm zukommenden Respekt behandelt wird. Erst ein familienunabhängiger Erzieher »would treat the child in this respect as he would an adult of either sex.«[377] Erziehung in den Händen einer Institution, die die Abhängigkeit und Negation von Autonomie in einer Weise kultiviert hat wie die Familie, ist für GODWIN mit seiner Vorstellung vom pädagogischen Prozeß als Progreß der Autonomie unvereinbar.[378]

GODWIN ist aber realistisch genug, eine Aufhebung der derart kritisierten despotischen Beziehung im Elternhaus erst von einer gesellschaftlichen Utopie zu erwarten und für die Gegenwart eine möglichst tiefgreifende und wirkungsvolle Reform anzuraten. Für das Verhältnis zwischen Eltern und Kindern wird – in Analogie zum pädagogischen Verhältnis zum Erzieher oder Lehrer – ein vernünfti-

---

376 E, 88 f.

377 E, 90 f.

378 GODWIN verändert seine Auffassung zur Familie aufgrund der Erfahrungen der Ehe mit Mary WOLLSTONECRAFT in den folgenden Jahren grundsätzlich. Dokumentiert ist diese Revision insbesondere in seinen »Memoirs of the Author of a Vindication of the Rights of Women« (1789), die einen (sentimentalen) Nachruf auf Mary WOLLSTONECRAFT darstellen und in seinem 1799 erschienen Roman »St. Leon«. Beide Arbeiten sind von einer Idealisierung der »private affections« des Familienlebens geprägt. [Zur pädagogischen Diskussion zwischen GODWIN und WOLLSTONECRAFT vgl. auch HEINLEIN 1991 (a).]

ger Dialog gefordert. Auch die Eltern sollen ihr Kind als »rational being«[379] erkennen und anerkennen. GODWIN will den *freiwilligen Machtverzicht* in jedem pädagogischen Verhältnis, und diese Forderung wird im Kontext eines klassischen Aufklärungsoptimismus vorgetragen, der vom Angriff auf das vernunftorientierte Aufklärungsdenken, wie es ROUSSEAU unternimmt, zwar weiß, diesen aber geradezu zum Anlaß zu nehmen scheint, die Omnipotenz der Vernunft zu radikalisieren.

1.5 GODWINS »Entdeckung des Kindes« – Pädagogische Implikationen in »Thoughts on Man«

1.5.1 Das Anlage-Umwelt-Problem

GODWIN greift in seinem Spätwerk »Thoughts on Man« die Anlage-Umwelt-Diskussion erneut auf, um zu entschieden veränderten Schlußfolgerungen zu gelangen. Er anerkennt jetzt, daß alle menschlichen Wesen »are born into the world with various dispositions.«[380] Diese Unterschiedlichkeiten erweisen sich etwa in künstlerischen Begabungen (Musik, Malerei, Poesie) und stehen für GODWIN »beyond the reach of all controversy.«[381] Solche Akzeptanz gegenüber unterschiedlichen Ausgangspositionen der Individuen führt jedoch nicht zur Legitimation einer Unveränderlichkeit und Festgelegtheit der Individuen, sondern zielt auf eine neuerliche Unterstreichung der menschlichen Individualität. Die unterschiedlichen Begabungen beschreiben die Vielfalt der menschlichen Entwicklungsmöglichkeiten. Die Divergenzen, die sich »in the senses, the organs, and the internal structure of the human species«[382] aufweisen lassen, umfassen zwar weit mehr als die *nervous sensibility*, die im »Enquirer« als einziges Merkmal der ursprünglichen Unterschiedlichkeit akzeptiert worden war, aber sie eröffnen dadurch eine Vielfältigkeit, »which give to each individual a predisposition to rise an excellence in one particular art or attainment, rather than in any other.«[383] Es handelt sich bei solchen Unterschiedlichkeiten nicht um Begabungen klassischer Provenienz (»Talent«, »Genie« etc.), sondern um Ausstattungen im Sinne von Potentialitäten. Analog zur Genese der *nervous sensibility* hängt die Entwicklung jener Dispositionen weitgehend von der pädagogischen Förderung ab.

GODWINS Akzeptanz unterschiedlicher Ausstattungen will keineswegs einer sozialen Ungleichheit zur Begründung verhelfen: Die Verteilung der Dispositionen nämlich hat nichts mit sozialer Abkunft zu tun, sondern ist Ergebnis einer *natürli-*

379 E, 94

380 ThM, 29

381 ThM, 30

382 ThM, 42

383 Ebd.

chen Verteilung »without any reference to the distinctions of artificial society.«[384] Durchaus möglich ist die Überwindung der »chill blasts of poverty«[385]; die Begabungen setzen sich, bei entsprechender Förderung, gegen die sozialen Beschränkungen durch. Dies aber ist ein individualistischer Reflex, der gleichzeitig verrät, wie wenig GODWIN zu diesem Zeitpunkt der politischen Diskussion folgt. Der Verweis auf die Durchsetzungskraft des Individuums nämlich drückt auch einen Antagonismus zum Stand des revolutionären Diskurses aus, dessen Ideen und Ideologien – die etwa in der aufkommenden Chartistenbewegung zu einem ersten Höhepunkt gelangen werden – längst die Bildung und Erziehung für die proletarischen Massen zu einer zentralen Forderung erhoben hatten. GODWIN bleibt hier im Individualismus seiner Konzeption befangen. Sein Interesse gilt nach wie vor einer Pädagogik, die Klassenunterschiede als einen Nebenaspekt betrachtet und den Universalismus der Vernunft zur treibenden gesellschaftsverändernden Kraft erklärt.

Die Akzeptanz der Vorhandenheit von Begabungen, wie sie in »Thoughts on Man« zum Ausdruck gelangt, führt notwendigerweise zu einer Reformulierung der Möglichkeiten und Aufgaben der Erziehung: Wenn jedes Individuum eine (oder mehrere) spezifische Begabungen mit sich bringt, ist die Pädagogik in weitaus höherem Maße der Empirie verpflichtet, will sie nicht der Gefahr anheimfallen, falsch oder unzureichend zu wirken. Die Neudefinition von Begabung beinhaltet deshalb eine deutliche Absetzung GODWINS vom extremen Egalitarismus HELVÉTIUS'. Für HELVÉTIUS entwickelten sich die unterschiedlichen Befähigungen durch »Zufall«[386] und sind niemals etwas anderes als Ergebnis menschlicher »Wünsche und ihrer besonderen Lage«[387]. Für GODWIN ist diese (immerhin lang geteilte) Auffassung nun zu »vast and indefinite«[388]. Wenn Alle Alles erreichen können, denn dies ist die Konsequenz aus HELVÉTIUS' Diktum von der Omnipotenz der Erziehung, dann fehlen die Orientierungspunkte und der »compass«[389] für die Pädagogik. GODWIN legt im gleichen Zusammenhang allerdings Wert darauf, daß er mit dieser Kritik an HELVÉTIUS nicht dessen Konzeption einer »successive improvableness of the human species«[390] zu untergraben gedenkt. Diese gilt für GODWIN in vollem Umfang, und die Differenzierungsfähigkeit, die er mit dem Hinweis auf die Vielfalt der individuellen Ausstattungen gewonnen hat, ist Bedingung des Fortschritts.

---

384 Ebd.

385 ThM, 29

386 HELVÉTIUS 1972, 189

387 HELVÉTIUS 1972, 448

388 ThM, 42

389 ThM, 43

390 ThM, 42

1.5.2 Bildungskritik

Die *Despotie,* in der jede Erziehung notwendig fundiert ist, wird auch in »Thoughts on Man« ausführlich dargelegt, und GODWIN entwickelt jetzt aus ihr eine Bildungskritik, die die Positionen von »Political Justice« und im »Enquirer« in einigen Punkten radikalisiert.

Zunächst wird die Definition des pädagogischen Verhältnisses als Abhängigkeitsverhältnis bekräftigt. Das Verhältnis zwischen Kind und Erwachsenen ist gekennzeichnet durch eine *Kommunikationsunmöglichkeit:* »No parent ever understood his child, and no child ever understood his parent. The child consults his father as an oracle; to him he proposes all his little questions; from him he learns (...), the parent is a God, a being qualified with supernatural powers, to his offspring.«[391]

Diese Bestimmung GODWINS ist deskriptiver Natur: Die Eltern erscheinen nur deshalb als »Götter«, weil sie außerstande oder nicht willens sind, die Unabhängigkeit des Kindes zu akzeptieren. Ein wesenhafter Unterschied zwischen Erwachsenen und Kind besteht nicht[392], und GODWIN macht die Besitzansprüche und den daraus erwachsenden *Despotismus* der Eltern verantwortlich für die Kommunktionsunmöglichkeit. Der Lehrer hat zwar keine Besitzansprüche an das Kind, unterscheidet es aber in seiner Wahrnehmung vom Erwachsenen und setzt somit voraus, daß das Kind zu einer »distinct species of things«[393] gehört, dem mit Unterdrükkung und Zwang entgegenzutreten ist. Die Nichtakzeptanz einer grundlegenden Gleichheit zwischen Schüler und Lehrer *muß* für GODWIN eine autoritäre und despotische Form der Erziehung nach sich ziehen. Dies ist nicht allein aus dem Verhalten des Lehrers abzulesen, sondern ist auch in der inneren Struktur eines derart hierarchisch geordneten Erziehungsverhältnisses zu verorten. Der Schüler erfährt den Lehrer als Despoten, denn »every man is a despot, who delivers his judgement from the single impulse of his own will.«[394] Wo das dialogische Verhältnis keine Gültigkeit hat, entwickelt sich ein Klima der Angst und der (falschen) Autorität, das schließlich auch den Lernfortschritt behindert. Wichtiger in diesem Zusammenhang ist für GODWIN aber die *Einübung in Unterwerfung,* die mit diesem angstbesetzten Erziehungsverhältnis exekutiert wird: »He (der Schüler, M.H.) fears, he knows not what, – a reprimand, a look of lofty contempt, a gesture of summary distain. (...) He cannot return to a free and intrepid answer but the person whom he regards as equal. There is nothing that has so disqualifying an effect upon him who is to answer, as the consideration, that he who questions is univer-

---

391 ThM, 281 f.

392 vgl. ThM, 269

393 ThM, 268

394 ThM, 18

sally acknowledged to be a being of a higher sphere, or, as between the boy and the man, that he is the superior in conventional and corporal strength.«[395]

Dieses diktatorische Verhältnis hat konkrete Konsequenzen für den Unterrichtsaufbau und den Unterrichtsverlauf an regulären Schulen. In jeder herkömmlichen Schule, so GODWIN, könne »not above one boy in a hundred«[396] gefunden werden, der Verstand und die Fähigkeit habe, einen eigenen Weg zu gehen. Die Lehrer an solchen Schulen geben sich damit zufrieden. GODWIN vergleicht die Schüler in diesem Kontext wiederum mit Sklaven, die keinerlei Aussicht auf Befreiung haben und bekräftigt seine These vom »slaughter-house of mind«, das Erziehung und Schule darstelle.[397]

Insgesamt bestätigt und verschärft GODWIN in »Thoughts on Man« seine radikale Kritik an Erziehung und Schule und legt besonderen Wert auf die Konsequenzen der *institutionalisierten* Form von Despotie, wie sie in den Schulen zum Ausdruck kommt. Schule ist nach seiner Analyse eine der zentralen gesellschaftlichen Einrichtungen, die den Fortschritt der Menschheit sabotieren: »There (in der Regelschule, M.H.) every lesson that is prescribed, is a source of indirect warfare between the instructor and the pupil. (...) In this sense numerous schools is, to a degree that can scarely be adequately described, the slaughter-house of mind.«[398]

1.5.3 Der Erziehungsbegriff in »Thoughts on Man«

1.5.3.1 Die Aufgaben des Lehrers

Die aus der Neudefinition der Unterschiedlichkeiten gewonnene Verpflichtung zu Differenziertheit und Angemessenheit der pädagogischen Anstrengung hat Auswirkungen auf die konkrete pädagogische Praxis des Lehrers. Er steht in einer permanenten Entscheidungssituation, da es in großem Maße von ihm abhängt, die Fähigkeiten des Zöglings zu erkennen und zu fördern. Als »a man walking on a cliff«[399] obliegt ihm die schwierige Aufgabe, die *Reife* (maturity) des Schülers zu beurteilen und seine pädagogischen Maßnahmen darauf abzustimmen. GODWIN zeigt hier, daß er die relative Beliebigkeit, die in den früheren Schriften hinsichtlich der spezifischen Entwicklungsgeschichte des Zöglings bei ihm dominierte, jetzt für unzureichend erachtet. Die Vernunft, deren Macht bislang garantierte, daß alles *nachgelernt* werden konnte und der die Erziehung untergeordnet war, wird nun als zumindest *organisierbar* begriffen. Der Erzieher hat hierbei gewisse Grundlagen zu schaffen. Er soll zuallererst das *Selbstwertgefühl* des Kindes ansprechen und hat umgekehrt darauf zu achten, daß eine *Selbsterniedrigung* beim Kind oder beim

---

395 Ebd.

396 ThM, 17

397 vgl. ThM, 20

398 ThM, 46

399 ThM, 353

Schüler verhindert wird: »But the preceptor (...) ought never to allow his pupil to despise himself, or to hold himself as of no account. Self-contempt can never be a discipline favourable to energy or to virtue. (...) The preceptor must never degrade his pupil in his own eyes, but on the contrary must teach him that nothing but resolution and perseverance are necessary, to enable him to effect all that the judicious director can expect from him.«[400]

Dies ist eine Vorausbedingung für die Entwicklung von Individualität und des *own judgement*, weil nur die *Entdeckung des Ichs* dem Kind die Möglichkeit eröffnet, dieses Ich in Autonomie zu entfalten. Der Lehrer hat die Aufgabe, all jene Äußerungen und Verhaltensweisen des Kindes, die auf die Entwicklung der Autonomie hindeuten, positiv zu verstärken: »He (der Schüler, M.H.) should be encouraged through every step of his progress and specially encouraged when he has gained a certain point, and arrived at an important resting-place.«[401]

Nach wie vor ist für GODWIN ein Ziel der Erziehung ihre Abschaffung, und der Lehrer hat dementsprechend im Verlauf der Erziehung immer mehr zurückzutreten, damit der Schüler sein eigener Lehrer wird. GODWIN befestigt also auch im Spätwerk die Autonomieforderung, wie sie in »Political Justice« und im »Enquirer« grundgelegt wurde. Die Differenz zu den früheren Schrift zeigt sich im Einzelfall: Während GODWIN bislang immer idealtypisch *den* Schüler und seine Erziehung angesprochen hatte und seine pädagogischen Vorschläge im Sinne von allgemeinen Gesetzmäßigkeiten vorgetragen hatte, führt ihn seine modifizierte Sicht von Begabungen und ihrer Distribution dazu, nicht länger *alle* Schüler für *jede* Erziehung für geeignet zu halten. Er affirmiert nun die Notwendigkeit einer Ausbildung der Schüler, die die jeweiligen Qualifikationen berücksichtigt. Allerdings spielen hier utilaristische Erwägungen – also etwa die, den größten gesellschaftlichen Nutzen mit der optimale Ausbildung zu erzielen – bei GODWIN keine Rolle; allein die Über- oder Unterforderung des Kindes ist das Kriterium für die Bestimmung der Ausbildung.

Die Entscheidung darüber, ob ein Kind für eine bestimmte Schule oder Ausbildung befähigt ist, treffen weder das Kind, dessen Erklärungen für GODWIN von geringem Nutzen sind, weil dieses von Impulsen gesteuert wird, »which occur in the morning, and vanishes in the evening«, noch die Eltern, denn diese sind in Bezug auf das eigene Kind notwendig unvernünftig und parteiisch und wünschen »that his child may become a lord cancellor, an archbishop, or any thing else«, oder aber es werden »egoistische« Beweggründe geltend gemacht wie etwa das »selfish shrinking from the cost it might require to mature them«[402]. Wirkliche Kompe-

---

400 ThM, 350 f. ; vgl. auch ThM, 50

401 ThM, 351

402 ThM, 28. Deutlich werden hier die idealistischen und auch realitätsfernen Züge im godwinschen Denken, wo Fragen sozialer Natur zur Diskussion stehen: Das Zurückschrecken vor den *Kosten* der Erziehung nur als selbstisch zu verurteilen und nicht mit der Einkommenslage der Eltern in Verbindung

tenz in dieser Frage kommt nur dem Lehrer zu, wobei von diesem verlangt wird, daß er »of great sagacity« ist und »capable of pronouncing about a given account of the most imperfect and incidental indications.«[403] GODWINS Bedenken gegen die Orientierung an Fähigkeiten oder Begabungen drücken sich indirekt in solcher Beschreibung der notwendigen Qualifikation eines Lehrers aus, der über die Begabung zu entscheiden hat. Diesem Lehrer darf keine Einzelheit entgehen, zu viel hängt von seiner Entscheidung ab: »He should be clear-sighted, and vigilant to observe the involuntary turns of an eye, expressions of a lip, and demonstrations of a limb.«[404] Insgesamt bleibt GODWINS Bestimmung der Rolle des Lehrers oder Erziehers in »Thoughts on Man« unverändert. Nach wie vor ist der allmähliche Rückzug aus dem pädagogischen Prozeß seine wichtigste Pflicht. Die *Hilfestellung zur Autonomie* ist seine Aufgabe, und erreicht wird auch dies wieder durch ein Vertrauensverhältnis und ohne unnötigen Zwang im Unterricht.

1.5.3.2 Der Aufbau des Unterrichts

Großes Gewicht legt GODWIN in »Thoughts on Man« auf den Verlauf und das spezifische Arrangement der Erziehung und des Unterrichts, die sich jetzt in verstärktem Maß an den jeweiligen Alters- und Reifestufen und den damit verbundenen Aufnahme- und Verarbeitungsmöglichkeiten der Zu-Erziehenden ausrichten sollen. Damit einher geht eine Berücksichtigung der frühen Kindheit, die zwar immer noch als »a state of vegetative«[405] – also als eine für Erziehung relativ unzugängliche Phase – beschrieben wird[406], in der aber Grundlagen gelegt werden können, die das *Erwachen* vorbereiten. Wichtig ist GODWIN dabei die schrittweise, allmähliche Förderung. Bemerkenswert ist auch, daß GODWIN in dieser späten Schrift Erziehung nicht länger nur als rationale Kommunikation faßt, sondern Phantasie, Gefühle, Freuden etc. als elementare, besonders für die Früherziehung

---

zu bringen, offenbart auch, daß GODWIN ein *Mittelklassedenken* (vgl. Pollin 1962, 115, 117) repräsentiert und die zur Abfassungszeit von »Thougths on Man« längst aufgegriffene *proletarische Frage* nur unter dem Gesichtspunkt der *Armut* zu fassen vermag. In pädagogischer Hinsicht hatte GODWIN zwar erkannt, daß die Armen aufgrund ihrer mangelnden Bildung die Welt anders wahrnehmen als die Reichen. Die Armen seien deshalb »destined for ever to remain uncultivated and unexplored. The life of the poor man is little else than one scene of dulness and ignorance« (Ess, 35 f.). Daß die Änderung dieses Umstandes bei GODWIN ausschließlich durch eine Veränderung der Erziehung der Armen herbeigeführt werden kann und über eine Anklage der *falschen Verteilung des Wissens* nicht hinausreicht, markiert die Grenze seiner Gesellschaftskritik.

403 ThM, 28

404 Ebd.

405 ThM, 162

406 Clarks Feststellung, daß GODWIN »naïvely assumes that nonremembered experience (bei kleinen Kindern, M.H.) has little importance« und daß er keine Anstrengung darauf verschwendet, »to correlate early childhood experiences with later behaviour« (CLARK 1977, 72), trifft in Hinblick auf die pädagogischen Implikation von »Thoughts on Man« nicht länger zu.

relevante Qualitäten einführt.[407] Diese Qualitäten sind ihm jetzt Ausgangspunkt der pädagogischen Handlung, und sie bilden die Basis für die stufenweise Ablösung durch eine *Intellektualisierung*: »But, above all, the beginnings of those studies (Lese- und Schreibunterrichts, M.H.) should be encouraged, which unfold the imagination, familiarise us with the feelings, the joys and the sufferings of our fellow-beings, and teach us to put ourselves in their place and eagerly fly to their assistance.«[408] Die pädagogische *Einfühlung*, die hier angesprochen wird, greift weiter als das Vertrauensverhältnis zwischen Lehrer und Schüler, das im wesentlichen durch den rationalen Dialog hergestellt wird und etwa im »Enquirer« tragendes Moment für das (positive) pädagogische Verhältnis war. Die Zurücksetzung der ausschließlich vernünftigen Kommunikation in der frühen Erziehung, die GODWIN jetzt präferiert, bekundet sich auch in seinen Empfehlungen, das Kind im *Spiel* keinen Beschränkungen zu unterwerfen, sondern dieses Spiel als eine Art »Präludium« der Reife zu begreifen: Der Schüler erlebt das Spiel als Zeit der Freiheit und Unabhängigkeit, und hierin erweist sich für GODWIN eine Früherfahrung von Individualität: »It is when the schoolboy proceeds to the playground, that he engages in real action and real discussion. It is then that he is an absolute human being and a genuine individual.«[409]

Im Spiel bilden sich zudem Formen sozialer Kommunikation aus, die GODWIN als Antizipationen von Gesellschaftlichkeit interpretiert, deren pädagogische Relevanz hervorzuheben sei: »When boys consult when and where their next cricket-match shall be played, it may be regarded as the embryo representation of a consult respecting a grave enterprise to be formed, or a colony to be planted. And, when they enquire respecting poetry and prose, and figures and tropes, and the dictates of taste, this happily prepares them for the investigation of prudence, and morals, and religious principles, and what is science, and what is truth.«[410]

Diese etwas exaltierte Umschreibung der sozialen Funktionen des Spiels kann auch als der *dialektische Umschlag* einer Pädagogik verstanden werden, deren strikt

[407] Er formulierte anläßlich einer Erwiderung auf Parr, der seine Vorstellungen zur Bevölkerungsproblematik angegriffen hatte, schon 1801 seine grundsätzliche Abwendung von der Vernunft als einzigem Kriterium für das Handeln: »The motives of human actions are feeling, or passions, or habits. Without feelings we cannot act at all; and without passions we cannot act greatly.« (UW 1968, 29). Auch hier aber bleibt die Vernunft die Instanz, die darüber befindet, ob jene Handlungen »are entitled to the name of virtue« (UW 1968, 29), d.h. GODWIN intendiert weiterhin eine *bewertende Vernunft*, die – jetzt im Nachhinein – über die Qualität einer Handlung im Sinne von *virtue* entscheidet.

[408] ThM, 48

[409] ThM, 169. Ganz ähnlich wird dies noch in den letzten Schrift GODWINS, den »Essays never before published«, formuliert: Die Abwesenheit des schulischen Zwangs, die den »playground« auszeichnet, führt zur Entwicklung des eigenen sozialen Raumes, und dieser ist »in equity as complete as those of the master in the school-room.« (Ess, 220)

[410] ThM, 169. In seinem Roman »Fleetwood« wird die motivierende Funktion des Spieles mit der der Schule verglichen und erstere eindeutig für folgenreicher erachtet: »Every boy learns more in his hour of play, than in his hour of labour. In school he lays the materials of thinking; but in his sports he actually thinks: he whets his faculties, and he opens his eyes.« (FW, 86)

rationaler Ausrichtung von Didaktik, wie sie in »Political Justice« und im »Enquirer« omnipräsent war, Realitätsferne und vor allem Impraktikabilität vorgeworfen werden konnte. Die Akzentuierung des *anschaulichen* Unterrichts bei Mary Wollstonecraft[411] etwa, die seine Betonung der Intellektualität in Erziehungsfragen immer wieder kritisiert hatte, und die praktischen Erfahrungen, die mit der Verlags- und Autorentätigkeit für Kinderbücher gewonnen wurden, mögen für den »Realismus«, der »Thoughts on Man« in pädagogischen Belangen durchdringt, begründend gewesen sein[412].

Das Spiel bereitet in sinnlicher und in sozialer Hinsicht das *Erwachen* vor. Da zum Erwachen, wie gesehen, wesentlich die Erfahrung der Eigenständigkeit gehört, ist neben der sozialen Einübung auch ihr Antipode, die Erfahrung der Einsamkeit, zu berücksichtigen. GODWIN verlegt den Ort dieser Erfahrung in die *Natur*. Anders als ROUSSEAU, der Abhärtung und körperliche Ertüchtigung als die wesentliche Vorzüge des Aufenthaltes in der Natur gesehen hatte, ist für GODWIN dies nur von untergeordneter Relevanz[413], und er stellt eine Naturerfahrung vor, die sich gänzlich seinem Konzept vom *own judgement* subsumiert. Natur wäre der Ort der Einsamkeit, dort würde der Mensch zu sich selbst finden, und Fragen und Forschen würden dort ihren Ausgangspunkt nehmen, der Schüler »hovers on the brink of the deepest philosophy, enquiring how came I here, and to what end.«[414]

Insgesamt legt GODWIN in »Thoughts on Man« eine Sicht von Didaktik dar, die deutliche Modifikationen des Vernunftbegriffs zeigt. Die sinnliche Erfahrung und ihr Einfluß auf die pädagogische Instruktion werden in dieser Spätschrift favorisiert, und damit gelangt auch eine Entwicklung im pädagogischen Denken GODWINS zum Abschluß, das durch eine zunehmende Distanzierung vom abstrakten Rationalismus gekennzeichnet ist.

1.5.3.3 Autorität und Autonomie

In »Thoughts on Man« entwickelt GODWIN, aufbauend auf die Vorüberlegungen, die in »Political Justice« und im »Enquirer« fundiert worden waren, sein Programm der Autonomie des Zu-Erziehenden weiter und gelangt zu einem Begriff von Autonomie in der Erziehung, der den jeweiligen Entwicklungsstand des Zöglings und damit dessen *Fähigkeit* zur Autonomie im Blick behält und zugleich höchste Ge-

---

411 vgl. Wollstonecraft 1983, 356

412 Auch die neue Forderung nach einer Abkehr von der abstrakten Präsentation von Lerninhalten in der frühen Erziehung ist hier zu erwähnen. GODWIN will jetzt, »that the child not sooner learns the terms man, horse, tree, flower, that, if an object of any of these kinds which he has never seen before, is exhibited to him, he pronounces with no hesitation, This is a man, a horse, a tree, a flower.« (ThM, 24) Möglicherweise hat hier auch SALZMANNS Forderung nach *Anschaulichkeit* Eingang gefunden: WOLLSTONECRAFT hatte sein »Elementarbüchlein« 1790 ins Englische übersetzt, und GODWIN kannte diese Arbeit (vgl. WOLLSTONECRAFT 5, 1989, 8 f.).

413 Zwar ist körperliche Gesundheit wichtig, aber eben deshalb, weil dies hilfreich dafür ist »to exert the faculties of the mind.« (ThM, 166)

414 ThM, 170 f.

nauigkeit von denjenigen verlangt, die über die *Befreiung* des Kindes oder Jugendlichen in die Autonomie zu befinden haben. GODWIN gelangt in seiner Spätschrift zu der Überzeugung, daß eine (limitierte) Grunderziehung auch in früher Kindheit von Bedeutung ist; dies aber ist weniger als Notwendigkeit, die sich anthropologisch begründet, sondern als Gegenbewegung zu den Fehlorientierungen der herkömmlichen Erziehung zu verstehen, deren Ergebnis der sklavische, nicht zur Autonomie befähigte Schüler ist. Der katastrophale Zustand von Erziehung und Schule erst macht die Anstrengung einer reformierten Pädagogik erforderlich, Grundlagen für die Autonomiefähigkeit zu legen. Es läßt sich feststellen, daß die Kinder und Jugendlichen, die in der Regelschule erzogen und ausgebildet wurden, nicht in der Lage sind, das *Erwachen* wahrzunehmen und zu ihrer weiteren Entwicklung nutzbringend einzusetzen. Die Schüler sind nicht vorbereitet, und statt dessen finden sich »minds scarcely half awake, for the moment when their true destination shall be opened before them.«[415] In diesen Überlegungen manifestiert sich ein Bewußtsein der *Gefährdetheit* der Entwicklung der Vernunft und damit der Autonomie. Die größte Bedrohung ist für GODWIN in der autoritären, mit Strafen und Zwang operierenden Erziehungsweise gegeben. Ungezügelte Autorität führt notwendig zu Defekten in der kindlichen Wahrnehmung: »Senseless and inexpert is that parent, who endeavours to govern the mind by authority, and to lay down rugged and peremptory dogmas to his child; the child is fully and unavoidably prepared to receive every thing unbounded deference, and to place total re-liance in the oracle which nature has assigned him«[416]

Die widersinnige autoritäre Organisation der Erziehung hat keinen anderen Effekt als die Provokation der Rebellion[417] beim Schüler, und GODWIN äußert hierfür Verständnis. Die rebellischen Handlungen der Schüler sind der einzige Ausweg aus einem widersinnigen pädagogischen Verhältnis. Der Schüler erfährt die Autorität, wenn ihm sein Sklavendasein bewußt zu werden beginnt, er »shuts up the scene of this despotism in his own bosom«, aber zugleich ist dies seine »first lesson of independence and rebel-lion«[418], und er wird eine innere Widerstandshaltung zu entwickeln beginnen, die ihm Sicherheit bietet. Für GODWIN ist die Passivität vieler Schüler im Unterricht Ausdruck solcher Gegenwehr, denn mit ihr ist der Schüler in der Lage, »to warp himself up in that neutrality towards his seniors, that may best protect him from their reprimand and their despotism.«[419] Dies ist für GODWIN keine positive Bestimmung; er beschreibt hier die Folgen

---

415 ThM, 47

416 ThM, 282

417 vgl. ThM, 34

418 ThM, 266

419 ThM, 20

eines autoritär orientierten Unterrichtes, und er versucht dies aus dem Blickwinkel der Betroffenen zu sehen.

In seinem Konzept von Erziehung gäbe es für eine Rebellion der Schüler und Jugendlichen keine Veranlassung. Seine Erziehung wäre getragen von gegenseitigem Respekt, vom Vertrauensverhältnis zwischen Eltern und Kindern und zwischen Erziehern und Schülern, und dies immer im Bewußtsein, daß Erziehung ihr Ende in der Autonomie der Zu-Erziehenden findet, daß Erziehung aber aufgrund dieses Endziels die wichtigste soziale Aufgabe des Menschen darstellt. GODWIN bringt den Stellenwert, den er der Erziehung zumißt, noch in seiner letzten Schrift zum Ausdruck, und diese beinahe beschwörende Würdigung der Bedeutung der Erziehung soll hier abschließend zitiert werden: »If thou art intrusted with forming the mind and manners of a child, consider what a sacred charge is reposed in thy hands. (...) No task can be more sacred than that of education.«[420]

1.6 Zusammenfassung

GODWINS pädagogische Theorie entwickelt sich in Auseinandersetzung mit den pädagogischen Programme des vorrevolutionären und revolutionären Frankreich und orientiert sich hierbei in erster Linie an Problemstellungen, wie sie ROUSSEAU und die Materialisten vorgeben. Er versucht, diese widersprüchlichen Analysen mit dem englischen Sensualismus und Utilarismus zu kombinieren, und möglicherweise ist dieser Versuch der Kombination und Synthetisierung die eigentliche philosophische Leistung GODWINS. Sein anthropologisches Denken der Frühzeit steht ganz im Zeichen dieser Auseinandersetzung: Er entwickelt in seiner ersten Schrift, die pädagogische Fragestellungen berührt (»An Account«), ein philosophisches Programm, das die Souveränität seines künftigen Denkens zwar andeutet, im wesentlichen aber in Kollision zur »französischen« Theorie sich erst zu definieren weiß.

GODWIN stellt sich gegen ROUSSEAU, wo dieser ihm in seinen didaktischen Überlegungen die Autonomie des Kindes zu hintergehen scheint, und es zeigen sich schon in der Frühschrift GODWINS Elemente seiner libertären Erziehungstheorie, die für sein pädagogisches Programm bestimmend bleiben sollen.

Wirklich fundiert beschäftigt sich GODWIN in seinem philosophischen Hauptwerk »Political Justice« mit den Bedingungen und Grenzen von Bildung und Erziehung. Er präsentiert sich in »Political Justice« in erster Linie als philosophischer Analytiker, der es sich zur Aufgabe macht, die Möglichkeiten und Grenzen menschlicher Moralität auszuloten. Hierbei spielt für GODWIN die Erziehung bzw. die Erziehbarkeit des Menschen eine wesentliche Rolle, ja es wird die durch Erziehung und Bildung realisierbare Entwicklung des Menschen zu einem mit der Omnipotenz der Vernunft in Harmonie stehendem Geschöpf zur Grundbedingung für

420 Ess, 80 f.

die Verbesserung und schließlich Vervollkommnung der menschlichen Spezies. Die Unendlichkeit der Vernunft und die potentielle »perfectibility« menschlicher Moral sind die Schlüsselbegriffe einer Erziehungstheorie, die einen fast grenzenlosen pädagogischen Optimismus verkündet, wenn die Autonomie der Individuen im Gang der Erziehung berücksichtigt wird, die aber gleichzeitig eine scharfe Kritik an jedem Versuch übt, der die Erziehung als Instrument partikularer Interessen nutzen möchte und damit sich in Gegensatz zur »Omnipotenz der Vernunft« stellt: GODWIN formuliert hier eine Erziehungskritik, die den monarchistischen, den aristokratischen und den demokratischen Erziehungsbegriff gleichermaßen beanstandet. Er setzt sich damit in offenen Widerspruch zu den progressiven pädagogischen Projekten seiner Zeit. Der Bildungsbegriff der »Demokraten«, der eine nationale Erziehung für alle vorgesehen hatte, ist ihm ein unerträglicher Eingriff des Staates (oder einer größeren, in jedem Fall für das Individuum schwer überschaubaren Gemeinschaft) in die individuellen Rechte und kann nach seiner Analyse per definitionem nicht fortschrittlich sein, weil er sich gegen die Gesetzmäßigkeiten der Vernunft stellt. Die Fundamentalkritik am pädagogischen Zugriff wird in »Political Justice« vervollständigt durch die Entwicklung einer pädagogischen Utopie, die zugleich als erster Ausdruck einer libertärpädagogischen Vision gelten kann: Erziehung wird definiert als ein freies Verhältnis zwischen Individuen, ihr Zustandekommen ist keinerlei staatlichen Regelungen unterworfen, und der pädagogische Prozeß wird – da er von der Omnipotenz der Vernunft geleitet ist – als Prozeß der Befreiung und Individualisierung beschrieben.

Die pädagogische Utopie, die GODWIN in »Political Justice« ersonnen hatte, hielt einer Überprüfung durch die Realität nicht stand. GODWIN hat dies erkannt und in seinem dezidiert pädagogisch ausgerichteten Werk »An Enquirer« die Problematik der Erziehbarkeit des Menschen erneut aufgegriffen. Jetzt aber versucht er eine Orientierung seiner Analysen am empirischen Material. Seine Vorschläge werden konkret, vor allem seine didaktischen Ausführungen zeugen von einer Sachkenntnis hinsichtlich pädagogischer Problemstellungen, die sich – wie auch die biografischen Daten nahelegen – unter Einfluß seiner Lebensgefährtin und späteren Ehefrau Mary WOLLSTONECRAFT entfaltet. GODWIN wird zum pädagogischen Praktiker, aber er vergißt bei aller Beschäftigung mit didaktischen Fragen nicht seine grundsätzlichen Einwände gegen das pädagogische Verhältnis überhaupt: Jede Erziehung ist ihm »despotism«, steht deshalb im Gegensatz zur Freiheit des Menschen, und es gilt für jedes pädagogische Verhältnis, daß in ihm dieses Axiom als notwendiges, aber zu überwindendes Übel gesehen und akzeptiert wird. Eine Möglichkeit, das pädagogische Zwangsverhältnis zumindest erträglicher zu gestalten, sieht GODWIN in der Ausbildung eines Vertrauensverhältnisses zwischen Schüler und Erziehenden und in der sukzessiven Ablösung der pädagogischen Sklaverei durch Übernahme von Selbstverantwortung durch die Zu-Erziehenden.

»Thoughts on Man«, das philosophische Spätwerk GODWINS, behält diese Orientierungen im Grundsatz bei. Allerdings wird in dieser letzten Schrift die Eigenart und Eigenständigkeit des Kindes sehr stark in den Mittelpunkt der Betrachtungen gerückt. Es kann in Hinblick auf die Spätschrift von einer »Entdeckung des Kindes« bei GODWIN gesprochen werden: Wo vorher das Kind ausschließlich als potentieller Erwachsener verstanden wurde, dessen Freiheit durch Erziehung eine Bedrohung erfährt, wird jetzt die Notwendigkeit der pädagogischen Unterweisung mehr akzentuiert, wobei nach wie vor scharfe »Auflagen« an die Erziehenden gestellt werden.

Insgesamt entwickelt GODWIN, ungeachtet aller immanenten Schwankungen, Revisionen und Neuinterpretationen, die seine Werke zur Pädagogik kennzeichnen, eine Bildungs- und Erziehungstheorie, die als früher Versuch gedeutet werden kann, Individualität und Autonomie des Kindes in ihrem Verhältnis zur gesellschaftlichen und erzieherischen Macht zu beschreiben. Erziehung ist ihm in erster Linie eine Machtkonstellation. Sein Insistieren auf die Autonomie der Vernunft, die immer als die Vernunft des Individuums gefaßt wird, macht es ihm im Grunde unerträglich, einzuräumen, daß die Individuen in der Erziehung eine Phase zu durchlaufen haben, in der sie in Abhängigkeiten und in Herr-Knecht-Verhältnisse gezwungen sind. GODWIN möchte Erziehung wenn nicht abschaffen, so doch als notwendiges Übel verstanden wissen. Erst die Emanzipation vom erzieherischen Einfluß markiert die Menschwerdung, die autonome Sich-selbst-Setzung der Vernunft. Erziehung kann deshalb kein anderes Ziel haben, als sich überflüssig zu machen; in ihrer Praxis muß diese Selbstaufhebung immer präsent sein. Das auch von Erziehung befreite autonome Subjekt, das als einzigen Maßstab seine Vernunft akzeptiert, ist bei GODWIN die Garantie für eine tiefgreifende gesellschaftliche Reform.

Der ungebrochene Optimismus, der GODWINS Überlegungen zur gesellschaftsver-ändernden Kraft einer freigesetzen Vernunft fundiert, ist Höhepunkt und Ende einer Aufklärungsphilosophie, die noch nicht in gesellschaftlichen Klassenverhältnissen ihr Denken entwickelt, sondern ein universalistisches Menschenbild zugrunde legt. HEGELS Dialektik wird den entscheidenden philosophischen Schlag gegen diese Linearität der Vernunftentwicklung führen, und der Linkshegelianer und spätere Anti-Hegelianer BAKUNIN wird die praktischen Konsequenzen einer Kritik der klassenunabhängigen, selbstmächtigen Vernunft in seiner »Philosophie der Tat« formulieren.

2 Bildung und Erziehung bei Michael Bakunin

2.1 Biografisch-Historische Einordnungen

2.1.1 Leben und Werk

Die Biografie BAKUNINS ist in exemplarischer Weise zugleich die Biografie der revolutionären Kämpfe im Europa des ausgehenden 19. Jahrhunderts: Kaum ein anderer seiner Zeitgenossen war derart involviert in die zahlreichen Erhebungen, kleineren und größeren Aufstände oder auch nachhaltig wirksamen Revolutionen dieser Zeit. Wo immer er in das politische Geschehen eingreift, »predigt« er die radikale Zerstörung der staatlichen Ordnung und lehnt zugleich jeden Versuch ab, neue Herrschaftsformen zu etablieren oder überhaupt *konstruktiv* eine gesellschaftliche Utopie zu entwerfen. BAKUNIN ist an nahezu allen wichtigen revolutionären Erhebungen seiner Zeit aktiv beteiligt[421] und versucht, sie in seinem Sinne zu beeinflussen: »Wie kein anderer der Revolutionäre war er für sich selbst immer an seinem richtigen Ort, geschah seiner Meinung nur dort etwas, wo er jeweils war. Und das war merkwürdigerweise auch der Fall, wann immer er in Freiheit war – das Jahrhundert schien (...) auf seinen Pyromanen zu warten.«[422]

BAKUNINS Leben ist eine permanente Auseinandersetzung mit den bedeutsamsten revolutionären Theorien und Aktionen seiner Zeit. Seine unermüdlichen Reisen zu den Schauplätzen der Revolution, sein revolutionärer »Naherwartungsglaube«[423] – jede lokale Revolution interpretierte er immer wieder aufs Neue als möglichen Auslöser für die Weltrevolution – und nicht zuletzt sein durch keine Rückschläge zu erschütterndes Vertrauen in den *revolutionären Instinkt* der Massen zeichnen das Bild eines rastlosen Berufsrevolutionärs[424], dem für die schriftliche Fixierung und Systematisierung seiner anarchistischen Theorien schlechterdings die

---

421 vgl. PYZIUR 1955, 2. Dieser »abenteuerliche« Lebensweg war auch der Grund dafür, daß BAKUNINS Vita zum literarischen Sujet wird (vgl. TURGENEV 1969; vgl. HUCH 1980; vgl. TANNEWITZ 1976, vgl. BIENEK 1973).

422 SCHEIBERT 1965, 143

423 HERZEN vermerkt in seinen Erinnerungen zu diesem Charakteristikum BAKUNINS: »Bakunin, der sich beim Abwägen sämtlicher Umstände nicht lange aufhielt, blickte einzig und allein auf das ferne Ziel und nahm den zweiten Monat der Schwangerschaft für den neunten. Er weckte die Begeisterung nicht mit Beweisen, sondern mit dem Wunsch.« (HERZEN 1977, 357)

424 ARENDT hat den Typus des Berufsrevolutionärs des 19. Jahrhunderts mit der ihr eigenen Schärfe beschrieben, und BAKUNIN wird diesem Bild in hervorragender Weise gerecht werden: »Die Geschichte der Berufsrevolutionäre im neunzehnten und zwanzigsten Jahrhundert gehört in Wahrheit weder in die Geschichte der arbeitenden noch der besitzenden Klassen, wohl aber in die noch nicht geschriebene Geschichte des produktiven Müßiggangs. In dieser Hinsicht gehören die Berufsrevolutionäre in die gleiche Kategorie wie die modernen Künstler und Schriftsteller, die zwar auch oft genug Hungerleider waren, aber sich dennoch den Luxus leisteten, nicht für ihren Lebensunterhalt zu arbeiten. (...) Für sie alle wurde die Bohème eine Insel des seligen Müßiggangs inmitten des unerträglich geschäftigen Jahrhunderts der industriellen Revolution.« (ARENDT 1974, 332 f.)

Zeit fehlt. BAKUNIN ist ein Praktiker der Revolution, der die philosophischen und politischen Theorien seiner Zeit allein im Hinblick auf ihren revolutionären Nutzeffekt untersucht und jenes »Nützliche« sodann unbekümmert in seine revolutionäre Theorie integriert. Die Ideen und Ideologien von FICHTE und HEGEL, PROUDHON, FEUERBACH und COMTE, MARX und DARWIN – um nur die wesentlichsten zu nennen – finden sich in seinen Arbeiten in kolportierter Form wieder, ohne daß BAKUNIN sich verpflichtet fühlt, sein Plagiieren kenntlich zu machen. So wird die Beschäftigung mit der Philosophie BAKUNINS zu einer Art Puzzlespiel: Originäres bakuninisches Denken tritt oft erst zutage, wenn die plagiierten Theorien kenntlich gemacht werden, ein Umstand, der besonders die frühen Schriften BAKUNINS kennzeichnet.

Um das philosophische und das pädagogische Programm des »Vaters des Anarchismus« (MASTERS) zu verstehen, ist es ist also erforderlich, sowohl seine philosophische Entwicklung, die vom deutschen Romantizismus und Idealismus über den Linkshegelianismus bis zur sogenannten »Philosophie der Tat« führt, zu erläutern als auch den markanten Brüchen und Umbrüchen in seiner Biografie zu folgen.

Michael BAKUNIN wird am 30. Mai 1814[425] in der Grafschaft Tver geboren. Er ist das älteste der elf Kinder des Landadligen und Grundbesitzers Alexander BAKUNIN und der aus dem Adelsgeschlecht Muraviev stammenden Varvara BAKUNIN.

Der Vater, der sein Auslandstudium in Padua mit dem Erwerb des Doktorgrades in Philosophie abschließt, bestimmt den grundsätzlichen Verlauf der Erziehung der Kinder, die – wie üblich im zaristischen Rußland dieser Zeit – »westlich« orientiert ist. Alexander BAKUNIN sympathisiert mit den pädagogischen Ideen ROUSSEAUS, und dies hat Auswirkungen auf die Erziehung der Kinder: Er beschließt, daß seine Kinder »totally different«[426] zu seiner eigenen Erziehung ausgebildet werden sollen und avisiert eine Bildung, die von »›tenderness, affection, and indulgence, (...) through advice, example and reason, and not by parental authority‹«[427] geleitet sein will. Der Vater gibt Instruktionen zu Geografie und Geschichte während langer Spaziergänge, und legt den Schwerpunkt des Unterrichts zunächst auf den Erwerb französischer, deutscher, italienischer und englischer Sprachkenntnisse, die durch die in Prjamuchino, dem Landsitz der BAKUNINS, angestellten Hauslehrer vermittelt werden. Die Erziehung der Kinder wird durch eine musische Ausbildung – BAKUNIN erlernt das Violinenspiel – und durch den obligatorischen Religionsunterricht vervollständigt. Diese Hauslehrerbildung endet für Michael BAKUNIN im Alter von vierzehn Jahren: Er wird 1828 auf die Kadettenschule nach

---

425 Die Datierungen folgen bis zur Ankunft BAKUNINS in Berlin der »alten«, im 19. Jahrhundert für Rußland gültigen julianischen Kalenderrechnung, die 12 Tage hinter dem gregorianischen Kalender zurückbleibt.

426 MENDEL 1981, 14

427 Alexander BAKUNIN zit. in: MENDEL 1981, 14

Sankt Petersburg geschickt, was – wie es auch bei KROPOTKIN deutlich werden wird – neben der Übernahme des elterlichen Gutes oder dem Eintritt in den Staatsdienst die einzige Karrieremöglichkeit[428] für den männlichen russischen Landadeligen dieser Zeit ist. Die Strenge und Disziplin dieser Militärschule steht in scharfem Gegensatz zur liberalen und behüteten Atmosphäre Prjamuchinos, und die Briefe BAKUNINS aus dieser Zeit zeugen von seiner Abneigung gegenüber dieser Ausbildungsform[429].

BAKUNIN quittiert 1835 – gegen den Willen des Vaters – den Militärdienst. Er lebt wieder auf dem elterlichen Landgut und beginnt sich für Philosophie zu interessieren. Er versucht kurze Zeit, seinen Lebensunterhalt als Mathematiklehrer in Moskau zu bestreiten, und lernt hier STANKEVIČ und BELINSKIJ kennen, mit denen er deutsche Literatur (GOETHE, SCHILLER, JEAN PAUL) liest und diskutiert. Er versucht sich an KANTS »Kritiken« und wird 1836 Mitdiskutant im sogenannten »STANKEVIČ-Zirkel«. Die Diskussionen konzentrieren sich zunächst vornehmlich auf FICHTE, und schließlich wird HEGEL zur dominierenden philosophischen Figur. Ausdruck findet diese frühe Hegel-aneignung in BAKUNINS erster philosophischen Schrift, der Einleitung zu den von ihm besorgten Übertragungen der hegelschen Gymnasialreden ins Russische (März 1838). BAKUNIN entwickelt in dieser Einleitung eine extrem konservative Hegelauslegung und kritisiert die empiristische und positivistische »französische« Philosophie.

BAKUNIN verläßt Rußland im Sommer 1840, um in Berlin das Hegelstudium »an den Quellen« aufzunehmen. Ursprünglich soll das Auslandsstudium die Vorbereitung für die Übernahme einer Professur in Moskau sein – dies zumindest wird dem Vater erklärt, der dieses Studium mitfinanziert. Tatsächlich bedeutet eine gründliche Ausbildung in zeitgenössischer Philosophie für einen jungen Russen dieser Zeit, daß er das Heimatland verlassen muß, weil im russischen Universitätsbetrieb HEGEL – und mit ihm die deutsche idealistische Philosophie – nicht angeboten werden dürfen. Die zaristische Oppression erachtet nahezu alle Richtungen der modernen Philosophie als systemgefährdend; es dominiert ein Klima geistiger Leblosigkeit[430], das ganze Generationen von philosophisch interes-

---

428 vgl. KELLY 1987, 6

429 vgl. CARR 1975, 10; vgl. MENDEL 1981, 17

430 Pointiert beschreibt MENDEL das System von Restriktionen und Repressionen, welches das universitäre Leben prägt: »One might have thought that enough dams were already in place since the new education law of 1828, revising the laws of 1803, had lengthened the high school program, dropped the more humanistic subjects, increased control of university affairs by state officials, appointed school inspectors to watch over student behavior, required students to wear uniforms and take courses in theology, church history, and church law, abolished university courts, and filled professorial positions (...) with poperely conservative instructors. Moreover, to streng-then the dams further, overlappig networks of censors had been established, involving virtually every administrative office in the government, the department of horse breeding included.« (MENDEL 1981, 34 f.) Nicht weniger repressiv gestaltet sich der Schulunterricht. WITTKOP führt an, daß der Geometrie-Unterricht an höheren Schulen »auf ausdrücklichen Wunsche des Zaren ›unter Fortfall der Beweise‹« (WITTKOP 1973, 54) zu erfolgen hatte.

sierten russischen Jugendlichen ins Exil zwingt[431]. Auch BAKUNIN sieht einerseits im Studium an den westeuropäischen Universitäten die einzige Möglichkeit, einerseits ernsthaft sein Hegelstudium fortzusetzen, andererseits liegt hierin für ihn aber auch der einzige Ausweg, der immer noch drohenden Laufbahn als Offizier oder Staatsbeamter zu entgehen.

In Berlin ist die HEGEL-Interpretation nach dem Tod des Philosophen bereits in das links- und das rechtshegelianische Lager gespalten. BAKUNIN – als erklärter Hegelianer, aber ohne profundes Wissen um die unterschiedlichen Interpretationsmöglichkeiten – gerät schnell in die Auseinandersetzungen um das philosophische Erbe HEGELS. Er kennt STRAUSS' »Leben Jesu« und einige Ausgaben der rugeschen »Deutschen Jahrbücher« – dem wichtigsten Publikationsorgan der Linkshegelianer – zwar bereits aus seiner Moskauer Zeit, hatte damals aber die revolutionären Elemente dieser HEGEL-Auslegung ignoriert oder nicht nachvollziehen können. In Berlin gerät er in Kontakt mit den linkshegelianischen Diskussionszirkeln[432], die zunächst auf religiösem und daraus folgend auf politischem Gebiet die hegelsche Dialektik revolutionär wenden und zu beweisen suchen, daß der Konformismus zum preußischen Staat, den der späte HEGEL bekundet hatte, als »product of the old man's declining years« zu begreifen sei und der eigentliche philosophische Kern seines Werkes als »a creed not of reaction but of revolution«[433] verstanden werden müsse. BAKUNIN entscheidet sich früh für die linkshegelianische Option und bringt diese Entscheidung in seinem Aufsatz »Die Reaction in Deutschland« (Oktober 1842) zum Ausdruck, der in den »Deutschen Jahrbüchern« erscheint und laut RUGE »schon deutlich genug den ganzen BAKUNIN bis zum Social-Demokraten (sic!), wenn auch in einer philosophischen Sprache«[434] antizipiert. Tatsächlich markiert BAKUNINS Aufsatz das Ende seiner abstrakt-philosophischen Reflexionen. Alle nachfolgenden Schriften – mit Ausnahme des Spätwerkes »Staatlichkeit und Anarchie« – können als dezidiert *politische* Schriften betrachtet werden, die durchweg an aktuellen politischen Ereignissen ihren Ausgang nehmen und in erster Linie auch »tagespolitischen« Zwecken dienlich sein sollen.

Nach dieser Wendung zur politischen Praxis macht sich BAKUNIN mit den materialistischen Ideen FEUERBACHS vertraut und übernimmt dessen radikalen Atheismus. Er begreift sich jetzt als Sozialist, wenngleich eine konkrete Bezugnahme auf die aktuellen sozialistischen Systeme (Frühsozialismus, Marxismus) noch nicht vorgenommen wird. 1843 verläßt BAKUNIN Berlin. Er geht nach Zürich und

---

[431] Das Mißtrauen gegenüber allen »westlichen« Einflüssen in der Geisteswissenschaft dominiert – mit zeitweisen Abschwächungen – das russische Geistesleben bis zur Revolution, und auch KROPOTKIN, der, wie zu zeigen sein wird, zu einer Phase der besonders repressiven Eliminierung des »freien Geistes«, nämlich der Anfangsphase der nikolaiischen Selbstherrschaft das Land verlassen wird, findet in seiner Heimat keine Möglichkeiten, ungehindert seinen Forschungen nachzugehen.

[432] vgl. MENDEL 1981, 159 f.

[433] CARR 1975, 108

[434] RUGE zit. in: LEHNING 1991, 61

später nach Bern, wo er mit dem Schneidergesellen und Autodidakten WEITLING bekannt wird und sich von dessen Schrift »Garantien der Harmonie und Freiheit« (1842) beeindruckt zeigt. BAKUNIN findet in WEITLINGS Werk das Gegenbild zur abstrakten »deutschen« Philosophie: »Ich war des abgeschmackten Geschwätzes der kleinlichen deutschen Literaten und Professoren so überdrüssig, daß ich froh war, einen frischen, einfachen und ungebildeten, aber energischen und gläubigen Menschen zu treffen. Ich bat ihn, mich zu besuchen; er kam ziemlich oft zu mir, setzte mir seine Theorie auseinander und erzählte mir viel von den französischen Kommunisten (...) aber auch von den eben im Entstehen begriffenen deutschen kommunistischen Gesellschaften.«[435]

Das Imponierende an WEITLING ist für BAKUNIN nicht in erster Linie dessen philosophische Konzeption, die eine Verbindung zwischen Sozialismus und kommunistischem Urchristentum intendiert, und der ENGELS immerhin attestiert, zu den »ersten selbständigen theoretischen Regungen des deutschen Proletariats«[436] zu gehören; Faszination übt WEITLING deswegen aus, weil er der erste *praktische* Revolutionär[437] ist, den BAKUNIN erlebt. WEITLING ist ein revolutionärer Aktivist und unterscheidet sich insofern von anderen Linksradikalen, die BAKUNIN kennt (RUGE, HERWEGH), für die die Revolution ein theoretischer oder poetischer Gegenstand bleibt. Die Bekanntschaft mit WEITLING wird so zu einem Schlüsselerlebnis für BAKUNIN: »The meeting with Weitling was one of the capital events of his life; completing his transformation from a speculative philosopher into a practical revolutionary. The Russian aristocrat became the servant of the international proletariat.«[438] WEITLING entwirft in seiner Schrift »Garantien der Harmonie und Freiheit« unter anderem ein pädagogisches Programm, das Elemente enthält, die BAKUNIN in seinen eigenen Ausführungen zur Pädagogik verwenden wird. So verneint WEITLING die Lehre von der Macht der Erziehung und räumt der Revolution Priorität gegenüber der Erziehung ein[439]. BAKUNIN trägt diesen Gedanken weiter und radikalisiert ihn dahingehend, daß er Bildung sogar als *Hemmnis* für die revolutionäre Befreiung interpretiert. Auch andere Einflüsse des Bildungsprogramms WEITLINGS lassen sich bei BAKUNIN wiederfinden. So fordert WEITLING einen auf Wissenschaftlichkeit gegründeten Unterricht und die Verbindung von Kopf- und Handarbeit in der Ausbildung[440] – beides Forderungen, die sich auch BAKUNIN zu eigen machen wird.

Die Bekanntschaft mit WEITLING bringt BAKUNIN in Konflikt mit der Staatsgewalt. WEITLING wird wegen angeblicher subversiver Tätigkeiten verhaftet und

---

435 Br, 7

436 ENGELS zit. in: WEITLING 1971, 180

437 vgl. PYZIUR 1955, 29; vgl. PB, 130 f.

438 CARR 1975, 123

439 vgl. GÜNTHER 1982, 322

440 vgl. GÜNTHER 1982, 323

aus der Schweiz ausgewiesen. In seinen Papieren findet sich auch der Name BAKUNINS, was die schweizer Behörden veranlaßt, die russische Gesandtschaft zu informieren. BAKUNIN wird daraufhin von der russischen Regierung aufgefordert, sofort nach Rußland zurückzukehren. Als BAKUNIN diesem Befehl nicht nachkommt, werden ihm der Adelstitel und die russische Staatsbürgerschaft aberkannt.

1844 geht BAKUNIN nach Paris. Hier trifft er zum ersten Mal mit MARX zusammen. Obwohl keine genaueren Angaben über dieses erste Zusammentreffen vorliegen, scheint BAKUNIN von MARX zugleich beeindruckt und abgestoßen zu sein. Er bewundert einerseits die Ernsthaftigkeit und Konsequenz, mit der MARX sich für die Sache des Proletariats engagiert, kritisiert aber zugleich MARXENS »Leidenschaftslosigkeit« und wissenschaftliche Distanziertheit. BAKUNIN schreibt 1871 rückblickend über diese Pariser Bekanntschaft mit MARX: »Wir waren ziemlich befreundet. Er war damals viel vorgeschrittener als ich, so wie er heute zwar nicht vorgeschrittener, aber unvergleichlich gelehrter ist als ich. Ich verstand damals von Nationalökonomie nichts, ich hatte mich noch nicht von den metaphysischen Abstraktionen befreit, und mein Sozialismus entsprang nur aus dem Instinkt (...). Aber es bestand nie eine offene Intimität zwischen uns. Unsere Temperamente vertrugen sich nicht. Er nannte mich einen sentimentalen Idealisten, und er hatte recht; ich nannte ihn einen perfiden und tückischen eitlen Menschen, und ich hatte auch recht.«[441]

Wichtiger als die Bekanntschaft mit MARX ist während dieses Parisaufenthaltes der Kontakt mit PROUDHON. PROUDHON, der bereits 1840 durch seine Schrift »Was ist Eigentum« berühmt geworden war, steht im Jahr 1844 auf dem Höhepunkt seines literarischen Erfolges. PROUDHON verneint in seinen Schriften die bestehende Wirtschafts- und Herrschaftsform, die für ihn in engem Zusammenhang mit der staatlichen Macht steht. Die gegenwärtige Gesellschaft zeichnet sich für PROUDHON durch eine Akkumulation von Kapital auf der Seite der Reichen aus. Das Eigentum an Grundbesitz und die jeweilige Vererbung dieses Besitzes bestätigt das ungleiche Verhältnis zwischen Reich und Arm immer wieder neu. Als Lösung bietet PROUDHON eine auf föderalistischen Grundsätzen aufgebaute Wirtschaftsform an, in der jede staatliche Macht und damit jede juridische Macht und insbesondere das Erbrecht, verschwunden sein wird. PROUDHONS befreite Gesellschaft konstituiert sich als *association libre*, »die sich darauf beschränkt, die ›Gleichheit der Produktionsmittel' und die ›Äqualenz im Tausch‹ zu wahren«[442] und somit letztlich eine anachronistische Rückkehr in vorindustrielle Verhältnisse impliziert[443].

---

441 SuA, 403

442 HOFMANN 1971, 62

443 In »Misère de la philosophie«(1847), MARXENS bekannter Antwortschrift auf PROUDHONS ökonomische Analysen, werden diese regredierenden Tendenzen unerbittlich vorgeführt und kritisiert: »Herr Proudhon (...) tut einen Schritt zurück und schlägt dem Arbeiter vor, nicht lediglich den zwölften Teil

Das Verhältnis zwischen PROUDHON und BAKUNIN ist ein Verhältnis des wechselseitigen Austausches. BAKUNIN lernt von PROUDHON die Grundzüge der Ökonomie, und PROUDHON wird von BAKUNIN in die hegelsche Philosophie eingeführt[444]. Obwohl BAKUNIN später PROUDHON »Idealismus« und »Metaphysik«[445] vorwerfen wird, ist dessen Einfluß noch bis in die 70er Jahre hinein wirksam.

BAKUNIN bleibt bis 1847 in Paris und bewegt sich vor allem in den polnischen und russischen Emigrantenkreisen, die Paris als Zufluchtsstätte vor den Verfolgungen der zaristischen Behörden gewählt haben. Besondere Sympathie entwickelt BAKUNIN für die polnischen Nationalrevolutionäre. Der Freiheitsbegriff dieser Revolutionäre, der in der Tradition der Französischen Revolution steht und der die Freiheit der Nation der Freiheit des Individuums oder der Freiheit der Klasse gleichstellen will, ist typisch für die Epoche: Erst die marxistische *Internationalisierung* der sozialen Frage, wie sie auch organisatorisch in der 1. Internationale Ausdruck finden wird, erklärt die nationale Befreiung zum »Nebenwiderspruch« und zur bürgerlichen oder kleinbürgerlichen Aspiration. 1847 aber gilt der polnischen Freiheitsbewegung, die in ihrem Kampf für nationale Unabhängigkeit Preußen, Rußland und Österreich – also die Bollwerke der Reaktion – zu Gegnern hat, die ungeteilte Solidarität der europäischen revolutionären Bewegung. Auch BAKUNIN unterstützt die polnischen Revolutionäre durch eine Rede auf dem Festbankett zum Gedenken an den polnischen Aufstand von 1831. Er greift in dieser Rede den Zarismus an und fordert ein Zusammengehen der polnischen Patrioten mit den demokratischen Kräften Rußlands unter der gemeinsamen Zielsetzung der Zerschlagung der zaristischen Selbstherrschaft. Diese Rede führt zu einer Demarche des russischen Botschafters bei der französischen Regierung, die daraufhin die Ausweisung BAKUNINS aus dem französischen Staatsgebiet verfügt.

BAKUNIN geht im Dezember 1847 nach Brüssel und trifft dort erneut mit MARX zusammen. Seine Haltung gegenüber MARX nimmt kritischere Töne an, wie ein Brief aus dieser Brüsseler Zeit beweist: »Die Deutschen, die Mechaniker, Bornstedt, Marx und Engels – und vor allem Marx – sind hier und richten wie gewöhnlich Unheil an: Eitelkeit, Haß, Klatsch, theoretische Anmaßung und praktischer Kleinmut – Reflexionen über Leben, Aktion und Bescheidenheit und vollständige Abwesenheit von Leben, Aktion und Bescheidenheit (...) In dieser Gesellschaft ist es unmöglich, frei und tief Atem zu holen. Ich halte mich von ihnen fern und habe ganz entschieden erklärt, daß ich mich ihrer kommunistischen Union der

---

einer Nadel, sondern nach und nach alle zwölf Teile anzufertigen. (...) Alles in allem geht Herr Proudhon nicht über das Ideal des Kleinbürgers hinaus. Und um dieses Ideal zu verwirklichen, fällt ihm nichts Besseres ein, als uns zum Handwerksgesellen oder höchstens zum Handwerksmeister des Mittelalters zurückzuführen.« (MARX 1973, 145)

444 vgl. HERZEN 1977, 200

445 vgl. SuA, 571

Mechaniker nicht anschließen und mit ihr nichts zu tun haben will.«[446] In der Bezeichnung »Mechaniker« für MARX und ENGELS drückt sich bereits ein Streitpunkt zwischen MARX, ENGELS und BAKUNIN aus, der in den folgenden Jahren immer bestimmender werden wird. BAKUNIN kritisiert mit dieser Umschreibung die marxistische Vorstellung, daß Revolutionen nach bestimmten Gesetzmäßigkeiten verlaufen. MARX hält bekanntlich dafür, daß allein ein *entwickeltes Industrieproletariat*, als am meisten unterdrückte Klasse, der Träger der Revolution sein kann. Die revolutionäre Erhebung kann folglich nur dann erfolgreich sein, wenn dieses Industrieproletariat vorhanden ist, das heißt wenn die jeweilige Gesellschaft nach fortgeschrittenen kapitalistischen Prinzipien wirtschaftet. BAKUNIN dagegen hält es auch für möglich, in nicht oder wenig industrialisierten Gesellschaften – zum Beispiel in Polen oder Rußland – zur Revolution zu schreiten. Als Träger der Revolution stehen für BAKUNIN neben Arbeitern auch die Bauernschaft oder – zumindest bis zum endgültigen Bruch BAKUNINS mit der »Bourgeoisie« in den 70er Jahren – ein nationalrevolutionäres Bürgertum.

Auch kommt in dem oben genannten Zitat BAKUNINS Ablehnung der ausschließlich theoretischen Beschäftigung mit der Revolution zum Ausdruck, und BAKUNIN hat bald Gelegenheit, sein Insistieren auf revolutionäre Praxis in die Tat umzusetzen. Im Frühjahr 1848 beginnt in Paris die Februarinsurrektion, und BAKUNIN reist sofort ab, um die Revolution nach Kräften zu unterstützen. Er entwickelt eine fieberhafte Aktivität, die CAUSSIDIÈRE, den revolutionären Polizeipräsidenten von Paris, zu dem Ausruf veranlaßt: »What a man! (...) On the first day of a revolution, he is a perfect treasure; on the second, he ought to be shot.«[447]

BAKUNIN verläßt Paris im April 1848 in der Überzeugung, daß die Revolution europaweite Ausmaße annehmen werde. Er reist über Deutschland nach Prag, wo ein Kongreß der slavischen Bewegung stattfindet. Diese Bewegung strebt nationale und politische Unabhängigkeit für die verschiedenen slavischen Volksstämme innerhalb des Zarenreichs und der Donaumonarchie an. Wie schon in seiner Polenrede ruft BAKUNIN in seinem »Aufruf an die Slaven« die slavischen Völker zu einem revolutionären Zusammenschluß gegen den Zarismus und gegen Österreich und Preußen auf. Gleichzeitig wendet er sich mit dieser Schrift an die »internationale Demokratie des Westens«[448] und versucht, die revolutionären Bewegungen von der Bedeutsamkeit des panslavischen Kampfes zu überzeugen.

Aufgrund dieser Agitation sieht sich BAKUNIN mit preußischen, österreichischen und russischen Haftbefehlen konfrontiert. Durch sein Engagement für die slavische Bewegung ist er für diese Regierungen, denen an einer politischen Neutralisierung des Pan-slavismus durch Zugeständnisse in kultureller Hinsicht gelegen

---

[446] BAKUNIN zit. in: RUSSELL 1971, 46

[447] CAUSSIDIÈRE zit. in: MASTERS 1974, 89

[448] PFITZNER 1977, 87

ist, gefährlich geworden. BAKUNIN reist dennoch wieder nach Preußen und ist im Jahr 1849 am Aufstand in Dresden beteiligt. Die dresdner Insurrektion nimmt ihren Ausgang an der Weigerung des sächsischen Königs, das Frankfurter Parlament anzuerkennen. Die Dresdner Revolutionäre sind in erster Linie daran interessiert, mit dem Aufstand in Sachsen jene politischen Verhältnisse zu erzwingen, die auch das Frankfurter Parlament anstrebt, nämlich ein vereinigtes Deutschland unter einer parlamentarischen oder auch konstitutionellen Demokratie. Dies sind im Grunde nicht die Forderungen BAKUNINS, der schon 1848 in Übereinstimmung mit PROUDHON Wahlen und Parlamentarismus als lediglich modernisierte Form von Herrschaft ablehnt.

Der dresdner Aufstand scheitert, und BAKUNIN wird zusammen mit den anderen Rädelsführern festgenommen. Für BAKUNIN beginnt eine Odyssee durch sächsische, österreichische und schließlich russische Gefängnisse. Nach sechsjähriger Haft in Schlüsselburg und in der Peter- und Paulsfestung wird er nach einem Gnadengesuch an den Zaren, die sogenannte »Beichte«, nach Sibirien verbannt. Im sibirischen Tomsk lernt er 1857 Antonia KVIATOVSKI, die Tochter eines polnischen Kaufmanns kennen, die er im folgenden Jahr heiratet. 1861 gelingt ihm unter abenteuerlichen Umständen die Flucht aus Sibirien: Über Japan und Nordamerika reist er nach London. Er nimmt Kontakt zu seinen russischen Freunden HERZEN und OGAREV auf und trifft wieder mit MARX zusammen.

Sein politischer Aktivismus ist durch die insgesamt neunjährige Gefangenschaft und Verbannung ungebrochen. Er versucht 1863 mit anderen Insurgenten per Schiff nach Polen einzureisen, um dort die Revolution zu entfachen. Nach dem Mißlingen dieses Plans – der Kapitän weigerte sich, einen polnischen Hafen anzusteuern – begibt er sich nach Italien. Er knüpft Kontakte zu MAZZINI und gewinnt aus den Reihen der italienischen Republikaner um MAZZINI einige Anhänger für seine »Internationale Bruderschaft«, einen Geheimzirkel, dem wenige entschlossene Revolutionäre angehören und der als eine Art Avantgarde des revolutionären Proletariats durch konspirative Tätigkeit die Revolution organisieren soll.

Die Gründung solcher geheimen, verschworenen Gemeinschaften wird in den folgenden Jahren zu einer besonderen Vorliebe BAKUNINS: Er initiiert Geheimgesellschaft in Polen, Rußland, in der Schweiz und in Frankreich, ohne daß diesen Gruppen, die aus höchstens 20 bis 30 Personen bestehen, nennenswerter politischer Erfolg beschieden wäre. Für BAKUNINS politische Gegner sind diese Geheimbünde ein willkommener Angriffspunkt. MARX wirft ihm in diesem Zusammenhang Spaltung der Arbeiterbewegung und Sektierertum vor.

Neben dieser konspirativen Aktivität gilt BAKUNINS politisches Interesse der sogenannten »Liga für Frieden und Gerechtigkeit«, einem internationalen Zusammenschluß von Linksliberalen, der 1867 zu einem ersten Kongreß in Genf zusammentritt. Der Liga gehören so bedeutende Liberale und Intellektuelle wie John Stuart MILL oder John BRIGHT an. Die Zielsetzung der Liga ist es, Freiheit, Gerechtigkeit und Frieden in Europa zu erreichen und hierbei vorwiegend auf kulturell-erzieherischen Gebiet tätig zu werden. Diese Zielsetzung ist für BAKUNIN nicht ausreichend. Er versucht, der Liga eine sozialrevolutionäre Ausrichtung zu geben. Zu diesem Zweck legt er auf dem berner Kongreß der Liga (1868) eine Resolution zur Abstimmung vor, in der die soziale und ökonomische *Gleichmachung*[449] der Klassen und Individuen als Voraussetzung aller übrigen Ziele der Liga (Freiheit, Gerechtigkeit, Frieden) gefordert wird. Daneben plant er eine Überführung der Liga in die »Internationale Arbeiter-Assoziation« – die Internationale – in der er seit 1868 politisch tätig ist. Beide Pläne scheitern, und BAKUNIN tritt daraufhin aus der Liga für Frieden und Gerechtigkeit aus. Damit ist BAKUNINS letzter Anlauf, bürgerliche und liberale Kräfte für seine sozial-revolutionären Absichten zu gewinnen, gescheitert. Ab diesem Zeitpunkt gilt sein politisches Interesse nur noch der revolutionären Arbeiterbewegung. Dies findet auch in seinen theoretischen Arbeiten Ausdruck: Nach 1868 entstehen die Schriften BAKUNINS, in denen sein anarchistischer Standpunkt Konturen gewinnt und er deutliche Abgrenzungen gegenüber bürgerlicher und zunehmend auch gegenüber marxistischer Ideologie vornimmt.

Die »I. Arbeiter-Internationale«, die 1864 unter dem maßgeblichen Einfluß von MARX und ENGELS gegründet worden ist, versteht sich als internationaler, überstaatlicher Zusammenschluß der Arbeiterbewegung, der eine Koordination und Organisation der europäischen Arbeiterbewegung anstrebt. Als BAKUNIN 1869 der Genfer Sektion der Internationale beitritt, besteht die Internationale bereits aus 30 Sektionen. BAKUNIN wird in das genfer Exekutivbüro der Internationale gewählt und tritt der Redaktion der Zeitschrift »Égalité«, dem Publikationsorgan der Schweizer Sektion der Internationale, bei. In der Zeitschrift »Égalité« veröffentlicht er unter anderem den Aufsatz »Die vollständige Ausbildung« (1869), der als die wichtigste Schrift BAKUNINS zu Erziehung und Bildung betrachtet werden kann.

Das politische Wirken BAKUNINS in der Internationale ist von der Auseinandersetzung mit MARX geprägt. Die verschiedenen taktischen, politischen und philosophischen Ansätze von MARX und BAKUNIN prallen im Streit um die politische Ausrichtung der Internationale aufeinander.

Der erste Konflikt bahnt sich an, als 1869 BAKUNIN Sergeij NEČAEV, einen russischen Studenten kennenlernt der in Rußland einen Geheimzirkel gegründet hat und BAKUNIN durch seinen Fanatismus und seine revolutionäre Entschlossenheit nachhaltig beeindruckt.

---

[449] Dieser Terminus gibt MARX später ausreichend Anlaß zu Kritik und Spott, drücke sich doch darin das gänzliche Unverständnis BAKUNINS über den Charakter der gesellschaftlichen Klassen aus, die sich nicht *annähern* und *ineinander aufheben* ließen, sondern nur durch den Klassenkampf überwindbar wären.

Zu dieser Zeit wird der sogenannte »Revolutionäre Katechismus«[450] verfaßt. Der »Revolutionäre Katechismus« ist eine Art »Ordensregel« für Revolutionäre, in der unter anderem *Zerstörung* als das Hauptinteresse des Revolutionärs ausgegeben wird. Diese gewaltverherrlichende Schrift wird von MARX und seinen Anhängern scharf kritisiert, weil in ihr der revolutionäre Wille des einzelnen Revolutionärs als wichtigste Triebkraft für die Revolution definiert wird und somit das entwickelte revolutionäre Bewußtsein der Massen – für MARX die Vorbedingung jeder Revolution – nur unzureichend berücksichtigt wird.

Der eigentliche Auslöser für die Auseinandersetzung zwischen MARX und BAKUNIN ist jedoch die Diskussion über die Bewertung des Erbrechts und seiner Folgen für die revolutionäre Umgestaltung der Gesellschaft. BAKUNIN ist der Auffassung, daß im Erbrecht ein wesentlicher Grundpfeiler der kapitalistischen Macht zu finden sei. In der Abschaffung des Erbrechts sieht er eine wichtige revolutionäre Aktion. MARX dagegen hält das Erbrecht für eine von vielen juristischen Konstrukten, die nur innerhalb der bestehenden kapitalistischen Gesellschaft von Bedeutung sind. Nach der proletarischen Revolution verliert der juristische *Überbau* der kapitalistischen Gesellschaft – und damit auch das Erbrecht – seine ökonomische Grundlage und löst sich deshalb »automatisch« auf.

Die Diskussion um die Erbrechtsfrage ist nur der Auslöser für eine grundsätzlichere Auseinandersetzung, die zwischen Marxisten und Bakunisten entbrennt. In dieser Diskussion lassen sich vier Hauptstreitpunkte ausmachen. Die erste und wichtigste Streitfrage betrifft das Verhältnis von Revolution und Staat. BAKUNIN ist der Auffassung, daß nach einer erfolgreichen Revolution sofort jede Machtstruktur aus der Gesellschaft verschwinden muß und eine föderalistische, dezentral organisierte Selbstverwaltung anstelle der staatlichen Ordnung treten soll.

MARX dagegen vertritt die Auffassung, daß der erste Schritt nach der Revolution darin bestehen müsse, die errungene Macht gegen konterrevolutionäre Angriffe zu verteidigen. Dazu sei es notwendig, in einer Periode des Übergangs zur herrschaftsfreien Gesellschaft eine befristete »Diktatur des Proletariats« zu errichten. MARX strebt also als Endziel ebenfalls eine Gesellschaft ohne Staat und Herrschaft an. Bei ihm wird dieses Endziel jedoch nicht durch die »Abschaffung« des Staates erreicht, sondern dadurch, daß der Staat als Organisationsstruktur zunehmend »überflüssig« werden wird: »Bei den Marxisten geschieht dem Staat nicht einmal die Ehre, eigens abgeschafft zu werden, er stirbt vielmehr, nach dem berühmten Satz von ENGELS, mit dem Verschwinden der Klassen von selber ab.«[451]

---

450 Von marxistischer Seite wird BAKUNIN als Autor dieser Schrift angegeben; anarchistische Autoren verweisen auf NEČAEV als Verfasser dieser Arbeit. Neuere Forschungen lassen keinen Zweifel mehr daran, daß die Schrift weitgehend NEČAEV zuzurechnen ist (vgl. MENDEL 1981, 319; vgl. POMPER 1979, 90 ff.).

451 BLOCH 1985, 668 f.

Der zweite Streitpunkt steht in engem Zusammenhang mit der Problematik Staat und Revolution. MARX hält die Beteiligung der Arbeiterbewegung an Wahlen und den Einzug in bürgerliche Parlamente für ein adäquates Mittel der politischen Agitation. Wahlkämpfe und Parlamentsreden von Arbeitervertretern erscheinen ihm als wertvolle Instrumente der sozialistischen Propaganda.[452] BAKUNIN hält demgegenüber jede Beteiligung an Wahlen und Parlamenten für ein Zugeständnis an den bürgerlichen Staat und seine Organisationsstrukturen und sieht darin seine anti-etatistischen Prinzipien gefährdet. Zudem ist es für BAKUNIN ausgemacht, daß »gewählte Vertreter« der Arbeiter aufgrund ihrer Stellung als Parlamentarier und Arbeiterführer von dieser Macht korrumpiert werden und Herrschaft über die Arbeiter ausüben werden.

Der dritte Streitpunkt betrifft die Organisation der Arbeiterbewegung. MARX hält eine zentrale Leitung der Arbeiterbewegung – etwa durch den Generalrat der Internationale oder durch Führer von Arbeiterparteien – für die Voraussetzung für revolutionäre Schlagkraft und Koordination. BAKUNIN hält Zentralismus, gleich welcher Couleur, für gleichbedeutend mit unkontrollierbarer Herrschaft. Seine Konzeption sieht eine dezentral strukturierte Arbeiterbewegung vor, in der die Basisorganisationen größtmöglichen Einfluß auf alle Entscheidungen ausüben.

Die letzte Streitfrage, die hier erwähnt werden soll, kreist um die Problematik der »revolutionären Klasse«. MARX hält das Industrieproletariat für die revolutionäre Klasse schlechthin, weil in dieser Klasse das fortgeschrittenste revolutionäre Bewußtsein entwickelt sei. Gesellschaften, in denen die industrielle Produktion noch nicht voll entfaltet ist, sind deshalb für MARX für die Revolution noch nicht bereit. BAKUNIN hält dagegen auch nicht-industrialisierte Gesellschaften für revolutionär umwandelbar. Sein Begriff von »revolutionärer Klasse« schließt neben dem Industrieproletariat auch das sogenannte »Lumpenproletariat« (gesellschaftlich Marginalisierte, wie Arbeitslose oder auch Kriminelle), die Bauernschaft und bürgerliche Intellektuelle (z.B. Studenten) ein.

BAKUNINS Eintreten für die sofortige, übergangslose Abschaffung des Staates und seiner Institutionen impliziert eine Auflösung aller staatlichen Bildungsinstitutionen. In diesem Sinne plädiert BAKUNIN für das Schließen aller staatlichen Universitäten. Eine Ersatzinstitution für die Universität wird bei ihm nicht angestrebt. Sein nachrevolutionäres Erziehungsprogramm sieht dezentral und föderali-

---

452 In diesem Zusammenhang wird MARX von anarchistischer Seite vorgeworfen, er betrachte die Wah-len als eine Art »Ersatz« für die revolutionäre Erhebung und rede einer gesellschaftlichen Umgestaltung das Wort, die sich über Parlamente und Gesetzgebung vollziehe. Dieser Vorwurf ist nicht stichhaltig, denn MARX weiß durchaus, daß sich die bestehende kapitalistische Produktionsform nicht einfach »abwählen« läßt. Sein Eintreten für die Beteiligung an Wahlen ist vornehmlich von einem taktischen Kalkül bestimmt, das die propagandistischen Möglichkeiten von Wahlen und Wahlkämpfen ausnützen will.

stisch organisierte Schulen vor; die Universität – als komplexe und »zentralistisch« strukturierte Lehranstalt – ist mit diesem Programm nicht kompatibel.

Schließlich ist auch BAKUNINS Bestimmung der revolutionären Subjekte von pädagogischer Relevanz. Im Gegensatz zu MARX hält BAKUNIN den Bildungsgrad von Arbeitern oder Bauern nicht für eine Vorbedingung der revolutionären Erhebung. BAKUNIN ist der Auffassung, daß das »instinktive« Gewahrwerden der Unterdrückungssituation durch die Massen eine hinreichende Voraussetzung für die Revolution darstellt.

Die Auseinandersetzungen zwischen MARX und BAKUNIN, die zudem noch mit persönlichen Anfeindungen angereichert sind, haben letztendlich den Zerfall der 1. Internationale zur Folge. 1872 findet ein Kongreß der Internationale in Haag statt, der die Streitpunkte klären soll. BAKUNIN ist auf diesem Kongreß nicht anwesend, und ein Teil seiner Anhängerschaft und auch er selbst wird formal aus der Internationale ausgeschlossen. Dieser Ausschluß ist letztlich bedeutungslos, weil die Internationale zu diesem Zeitpunkt bereits aufgrund der inneren Zerwürfnisse keine politische Kraft mehr darstellt. Die von MARX durchgesetzte Verlegung des Generalrates der Internationale nach New York markiert das vorläufige Ende dieses Versuches, die verschiedenen ideologischen Strömungen der revolutionären Arbeiterbewegung in einer internationalen Organisation zu vereinigen.

BAKUNIN und seine Anhänger versammeln sich einige Wochen nach dem Kongreß von Haag in der Schweizer Stadt St. Imer und gründen eine anarchistische »Rumpfinternationale«. Diese antiautoritäre Internationale spricht dem Haager Kongreß nachträglich die Legitimation ab und nimmt alle Forderungen BAKUNINS in ihr Programm auf. Politische Bedeutung kann die anarchistische Internationale allerdings nicht mehr erreichen.

BAKUNIN hat inzwischen andere politische Betätigungsfelder gefunden. Als im März 1871 in Paris die Commune ausgerufen wird, unterstützt er durch Artikel und durch eine längere Arbeit (»Die Commune von Paris und der Staatsbegriff«) die Revolutionäre auf propagandistische Weise.

Ein weiteres Feld für seine politische Arbeit eröffnet sich in der Schweiz: Seit etwa 1840 verlassen immer mehr russische Studenten und Studentinnen ihr Heimatland, weil der zunehmende Druck der zaristischen Regierung auf radikale und revolutionäre Studenten und Professoren einen weiteren Höhepunkt erreicht hat. Ein Teil dieser emigrierten Studentinnen und Studenten nimmt das Studium an der Züricher Universität auf. Neben dem Studium treffen sich diese jungen Radikalen in politischen Zirkeln, in denen über die Möglichkeit einer Revolution im zaristischen Rußland debattiert wird. BAKUNIN kommt 1871 in Kontakt mit diesen Zirkeln und nimmt an den Diskussionen teil. Ein zentrales Thema der Diskussionen behandelt die Funktion der Studenten und Studentinnen bei der revolutionären Umgestaltung.

LAVROV, ein emigrierter Geschichtsprofessor, vertritt den Standpunkt, die Studenten und Studentinnen müßten nach erfolgreichem Abschluß des Studiums nach Rußland zurückkehren und ihre erworbenen Kenntnisse den unterdrückten Massen zur Verfügung stellen. Nur ein gebildetes Volk ist für LAVROV zur Revolution befähigt. Diese Haltung wird von BAKUNIN bekämpft. Wie schon in der Auseinandersetzung mit MARX argumentiert BAKUNIN mit dem »Instinkt« der Massen, der der gelehrten Unterweisung nicht bedarf. Er fordert die Studenten auf, vom Volk zu lernen und mit dem Volk zu kämpfen. Die Verschiedenheit dieser Standpunkte führt zu einer Spaltung unter den Studenten und Studentinnen, die sich auch in der späteren Tätigkeit dieser Studenten in Rußland fortsetzt.

Im Jahr 1873 verfaßt BAKUNIN sein umfangreichstes Werk, die Schrift »Staatlichkeit und Anarchie«. Obwohl die ursprüngliche Absicht BAKUNINS bei der Niederschrift dieser Arbeit eine Zusammenfassung und Systematisierung seines anarchistischen Denkens gewesen ist, gelingt es ihm nicht, diesen Anspruch einzulösen. »Staatlichkeit und Anarchie« ist wie seine übrigen Werke fragmentarisch und ohne innere Geschlossenheit.

1874 engagiert sich BAKUNIN ein letztes Mal in der aktiven Politik. Er unterstützt die Vorbereitungen zu einem Aufstand im italienischen Bologna. Nach dem Fehlschlagen dieser Erhebung zieht sich BAKUNIN aus der Politik zurück. Er läßt sich auf einem Landsitz in der Toscana nieder, der ihm von dem italienischen Anarchisten CAFIERO zur Verfügung gestellt wird. Es kommt zum Bruch mit CAFIERO, und BAKUNIN ist gezwungen, das Landgut zu verlassen.

Seine letzten beiden Lebensjahre verbringt er in Lugano. Er beschäftigt sich mit philosophisch-politischen Fragen, verfaßt aber keine weiteren Schriften mehr. Am 1. Juli 1876 stirbt Michael BAKUNIN in einem Krankenhaus in Genf.

2.1 Die philosophische Entwicklung BAKUNINS

2.1.2 Die philosophischen Anfänge – Der STANKEVIČ-Kreis

BAKUNINS philosophische Entwicklung steht in engem Zusammenhang zu den Diskussionen und Debatten, wie sie in den Kreisen der russischen *Intelligentsia* und in BAKUNINS Fall insbesondere im Moskauer Intellektuellenzirkel um den jungen Adeligen Nikolaij STANKEVIČ sich Mitte des 19. Jahrhundert entwickelt.

Der Hauptgegenstand der Diskussionen in diesen Zirkeln war Philosophie, und im STANKEVIČ-Zirkel war er – im Gegensatz zum gleichzeitig bestehenden Zirkel um Alexander HERZEN[453] – die Philosophie des deutschen Idealismus. Der Rück-

[453] Der Zirkel um HERZEN war in erster Linie an französischer Philosophie und politischer Theorie (SAINT-SIMON, FOURIER u.a.) interessiert und stand deshalb in einem gewissen Gegensatz zum »deutsch« orientierten STANKEVIÈ-Kreis: »Vor unserer Verbannung bestand zwischen unserem Kreis und dem Kreise Stankeviès keine große Sympathie. Ihnen gefiel unsere fast ausschließlich politische Richtung nicht, uns mißfiel ihre fast ausschließlich spekulative. Sie hielten uns für Frondeure und Fran-

zug der jungen Intellektuellen in private Zirkel erklärt sich in erster Linie aus dem Zustand der russischen Universitäten dieser Zeit: »Der äußere Druck der beispiellosen Reaktion des Nikolaiischen Zeitalters, der etwa in der Abschaffung des philosophischen Unterrichtes an der Universität und im Verbot auch der bloßen Erwähnung der Namen von Philosophen in der Presse gipfelte, war eine der Ursachen.«[454]

In den Zirkeln kann über die Grenzen des Standes hinweg – bürgerliche und adlige Intellektuelle diskutieren gemeinsam[455] – die geistige Auseinandersetzung gepflegt werden. SCHEIBERT beschreibt die Zirkel als »eine Welt, die sich selbst etwas galt, wo Geistiges ernstgenommen werden konnte, weil – ganz abseits von Beamtenhierarchie und konservativer, versippter Adelsgesellschaft – hier nur der zugelassen werden konnte, welcher an einer geistigen Existenz teilhatte.«[456]

Die Zirkel sind dem Zugriff des Staates entzogene »Inseln« der freien geistigen Auseinandersetzung. Andererseits verweist die Bildung von abgeschirmten, privaten Zirkeln zugleich auf die gesellschaftspolitische Bedeutungslosigkeit der russischen Intelligenz in diesen Jahren der zaristischen Restauration. Die fehlende Verankerung im gesellschaftlichen Leben Rußlands erklärt die objektive Einflußlosigkeit und letztlich den Zerfall der Zirkel. Subjektives Zerfallsmerkmal ist für SCHEIBERT darüber hinaus die *Zerrissenheit* jener Intellektuellen, die aus der theoretischen Auseinandersetzung mit den idealistischen und humanistischen Inhalten der deutschen Philosophie oder der französischen politischen Theorie einerseits und dem Bewußtsein der eigenen, elitären Lage andererseits sich entwickelt. Die Intelligentsia war ökonomisch gleichsam »freigestellt«. Für ihren Lebensunterhalt sorgten die Leibeigenen: »Unausgesprochen hat auch die Bauernfrage auf den Seelen der jungen müßigen Adligen gelegen, deren tote Zeit, deren zielloses Tun, ja deren Bibliotheken, aus denen sie lebten, immer und immer durch die Fronenden geschaffen wurden.«[457]

Dieser Widerspruch tritt im politisch orientierten HERZEN-Zirkel vergleichsweise schärfer hervor als im abstrakt-philosophischen STANKEVIČ-Zirkel. Der deutsche Idealismus im Sinne von SCHELLING und FICHTE bietet weiten Raum für eine Ignoranz gegenüber dem gesellschaftlichen Status quo. Ironisierend beschreibt HERZEN jenen idealistischen Habitus, der zeitweise das Erkennungsmerkmal einer ganzen Generation war: »Die jungen Philosophen haben sich nicht nur die Sprache, sondern auch den Verstand verdorben; die Einstellung dem Leben, der Wirk-

---

zosen, wir hielten sie für Deutsche und warfen ihnen Gefühlsüberschwang vor.« (HERZEN zit. in: LEHNING 1991, 49 f.)

454 TSCHIZEWSKIJ 1961, 164

455 vgl. HERZEN 1977, 46; vgl. PYZIUR 1955, 23

456 SCHEIBERT 1965, 85

457 SCHEIBERT 1965, 86. Nur OGAREV, der dem Kreis um HERZEN angehört, geht so weit, seine Leib-
eigenen freizulassen.

lichkeit gegenüber wurde schulmäßig, buchmäßig (...). Alles, was in der Tat unmittelbar war, jedes einfache Gefühl wurde in die Sphäre der abstrakten Kategorien erhoben und kehrte von dort ohne einen Tropfen lebendigen Blutes als ein blasser algebraischer Schatten zurück. Darin lag aber doch eine gewisse Naivität, da das alles aufrichtig war. Ein Mann, der in Sokolniki spazieren ging, ging, um sich einem pantheistischen Gefühl seiner Einheit mit dem Kosmos zu ergeben; wenn er unterwegs irgendeinen etwas angeheiterten Soldaten oder ein gesprächiges Weib traf, so sprach der Philosoph nicht einfach mit ihnen, sondern bestimmte die Volkssubstanz in ihrer unmittelbaren und zufälligen Erscheinung. Selbst eine Zähre, die aus dem Auge rollte, wurde genau eingeordnet: auf das ›Gemüt‹ oder auf das ›Tragische im Herzen‹ bezogen.«[458]

Diese Atmosphäre prägt den STANKEVIČ-Zirkel[459], dem BAKUNIN sich 1834 anschließt: STANKEVIČ, der schon mit 27 Jahren (1840) stirbt, ist trotz seiner Jugend für die Entfaltung der *romantisch-idealistischen* Richtung in der russischen Geistesgeschichte von entscheidender Bedeutung. STANKEVIČ muß die Entdekkung der deutschen Romantiker für die russische literarische Szene zugeschrieben werden, er verantwortet die erste systematische KANT-Rezeption und schließlich gelangt er über FICHTE und SCHELLING zur Philosophie HEGELS, die fortan im Zentrum der geistigen Auseinandersetzung im STANKEVIČ-Zirkel stehen wird.

Der STANKEVIČ-Kreis geht aus dem etwa 1831 entstandenen Kreis um den Naturwissenschaftler PAVLOV hervor; nach und nach schließen sich dem Kreis junge Intellektuelle an, die alle eine mehr oder weniger bedeutende Rolle in der russischen Geistesentwicklung spielen werden. Dem Kreis zugehörig sind unter anderem BELINSKIJ, KRASOV, BOD'DANSKIJ, AKSAKOV, GRANOVSKIJ und BOTKIN.

2.1.2.1 FICHTES Einfluß auf BAKUNIN

STANKEVIČ und sein Kreis befassen sich eingehend mit deutscher Philosophie und Literatur. STANKEVIČ studiert GOETHE und SCHILLER und übernimmt SCHILLERS ästhetisch geprägten Idealismus. Auch die deutschen Romantiker JEAN PAUL und E.T.A. HOFFMANN gehören zur Pflichtlektüre. FICHTES »Anleitung zum seligen Leben« schließlich wird für STANKEVIČ und seine Freunde zeitweise zur Programmschrift schlechthin.

Besonders BAKUNIN ist von FICHTE nachhaltig beeinflußt und interpretiert dessen Philosophie vorwiegend als radikalen Subjektivismus. Die oben angedeutete Zerrissenheit der Intellektuellen in hohe Ideale einerseits und gesellschaftliche Wirklichkeit andererseits ist ein günstiger Nährboden für FICHTES Philosophie, die

---

[458] HERZEN zit. in: TSCHIZEWSKIJ 1961, 170 f.

[459] Zu STANKEVIČ und seinen Einfluß auf die russische Intelligenz der 30er und 40er Jahre siehe auch BROWN 1966.

zwischen äußerem Leben und innerer, subjektiver Vervollkommnung eine Trennung vornimmt.

Insonderheit FICHTES frühe Schriften stellen immer wieder die Frage nach der Autonomie des *Ich* ins Zentrum des Philosophierens. Dem FICHTE dieser Frühzeit ist ausschließlich das »Ich« bedeutsam; der rohen Wirklichkeit der »›external‹ world« wird das »›inner‹ life of the soul.«[460] gegenübergestellt. Nur dieses »inner life« ist wirkmächtig, die Vervollkommnung des Ich ist mithin das erste und einzige Ziel des Ich: »Fundament von FICHTES System ist aber die Autonomie. Diese ist der eigentliche Impuls des Subjekts, im absoluten Sittengesetz des ›Ich soll Ich sein‹ kann und muß sie von jeder sozialen Bestimmung des Ich absehen.«[461]

BAKUNIN, dessen erste Veröffentlichung eine Übersetzung von FICHTES Schrift »Einige Vorlesungen über die Bestimmung des Gelehrten« ins Russische ist, läßt sich von dieser subjektivistischen Philosophie beeindrucken. An seine Schwestern schreibt er, sein Verständnis von FICHTES »Anleitung zum seligen Leben« zusammenfassend: »Life is love, and the whole form and essence of life consists of love and arises out of love. Tell me what you truly love, what you seek and strive after with all the longing of your soul when you are hoping to find true enjoyment of yourself, – and you have revealed to me your life. What you love, that is your life.«[462]

Die »äußeren Umstände«, die russische Realität, lassen sich mit FICHTE gegen die Bestimmung des Ich abgrenzen: »I am not made for external life or external happiness (...) , and do not want it (...) I live purely inner life. I remain within my I, and am wholly buried in it, and only the I unites me with God.«[463]

BAKUNIN findet in FICHTE die philosophische Begründung und Befestigung für seinen Subjektivismus, der durch die Lektüre der deutschen Romantiker bereits literarisch vorbereitet wurde. SCHEIBERT hat in einem anderen Zusammenhang darauf hingewiesen, daß FICHTE dem russischen Romantizismus »die philosophische Legitimation«[464] geliefert hat und damit zugleich die *Negation* der gesellschaftlichen Problematik garantiert hat. Jede soziale Dimension, jede gesellschaftliche Frage, die über die Interessen des Individuums hinausweist, ist für den BAKUNIN dieser Zeit irrelevant.

Selbst der Mitmensch ist nicht Gegenstand der philosophischen Spekulation, denn FICHTES Begriff vom *absoluten Ego* macht letztlich »alle Grenzen des spekulierenden Ich«[465] hinfällig. BAKUNIN entfaltet in diesem Sinne einen Egoismus, über den er schreibt, er scheine ihm nun die »einzig mögliche Religion, die rechte

---

460 CARR 1975, 38

461 WILLMS in: FICHTE 1973, 36

462 BAKUNIN zit. in: CARR 1975, 37

463 Ebd.; vgl. auch PB, 107 – 109

464 SCHEIBERT 1965, 139

465 Ebd.

Realisierung der Liebe zur Menschheit, da mein Ich das Ich aller Menschen verkörpert, soweit sie nicht nur Kreaturen sind.«[466]

Mit dieser FICHTE-Auslegung ist das *Ich*, das Subjekt, zum alleinigen Träger von Realität geworden. Das subjektive Bewußtsein ist Maßstab für die äußere Wirklichkeit. Nur was das Subjekt als wahr erkennt, ist wahr und real. Ansprüche der äußeren Welt können mit diesem Solipsismus als irreal und scheinhaft abgetan werden, sollten sie sich als unintegrierbar in die Harmonie des subjektiven Denkens erweisen.

Die Existenz der äußeren Wirklichkeit läßt sich auf Dauer aber nicht mittels philosophischer Spekulation negieren. Das hatte schon FICHTE selbst erfahren müssen: »So warfen die Studenten Kieselsteine in seine Fenster und schrien dabei: ›Hier kommt das Nicht-Ich!‹. So wollten sie die Realität der Welt beweisen.«[467]

Langfristig konnten weder BAKUNIN noch die anderen FICHTE-Adepten der Intelligentsia sich durch solche Isolation des absoluten Ichs den Ansprüchen der Wirklichkeit entziehen. Das harmonische Gefüge des »inner life of the soul« erfährt zahlreiche reale Erschütterungen, die das angezielte »meditative« Leben verunmöglichen. Die ersten Zweifel BAKUNINS an der Absolutheit des fichteschen Systems werden jedoch von einer anderen philosophischen Orientierung aufgefangen, die ihn in seiner philosophischen Gesamtentwicklung entscheidend determinieren wird: BAKUNIN beginnt 1834 – unter Vermittlung und in Auseinandersetzung mit STANKEVIČ und BELINSKIJ – HEGEL zu studieren. Mit HEGEL wird endlich eine *philosophische* Erklärung für die von FICHTE vernachlässigte und sich im Alltag oft auf schmerzliche Weise Eindruck verschaffende Wirklichkeit gefunden.[468]

2.1.2.2 Der frühe BAKUNIN und HEGEL

Wer, wie STANKEVIČ, sich mit den deutschen Romantikern, mit KANT, SCHELLING und schließlich mit FICHTE, beschäftigt, stößt fast zwangsläufig auf den wichtigsten und »letzten« Philosophen des deutschen Idealismus, auf HEGEL. STANKEVIČ entdeckt HEGEL für den Moskauer Kreis, aber seine Interpretation variiert in entscheidender Weise von der des übrigen Kreises: Für ihn beginnt das Hegelstudium als ein Studium der Methodik HEGELS und weniger als inhaltliche Rezeption seines Systems, und aus diesem Grund versteht er »den Begriff der ›vernünftigen Wirklichkeit‹ nicht in der wahrhaft beklemmenden Vereinfachung«[469],

---

466 BAKUNIN zit. in: SCHEIBERT 1965, 142 f.

467 PHILONENKO in: CHATELET 1974, 73

468 BAKUNIN – und mit ihm die romantisch und idealistisch beeinflußten Intellektuellen seiner Zeit – sind nur auf philosophischem Wege zu überzeugen: Ein System oder eine Philosophie *muß* durch eine andere Philosophie »widerlegt« werden, bevor sie bzw. es aufgegeben werden kann. So gilt für BAKUNIN die Philosophie FICHTES trotz ihrer objektiven Schwächen gerade so lange, bis das dialektische System HEGELS Ersatz und Verbesserung schafft.

469 SCHEIBERT 1965, 82

wie beispielsweise BAKUNIN, der in diesem Begriff das Wesen der hegelschen Philosophie sehen wird.

Über die Rezeption HEGELS durch BAKUNIN gibt es – gemessen an der Auseinandersetzung mit seinem sonstigen philosophischen Gedankengut – erstaunlich viel Literatur. Zugleich entsteht damit ein relativ kontroverses Bild vom »Hegelianer« BAKUNIN. Während etwa TSCHIZEWSKIJ zu dem Urteil gelangt, daß BAKUNIN in HEGEL eine neue Religion findet und einen philosophischen Optimismus entwickelt, der »keine Fragen, keine Zweifel, keine Bedenken«[470] mehr kennt, sieht BEER in BAKUNINS Hegelrezeption gerade die gegenläufige Tendenz wirksam werden: Schon der frühe BAKUNIN, so BEER, wäre in seiner Einleitungsschrift zu den hegelschen Gymnasialreden »bereits schwerwiegenden Antagonismen ausgesetzt« und »in eine Apologie der spekulativen Philosophie gedrängt«[471], in der sich die spätere Suspendierung aller philosophischen Spekulation zugunsten der Praxis in nuce vorbereite. Einigkeit besteht allerdings darüber, daß die bakuninischen Frühschriften zu HEGEL als Versuch anzusehen sind, den Nachweis darüber zu führen, daß HEGEL als Überwinder des *Empirismus* gedeutet werden könne. BAKUNIN sieht in der Entwicklung der Philosophie seit dem 18. Jahrhundert eine kontinuierliche Liquidation von philosophischen Inhalten, die auf das Unendliche und das Unbedingte zielen. In diesem Sinne bestimmt er die erkenntniskritische Philosophie seit DESCARTES als »Zerstörung aller Objektivität, aller Wirklichkeit und Versenkung des abstrakten, leeren Ich in empfindsame egoistische Selbstbetrachtung«[472].

Verantwortlich für diese skeptische Philosophie seien die französischen Aufklärer VOLTAIRE, ROUSSEAU, DIDEROT und D'ALEMBERT auf der einen Seite und das kritische System KANTS und die Subjektivitätsphilosophie FICHTES auf der anderen. Der vormals verehrte FICHTE ist mit HEGEL überwunden: FICHTE, »dessen System die logische und notwendige Fortsetzung des kritischen Systems KANTS ist«, ist abzulehnen, weil er »zu beweisen versuchte, daß auch das Ding an sich auch ein Erzeugnis, eine Äußerung des reinen Ich ist. Die gesamte äußere Welt, die gesamte Natur erklärte er für Schein.«[473]

Der Verlust der Anschauung der »äußeren Welt« geht mit dem Verlust der Anschauung der Unendlichkeit einher: »Das 18. Jahrhundert war das Jahrhundert des zweiten Sündenfalls des Menschen im Bereich des Gedankens. Er ging der Anschauung des Unendlichen verlustig und, versunken in die endliche Anschauung

---

470 TSCHIZEWSKIJ 1961, 194

471 BEER (Einleitung) in: Fr, 13. BEERS in weiten Teilen *textinterpretatorisch* orientierte Analyse läßt bezeichnenderweise alle *biografischen* Details außer acht. So werden die nachweislich *rechtshegelianischen* Elemente der bakuninischen Hegelauslegung von ihm nicht einbezogen, die noch das HEGEL-Studium in Berlin bestimmen und etwa durch BAKUNINS Kritik an STRAUSS' »Leben Jesu« belegt sind (vgl. MENDEL 1981, 124).

472 Fr, 55

473 Fr, 55

der endlichen Welt, fand er und konnte er keine andere Stütze für sein Denken finden außer sein Ich, das abstrakt und gespenstisch ist, wenn es sich in der Feindschaft mit der Wirklichkeit befindet.«[474]

Damit ist das Schlagwort gegeben, um das sich BAKUNINS Hegelaneignung zu dieser Zeit dreht. Es ist HEGELS Satz von der Vernünftigkeit der Wirklichkeit[475], der BAKUNIN – und mit ihm viele seiner geistigen Weggefährten – nachhaltig beeindruckt. Mit dem Satz von der Vernünftigkeit des Wirklichen und der daraus ableitbaren Versöhnung des Subjekts mit den »objektiven« gesellschaftlichen Verhältnissen ist eine philosophische Lösungsmöglichkeit für das Leben in der reaktionären nikolaiischen Epoche geschaffen und wird als »die Möglichkeit, die literarische Existenz in der totalen Selbstherrschaft zu rechtfertigen, mit sonst kaum verständlicher Leidenschaft ergriffen«[476].

Aufschlußreich ist es auch, sich die Intention HEGELS bei der Formulierung seines Satzes zu vergegenwärtigen: BILLIG hat in diesem Zusammenhang auf ein folgenreiches Mißverstehen des Satzes bei den russischen Idealisten hingewiesen: HEGEL nämlich unterscheide zwischen *wirklich* und *scheinbar Seiendem*, wobei letzteres einen positiven Kern besitzt. Das Scheinbare gehöre in das »Reich des Zeitlichen und Vergänglichen«, die reflexive Vernunft aber bringe dieses Vergängliche am Wirklichen gerade zum Verschwinden. Nur das Absolute bleibt bestehen, und deshalb ist der Satz »eine unmittelbare Folge der Verschmelzung des Weltideals mit der Weltsubstanz im Begriffe des sich in der Welt entwickelnden Absoluten.«[477] BAKUNIN hingegen entkleidet den Satz seiner tendenziösen Dimension, die durchaus auch als Begründung für einen Kampf des Individuums oder der revolutionären Klasse[478] herangezogen werden kann. BAKUNINS Anstrengung aber gilt der Versöhnung mit jener Wirklichkeit, wie sie sich unmittelbar darstellt: »Sich empören gegen die Wirklichkeit und in sich jede lebendige Lebensquelle abtöten, ist ein und dasselbe. Versöhnung mit der Wirklichkeit in allen Beziehungen und allen Sphären ist die große Aufgabe unserer Zeit.«[479]

BEER versucht nachzuweisen, daß trotz dieser augenfällig *konservativen* Hegelauslegung hier eine – wenn auch unausgesprochene – Vorbereitung auf eine Negation der Philosophie als gesellschaftlich bedeutsame Kraft überhaupt angedeutet sei. BEER bemerkt, daß bei BAKUNIN, insofern dieser die »Versöhnung« des Ich mit

---

474 Fr, 54

475 Der betreffende Satz aus HEGELS »Grundlinien zur Philosophie des Rechts« lautet: »Was vernünftig ist, das ist wirklich; und was wirklich ist, das ist vernünftig.« (HEGEL 1955, 14)

476 SCHEIBERT 1965, 95

477 BILLIG 1930, 30

478 Genau dies unternimmt der sogenannte *Linkshegelianismus*: Vornehmlich bei RUGE und Bruno BAUER findet sich eine Hegelauslegung, die den Satz von der Vernünftigkeit der Wirklichkeit als Handlungsaufforderung, als *Sollen,* verstehen will und dementsprechend den revolutionären Gehalt der hegelschen Philosophie akzentuiert.

479 Fr, 67

der Wirklichkeit als Aufgabe definiert, ein bereits »im Ansatz der Aneignung umgedeuteter HEGEL«[480] sich aufweisen lasse: Indem BAKUNIN die *Versöhnung* als Aufgabe des Subjekts vorstellt, verlasse er die dialektische Polarität HEGELS, die dem Objekt bei der Versöhnung zumindest ebensolche Anstrengung auferlegen würde. Das Subjekt allein soll mit der Wirklichkeit versöhnen, und damit sei der Weg frei für eine »Selbstmächtigkeit des Subjekts«, wie sie später in BAKUNINS »Philosophie der Tat« zum Tragen kommen wird: »Das Bestehende soll demnach hineingerettet werden in eine objektive Versöhnung, die aber unverkennbar zu einer Leistung des Subjekts selbst verändert worden ist. Damit ist ein Widerspruch offenbar geworden, der die Selbstreflexion des autonomen Subjekts auf seine eigene Subjektivitätsgeschichte weitertreibt und am Ende an Stelle der Reflexion die Tat, an Stelle der objektiven Totalität des Vernunftreichs seine zweite autonomische Schöpfung setzt.«[481]

Diese Interpretation BEERS ist originell und trägt zum Verständnis der Plötzlichkeit der Konversion BAKUNINS vom konservativen Hegelianismus zum radikalen Linkshegelianismus während seiner Berliner Studienjahre bei. Andererseits hat BEERS Auffassung auch etwas Gewaltsames: Wird nämlich der Fragestellung hinzugezogen, daß BAKUNINS Hegelverständnis sich gerade als *Absage* an das fichtesche »Ich« und dessen Selbstmächtigkeit konstituiert oder daß KANT – als der Apologet des autonomen Subjekts schlechthin – von BAKUNIN *wegen* dieser Fixierung abgelehnt wird, so bleibt endlich doch ein BAKUNIN, für den es nach Tschizewskijs Auffassung »keine Subjekte gab, sondern nur Objekte«[482], ein BAKUNIN also, der sich erhofft, daß »die neue Generation (...) unter Verzicht auf alle leeren Ansprüche auf Genialität endlich in sich das legitime Bedürfnis empfindet, wirkliche russische Menschen zu sein.«[483]

Für diesen frühen BAKUNIN – und mit ihm für die meisten seiner philosophischen Weggefährten – hat die Hegelaneignung die Konsequenz, sich mit dem russischen Gesellschaftssystem, das zumindest zu diesem Zeitpunkt jede reformistische und selbstverständlich jede revolutionäre Aspiration schon im Ansatz zu ersticken wußte, zu versöhnen: »Total orthodoxy and total conservativism became the order

---

480 BEER (Einleitung) in Fr, 21

481 BEER (Einleitung) in Fr, 21

482 TSCHIZEWSKIJ 1961, 194

483 Fr, 67. Diese Aufforderung zu Konformität kann auch als versteckte Referenz an die anti-westliche panslavistische Bewegung, wie sie im ausgehenden 19. Jahrhundert zur bedeutenden gesellschaftliche Kraft werden wird, gedeutet werden. Die Ideen des revolutionären wie konformistischen Panslavismus werden bereits in den 40er Jahren vorformuliert, und im STANKEVIČ -Kreis ist es ASKASOV, der den »westlichen« Einfluß wie er über PETER DEN GROSSEN in die russische Gesellschaft Eingang gefunden hat im Namen eines ruralen Rußlands auf der Grundlage des *mir* zurückweist und damit zugleich jeglichen zentralstaatlichen Zugriff ablehnt. Askasov fordert ebenso wie BAKUNIN »a moral identification between the government and the people« (PYZIUR 1955, 25), und er fordert dies im Sinne eines Bündnisses zwischen Volk und Obrigkeit *gegen* den Westen.

of the day and as a result the entire structure of the archetypal conservativism of the Russian Church was fully accepted, as was the Church.«[484]

[484] MASTERS 1974, 40. Wie sehr BAKUNIN in dieser Phase seiner philosophischen Entwicklung von religiösen Motiven beherrscht wird, zeigen auch die kürzlich veröffentlichten Notizen BAKUNINS zu seiner Lektüre der »Phänomenologie des Geistes«, die er 1837 verfaßte: »Die Wirklichkeit ist das ewige Leben Gottes. (...) Was wirklich ist, ist vernünftig. (...) Wer die Wirklichkeit haßt und nicht kennt, der haßt Gott und kennt ihn nicht. Die Wirklichkeit ist der Wille Gottes.« (PB, 73)

Exkurs: Pädagogische Aussagen in den Frühschriften BAKUNINS

Im Jahr 1838 erscheint BAKUNINS »Vorwort« zu den hegelschen »Gymnasialreden« von 1809, 1810 und 1811 in der Zeitschrift »Moskovskij Nabljudatel« (Moskauer Beobachter). Zwei Jahre später veröffentlicht BAKUNIN zwei Abhandlungen mit dem Titel »Über die Philosophie« in den »Vaterländischen Annalen«. Diese Veröffentlichungen sind beredter Ausdruck der konservativen Hegelauslegung BAKUNINS und – mutas mutandis – der Hegelinterpretation im STANKEVIČ-Kreis.

Die pädagogischen Aussagen BAKUNINS in diesen Frühschriften werden hier exkursorisch verhandelt, weil sie durch ihre Einbettung in den konservativen Hegelianismus' BAKUNINS, wie er oben aufgezeigt wurde, eine Sonderstellung in seinem sonstigen pädagogischen Œuvre einnehmen. Sie lassen sich nur in vereinzelten Punkten in den späteren Schriften zu Erziehung und Bildung wiederfinden, etwa in der Erörterung der »Genialität« oder in der Darstellung eines »verderblichen« Einflusses einer spezialisierten Erziehung. Im übrigen stehen sie für die bakuninische Adaption eines »Trends« der aufgeklärten Jugend Rußlands, HEGEL – wie vordem SCHILLER und SCHELLING – als die *letzte* philosophische Antwort auf die drängenden Fragen der russischen Realität zu deuten, und dürfen getrost als Resultanten jugendlicher Empathie gefaßt werden, der neben BAKUNIN auch ASKASOV und insbesondere BJELINKSIJ zur selben Zeit anheimgefallen sind.

BAKUNIN will in seinem »Vorwort« die Zerrissenheit aller philosophischen Erkenntnis vor HEGEL aufzeigen und stellt fest, daß dies notwendig so sei, denn die Vernunft hätte (vor HEGEL) ihr »Erwachsenenstadium« noch nicht erreicht. Sie mußte einen »langen Weg der Prüfungen und der Leiden passieren«[485], und gerade diese »Leiden«[486] seien ein Gut, das in jedem Erziehungsprozeß – der hier als individuell immer neu zu vollziehender Gang der Vernunft vorgestellt wird – sich wiederfinden lasse: »Das Leiden ist die Erziehung, die vernünftige Erfahrung des Geistes, und der Geist, der diese Erziehung nicht empfangen hat, der durch das Leiden nicht gereinigt und nicht geheiligt ist, ist nichts anderes als ein Kind, das noch nicht gelebt hat und dem das Leben mit allen seinen Schmerzen und Freuden noch bevorsteht.« [487]

Aus einer negativen Bestimmung des Kindes, das »nur ein Keim eines vernünftigen Menschen ist«[488] , geht zugleich das Ziel der Erziehung hervor: »Ein Kind also ist, als der menschlichen Gattung zugehörig, deren einziges Wesen die Vernunft ist -, ist (sic!) vernünftig. Aber da es seine Vernünftigkeit nicht entwickelt hat, ist es nur die innere Möglichkeit der Vernunft, aber nicht ihre Wirklich-

---

485 Fr, 53

486 Zur Bedeutung des Leidensbegriffs bei BAKUNIN vgl. auch MENDEL 1981, 62 ff.; 209 f.

487 Fr, 54

488 Fr, 141

keit.«[489] Das Ziel der Erziehung ist es, diese Möglichkeit zur Wirklichkeit zu bringen. Dieses Ziel wird zunächst verhindert durch die Unkenntnis des Kindes. Das Kind kennt die Wahrheit nicht und damit » kennt es auch keine Lüge, da es das Gute nicht kennt, kennt es auch nicht das Böse, in der Erkenntnis aber des Bösen besteht der Ursprung jeder Sünde.«[490]

Vor der Entdeckung des Selbstbewußtseins lebt das Kind nur »für die Befriedigung der Bedürfnisse des lebendigen Organismus«[491], wenngleich – entsprechend dem dialektischen Verhältnis zwischen Möglichkeit und Wirklichkeit – »in dem undurchdringlichen Nebel seines sinnlichen Leibes bereits die Strahlen des unendlichen Geistes durchleuchten.«[492] BAKUNIN will das Kind zur »wahren Wirklichkeit des Menschen«[493] entwickelt wissen, die er folgendermaßen definiert: »Die wahre Wirklichkeit des Menschen also besteht gerade in seiner geistigen Entwicklung, in der Verwirklichung seiner Vernunft, und er muß die unendliche Wahrheit erkennen, die seine Substanz ausmacht, sein Wesen, und sie in seinen Handlungen verwirklichen, so daß in der Identität des wahren Wissens und der Handlungen des Menschen, in der Wahrheit seiner theoretischen Welt und im Einklang der praktischen mit der theoretischen seine ganze Wirklichkeit enthalten ist.«[494]

Das »wahre Wissen« und die »wahre Erziehung« wird erst dann möglich, wenn die gesellschaftliche Dimension jeder Bildung reflektiert wird, denn der Mensch »bildet sich unter dem unmittelbaren Einfluß jener Gesellschaft, in der er geboren wurde.«[495] Dieser Einfluß erreicht aber nur das *natürliche Bewußtsein*, das sich im Fortgang mit der »Erziehung des Geistes (...) die festen Begriffe, die fertige, sittliche und geistige Sphäre« [496] aneignet. Vom *natürlichen Bewußtsein* ausgehend soll der Mensch, die »Stufen des Bewußtseins durchschreitend«[497], sich zum Selbstbewußtsein erheben. Erst dann kommt die menschliche Erziehung zu einem Ende: »Das Erwachen des Selbstbewußtseins im Menschen ist die zweite Geburt – die Geburt der Wirklichkeit des Geistes.« [498]

In all dem liegt nichts Neues. BAKUNIN stellt sich als treuer Adept der hegelschen Bildungstheorie vor, deren Erziehungsziel »in der Überwindung der natürlichen Subjektivität und der aktiven Aneignung der objektiven Werte bestand.« [499]

---

489 Fr, 142

490 Fr, 143

491 Fr, 143

492 Ebd.

493 Fr, 142

494 Ebd.

495 Fr, 85

496 Ebd.

497 Fr, 152

498 Fr, 153

499 SUCHODOLSKI 1972, 291

Die Vermutung liegt nahe, BAKUNIN verwende das Beispiel »Kind« nur deswegen, weil sich daran besonders exemplarisch das Verhältnis von *Möglichkeit* und *Wirklichkeit* als hegelsche Dimensionen aufzeigen läßt. In der formalen Behandlung dieses Problemkreises bestätigt sich dies ebensosehr wie in der im Text unmittelbar darauf folgenden Skizzierung des Verhältnisses Mensch/Tier als Entscheidungshilfe für die Bewertung der Stellung des Kindes. Für diese Annahme spricht auch das vergleichsweise rigorose Insistieren BAKUNINS auf Disziplin und Gehorsam als Garanten jener »zweiten Geburt«. BAKUNIN deriviert aus HEGELS Gymnasialreden die Forderung, daß »in der Wissenschaft strenge Disziplin herrscht und daß es ohne diese Disziplin kein Wissen gibt«[500]; »Anarchie der Geister und Meinungswillkür«[501] sind ihm die logischen Konsequenzen einer Bildungsauffassung, die davon ausgeht, »es könne Philosophen und Wissenschaftler ohne jede Mühe und Arbeit geben«[502]. HEGEL besteht ebenfalls auf solcher Disziplin, wenn er etwa den klassischen Sprachunterricht analysiert[503] oder – ganz allgemein – Bildung als *mühe-* und *leidensvollen* Prozeß der Aufhebung von Entfremdung zwischen (noch) ignorantem Subjekt und zu erwerbendem Bildungsinhalt definiert[504]. Für HEGEL ist zwar »Gehorsam der Anfang aller Weisheit«[505], aber eben *Anfang* und nicht – wie bei BAKUNIN – allumfassende Forderung. HEGEL hat seine Vorstellungen zur pädagogischen Disziplin und ihren Grenzen in der Gymnasialrede von 1811 sehr deutlich zum Ausdruck gebracht: »Die Begriffe, was unter Zucht, und Schulzucht insbesondere, zu verstehen sey (sic!), haben sich im Fortgange der Bildung sehr geändert. Da die Erziehung immer mehr aus dem richtigen Gesichtspunkte betrachtet worden ist, daß sie wesentlich mehr Unterstützung als Niederdrückung des erwachsenden Selbstgefühls, eine Bildung zur Selbständigkeit seyn müsse; so hat sich in den Familien ebenso sehr, als in den Erziehungsanstalten, die Manier immer mehr verloren, in Allem, was es sey, der Jugend das Gefühl der Unterwürfigkeit und der Unfreiheit zu geben, auch in dem, was gleichgültig ist, sie einer andern, als ihrer eigenen Willkür gehorchen zu machen, – leeren Gehorsam um des Gehorsams willen zu fordern, und durch Härte zu erreichen, wozu bloß das Gefühl der Liebe, der Achtung und des Ernstes der Sache gehört.«[506] HEGEL stellt sich hier also durchaus in die Tradition einer liberalen Erziehungsauffassung, die mit der bakuninischen Lesart nicht ohne weiteres korrespondiert. Daß BAKUNIN nur auf das disziplinierende Element der Erziehungsauffassung in den Gymnasialreden rekurriert, kann indes nicht verwundern, ist doch die allgemeine Tendenz in

---

500 Fr, 67.

501 Ebd.

502 Ebd.

503 vgl. HEGEL in: PLEINES 1983, 15 f.

504 vgl. HEGEL in: PLEINES 1983, 13

505 HEGEL in: PLEINES 1983, XIII

506 HEGEL in: PLEINES 1983, 28 f.

BAKUNINS »Vorwort« die Forderung nach der Versöhnung mit dem Status quo und das konformistische *Einleben* »in die herrliche russische Wirklichkeit«[507], eine Forderung, die nur vermittels extremer Selbstdisziplin und unter konsequenter Ignoranz gegenüber den tatsächlichen herrschenden Zuständen möglich ist.

Der ultrakonservative Hegelianismus des frühen BAKUNINS expediert dergestalt exemplarisch eine philosophische Entwicklung im STANKEVIČ-Kreis, die aus dem Scheitern am Faktischen, am Bewußt-Werden der reaktionären Erstarrung der 30er und 40er Jahre sich vor die Entscheidung[508] gestellt sieht, die Realität entweder total anzuerkennen oder – wie es im Kreis um HERZEN versucht wird – die russische Wirklichkeit als rückständige und deshalb zu-revolutionierende zu begreifen.

Auch die bildungskritischen Aspekte der bakuninischen Frühschrift sind solchem Konformismus geschuldet. Sie referieren die hegelsche Kritik am Empirismus als Kritik an der angeblichen Tendenz im russischen Bildungswesen, unter französischem Einfluß jegliches *Leben* und alle *Echtheit* unterminiert zu haben. Die Reduktionen und Simplifizierungen, die durch Empirismus und Positivismus für alles philosophische Denken virulent geworden seien, verantworten für BAKUNIN den krisenhaften Zustand des russischen Bildungswesens. Das russische Bildungswesen – BAKUNIN bezieht sich hier weitgehend auf die Bildung der Adligen und des höheren Bürgertums; *Volksbildung* ist für diesen frühen BAKUNIN ein Thema von untergeordneter Bedeutung – ist in seiner einseitigen Ausgerichtetheit auf die französische Philosophie und Bildungstheorie wegbereitend für philosophischen Skeptizismus und Agnostizismus.

In der Tat ist die Bildung der russischen Adligen in dieser Zeit in den Händen französischer (und deutscher) Hauslehrer. Die Verurteilung des Einflusses der französischen Bildung ist für SCHEIBERT deshalb auch »Denunziation der französischen Aufklärung, die für den russischen Landadligen von den Hauslehrern und väterlichen Bibliotheken her seit zwei Generationen die westliche Kultur par excellence verkörperte.«[509] BAKUNIN betreibt solche Denunziation, wenn er die Hauslehrerbildung folgendermaßen charakterisiert: »Irgendeinem Schneider oder Schuhmacher, der durch Hunger aus Frankreich vertrieben worden war, weil er sein Handwerk schlecht versteht, wurde die Erziehung der Kinder anvertraut.«[510]

Die französisch ausgerichtete Bildung impliziert für BAKUNIN aufgrund ihres inhärenten skeptizistischen Charakters eine »falsche, scheinhafte Erziehung«[511], die

---

507 Fr, 67

508 Die romantische Option, also die *Verklärung* der Wirklichkeit und damit ihre Abstraktion, ist im STANKEVIČ -Kreis obsolet geworden: Die Überwindung der sogenannten *Schönseeligkeit* SCHILLERS und der Romantiker und des absoluten Egoismus FICHTES war gerade mit HEGEL und seiner Versöhnungskonzeption eingeleitet worden; der Rückweg in den abstrakten Idealismus war mit HEGEL philosophisch ebensosehr verbaut wie die Öffnung für den Materialismus französischer Abkunft.

509 SCHEIBERT 1965, 147

510 Fr, 63

511 Fr, 65

es nicht vermag, im Educandus ein Gefühl für Religion oder für Kunst zu erwekken. Statt dessen zeitigt sie ein »stumpfsinniges Vegetieren«, eine Auffüllung mit »leeren französischen Phrasen, welche die Seele im Keim töten«[512].

Auch HEGELS kryptische Bemerkung in der Gymnasialrede von 1809 über Staaten, »welche solchen inneren Hintergrund (»geistige Inhalte«, M.H.) in der Seele ihrer Angehörigen zu erhalten und auszubauen vernachlässigten und verachteten, sie auf die bloße Nützlichkeit und auf das Geistige nur als auf ein Mittel richteten«[513] zielt selbstverständlich zuallererst auf das nachrevolutionäre Frankreich. Bemerkenswert aber ist HEGELS Einschränkung auf »bloße Nützlichkeit«: HEGEL lehnt nicht in der von BAKUNIN vorgeführten Absolutheit *nützliche*, also eben auch aus dem Positivismus und Empirismus entwickelte Erziehung, ab, sondern kritisiert lediglich die Omnipräsenz ihres Bildungsanspruches. Für BAKUNIN aber entbehrt »französische Bildung« jedwede inhaltlicher Substanz und damit auch jeden praktischen Nutzens. Sie vermag es aus diesem Grund nicht, den Zöglingen Sinndeutungen ihres Lebens zu geben. Statt dessen ist die *Scheinhaftigkeit* und philosophische Beliebigkeit dieser Bildung verantwortlich dafür, die Zu-Erziehenden zu verderben, »weil dies sie von den wesentlichen und wichtigen Lebensinteressen loßriß und der verderblichen Herrschaft unüberlegter und sinnloser Willkür auslieferte.«[514]

Neben der Leere und Phrasenhafigkeit der französischen Erziehung macht BAKUNIN als weiteres Moment des destruktiven Einflusses dieser Bildung den Verzicht auf religiöse Begründetheit aus. Religion ist für den BAKUNIN der Frühschriften »die Substanz, das Wesen jeden Staates.«[515] Für das empiristisch beeinflußte Frankreich der Revolutionsjahre konstatiert er: »Wo keine Religion ist, dort kann kein Staat sein, und die Revolution war die Verneinung jeglichen Staates, jeglicher gesetzlichen Ordnung.«[516] Der Einfluß der französischen Bildung verhindert es, im jungen Menschen »den göttlichen Funken zu entzünden, der eingesenkt ist in ihm durch die Vorsehung selbst« [517]. In erziehungspraktischer Hinsicht schließlich wendet sich BAKUNIN gegen die Vorstellung, eine einseitige Anhäufung von empirischen Tatsachen könne zur Bildung der Jugend Entscheidendes beitragen. Der Einfluß der empirischen Wissenschaften, deren Vertreter er als eine »große Anzahl seltsamer, beschränkter, pedantischer und lebloser Gelehrter«[518] be-

---

512 Ebd.

513 HEGEL in Pleines 1983, 11

514 Fr, 65

515 Fr, 59 Dieser Satz könnte auch aus BAKUNINS Spätschriften stammen, freilich unter umgekehrten Vorzeichen. Die Kirche und die Religion sind dort Garanten der staatlichen Herrschaft: ohne ihre Abschaffung kann der Staat nicht abgeschafft werden.

516 Fr, 59

517 Fr, 64

518 Fr, 77

schreibt, würde eine Spezialisierung mit sich ziehen, welche vom »allgemeinen, lebendigen Wissen«[519] fortführt. *Spezialisierung* heißt in diesem Kontext für BAKUNIN Zersplitterung des Wissens in »Durchschnittliches, Farbloses und Charakterloses«[520]. HEGEL hatte in der Gymnasialrede von 1809 im Zusammenhang mit seinen Darlegungen zum Nutzen des klassischen Sprachunterrichtes ebenfalls darauf hingewiesen, daß pädagogische Tendenzen, deren erstes Interesse die Vermittlung *praktischer* und *nützlicher* Kenntnisse und Fertigkeiten ist, keine tragende Befähigung zur aktiven geistigen *Selbstwerdung* zeitigen können: »Nicht jener sogenannte nützliche Stoff, jene sinnliche Materiatur, wie sie unmittelbar in die Vorstellungsweise des Kindes fällt; nur der geistige Inhalt, welcher Werth (sic!) und Interesse in und für sich selbst hat, stärkt die Seele und verschafft diesen unabhängigen Halt, die substantielle Innerlichkeit, welche die Mutter von Fassung, von Besonnenheit, von Gegenwart und Wachen des Geistes ist.«[521]

Allerdings intendiert HEGEL keineswegs eine Ablehnung der *nützlichen* Bildungsinhalte im allgemeinen, wie sie bei BAKUNIN gefordert wird. Ihm geht es vielmehr um das richtige Verhältnis zwischen zunächst zweckungebundender Bildung, wie sie im klassischen Sprachunterricht sich ausdrückt, und den mehr praktisch orientierten Unterrichtsfächern: HEGEL weist ausdrücklich darauf hin, daß die Ausbildung in klassischen Sprachen durch den in Umfang und Intensität gleichgestellten Unterricht in den *Realien* sinnvoll komplettiert wird[522], und verzichtet auch nicht auf den – obligatorischen – Verweis auf die Nützlichkeit des Unterrichts in den klassischen Sprachen selbst, denn im lateinischen und griechischen Grammatikunterricht »fängt also der Verstand selbst an, g e l e r n t zu werden.«[523]

BAKUNINS Kritik jedoch ignoriert in ihrer Radikalität die Bedeutung der empiristisch und positivistisch orientierten Wissensangeignung. Sein Antagonismus zum *scheinhaften* und immanenten Charakter französischer Philosophie verhindert jede Differenzierung, und er verlangt in einer Konsequenz, die weit über das von HEGEL Gemeinte hinausgeht, die *bedingungslose Akzeptanz* der Wirklichkeit als conditio sine qua non für jede erfolgreiche Bildung.

Die Wirklichkeit, die es zu akzeptieren gilt, ist aber nichts anderes als die gesellschaftliche und soziale Konstitution Rußlands unter der nikaolaiischen Herrschaft, und hier *radikalisiert* BAKUNIN HEGEL im konservativen Sinn: Selbst wenn der späte HEGEL im preußischen Staat die Realisation des zu sich selbst gekommenen Bewußtseins erkennen will, so darf nicht vergessen werden, daß HEGELS Ge-

519 Fr, 78

520 Fr, 64

521 HEGEL in: PLEINES 1983, 11

522 vgl. HEGEL in: PLEINES 1983, 16

523 HEGEL in: PLEINES 1983, 14 (Sperrung bei HEGEL)

schichtsphilosophie in erster Linie als *progressiver Prozeß* der Verwirklichung der Vernunft konzipiert ist: Preußen ist für HEGEL die letzte – und höchste – Stufe einer dialektischen Formierung, die alle vorangegangenen historischen Konstellationen als notwendige Vor- und Zwischenstufen impliziert. Gerade deshalb hatte HEGEL – bei aller Post-festum-Kritik an der Französischen Revolution – diese auch als »welthistorisches Ereignis, das den Vervollkommnungsprozeß des modernen Staates einleitete«[524] würdigen können. Wenn BAKUNIN hingegen die bedingungslose Akzeptanz der russischen Wirklichkeit einfordert, verlangt er eine Konformität mit einem Staatsgebilde, in dem systematisch progressive Tendenzen verfolgt werden und dessen »halbasiatischer Feudalismus«[525] zuletzt in der kompromißlosen Niederschlagung des Dezembristen-Aufstandes bewiesen hatte, wie er selbst mit vergleichsweise zurückhaltenden Reformbestrebungen umzugehen gedenkt.

BAKUNINS Einforderung einer Erziehung, die »einen kräftigen und wirklichen russischen Menschen bildet, der Zar und Vaterland hingegeben ist« [526], ist zumindest für die in Frage stehende historische Epoche der Restauration unter NIKOLAIJ identisch mit der herrschenden Theorie und Praxis in bildungspolitischer Hinsicht: Die »authentically Russian conservative principles of Orthodoxy, Autocracy and Nationality«[527] sind weitgehend durchgesetzt und ihr »Erfolg« ist unter anderem daran abzulesen, daß eine erste Auswanderungswelle russischer Intellektueller an die westeuropäischen Universitäten einzusetzen beginnt.

Zusammenfassend läßt sich sagen, daß in den Frühschriften BAKUNINS eine von HEGEL inspirierte Bestimmung der Erziehung vorgelegt wird, die vor allem im bildungskritischen Teil zur *Kampfschrift* für den konservativen Hegelianismus und gegen den französischen Empirismus sich generiert. Adressiert ist diese Schrift nicht zuletzt an den Intellektuellenzirkel um HERZEN und die dort diskutierte *französische* Ausrichtung von Philosophie und politischer Theorie: BAKUNINS Erstlingsschrift ist deshalb auch Dokument einer philosophisch-politischen Debatte, die gewissermaßen auf pädagogischem Terrain ausgetragen wird. Dieser Umstand berechtigt auch zu der Annahme, daß BAKUNIN hier bewußt eine Idiosynkrasie zum *französischen* Einfluß artikuliert, die über die tatsächliche Kritik des idealistischen STANKEVIČ-Kreises am Relativismus und Positivismus des empiristischen Aufklärungsdenkens weit hinausgeht und daß diesem Verfahren auch der pädagogische Gehalt dieser Frühschrift unterliegt, der aus diesen Gründen nicht überbewertet werden sollte. Folgen jedenfalls hat diese frühe Schrift für die Genese des pädagogischen Denkens des Autors nicht. Von einer *Versöhnung* mit der Wirklich-

---

524 TAYLOR 1983, 555

525 vgl. DUTSCHKE 1974

526 Fr, 64

527 MENDEL 1981, 34

keit als pädagogische Maxime ist in den späteren Schriften BAKUNINS nicht mehr die Rede.

Abschließend sei noch vermerkt, daß die Anregungen BAKUNINS zur Reformation des russischen Bildungswesens, wären sie aufgegriffen worden, das bereits niedrige Niveau der russischen Bildung nochmals herabgesetzt hätten: Die Exklusion der »französischen« Hauslehrerbildung hätte bedeutet, daß jede systematische Vermittlung moderner westeuropäischer Philosophie und Literatur vollends aus Rußland verbannt worden wäre.

2.1.2.3 Vom Linkshegelianismus zur »Philosophie der Tat«

Es wurde versucht zu zeigen, daß BAKUNINS Hegelrezeption zunächst auf eine Idealisierung der bestehenden Verhältnisse und damit auf eine energische Zürückweisung aller revolutionären Anstrengungen hinausläuft. Als er im Jahr 1840 das Studium an der Berliner Universität aufnimmt, ist dies noch seine Interpretation HEGELS, obwohl ihm die linkshegelianische Option bereits aus seiner Moskauer Zeit bekannt ist. An der Berliner Universität ist der Streit zwischen »Linkshegelianern« und »Rechtshegelianern« um das philosophische Erbe HEGELS voll entbrannt und vielleicht schon, wie CARR nahelegt, zugunsten des Linkshegelianismus entschieden: »In the ›thirties‹, to be an Hegelian meant to accept the political world as it was. In the ›forties‹ (except for a few professional philosophers) it meant to be a political revolutionary.«[528]

BAKUNIN lernt 1841 Arnold RUGE kennen, den Herausgeber der »Halleschen Jahrbücher«, das »Zentralorgan der Hegelschen Linken«[529]. Diese Bekanntschaft und die dadurch angeregte Lektüre der wichtigsten linkshegelianischen Schriften leiten bei BAKUNIN einen Bruch in seinem Hegelverständnis ein, der radikalen Ausdruck in dem 1842 in den »Halleschen Jahrbüchern« erschienenen Aufsatz »Die Reaction in Deutschland« findet.

BEER bewertet BAKUNINS Essay als »die bedeutendste Darstellung des geistesgeschichtlichen Selbstverständnisses der Junghegelianer«[530], und auch SCHEIBERT anerkennt BAKUNINS Schrift als das »leuchtendste Feuerwerk dieser proklamatorischen Generation.«[531]

Die Relevanz der bakuninischen Schrift rührt daher, daß in ihr *das* Thema der Links-hegelianer – die Fraglichkeit der hegelschen Lehre hinsichtlich der Bewältigung der als *schlecht* oder als *unvernünftig* organisierten Wirklichkeit – ins Zentrum der philosophischen Reflexion rückt. Im Linkhegelianismus ist die von HEGEL urgierte *Versöhnung* mit der Wirklichkeit, wie sie insbesondere seine späteren ge-

---

528 CARR 1975, 108

529 TSCHIZEWSKIJ 1961, 201

530 BEER (Einleitung) in: PdT, 37

531 SCHEIBERT 1956, 160

schichtsphilosophischen Arbeiten prägt, vor dem Hintergrund der Restauration der Reaktion in Deutschland und Europa unmöglich geworden: Geschult an der (negativen) Dialektik HEGELS wenden die Linkshegelianer seine Prinzipien zunächst im theologischen Bereich an – exemplarisch stehen hier STRAUSS' »Leben Jesu« und Bruno Bauers religionkritische Schriften -, um sich schließlich in der politischen Auseinandersetzung oder in der Interpretation der Wirklichkeit als politischer Realität zu erklärten Gegnern der hegelschen Staatsphilosophie zu entwikkeln. Die Wirklichkeit als politische Realität und als durch subjektive, praktische Handlungen *hergestellte* Realität zu begreifen war zwar in HEGELS Geschichtsphilosophie durchaus angelegt; HEGELS Konsequenz hieraus war jedoch keineswegs die Ermächtigung des Subjekts, die Wirklichkeit autonomistisch zu gestalten. Vielmehr sollte der in der christlich-abendländischen Geschichtsepoche zu sich selbst gekommene *Weltgeist* – als eine Art Mega-Subjekt – in seiner Entfaltung die Versöhnung von Vernunft und Wirklichkeit mit sich führen. Für HEGEL war solche Versöhnung im preußischen Staatswesen zuhanden. Wer – wie die Generation der Junghegelianer – in diesem Staatsgebilde die Destruktion oder Paralysierung der Freiheit des Subjektes sehen wollte, konnte sich auf HEGELS Wort von der »List der Vernunft« berufen: Für HEGEL setzt sich der *Geist* in der Geschichte in jedem Fall durch. Sollte eine Generation vor dem Hintergrund des allgemeinen Leidens diese »ewige« Wahrheit bezweifeln, so ist ihr entgegenzuhalten, daß nicht die aktuelle politische und soziale Situation, die empirischen Tatsachen, das Bewertungskriterium für die Vernünftigkeit einer jeweiligen Wirklichkeit heranzuziehen sind, sondern die Langzeitwirkung einer historischen Konstellation. Das reale Leiden einer Generation ist integraler Bestandteil des Durchsetzungsprozesses des Weltgeistes, dessen Wirken nicht auf den ersten, oberflächlichen Blick sich erweist sondern in der nachträglichen Reflexion, in einer Art epochalen Betrachtungsweise sich als Fortschritt sich bestätigt. Das Leiden der Individuen in den historischen Kämpfen garantiert das Glück und den Fortschritt der nachfolgenden Generation: »Das ist die *List der Vernunft* zu nennen, daß sie die Leidenschaften für sich wirken läßt, wobei das, was durch sie sich in Existenz setzt, einbüßt und Schaden leidet«[532]

H. MARCUSE hat darauf hingewiesen, daß HEGELS Geschichtsphilosophie und seine Anstrengung einer Versöhnung der Vernunft mit der Wirklichkeit vor dem Hintergrund der Französischen Revolution und insbesondere vor dem Hintergrund der jakobinischen Terrorherrschaft gesehen werden muß[533] und daß seine Interpretation der konstitutionellen Monarchie als ultima ratio der historischen Entwicklung zuallererst als Rettungsversuch der bürgerlichen Gesellschaft vor dem revolutionären Angriff zu deuten sei: Die (philosophische) Konsolidierung der bürgerlichen Gesellschaft, die dadurch geleistet wird, daß ihr das Zu-sich-selbst-

---

532 HEGEL 1955, 44

533 vgl. MARCUSE 1989, 15; 17; 210

Kommen des Weltgeistes zugeschrieben wird, bedeutet zugleich ein Ende der Geschichte[534]. Jede Veränderungsabsicht, die sich substantiell gegen diese bürgerliche Gesellschaft richtet, verkennt die historischen Gesetzlichkeiten und stellt sich insofern in den Gegensatz zum Weltgeist.[535] Dies war der Anknüpfungspunkt für die Kritik des junghegelianischen Flügels: Das Leiden in der Geschichte, der Verlauf der Geschichte als unaufhaltsames und im Grunde auch unbeeinflußbares Gesetz, die Hypostasierung eines Weltgeistes, der alle Geschichte als Vorgeschichte des Bürgertums interpretiert und letztere »glorifiziert und heiligt«[536], stand im krassen Widerspruch zur realen gesellschaftlichen Lage dieser »entgleisten Bildungsmenschen«[537], die in der bürgerlichen Gesellschaft des restaurativen preußischen Staates keinen Platz hatten[538]. Die Kritik an dieser Gesellschaft im Namen der Freiheit des Subjekts entwickelt sich einerseits auf der Grundlage der hegelschen Geschichtsphilosophie, die das Selbstbewußt-Werden des Geistes als treibendes Moment der Geschichte bestimmt hatte. Andererseits verläßt der Junghegelianismus an einem entscheidenden Punkt die hegelesche Dialektik: Die für die Entwicklung der Moderne bahnbrechende Erkenntnis, daß nicht die Idee, der abstrakte Weltgeist die historische Wirklichkeit konstruiert, sondern daß jene Wirklichkeit die Ideen zu modellieren vermag und – wie MARX zeigen wird – sie entscheidend konstituiert, ist die eigentliche geistige Erkenntnis des Junghegelianismus. Die Linkshegelianer sind in je unterschiedlicher Weise davon überzeugt, daß die hegelsche Versöhnung des Subjekts mit der objektiven Welt auf dem Boden des Idealismus nicht verwirklicht werden kann. Sie sehen sich mit einer Wirklichkeit konfrontiert, die »der Wirkmächtigkeit der Ideen trotzt.«[539]

BAKUNIN vollzieht in radikaler Weise den für den Linkshegelianismus fälligen Schritt vom Idealismus zur »praktischen« Philosophie, wenn er der Wirkmacht des »absoluten Geistes« die praktische *Tat* gegenüberstellt: »Der Gegensatz und dessen immanente Entwicklung macht einen der Hauptknotenpunkte des ganzen Hegelschen Systems – und da diese Kategorie die Hauptkategorie, das herrschende Wesen unserer Zeit ist, so ist auch Hegel unbedingt der größte Philosoph der Gegenwart, die höchste Spitze unserer modernen, einseitig theoretischen Bildung; – ja, gerade als diese Spitze, gerade dadurch, daß er diese Kategorie begriffen und somit aufgelöst hat, – gerade dadurch ist er schon über die Theorie, – freilich zunächst noch innerhalb der Theorie selbst -, hinausgegangen und hat eine neue praktische

---

534 vgl. MARCUSE 1989, 204

535 Die möglichen Fehlentwicklungen im bürgerlichen Staat werden von HEGEL nicht geleugnet; aber sie sind allenfalls Unvollkommenheiten, denen keine *systematische* Relevanz zuerkannt wird und die sich nivellieren werden.

536 MARCUSE 1989, 202

537 LÖWITH 1964, 80

538 vgl. LÖWITH 1964, 79 f.

539 BEER (Einleitung) in: Fr, 28

Welt postuliert, – eine Welt, welche keineswegs durch eine formale Anwendung und Verbreitung von fertigen Theorien, sondern nur durch eine ursprüngliche Tat des praktischen autonomischen Geistes sich erst vollbringen wird.«[540]

BAKUNIN wendet – wie alle Junghegelianer – die hegelsche Dialektik auf das hegelsche System selbst an. HEGEL hatte den formallogischen Prozeß der Erkenntnis als Prozeß der Negation beschrieben; jede Erkenntnis ist ein Prozeß des Ausschlusses, jedes positiv Erkannte hat notwendig die Negation, den Ausschluß des Negativen in sich und gewinnt nur durch solches Verfahren seine Wahrheit. HEGELS System erkennen heißt für BAKUNIN, es im Sinne der Negation zu erkennen. Da HEGEL, dies gesteht BAKUNIN zu, die theoretische Philosophie zum Ende, zur höchsten, nicht weiter steigerbaren Entfaltung gebracht hat, ist die einzig mögliche Negation seines Systems die Negation der theoretischen Anstrengung in toto. Nach HEGEL kann nicht mehr philosophiert werden, da durch HEGEL alles *gesagt* wurde. Was bleibt, ist die Handlung, die praktische Tat. HEGEL in negativer Dialektik erfassen heißt deshalb, sein System praktisch zu wenden. Daß auch HEGEL dies getan hat und den preußischen Staat als die praktische Verwirklichung seiner Philosophie ausgegeben hatte, wird von BAKUNIN ignoriert. Überhaupt gilt seine Kritik weniger HEGELS politischen und historischen Einschätzungen, die den Junghegelianern zweifellos bekannt sind, die aber als Propagandawerkzeug für eine erneuerte Dialektik aber nur schwerlich tauglich wären: Zu eindeutig waren HEGELS Stellungnahmen gegen das revolutionäre Denken und Handeln. Deshalb ist BAKUNINS Essay auch weniger an die von HEGEL selbst explizierten historisch-politischen Stellungnahmen orientiert, sondern eröffnet eine Auseinandersetzung mit einer imaginären Partei der »Positiven«, deren historische Identität im Dunkeln bleibt, die aber in philosophisch-theoretischer Hinsicht den preußisch-konformisistischen Rechtshegelianismus sensu ERDMANN und HAYM[541] ansprechen dürfte und in politisch-praktischer Hinsicht die preußische Monarchie und ihre Verwalter zum Gegenstand der Kritik macht.

Er setzt in seinem Essay einen Kampf zwischen diesen Anhängern des »Positiven« und den Vertretern der Demokratie, denen die Aufgabe der »Negation« des Bestehenden zufällt, voraus. Er versucht nun auf philosophischem Wege zu beweisen – und macht hier Anleihen beim hegelschen Negationsbegriff – daß das Negative immer das »übergreifende Moment«[542] in jedem dialektischem Prozeß bildet und deshalb letztendlich obsiegen muß. BAKUNIN drückt sich hier unscharf aus: Sein eigentliches Anliegen ist der Nachweis, daß der Prozeß der Negation, also die beständige Auflösung sowohl des Negativen als auch des Positiven den Kern der hegelschen Philososophie bildet. Dieser hegelsche Negationsbegriff wird nun für

---

540 PdT, 77

541 vgl. LÖWITH, 69 f.

542 PdT, 80

die revolutionäre Negation der gesellschaftlichen Wirklichkeit herangezogen. BAKUNIN bricht seine Adaption der hegelschen Philosophie bezeichnenderweise genau an diesem Punkt ab: Nur die Negation des Bestehenden, Positiven interessiert. Sie erhält dadurch eine Autonomie, die ihr HEGELS System nicht zuerkannt hatte. TSCHIZEWSKIJ vermerkt hierzu, daß das »Prinzip der Synthese in einer so abgeänderten Dialektik eigentlich keinen Platz mehr finden kann«[543] und – so wäre hinzuzufügen – auch nicht mehr finden soll. BAKUNIN hat alles andere im Sinn als eine Harmonisierung und Synthetisierung. Sein Programm ist Negation im Sinne von Destruktion. Konstruktion, so erläutert er an anderer Stelle, ist die Angelegenheit einer anderen Generation: »Wir sind berufen, zu zerstören und nicht aufzubauen; aufbauen werden andere, die besser, klüger und frischer sind als wir.«[544]

Die radikale Negation ohne Antizipation eines Neuen, Besseren wird eine Konstante im politisch-sozialen Denkens BAKUNINS bleiben. Die Radikalität dieses Bruchs unterscheidet sein Denken wesentlich von anderen revolutionären Entwürfen. MARXENS »Diktatur des Proletariats« etwa kann durchaus auch als Synthese im hegelschen Sinne interpretiert werden: Sie ist das Ergebnis der Dialektik des Klassenkampfes. BAKUNIN hingegen verweigert sich – bis auf wenige Ausnahmen im Spätwerk – aller Antizipation der Resultate der Negation – und bleibt in seiner Pandestruktion alles Bestehenden notwendigerweise abstrakt.

Wenn die »Negation des Bestehenden« das Ziel der Philosophie sein soll, so ist damit die Philosophie zur praktischen, revolutionären Tat verwandelt und hat als theoretische Anstrengung abgedankt. Die Schrift BAKUNINS stellt so einerseits den Schlußpunkt für die linkshegelianische Philosophie dar, zum anderen ist sie der Wendepunkt für BAKUNINS weitere philosophische Entwicklung. CARR bezeichnet BAKUNINS theoretische Entwicklung nach 1848 treffend als »Farewell to Philosophy«[545]. Die zentrale Fragestellung an Philosophie und Theorie wird für BAKUNIN immer sein, inwieweit die theoretische Anstrengung die revolutionäre Umwälzung unterstützen kann. Sie wird zum Werkzeug der praktischen Revolution, und hierin ist tatsächlich die idealistische Philosophie zu Ende gebracht.

2.2 BAKUNIN als anarchistischer Denker

Wenn gesagt wurde, BAKUNIN hätte mit seinem Essay »Die Reaction in Deutschland« Abschied von der Philosophie genommen, so darf das nicht dahingehend verstanden werden, daß vom »Denker« BAKUNIN hinfort nichts mehr zu erwarten sei. Die Entscheidung BAKUNINS, daß Wahrheit »keine Theorie, sondern die Tat,

---

543 TSCHIZEWSKIJ, 202

544 Br, 48

545 CARR 1975, 106

das Leben selbst«[546] ist, eröffnet ihm stattdessen die Möglichkeit, vom Standpunkt der praktischen Revolution aus die »überkommene« Philosophie des Idealismus auf neue und tiefgreifende Weise zu kritisieren. Seine späteren Schriften sind deshalb geleitet von einer Kritik der idealistischen Philosophie einerseits und der Kritik einer metaphysischen Begründung der Gesellschaft auf Glauben und Religion andererseits. Dieser kritischen Grundstruktur in BAKUNINS Denken kommt der Versuch einer positiven Bestimmung des »freien Menschen« und der »freien Gesellschaft« hinzu, der ihn als »wichtigsten Vertreter des Anarchismus«[547] ausweist. Im folgenden soll diese anarchistische Philosophie in Grundzügen dargestellt werden, wobei von vornherein gewisse Aktzentuierungen vorgenommen werden müssen: Da die vorliegende Arbeit zum Ziel hat, BAKUNINS pädagogische Auffassungen zu verdeutlichen, werden diejenigen Bestandteile der bakuninischen Theorie besonders herausgehoben, die um genuin pädagogische Fragestellungen kreisen. Es handelt sich um die Problemkreise »Anthropologie«, »Wissenschaftsbegriff« und »Freiheit und Autorität«.

2.2.1 Anthropologie

2.2.1.1 Der Naturbegriff

BILLIG stellt bei der Untersuchung der bakuninischen Weltauffassung fest, daß »fast keine naturphilosophischen Betrachtungen«[548] bei BAKUNIN zu finden seien, daß sein gesamtes Denken den Menschen zum Mittelpunkt habe. Das bedeutet nun nicht, daß BAKUNIN den Komplex Natur/Mensch gänzlich ausspart. Für BAKUNIN ist es ausgemacht, daß die natürliche Welt »durchgehend aus Materie gebaut«[549] ist. Innerhalb dieser materiellen Welt lassen sich gewisse Entwicklungsstufen erkennen. Es findet sich eine »fortschreitende Bewegung von der anorganisch genannten Welt zur organischen, Pflanzen-, dann Tier-, dann speziell menschlichen Welt«, einen Übergang »der chemischen Materie oder des chemischen Wesens zur lebenden Materie oder dem lebenden Wesen zum denkenden Wesen«[550]. Diese »fortschreitende Bewegung« will BAKUNIN im Sinne DARWINS verstanden wissen[551].

---

546 TSCHIZEWSKIJ, 205

547 VAN DOOREN, 7

548 BILLIG, 53

549 Ebd.

550 PdT, 104

551 DARWIN hingegen vertritt einen Entwicklungsgedanken, der den langsamen und allmählichen Fortschritt durch Evolution zum Mittelpunkt hat und der deshalb im Widerspruch zu HEGELS Entwicklungsgedanken steht, der eine Entwicklung in dialektischen Sprüngen akzentuiert.

Im Menschen und in dessen Denkfähigkeit drückt sich für BAKUNIN das vorläufige Ende jenes Evolutionsprozesses aus. Von besonderer Bedeutung ist für BAKUNIN, daß die *materielle* Abkunft dieser Denkfähigkeit im Blick bleibt: »Der Mensch ist, wie die ganze übrige Welt, ein vollständig materielles Wesen. Der Geist, die Fähigkeit zu denken, die verschiedenen äußeren und inneren Eindrücke zu empfangen und zurückzuwerfen, sich der vergangenen zu erinnern und sie durch das Gedächtnis wieder hervorzubringen, sie zu vergleichen und zu unterscheiden, gemeinsame Eigenschaften zu abstrahieren, und so allgemeine oder abstrakte Begriffe zu schaffen, schließlich durch verschiedene Gruppierung und Zusammenfassung der Begriffe Ideen zu bilden, – die Intelligenz mit einem Wort, der einzige Schöpfer all unserer idealen Welt, gehört dem tierischen Körper an und insonderheit der ganz materiellen Organisation des Gehirns.«[552]

Die Frage nach einem letzten Grund der materiellen Welt, nach einem wie auch immer gearteten »Schöpfer«, stellt sich für BAKUNIN nicht. Er befindet sich hier[553] in der Tradition der positivistischen Lehre sensu COMTE, die alle Fragen nach dem *Wesen* der Tatsachen abgelehnt hatte. Auch BAKUNIN erteilt jedem Versuch einer »Letztbegründung« eine Absage: »Wann, wie und warum das göttliche, unendliche Wesen, das absolut Vollkommene, wahrscheinlich von sich selbst gelangweilt, sich zu diesem verzweifelten Salto mortale (scil. die Erschaffung der materiellen Welt, M.H.) entschloß, das hat kein Idealist, Theologe, Metaphysiker oder Dichter je selbst zu verstehen gewußt, noch es den Ungläubigen erklären können.«[554] Es zeigt sich also, daß BAKUNIN eine konsequent materialistische Weltsicht vorlegt. Der Mensch ist in dieser Konzeption unausweichlich in die natürliche, materielle Welt eingebettet. Dennoch nimmt der Mensch eine Sonderstellung in der Entwicklungsgeschichte der Welt ein. Diese Sonderstellung wird deutlich, wenn die unterschiedliche Bewertung von Mensch und Tier bei BAKUNIN untersucht wird.

2.2.1.2 Das Verhältnis Mensch/Tier

BAKUNIN geht zunächst davon aus, daß der Mensch nichts anderes ist als ein »sprechendes Tier«. Der Mensch ist – wie jedes Lebewesen – von den zwei Urinstinkten der Ernährung und der Fortpflanzung bestimmt. Doch schon die Art und Weise, in der der Mensch seine Ernährung sicherstellt, unterscheidet ihn vom Tier: »Das erste Mal als er sich des gröbsten Werkzeuges, eines einfachen Stockes oder eines Steines bediente, vollbrachte er einen Akt der Überlegung und bestätigte sich zweifellos, ohne es zu ahnen, als denkendes Tier, als Mensch, denn selbst die ein-

---

552 SuA, 177

553 Mit dieser Bezugnahme auf die Empirie in Fragen der Letztbegründungen ist BAKUNINS Referenz an COMTE allerdings erschöpft. Die positivistische Erkenntnistheorie, die COMTE vorlegt, steht ansonsten in scharfem Widerspruch zur eher voluntaristischen Ausrichtung bakuninischer Sozialphilosophie.

554 PdT, 105

fachste Waffe, welche sich notwendigdem Zweck anpassen muß, zu welchem der Mensch sie verwendet, setzt eine gewisse Geistesarbeit voraus, welche den Menschen wesentlich von anderen Tieren der Erde unterscheidet. Dank der Fähigkeit, nachzudenken, zu überlegen und zu erfinden, vervollkommnete der Mensch seine Waffen, allerdings sehr langsam, und wurde dadurch zum Jäger oder zum bewaffneten wilden Tier.«[555] Es ist also wiederum die Denkfähigkeit, die als wesentliches Unterscheidungskriterium zwischen Mensch und Tier anzusehen ist. Vermittels der Denkfähigkeit ist es dem Menschen möglich, aus dem tierischen Zwang der Nahrungssuche auszubrechen: »Wenn die natürlichen Quellen erschöpft waren, erschuf er (der Mensch, M.H.) künstliche.«[556] Die Denkfähigkeit, die in den primitiven Gesellschaften nur unvollkommen ausgebildet ist, entwickelt sich über die Menschheitsgeschichte hindurch zu immer höherer Form. BAKUNIN betont hier die Macht der Tradition und stellt fest, daß sich durch die »Verstandesarbeit von Jahrhunderten (...) das geistige und moralische Erbgut einer Gesellschaft, einer Klasse, eines Volkes«[557] entwickelt. BAKUNIN entwirft eine historische Anthropologie, die zunächst als natürliche und harmonische Entwicklung einer kontinuierlich fortschreitenden Menschheit gesehen werden könnte. Diese Anthropologie hat aber auch eine Kehrseite. BAKUNIN geht davon aus, daß die *Animalität* des Menschen keineswegs überwunden ist. Es besteht allemal die Möglichkeit, daß der Mensch wieder zum Tier wird: »Ein Menschenfresser, der seinen Gefangenen verspeist, ihn als wildes Tier behandelt, ist kein Mensch, sondern ein Tier. Ein Sklavenhalter ist kein Mensch, sondern ein Herr.«[558]

Menschenfresser und Sklavenhalter haben gemeinsam, daß sie die Freiheit ihres Gegenübers nicht kennen. Die Freiheit gehört aber für BAKUNIN zur Grundvoraussetzung des Menschseins: »Nur in Gesellschaft anderer Menschen kann ich mich als frei ansehen und fühlen. Einem Tier niederer Gattung gegenüber bin ich weder frei noch Mensch, weil dieses Tier unfähig ist, mein Menschentum zu begreifen und deshalb auch anzuerkennen. Nur solange ich die Freiheit und das Menschentum aller Menschen, die mich umgeben, anerkenne, bin ich selbst Mensch und frei. Nur wenn ich ihren menschlichen Charakter anerkenne, anerkenne ich auch den meinen.«[559]

Freiheit und Erkenntnis der Freiheit sind für BAKUNIN letztlich die Unterscheidungskriterien zwischen Mensch und Unmensch/Tier, und hier sind Nach-

---

555 PdT, 131

556 SuA, 131. Dies verweist schon deutlich auf den dialektischen Charakter des menschlichen Denkvermögens bei BAKUNIN als »einerseits eine neue Eigenschaft des Menschen, der sich darin vom Tier unterscheidet, aber andererseits auch eine Fortsetzung des animalischen Lebens mit anderen Mitteln.«(VAN DOOREN, 35)

557 PdT, 264

558 PdT, 253

559 PdT, 252

klänge des hegelschen Freiheitsbegriffes deutlich erkennbar. Auch HEGEL hatte die Geschichte des Geistes als Ausbildung der Freiheit gekennzeichnet und erst die individuelle Freiheit, die Freiheit jedes Menschen, wie sie im Christentum und hier insbesondere in der Reformation postuliert wurde, zum historischen Ziel aller Geistesentwicklung erklärt. Daß BAKUNIN nicht die dialektischen Sprünge, die das hegelsche System kennzeichnen, zur Erklärung der Genese des menschlichen Geistes heranzieht, sondern DARWINS evolutionistische Sichtweise übernimmt, erklärt sich aus dem Rekurs BAKUNINS auf den Materialismus: HEGELS »Sprünge« haben zuallererst idealistischen Charakter. Der Sprung ist nichts anderes als eine geistige Setzung, und insofern steht der sich selbst bewußt werdende Geist über der Materie. Diese Sicht aber ist inkompatibel mit einem konsequenten Materialismus, dessen Signum es gerade ist, daß das Sein die Veränderungen des Denkens bedingt.

Die Doppeldeutigkeit in der Bestimmung der menschlichen Natur – also die Gratwanderung des Menschen zwischen Humanisation und Rückfall ins Tierhafte – setzt sich auch in BAKUNINS Ausführungen zu den menschlichen »Instinkten« fort. Es gibt für BAKUNIN zwei grundlegende Formen der menschlichen Instinkte, den *Befehlsinstinkt* und den *Empörungsinstinkt*. Der *Befehlsinstinkt*, der in »seinem ursprünglichen Wesen ein ganz bestialischer, ganz wilder Instinkt«[560] ist, hatte am Anfang der Menschheitsentwicklung die Funktion der Existenzbewältigung. Mit der Geistesentwicklung »idealisiert er sich gewissermaßen, nimmt edlere Formen an und gibt sich als Organ der Intelligenz und als ergebener Diener der Abstraktion oder politischen Fiktion, die man öffentliches Wohl nennt.«[561] Im *Befehlsinstinkt* liegt für BAKUNIN der erste Grund für den autoritären Staat. BAKUNIN bezeichnet diesen Instinkt auch als den »Teufel in der ganzen menschlichen Geschichte«[562] und sieht ihn »keimhaft« in jedem Menschen angelegt.

Daß der *Befehlsinstinkt* bis in die Gegenwart wirksam geblieben ist, verdankt sich der »Dummheit und Unwissenheit«[563] der »Massen«. BAKUNIN weiß zwar um den Einfluß der gesellschaftlichen Mächte auf die Bildung der Massen, spricht diesen jedoch nicht alle Selbstverantwortung ab, sondern behauptet, daß »die Massen selbst diese Ausbeuter, Unterdrücker, Despoten und Henker der Menschheit hervorbringen, deren Opfer sie sind.«[564] Es ist schwer zu entscheiden, ob BAKUNIN mit dieser Formulierung an der durch HEGEL und MARX vertretenen Auffassung partizipiert, derzufolge der Herrscher (HEGEL) oder die herrschende Klasse (MARX) als *Werkzeug* der geschichtlichen Entwicklung betrachtet werden und ihnen letztlich jede Autonomie aberkannt wird, oder ob BAKUNIN in der Herrschaft eines

---

560 SuA, 350

561 Ebd.

562 SuA, 350

563 Ebd.

564 Ebd.

Einzelnen oder einer Klasse die bewußte und tätige Initiative eines freien Subjektes ausgedrückt sieht. Die Beschreibung des *Befehlsinstinktes* als anthropologische Qualität spräche für letzteres. Das Individuum nutzt aufgrund des *Befehlsinstinktes* – unabhängig von seiner Klassenlage – jede Gelegenheit zur Ausübung von Herrschaft[565]. Der *Befehlsinstinkt* ist bei BAKUNIN gewissermaßen ein urmenschliches Relikt, das bei aller Aussicht auf Fortschritt und Humanisation des Menschen immer mitbedacht werden muß. Ein Umschlag der Entwicklung der Menschheit zurück in »primitive Barbarei«[566] ist deshalb nie ganz auszuschließen.

Im *Empörungsinstinkt* sieht BAKUNIN jene Kraft des Menschen ausgedrückt, die die Entwicklung des Menschen zur Freiheit gewährleistet. Empörung, als spezifisch menschliche Eigenschaft, ist für BAKUNIN eine Grundkonstante, die mit dem *Befehlsinstinkt* in den Urformen der menschlichen Gesellschaft angesiedelt ist. Er interpretiert in diesem Zusammenhang den biblischen Sündenfall als »Akt des Ungehorsams«, in dem der Mensch »sich von der tierischen Natur getrennt und sich als Mensch gebildet«[567] hat. Menschliche Geschichte setzt ein mit der Entdekkung der Möglichkeit des Verneinens. BEER ist der Auffassung, daß die Darstellung des Menschen als »Empörer, als Neinsager kraft seiner Freiheit die eigentliche geistige Schrift (sic!) Bakunins«[568] sei. Vor dem Hintergrund der philosophiegeschichtlichen Entwicklung betrachtet stelle BAKUNINS Auffassung des Empörungsinstinkts den »Aufstand des neuzeitlichen Menschen gegen alle Grenzen und Bindungen, gegen Natur und Geschichte«[569] dar. Dem wäre entgegenzuhalten, daß BAKUNINS Konzeption sich weniger als origineller philosophischer Entwurf artikuliert, sondern aus einer dringlich notwendig gewordenen Abgrenzung und Ableitung seiner politisch-sozialen Ziele hervorgeht. Mit der Aufgabe der hegelschen Geschichtsdeutung und mit der bereits eingeleiteten Differenz zu MARX, der den revolutionären Kern der hegelschen Geschichtsphilosophie in seiner Konzeption der Geschichte als *Geschichte der Klassenkämpfe* produktiv genutzt hatte, war für BAKUNIN die Begründung seiner Sozialphilosophie durch historische Tatbestände schwierig geworden. Der Griff zum *Instinkt* ist nur vermeintlich originell. ASKASOVS Verweis auf die Natürlichkeit des russischen Bauerntums, das instinktiv aufständisch sei, hatte schon im STANKEVIČ-Zirkel im Streit zwischen »Westlern« und »Slavisten« eine Rolle gespielt.[570] Konventionell ist BAKUNINS Einführung

---

565 Mit Recht bemerkt VAN DOOREN, daß BAKUNINS Auffassung vom *Befehlsinstinkt* in den Konzeptionen der Kritischen Theorie zum *autoritären Charakter* eine Renaissance erfuhr (vgl. VAN DOOREN 1985, 36).

566 SuA, 350

567 PdT, 101

568 BEER (Einleitung) in: PdT, 47

569 Ebd.

570 BAKUNIN wird eine ähnliche Argumentation auch im Streit mit LAVROV wieder beziehen und dann deutlich das *Wesen des Volkes* als ein ursprünglich revolutionäres definieren.

zweier sich widersprechenden Instinkte auch deshalb, weil er damit an der nach DARWIN als en vogue geltende Deduktion menschlicher Verhaltensweisen aus animalischen Bedingungen und Bedingtheiten anknüpft. Die Einführung der Konzeption der Instinkte spiegelt aber beispielhaft die Dichotomie bakuninischen Denkens: Die Einteilungen der Welt und der Individuen in »Gut« und »Böse«, »Positiv« und »Negativ«, »Revolutionär« und »Reaktionär« sind Grundmuster und Erkennungsmerkmal der bakuninischen Spätphilosophie[571], und es ist nur konsequent, wenn er diese Muster auch als historische einführt.

Der Instinkt der Empörung meint also eine naturhaft angelegte Fähigkeit, die Natur zu überwinden. Während sich im Anfang der Menschheitsentwicklung der *Empörungsinstinkt* als bewußtloser Wunsch nach Gerechtigkeit und Freiheit bestimmen läßt, verändert er sich durch den Einsatz des Denkens in eine gezielte Kraft zur Veränderung »empörender« Umstände, zur im Menschen angelegten Kraft zur Revolution.

Befehlsinstinkt und *Empörungsinstinkt* sind bei BAKUNIN das natürliche Erbe des Menschen, aus dem heraus alle bewußten Erscheinungen des menschlichen Lebens verstanden werden müssen. Jeder Versuch, den Menschen zu verändern, also auch jede Bildungsanstrengung, muß sich an diesem Erbe orientieren.

2.2.1.4 Die menschliche Denkfähigkeit

Zunächst ist darauf hinzuweisen, daß BAKUNIN keine klare begriffliche Unterscheidung zwischen Geist, Denken, Vernunft und Intelligenz vornimmt. Immer ist mit diesen Begriffen die spezifisch menschliche Fähigkeit angesprochen, »Eindrükke von Dingen und Tatsachen zu vergleichen und in richtigen oder falschen Systemen zusammenzufassen.«[572] Die Fähigkeit des Denkens ist in hervorragender Weise beim Menschen ausgebildet. Dies bedeutet allerdings nicht – und hier bleibt BAKUNIN seiner materialistischen Weltsicht treu – daß beim Tier keine Intelligenz auffindbar sei. Intelligenz ist nur ein quantitatives Unterscheidungsmerkmal zwischen Mensch und Tier: »Man ist not the only intelligent animal on earth. Far from it. Comparative psychology proves, that there is no animal which is altogether devoid of intelligence, and the closer a species approaches man in its organization and especially in the structure of its brain, the higher it stands in the development of its intelligence.«[573] Die menschliche Denkfähigkeit hat für BAKUNIN einen progressiven Charakter. Einerseits ist das Vorwärtsschreiten des Denkens nur durch das Vorhandensein der Tradition möglich, die »die von den vergangenen Generationen erworbenen Kenntnisse bewahrt«, andererseits ist die menschliche Fähigkeit »neue Vorgänge zu erfinden, welche die menschliche Existenz gegen alle

---

571 MENDEL hat darauf hingewiesen, daß diese Dichotomie auch BAKUNINS Frühwerk prägt. (vgl. MENDEL 1981, 106 ff.)

572 PdT, 264

573 Max, 92

Naturkräfte, die ihr entgegengesetzt sind, verteidigen«[574] für die Entwicklung des Denkens von elementarer Bedeutung. Zudem ist der Mensch mit der Fähigkeit zu sprechen ausgestattet, jener »Gabe (...) welche von der des Denkens unzertrennlich ist«[575]. Erst mit dieser komplexen Sprachstruktur ist die menschliche Abstraktionsfähigkeit ermöglicht. Der Mensch ist für BAKUNIN also ein sprach- und denkfähiges Tier. Dem Denken und seiner Wirkmacht sind jedoch gewisse Grenzen gesetzt: BAKUNIN sieht das Denken als Ausdruck von oder als Reflex auf Vorgegebenheiten des »wirklichen Lebens«. Der Begriff »wirkliches Leben« umfaßt bei BAKUNIN »Wirklichkeit und Individualität, Gefühl, Leiden, Freuden, Streben, Bedürfnisse und Leidenschaften.«[576] Das Verhältnis von Leben und Denken ist für BAKUNIN klar bestimmt: »Das Leben bestimmt das Denken und bestimmt das Wollen.«[577] An anderer Stelle erklärt er, daß der »freie Wille« als metaphysische Konstruktion sich überlebt habe und eine »untenable fiction running counter of the nature of things«[578] wäre. Seine Definition des Willens steht also in enger Verbindung mit den Überlegungen der materialistischen Philosophie, die jede Spontaneität und Unbedingtheit des Willens – wie sie im klassischen Indeterminismus und zuletzt noch im fichteschen »Ich« und im autonomen »Weltgeist« HEGELS von Relevanz war, – radikal negiert hatte. BAKUNINS materialistische Deduktion des Willens konstruiert diesen – in Analogie zur Intelligenz des Menschen – als Produkt der gesellschaftlichen Umstände: »Thus conceived and explained, man's will and intelligence can not longer be con-sidered an absolutely autonomous power, independent of the material world and capable, in conceiving thoughts and spontanous acts, of breaking the inevitable chain of causes and effects which constitutes the universal solidarity of the worlds. The apparent *independence* of will and intelligence is *largely relative* (...) And just as we have had to reject the possibility of what the metaphysicians call spontanous ideas, we have to reject the spontaneous acts of the will, the *arbitrary freedom of will* and the moral responsibility of man, in the *theological, metaphysical, and juridical senses of the word.*«[579] Der Mensch ist ebenso wie das Tier in seinen Willensentscheidungen in erster Linie durch die materiellen Bedingungen determiniert. Folgerichtig ist auch die Vorstel-

574 SuA, 131

575 SuA, 131

576 PdT, 159

577 SuA, 261 Die Nähe solcher Überlegungen zur feuerbachschen Terminologie ist evident. Die berühmte Sentenz FEUERBACHS zur selben Problematik lautet: »Das wahre Verhältnis vom Denken zum Sein ist nur dieses: das *Sein* ist *Subjekt*, das *Denken Prädikat.* Das Denken ist aus dem Sein, aber nicht das Sein aus dem Denken. (...) Das Sein wird nur da vom Denken abgeleitet, wo die *wahre Einheit* von Denken und Sein *zerrissen* ist, wo man erst dem Sein seine *Seele*, sein *Wesen* durch die Abstraktion genommen und dann hintendrein (sic!) wieder in dem vom Sein abgezogenen Wesen den *Sinn* und *Grund* dieses für sich selbst leeren Seins findet;« (FEUERBACH 1970, Bd. 9, 258 f.)

578 Max, 102, vgl. auch Max, 95; 148

579 Max, 102 f.

lung einer *absoluten Verantwortlichkeit* des Menschen für seine Handlungen zurückzuweisen. Der Wille und die Verantwortlichkeit des Menschen sind allerdings in ihrer *relativen* Form zu beachten und für die anthropologische Fragestellung nicht unerheblich. Der Mensch ist wie das Tier von der Natur mit einer »Fähigkeit zu wollen«[580], versehen und die Ausbildung dieser Potentialität ist eine pädagogische Unternehmung: »Es ist wahr, daß die Fähigkeit zu wollen, ebenso wie alle anderen Fähigkeiten des Menschen, durch die Erziehung, durch eine Gymnastik, die ihr eigen ist, entwickelt werden kann. Diese Gymnastik gewöhnt die Kinder allmählich daran, zunächst ihre geringsten Eindrücke nicht sofort zu äußern oder mehr oder weniger die rückwirkenden Bewegungen ihrer Muskeln zu unterdrükken, wenn sie durch innere oder äußere Empfindungen, die ihnen durch die Nerven übermittelt werden, gereizt werden; wenn später ein gewisser Grad der von Ueberlegung (sic!), der durch eine ihm gleichfalls eigene Erziehung entwickelt wird, sich im Kinde gebildet hat, nimmt dieselbe Gymnastik ihrerseits mehr und mehr einen überlegenen Charakter an, der die werdende Intelligenz des Kindes zu Hilfe ruft und sich auf einen gewissen Grad von Willenskraft gründet und es daran gewöhnt (...) sein Denken, seine Sprache und seine Handlungen, einem beherrschbaren Ziel, das gut oder schlecht sein kann, unterzuordnen.«[581]

Die hier ausgeführte Definition der Willenskraft als natürliches und über die Erziehung zu bildendes Potential verlegt die in Frage stehende Diskussion um die *Freiwilligkeit* menschlicher Handlungen kurzerhand in den materiellen Bereich. BAKUNIN erzielt mit solchem Verfahren einen doppelten Gewinn: Einerseits ist die materialistische Basis seiner Überlegungen gesichert, und er verbleibt im Kontext der sozialistischen Entwürfe seiner Zeit, andererseits ist der Verweis auf eine *Möglichkeit zu wollen* ein Ausweg aus dem historischen Determinismus, der alle konsequent durchgeführten Materialismen bis hin zu MARX insofern für die revolutionäre Intentionen gehemmt hatte, als auch die Entscheidung zur Revolution in diesen Konzeptionen nichts anderes darstellte als eine durch materielle Bedingungen konstituierte Konsequenz.

Für BAKUNIN ist die über Erziehung vermittelbare *Fähigkeit zu wollen* eine Begründung für die Autonomie des Menschen, der letztlich in der revolutionären Umwälzung der Gesellschaft eine wichtige Funktion zukommt. Der Mensch kann »bis zu einem gewissen Punkt sein eigener Erzieher, sein eigener Lehrer und sozusagen der Schöpfer seiner selbst werden«[582], und gerade hierin liegt der Ansatzpunkt für eine revolutionäre Propaganda. Insgesamt postuliert BAKUNIN einen unzweideutigen *Primat des Lebens über das Denken* und eine unbedingte Überlegenheit der materiellen Bedingungen über geistige oder ideelle Kategorien. Der

---

580 Ges 1, 231

581 Ges 1, 231 f. (Kursivierung bei BAKUNIN)

582 Ges 1, 232

Gedanke »darf nicht, wenn er am Leben teilnehmen soll, aus sich herausgesponnen werden«[583], sondern ist als Produkt von Natur und Erziehung zu sehen. Erziehung wiederum hat sich zu vergegenwärtigen, daß die menschliche Natur immer gewisse *vorkulturelle* Züge hat, die im Befehls- und Empörungsinstinkt ihren Ausdruck finden. Diese Instinkte setzen der Erziehung eine gewissermaßen natürliche Grenze, und nur im Bewußtsein dieser Limitation – also im Bewußtsein um die grundsätzlich *animalische* Natur des Menschen – kann Erziehung sich den idealistischen Illusionen von »Moralität« oder »Verantwortlichkeit« entziehen, die BAKUNIN als überhistorische und transzendentale Kategorien zurückweist[584].

2.2.2 BAKUNINS Begriff von Wissen und Wissenschaft

BAKUNINS Wissenschaftsbegriff konsolidiert sich in der Auseinandersetzung mit den zentralen philosophischen Entwürfen seiner Zeit – in Auseinandersetzung mit dem Materialismus, dem Idealismus und dem Positivismus.

Es wurde bereits deutlich, daß BAKUNIN den hegelschen Idealismus verworfen hat, weil dieser vom »Leben« abstrahiert und sich in metaphysischer Spekulation verliert. Die Inhalte HEGELS und hier insbesondere die geschichtsphilosophischen Konsequenzen werden von BAKUNIN abgelehnt. In formaler Hinsicht allerdings bleibt die hegelsche Dialektik für BAKUNIN das wichtigste methodische Instrumentarium seiner Sozialphilosophie. So wird der hegelsche Negationsbegriff gegen den unkritischen Realitätsbegriff der positivistischen Philosophie gewendet. Die Weigerung des Positivismus, nach dem »Wesen« des Forschungsgegenstandes zu fragen, schließt auch die Weigerung ein, den Gegenstand in seiner gesellschaftlichen Bedingtheit zu sehen. Dies ist für den politischen Denker BAKUNIN nicht akzeptabel, und er setzt hier auf den Negationsbegriff HEGELS, um gesellschaftliche Gegenstände kritisch hinterfragen und »verneinen« zu können.

BAKUNIN schätzt am Positivismus, der hier in erster Linie als der Positivismus COMTES und seiner Schule behandelt wird, dessen Verzicht auf alle Spekulation und damit seine ausschließliche Bezogenheit auf »die allgemeine Natur oder die Logik der Tatsachen selbst, ihre allgemeinen Beziehungen und die allgemeinen Gesetze und Entwicklungen«[585]. Zugleich aber impliziert diese Allgemeinheit des Positivismus seine Schwäche und Grenze. Die methodische Selbstbegrenzung des Positivismus besteht in der »Fesselung des Gedankens an die unmittelbare Erfahrung«[586]. Er ist deshalb unfähig, »die wirklichen Individuen zu erfassen und sich für ihr Schicksal zu interessieren«[587]. Die Weigerung des Positivismus, sich meta-

583 BILLIG, 54

584 Ges 1, 234 ff.

585 PdT, 170

586 MARCUSE 1989, 300

587 PdT, 170

physischen Fragestellungen nach dem Wesen der Erscheinungen zu stellen, ist für BAKUNIN deshalb eine unbefriedigende und »bequeme« Art des Philosophierens:»Man fragt Sie (ein imaginärer Positivist, M.H.) in Beziehung auf eine Erscheinung: W a r u m ist das so? Und Sie antworten: W e i l das so ist. (...) Ich kann aber nicht verstehen, daß ein Philosoph, der die Ordnung der Tatsachen ergründen will, sich mit so wenigem begnügen kann.«[588]

BAKUNIN intendiert keineswegs den Rückfall in den Idealismus oder in die Metaphysik. Seine Antwort auf die vom Positivismus unzureichend beantworteten epistemologischen Fragen rekurriert auf die hegelsche Logik, die freilich von feuerbachscher Terminologie tingiert ist. Die *Substanz* eines Gegenstandes »wird nicht nur erkannt durch die Summe oder die Verbindung aller Ursachen«, was dem positivistischen Erkenntnisbegriff noch zueignen würde, sie wird darüberhinaus » g l e i c h f a l l s e r k a n n t d u r c h d i e S u m m e i h r e r v e r s c h i e d e n e n Ä u ß e r u n g e n o d e r a l l e r d e r W i r k u n g e n d i e s i e n a c h a u ß e n a u s ü b t .«[589] Die Bestimmung der Substanz als Prozeß der Bewegung ist ein genuin hegelscher Gedanke. BAKUNIN geht jedoch über HEGEL hinaus, wenn er diese Bewegung einerseits als prinzipiell infinit definiert, andererseits der Handlung und insbesondere der menschlichen Handlung absolute Priorität im Subjekt-Objekt-Verhältnis zuschreibt. »Sein«, so BAKUNIN, heißt »Tun«[590]. Diese Dialektik, die neben dem Verzicht auf die Harmonisierung durch einem zu-sich-selbst-gekommenen Weltgeist im hegelschen Sinne auch ohne eine – im Frühsozialismus und Utopismus allgegenwärtige – Geschichtsteleologie auskommen kann, kennt kein Ende des Prozesses der *Aktion* oder der *Bewegung*. Das erkenntniskritische Versagen des Positivismus ist nach BAKUNIN vornehmlich darin begründet, daß dieser der instabilen, in dauernder dialektischer Bewegung befindlichen Struktur der Dinge oder der Materie keine Aufmerksamkeit zuwendet. Zwar ist der unaufhörlichen Bewegung der Dinge mit dem Instrumentarium des Positivismus ebensowenig beizukommen wie mit der rationalistischen oder der empiristischen Methodik, denn sie alle versuchen gerade diese Bewegung stillzulegen und dergestalt sie zu *fassen*. Unzugänglich im philosophischen Sinne ist jene Bewegung jedoch nicht: Das Wesen der Dinge ist »die unwesentlichste, die am wenigsten innere, die äußerste und gleichzeitig die wirklichste und vergänglichste, die flüchtigste Seite der Dinge und Erscheinungen: ihre unmittelbare Materialität, ihre wirkliche Individualität«[591] und diese Materialität und Individualität erfordert eine angemessene dynamische und dialektische Erkenntnisweise, die grundsätzlich für die Unabgeschlossenheit und Flüchtigkeit der Dinge offen ist. Es lassen sich

588 Ebd. (Sperrung bei BAKUNIN)

589 Ges 1, 297. (Sperrung bei BAKUNIN)

590 vgl. Ges 1, 298

591 Ges 1, 303

auch in solchem Erkenntnisgang allgemeine epistemologische Gesetzlichkeiten entwickeln; ihre Grenze ist aber die Einsicht in den notwendig provisorischen Charakter ihrer Formulierung. Die Wirklichkeit der Dinge konkretisiert sich im »Verschwinden oder sich Umwandeln«[592]. Das einzig stabile, dieser Struktur der Wirklichkeit adäquate erkenntnistheoretische Gesetz oder Konzept ist konsequenterweise das Gesetz eines ständigen »Verschwindens« der Wirklichkeit, dieses Gesetz ist »Gegenstand der Wissenschaft«[593] und ihr erkenntniskritischer Ausgangspunkt. Diese Reflexionen zum erkenntnistheoretischen Konzept der positivistischen Philosophie erklären in *philosophischer Hinsicht* BAKUNINS entschiedene Kritik am Anspruch COMTES, die Gesellschaft nach den Vorgaben der positivistischen Lehre zu gestalten. Auf *politischen Gebiet*, dies wird noch zu zeigen sein, entwickelt sich die Kritik BAKUNINS an den autoritären ordnungspolitischen Vorstellungen COMTES zum Prolegomena einer Kritik am technokratischen Herrschaftsverständnis.

Die bakuninischen Referenzen an den Materialismus schließlich entwickeln sich aus der Adaption und Modifikation der Philosophie FEUERBACHS und in einer daraus abgeleiteten Kritik am »Historischen Materialismus« im marxistischen Sinne.[594] FEUERBACHS Kritik der Philosophie als *unsinnliche* Erkenntnisform war der radikale Bruch mit allen idealistisch motivierten Geisteshaltungen, die in HEGEL kulminiert seien: Alle idealistische Erkenntnis habe den Primat des Denkens über die Natur, der Abstraktion über die Konkretion, des Geistes über die Sinne zur Voraussetzung gehabt. FEUERBACH hingegen will die Natur als prima causa einführen, aus welchem das Denken zu deduzieren sei. H. MARCUSE hat in diesem Zusammenhang darauf aufmerksam gemacht, daß »Natur« im feuerbachschen Sinne mißverstanden wäre, würde sie als Rekurs auf die traditionelle Naturphilosophie interpretiert: »Die Natur wird nur insoweit relevant, als sie das menschliche Dasein bedingt; der Mensch hat der eigentliche Inhalt zu sein. Die Befreiung des Menschen erfordert die Befreiung der Natur, der natürlichen Existenz des Menschen«[595]

Hierin liegt die augenfälligste Parallelität zu BAKUNIN und dessen Naturbegriff. Der Mensch ist wesentlich »Natur«. Selbst seine »most intelligent and abstract thoughts and actions, which as such are far removed from what is usually called Nature, are in reality only Nature's new creations and manifestations«[596], und deshalb ist jede Negation dieses unauflöslichen Zusammenhangs eine idealistische

---

[592] Ebd.

[593] Ebd.

[594] SALTMAN hat in seiner brillianten Analyse der Sozialphilosophie BAKUNINS dargetan, daß BAKUNINS materialistische Orientierungen auch als eine Synthese des Sinnlichkeitsbegriffs FEUERBACHS mit der Evolutionstheorie LAMARCKS betrachtet werden können. (vgl. SALTMAN 1983, 55 ff.)

[595] MARCUSE 1989, 239; vgl. LÖWITH 1964, 93 f.

[596] Max, 91

Setzung. Die Revolte gegen die fundamentale Naturhaftigkeit des Menschen wäre deshalb die Revolte des Menschen gegen sich selbst. Zugleich ist die Akzeptanz dieser unauflöslichen Naturgebundenheit des Menschen die Voraussetzung für die produktive Gestaltung der Welt. Der Mensch als hochentwickeltes Tier steht im permanenten Existenzkampf, er gestaltet seine Welt in der Auseinandersetzung mit der ihn umgebenden Natur. BAKUNIN vermerkt hier, daß sein Begriff von Natur eine doppelte Bedeutung hat: Einerseits ist die bereits angesprochene allumfassende Natürlichkeit gemeint. Gegen sie kann nicht gekämpft werden, sie ist substantiell und der Hintergrund jeder menschlichen Aktivität. Die zweite Bedeutung von Natur bezieht sich auf die konkrete menschliche Umwelt: »On the other hand, by *Nature* I understood the more or less limited totality of phe-nomena, things, and beings which envelop man; in short, his external world. Against this external Nature, struggle is not only possible but inevitable, being forced by universal Nature upon everything that lives or exists.«[597]

Diese »external world«, die durch Kampf und Eroberung gestaltet werden kann, ist nichts anderes als die menschliche Gesellschaft. Sie ist aus der »ersten Natur« im Laufe der Geschichte entstanden und hat sich *graduell* weiterentwickelt um sich in einem noch nicht abgeschlossenen historischen Prozeß der Entwicklung der menschlichen Superiorität über die »erste Natur« zu konkretisieren. Die Gradualität dieser Entwicklungsgeschichte ist hierbei von entscheidender Bedeutung für den bakuninischen Materialismus: Er interpretiert im Gegensatz zu HEGEL und MARX und in Übereinstimmung mit FEUERBACH die historische Entwicklung nicht im Sinne von *dialektischen Sprüngen*, die die epochalen Umwälzungen realisieren, sondern rekurriert auf ein evolutionäres Konzept.[598] Die Dialektik im hegelschen Sinne konnte den Zusammenhang zwischen materiellen Bedingungen und »ideellen« Sprüngen zur nächsthöheren Entwicklungsstufe nur unter Preisgabe der materiellen Konditionierungen erklären; ein evolutionistisches Modell, das den »Geist« des Menschen als – hochentwickelten – Ausdruck seiner Animalität deutet,

---

597 Max, 89 (Kursivierung bei BAKUNIN)

598 SALTMAN hat darauf hingewiesen, daß diese Emendation des dialektischen Prinzips in der Nachfolge FEUERBACHS auch als philosophischer Angriff auf die marxistische Konzeption des Staates gedeutet werden kann: »One should note here that this direct parallel between Bakunin and Feuerbach lends support to an argument that Bakunin himself would only make implicitly, but which should be of fundamental concern to present-day socialists: the likehood that Marx's state, in consequence of his appropriation of Hegel's dialectic, was indeed the universal and absolute state of Hegel.« (SALTMAN 1983, 25) Dem kann dann zugestimmt werden, wenn hierin jene Marxinterpretation angesprochen wird, die versuchte, »den polemischen Marxischen (sic!) Begriff der Naturgesetzlichkeit aus einer Konstruktion der Naturgeschichte in eine szientifische Invariantenlehre umzufälschen« (ADORNO 1990, 348). Grundsätzlich aber ist festzuhalten, daß die marxsche Dialektik, anders als die hegelsche, ihre »*Sprünge*« durchweg als Resultate der materiellen Entwicklung vorstellt; eine Identifikation des Staates hegelianischer Prägung, der durch Setzungen des Geistes sich entwickelt mit der »Diktatur des Proletariats«, wie sie SALTMAN im obigen Zitat unterstellt, kann nicht aus der *Methodik* MARXENS herausgelesen werden; *inhaltlich* allerdings, dies wird die Analyse der Rolle des Staates bei MARX zeigen, ist SALTMANS Kritik legitim.

kann auf diese Brüche verzichten, ohne daß die Analyse unhistorisch zu werden droht. Letzeres war der – auch durch MARX nachgewiesene – Schwachpunkt in FEUERBACHS Analyse. FEUERBACH hatte in seiner Rekonstruktion der Sinnlichkeit gegen die hegelschen Abstraktionen vornehmlich das »biologische, isolierte und passive Individuum«[599] im Blick und dies zudem unter Absehung von seiner historischen Gewordenheit. Die Verschmelzung der feuerbachschen Sinnlichkeit und Anti-Dialektik mit evolutionistischen Überlegungen führt BAKUNIN zu einer materialistischen Denkweise, die den Menschen konzipiert als ein »fully conscious human being, who was the absolutely determined product of an external physical nature, yet who could forget his own real freedom by working within its natural laws, through the process of natural influence and mutual interaction, toward the satisfaction of his own rationally defined and thereby human needs.«[600]

In einer derart materialistisch begründeten Analyse der menschlichen Geschichte (und der Naturgeschichte) findet dann auch der historische Materialismus im marxschen Sinne Platz: »Marx hat (...) jene unbezweifelbare Wahrheit ausgesprochen und bewiesen, jene Wahrheit, die durch die ganze vergangene und gegenwärtige Geschichte der menschlichen Gesellschaft gestützt wird, daß nämlich das ökonomische Faktum immer dem juristischen und politischen Recht vorausgegangen ist. Gerade in der Darstellung und dem Nachweis dieser Wahrheit besteht eines der wesentlichsten wissenschaftlichen Verdienste von Marx.«[601]

Die marxsche Klassenkampftheorie, die dem historischen Materialismus als aktivistisches Moment zugehört, wird von BAKUNIN allerdings nicht geteilt. Vielmehr verhilft ihm sein anthropologischer Materialismus zu einer Geschichtsauffassung, deren dynamische Struktur der marxschen in nichts nachsteht, die aber den Schematismus der historischen Abfolge der Klassenkämpfe, der bei MARX schließlich zur absoluten Dominanz des Industrieproletariats in jeder revolutionären Umwälzung führen wird, zugunsten eines offenen Konzeptes der Revolte und Revolution zurückweist.

Aus diesem evolutionistischen Materialismus begründet sich BAKUNINS Wissenschaftsbegriff, der scharf getrennt wird in eine Konzeption von Wissenschaft, wie sie sich in der »falschen« historischen Wirklichkeit darstellt, und in das »wahre« Wesen der Wissenschaft, das erst durch die soziale Revolution hervorgebracht werden kann. Historisch betrachtet ist Wissenschaft eine artifizielle Konstruktion des Menschen; sie hatte und hat *per definitione* nicht am »Leben« in seiner ursprünglichen Form teil und kann sich – analog zum Denken – nur in Abstraktion von den »Tatsachen des Lebens« entwickeln. Hierin liegen gleichermaßen Bedingung und Beschränkung aller wissenschaftlichen Erkenntnis. Die Notwendigkeit

---

599 LEFÈBVRE 1971, 52

600 SALTMAN 1983, 30

601 SuA, 571; vgl. auch Ges 3, 116 f.

zur Abstraktion hat eine Negation der Individualität und Besonderheit zur Voraussetzung: Die Wissenschaft »beschäftigt sich mit den Individuen im allgemeinen, aber nicht mit Peter und mit Jakob, nicht mit diesem oder jenem Individuum, die für sie nicht existieren, nicht existieren können.«[602]

Die Mission einer so verstandenen Wissenschaft liegt allein in der Erhellung der Ge-setze des natürlichen wie des sozialen Lebens; jeder darüber hinausweisende Anspruch, dies wird die Kritik BAKUNINS an einer Hegemonie der Wissenschaft im gesellschaftlichen Geschehen zeigen, ist zurückzuweisen. Programm und Grenze der Wissenschaft sind somit klar umrissen: »Durch Feststellung der allgemeinen Beziehungen der vorübergehenden und wirklichen Dinge, durch Erkennen der Entwicklung der Erscheinungen der physischen und sozialen Welt eigenen allgemeinen Gesetze stellt sie sozusagen unveränderliche Markzeichen des Vormarsches der Menschheit auf, indem sie den Menschen die allgemeinen Bedingungen zeigt, deren strenge Beobachtung notwendig und deren Unkenntnis oder Vergessen verhängnisvoll sind. Mit einem Wort, die Wissenschaft ist der Kompaß des Lebens, aber sie ist nicht das Leben.«[603]

Wissenschaft bei BAKUNIN ist »niemals Ziel, wohl aber jederzeit nur Mittel«[604]. Sie kommt gerade in der Absehung ihrer Anwendung zu ihrer eigentlichen Bedeutung. Die idealtypische Wissenschaft wäre jene, die im Dienste einer freien Menschheit fungieren würde. Sie wäre die »wirklich universelle Wissenschaft, die das Universum, das System oder die Zusammenordnung aller sich in der beständigen Entwicklung der Welten sich äußernden Naturgesetze, in seiner ganzen Ausdehnung und all seinen unendlichen Einzelheiten ideal wiedergeben würde. Es ist klar, daß diese Wissenschaft, das erhabenste Ziel aller Anstrengung des menschlichen Geistes, nie in absoluter Vollständigkeit verwirklicht werden wird.«[605]

Demgegenüber steht eine gesellschaftliche Realität, in der die Rolle der Wissenschaft in gänzlich anderer Weise bestimmt ist: Wissenschaft im bürgerlichen Staat ist für BAKUNIN Instrumentarium von Herrschaft. Er ist der Auffassung, daß die Wissenschaft »hauptsächlich die Macht der Staaten« bildet und daß aus diesem Grund aller Fortschritt der Wissenschaft immer auf »eine Vermehrung des Reichtums der privilegierten Klassen und der Macht der Staaten« hinauslaufen muß[606]. Machtinstrument wird die Wissenschaft dadurch, daß ihre Genese aufs engste

---

602 PdT, 166 BILLIG verwechselt in seiner Analyse des Wissenschaftsbegriffes bei BAKUNIN dessen Kritik der Wissenschaft als ideologische Waffe in den Händen der Macht mit seiner formalen Kritik an Wissenschaft als notwendig abstrakter Unternehmung und unterstellt BAKUNINS Wissenschaftsbegriff »Sterilität«. (vgl. BILLIG 1930, 55) Diese Attribuisierung würde allenfalls BAKUNINS Beschreibung der abstrakten *Wissenschaft als Macht* angemessen sein – und somit den bürgerlich-positivistischen Wissenschaftsbegriff treffen.

603 PdT, 159

604 VAN DOOREN 1985, 28

605 PdT, 134 f.

606 SuA, 192

verknüpft ist mit der Genese von Herrschaft: Wissenschaft ist für BAKUNIN keine Entität wie etwa das »Leben« oder die »Individualität«, sondern nur als abstrakte, artifizielle Gestaltung denkbar. Sie nimmt deshalb auch das ideologische Gepräge der jeweils herrschenden gesellschaftlichen Formation an und verschafft der Herrschaft den Nimbus der wissenschaftlichen Legitimation. Gefordert ist deshalb eine »Empörung des Lebens gegen die Wissenschaft, nicht um die Wissenschaft zu zerstören – dies wäre ein Verbrechen an der Menschheit -, sondern um sie an ihren Platz zu weisen, den sie nie wieder verlassen sollte.«[607]

Wenn BAKUNIN dennoch die »Autorität der Wissenschaft« anerkennt, dann meint er damit ihre sachliche Autorität – wobei er sich die Freiheit offenhält, die Resultate ihrer Forschung zu überprüfen. Was BAKUNIN keinesfalls akzeptiert ist die Ableitung einer sachfremden, »unwissenschaftlichen« Autorität aus der Wissenschaft, wie sie insbesondere für die Sozialwissenschaften signifikant ist. Alle Versuche, Sozialwissenschaft dazu einzusetzen, die gesellschaftliche Ordnung zu organisieren – wie COMTE dies fordert -, sind deshalb zurückzuweisen: »Eine wissenschaftliche Körperschaft, welcher die Regierung der Gesellschaft anvertraut wäre, würde sich bald gar nicht mehr mit der Wissenschaft beschäftigen; sie würde, wie alle bestehenden Mächte, sich damit befassen, sich ewige Dauer zu verschaffen, indem sie die ihr anvertraute Gesellschaft immer dümmer und folglich ihrer Regierung und Leitung immer bedürftiger machen würde.«[608]

BAKUNIN strebt demgegenüber die Auflösung der Wissenschaft in die Gesellschaft an. Damit ist die Aneignung der Inhalte und Methoden der Wissenschaft durch das Volk gemeint: »Die Wissenschaft, die berufen ist, hinfort das kollektive Bewußtsein der Gesellschaft zu vertreten, muß wirklich Eigentum aller werden.«[609]

2.2.3 Der Freiheitsbegriff bei BAKUNIN

In einer seiner programmatischen Schriften gibt BAKUNIN die umfangreichste Definition seines Begriffes von Freiheit: »Die *Freiheit* ist das absolute Recht aller erwachsenen Männer und Frauen, für ihre Handlungen keine andere Bewilligung zu suchen, als die ihres eigenen Gewissens und ihrer eigenen Vernunft, nur durch ihren eigenen Willen zu ihren Handlungen bestimmt zu werden, und folglich nur verantwortlich zu sein zunächst ihnen selbst gegenüber, dann gegenüber der Gesellschaft, der sie angehören, aber nur insoweit, als sie ihre Zustimmung dazu geben, ihr anzugehören.«[610]

Aus dieser Definition geht zunächst hervor, daß das Recht auf Freiheit ein individuelles Recht ist. Ausgenommen vom allgemeinen Recht auf Freiheit sind Kinder

607 PdT, 168

608 PdT, 130

609 PdT, 173

610 Ges 3, 9

und Jugendliche, die noch nicht in der Lage sind, bewußte und freie Entscheidungen zu fällen. Das Bildungssystem der befreiten Gesellschaft soll ihnen Schutz vor Unterdrückung und Entmündigung bieten, indem alle Bildungsinhalte, die einem freiheitlichen Verständnis vom Menschen widersprechen (z. B. religiöse Inhalte), aus der öffentlichen Erziehung ausgeschlossen sind.[611]

Die Freiheit des Individuums wird nach BAKUNINS Auffassung nicht durch die »Freiheit des Anderen« limitiert, sondern die Freiheit aller bedingt die Freiheit des einzelnen. BAKUNIN bricht hier mit den Freiheitskonzeptionen des Liberalismus ebenso wie mit dem Konzept des »contract social« wie es durch HOBBES, HUME und insbesondere durch ROUSSEAU in jeweils unterschiedlicher Weise formuliert worden war. Die Vorstellung der menschlichen Gesellschaft als Schauplatz des »bellum omnium omnia«, der dem Vertragsgedanken auch zugrunde liegt, wird bei BAKUNIN durch eine *Anthropologisierung* des Freiheitsbegriffes substituiert, die davon ausgeht, daß Freiheit ein Grundbedürfnis des Menschen ist, das ohne Einbezug der sozialen Dimension nicht realisierbar ist: »Der Mensch ist nur unter in gleicher Weise freien Menschen wirklich frei und da er nur in seiner Eigenschaft als Mensch frei ist, ist die Knechtschaft eines einzigen Menschen auf der Erde (...) eine Negierung der Freiheit aller.«[612]

Diese *sozial* verankerte Freiheit ist nur erreichbar, wenn politische und ökonomische Gleichheit hergestellt wird: »Ohne *politische Gleichheit* gibt es keine wirkliche politische Freiheit, aber die politische Gleichheit wird nur dann möglich sein, wenn die *ökonomische* und *soziale Gleichheit* bestehen wird.«[613]

Solche Gleichheit ist nur über die soziale Revolution zu erringen. Gewährleistet ist die Gleichheit in einer befreiten Gesellschaft dadurch, daß die Individuen in *gleicher Weise* und unter Ausschaltung der Dominanz privilegierter Gruppen den gesellschaftlichen Entscheidungsfindungsprozeß bestimmen. BAKUNIN entwickelt diese Überlegungen vor dem Hintergrund der Ausbildung stabiler, durch eine homogene Bürokratie und einen loyalen militärischen Apparat gesicherter Staatensysteme, wie sie in Preußen und in der III. Republik historische Wirklichkeit wurden. Die Antwort auf diese zentralistisch verwalteten Machtblöcke ist bei BAKUNIN der *Föderalismus* im Sinne einer unabhängigen Dezentralität[614] überschaubarer Gemeinschaften. Für die kollektive Entscheidung über die relevanten gesellschaftlichen Prozesse ist eine Kenntnis der gesellschaftlichen Konstitution notwendig, die der »große« Nationalstaat preußischer Prägung aufgrund seiner geografischen Ausdehnung verunmöglicht. Die Tendenz zur Zentralisierung und damit zum Ausschluß der Individuen aus dem gesellschaftlichen Entscheidungsfin-

---

611 vgl. Ges 3, 13; 24 f.

612 Ges 3, 9

613 Ges 3, 18 (Kursivierung bei BAKUNIN)

614 Dieser Föderalismus steht in scharfem Gegensatz zur *föderalistischen Republik,* in der die Dezentralisierung von Herrschaft gerade ihrer Stabilisierung dienlich ist.

dungsprozeß ist nicht allein eine bürgerlich-kapitalistische Option. Auch das im marxistischen Kontext stehende Argument, eine proletarische Revolution müsse übergangsweise eine »Diktatur« oder einen »Volksstaat« errichten, um die Errungenschaften der Revolution gegen Angriffe der Konterrevolution zu verteidigen, wird im Namen der auf Gleichheit beruhenden Freiheit zurückgewiesen: »Sie (die Apologeten des proletarischen »Volksstaates« im Sinne von Liebknecht, M. H.) versichern, daß allein die Diktatur (...) die Freiheit des Volks schaffen kann; wir dagegen behaupten, daß eine Diktatur kein anderes Ziel haben kann, als nur das eine, sich zu verewigen, und daß sie in dem Volk, das sie erträgt, nur Sklaverei zeugen und nähren kann; Freiheit kann nur durch Freiheit geschaffen werden, d.h. durch einen allgemeinen Volksaufstand und durch die freie Organisation der Arbeitermassen von unten nach oben.«[615]

Diese Ideen zur individuellen und gesellschaftlichen Freiheit sind möglicherweise diejenigen Aspekte bakuninischer Sozialphilosophie, die die stärkste Wirkungsgeschichte zeitigten und haben – bezogen auf den realsozialistischen Staat leninistischer und stalinistischer Prägung – geradezu »prophetischen« Charakter: Der sozialistische Staat, der bei MARX und ENGELS lediglich den Charakter einer Zwischenform[616] haben sollte, hat die von BAKUNIN vorhergesehene Persistenz nachdrücklich bewiesen, und der von MARX zugesicherte Übergang in die kommunistische Gesellschaft ist ausgeblieben.

Insgesamt präsentiert sich BAKUNINS anarchistische Philosophie als Radikalisierung der zeitgenössischen sozialphilosophischen und sozialistischen Theorien und Utopien, und BENJAMINS Urteil, es habe seit BAKUNIN »in Europa keinen radikalen Begriff von Freiheit mehr gegeben«[617], hat von seiner Gültigkeit noch nichts eingebüßt, und dieser »philosophische Extremismus« findet Eingang in das pädagogische Denken BAKUNINS.

---

615 SuA, 615

616 Bemerkenswert auch, daß es die »Klassiker« des Kommunismus durchgängig unterlassen, irgendwelche Zeitangaben für den Übergang von der sozialistischen in die kommunistische Gesellschaft zu formulieren. LENIN beispielsweise schreibt zu dieser Frage: »Wir sind daher auch nur berechtigt, von dem unvermeidlichen Absterben des Staates zu sprechen. Dabei betonen wir, daß dieser Prozeß von langer Dauer ist und vom Entwicklungstempo der höheren Phase des Kommunismus abhängt, wobei wir die Frage der Fristen oder der konkreten Formen des Absterbens vollkommen offenlassen, denn Unterlagen zur Entscheidung dieser Fragen gibt es nicht.« (LENIN 1967, 101) Zur Problematik der Perpetuität staatlicher Herrschaft im »bürokratischen« Sozialismus vgl. auch MARCUSE 1964.

617 BENJAMIN zit. in: KOCH 1974, 28

2.3 *Die Pädagogik bei Michael BAKUNIN*

2.3.1 Bildungskritik

Die Bildungskritik bei BAKUNIN ist »total«. Seine Kritik ist im wesentlichen zwar am bürgerlichen Bildungsbegriff und seinen Ausformungen im Bildungswesen festgemacht; BAKUNIN läßt aber zugleich die linksliberalen und sozialistischen Versuche der Arbeiterbildung, wie sie vor allem im Deutschland und England des ausgehenden neunzehnten Jahrhunderts aufkommen, nicht unkritisiert.

»Belehren« in jedem Sinne wird für BAKUNIN zum Synonym für Manipulation und Unterdrückung des Volkes. Es wird zu zeigen sein, auf welche Weise BAKUNIN zu diesem pessimistischen Urteil über alle Bildungsversuche kommt. Dazu soll zunächst seine Kritik am bürgerlichen Bildungsbegriff und an bürgerlicher Bildungspraxis dargestellt werden, um in einem zweiten Schritt BAKUNINS Ablehnung aller »Erziehung zur Revolution« darzutun.

2.3.1.1 Kritik an bürgerlicher Bildung

Um BAKUNINS Bildungskritik zu verstehen ist es notwendig, die Dialektik seines Wissenschaftsbegriffs im Blick zu behalten. Wissenschaft garantiert einerseits die progressive Entwicklung der Menschheit, und BAKUNIN steht hier im Konsens mit dem wissenschaftstheoretischen Diskurs des 19. Jahrhunderts. Zugleich bricht BAKUNIN diesen Konsens wieder, indem er die Wissenschaft in ihrer historischen Entwicklung als Instrumentarium von Herrschaft verstanden wissen will. Die Wissenschaften entstehen und entwickeln sich als Appendix zu den tatsächlichen gesellschaftlichen Machtverhältnissen und reproduzieren insofern die Bedürfnisse und Interessen der Herrschaft. Insofern ist Wissenschaft *exklusiv* – sie ist Mittel in Händen von wenigen, sie ist ein *Privileg*.

Aller Fortschritt innerhalb der Wissenschaft potenziert solche Exklusivität und Privilegierung, da die Akkumulation von Wissen und Kenntnissen – durchaus in Analogie zur Akkumulation von Kapital im Sinne von MARX – zu einer immer schärfer hervortretenden Trennung zwischen *Wissenden* und *Ignoranten* bzw. zwischen Herrschaft und Unterdrückten führen muß. In diesem Sinne sind die Fortschritte der Wissenschaften für BAKUNIN der Maßstab für den Fortschritt der Unterdrückung: »Aber, je ungeheurer sie (die Fortschritte, M.H.) sind, desto mehr werden sie eine Ursache intellektueller und folglich auch materieller Sklaverei, eine Ursache des Elends und der Inferiorität für das Volk, denn sie erweitern immer mehr den Abgrund, der schon die Intelligenz des Volkes von der der privilegierten Klassen trennt.«[618]

Das akkumulierte Wissen in den Händen der Herrschaft und die Zurichtung dieses Wissens zum Instrument der Unterdrückung führt dazu, daß Wissenschaft

[618] SuA, 191

unter so organisierten gesellschaftlichen Verhältnissen notwendig einer oktroyierten Begrenzung unterliegt, die die progressiven Möglichkeiten der Wissenschaft zumindest mit Stagnation bedroht. BAKUNIN ist der Auffassung, daß die *Privilegierung* der Wissenschaften auch den eigentlichen Inhalt der wissenschaftlichen Forschung beeinflußt. Zur Subsumtion der Wissenschaft unter die Erfordernisse und Interessen der jeweils herrschenden gesellschaftlichen Gruppen tritt eine Festschreibung der sozialen Rolle des Wissenschaftlers. Ihm wird »privilegierte, freie Zeit« zugestanden, seine Freistellung von der Handarbeit bewirkt, daß er »keine Ermüdung durch tägliche Arbeit«[619] kennt und deshalb in Abstraktion von der realen gesellschaftlichen Struktur lebt und arbeitet. Dies fließt indirekt in die Forschung ein und »entnervt, demoralisiert und tötet«[620]den Geist.

BAKUNIN begründet hieraus seine Annahme, daß bürgerliche Wissenschaft keine wesentlichen Forschungserträge aufweisen könne: »Daraus ergibt sich für die Gesellschaft in politischer, geistiger und moralischer Hinsicht ein ungeheures Übel. Die das Monopol der Wissenschaft genießende Minorität ist als Wirkung dieses Vorrechts selbst an Geist und Herz getroffen bis zum Grade, daß sie *vor Wissen dumm wird;* denn nichts ist so schädlich und unfruchtbar als patentierte und privilegierte Intelligenz.«[621] Daß die Geschichte der Wissenschaft dennoch eine Geschichte der Fortschritte ist, steht dazu nicht im Widerspruch. BAKUNIN macht geltend, daß wirklicher Fortschritt in der Wissenschaft immer *abseits* der Privilegierung, durch »hervorragende Individuen« vorangebracht worden sei: »Die ganze Geschichte beweist uns, mit einigen seltenen Ausnahmen, daß die durch Vermögen und Rang privilegierten Klassen stets die in geistiger Beziehung am wenigsten produktivsten waren und die größten Entdeckungen in Wissenschaft, Kunst und Industrie wurden meist von Männern gemacht, die in ihrer Jugend gezwungen waren, mit harter Arbeit ihr Brot zu verdienen.«[622] Daß in der Geschichte der Wissenschaft die *Privilegierung* und damit die Indienst-nahme der Wissenschaft durch die Herrschaft sich gegenüber den herausragenden Forscherpersönlichkeiten behaupten mußte, ist aus dem gesellschaftlichen Zwang erklärlich, der Wissenschaft immer unterworfen war. Jede Herrschaftsform, so BAKUNIN, produziert die ihr zugehörende Form von Wissenschaft. Beispielsweise leite die »Adelsaristokratie« der Feudalgesellschaften ihre ideologische Rechtfertigung aus Gewalt und Religion ab: »Sie hatte ihre Macht auf zwei unwiderstehliche Argumente gestützt, indem sie ihr als Grundlage die Gewalt gab, die Kraft ihres Amtes, und als Weihe die Gnade Gottes. Sie wendete Gewalt an und die Kirche segnete – dies war die Natur ihres

---

619 Ges 3, 22

620 Ebd.

621 Ges 3, 23 (Meine Hervorhebung, M.H.)

622 Ges 3, 22

Rechts.«[623] Die bürgerliche Gesellschaft hingegen steht solchen Rechtfertigungen feindlich gegenüber. Die bürgerlichen Revolutionen waren in BAKUNINS Augen Revolutionen gegen den religiös legitimierten Geburtsadel und insofern im Kern *atheistisch* orientierte Revolutionen. Die ideologischen Legitimationen der Feudalgesellschaft sind deshalb für die bourgeoise Herrschaft untauglich geworden. Da aber auch ihre Herrschaft die einer Minorität über eine unterworfene Mehrheit darstellt, bedarf sie der ideologischen Rechtfertigung. Diese Rechtfertigung findet die Bourgeoisie in der *Wissenschaft,* bzw. in einer zur Ideologie modellierten Wissenschaft. BAKUNIN unterscheidet in diesem Sinne zwischen der *Adelsaristokratie* der Feudalgesellschaft und der *geistigen Aristokratie,* die in bürgerlichen Gesellschaften die ideologische Hegemonie übernommen hätte.

Die *geistige Aristokratie* verbirgt ihre Abhängigkeit und Abkunft von politischer und ökonomischer Macht in ihrer Insistenz auf ihre Prädomination: »Sie (die geistige Aristokratie) weiß sehr wohl, daß die Hauptgrundlage, und man könnte sagen die einzige Grundlage, ihrer gegenwärtigen politischen Macht, ihr Reichtum ist, aber da sie dies nicht gestehen will und kann, sucht sie diese Macht durch die Superiorität ihrer nicht natürlichen, sondern wissenschaftlichen Intelligenz zu erklären; um die Menschen zu regieren, behauptet sie, muß man viel wissen und nur sie besitze heutzutage Wissen.«[624] Dieses Wissen, das herrschaftserhaltend und herrschaftserklärend zugleich ist, wird die Bourgeoisie nach BAKUNINS Meinung keinesfalls freiwillig abgeben. Die Bourgeoisie wird nicht bereit sein, den Massen eine »vollständige Ausbildung« zu gewähren, weil dies den Verzicht auf ein elementares Moment ihrer Herrschaft bedeuten würde. BAKUNIN diskutiert in diesem Zusammenhang Tendenzen in progressiven, bürgerlichen Bewegungen, die in der *Volksbildung* einen Hebel zur gesellschaftlichen Reform sehen. Schon die Attribuisierung dieser Strömungen als »Bourgeoissozialisten«[625] macht deutlich, wie wenig BAKUNIN von solchen Anstrengungen erwartet. Die eigentlichen gesellschaftlichen Bedingungen, nämlich die Erfordernisse einer in ausbeutende Minorität und eine auszubeutende Mehrheit gegliederte kapitalistische Gesellschaft werden von der radikalen Bourgeoisie oder den Bourgeoissozialisten ignoriert, und entsprechend *systemimmanent* sind ihre Forderungen: »Die Bourgeoissozialisten verlangen für die Arbeiter nur etwas mehr Bildung als sie heute erhalten und sie bewahren die Privilegien des höheren Unterrichts nur für eine sehr beschränkte Gruppe glücklicher Männer, sagen wir einfach von Männern, die aus der besitzenden Klasse der Bour-

---

623 SuA, 186

624 Ebd.

625 Im zitierten Zusammenhang sind die bürgerlichen Liberalen der »Liga für Frieden und Gerechtigkeit« als »Bourgeoissozialisten« kategorisiert. BAKUNIN verwendet den Begriff und die verwandte Bezeichnung »radikales Bürgertum« später aber auch für Strömungen in der Arbeiterbewegung, die eine Teilhabe am bürgerlichen Staat zur Voraussetzung für die friedliche Übernahme der Macht durch das Proletariat erklären.

geoisie hervorgegangen, oder die durch einen glücklichen Zufall in den Schoß dieser Klasse adoptiert oder aufgenommen wurden.«[626]

Der vordergründig polemische und agitatorische Duktus dieser Analysen BAKUNINS zum Ertrag wissenschaftlicher Forschung und zur prinzipiell unmöglichen Teilnahme der Unterworfenen am wissenschaftlichen Leben erweist sich bei näherer Betrachtung als radikale Stellungnahme in einer politischen Diskussion, die im 19. Jahrhundert von geradezu paradigmatischer Bedeutung war: Im Grunde berühren die von BAKUNIN aufgeworfenen Fragen den Grundwiderspruch jeder gesellschaftsverändernden Bewegung dieser Zeit, denn es handelt sich hier um die Auseinandersetzung zwischen Reformismus und Revolution. Zwar weiß auch BAKUNIN, daß wissenschaftliche Forschung nicht von »hart arbeitenden Männern« geleistet wurde, sondern – was seiner Analyse nicht entgangen ist – daß wissenschaftlicher Fortschritt der Herrschaft *integral* ist und war. Insofern ist sein Umkehrschluß, der die körperliche Arbeit gleichsam zur Voraussetzung für wissenschaftlichen Erfolg bestimmt, zur Analyse der Geschichte der Wissenschaft wenig tauglich, und ebensowenig können seine apodiktisch vorgetragenen Behauptungen zur »Demoralisierung« der Wissenschaftler, die »automatisch« dann einsetze, wenn diese Wissenschaftler von körperlicher Arbeit freigestellt seien, überzeugen. Die Vorstellung einer *Autonomie* der Wissenschaft gegenüber den gesellschaftlichen Verhältnissen und insbesondere gegenüber der Herrschaft aber, und genau dagegen richtet sich die bakuninische Kritik, ist deshalb nicht weniger unbegründet. Die Konsequenz aus dieser Vorstellung, die vorzüglich den utopischen Sozialismus FOURIERS und SAINT-SIMONS geleitet hatte, war die Vorstellung eines Auseinanderfallens der Entwicklung der Herrschaft und der Entwicklung der Wissenschaft. Letztere sollte die allmähliche Auflösung ersterer garantieren und dies wäre historisch begründet im progressiven Gang wissenschaftlicher Erkenntnis. Diese Hypostasierung der Möglichkeiten der Wissenschaften bestimmte auch wesentlich die »bourgeoissozialistischen« Erwartungen an eine »Verwissenschaftlichung« des gesellschaftlichen Lebens, die hier gleichgesetzt wird mit einer Gestaltung des gesellschaftlichen Lebens nach den Maßgaben der Vernunft und der Einsicht. BAKUNIN hält diese Hoffnungen, die sich für ihn aus einem verkehrten Begriff des Charakters und der Genealogie von Wissenschaft deduziert, für ebenso trügerisch wie gefährlich: Wissenschaft in der bürgerlichen Gesellschaft steht für BAKUNIN im Dienst der Herrschaft und ist *expansiv* (etwa durch verbesserte technische Verfahren) und *intensiv* (etwa dadurch, daß nur die privilegierte bürgerliche Klasse ihren Klassenangehörigen eine wissenschaftliche Ausbildung zugesteht.). Indem Wissenschaft zur bloßen Funktion von Herrschaft wird, gilt ihr Interesse primär den Forschungsgegenständen, von denen erwartet werden kann, daß sie dem bestehenden System Nutzen bringen können. Der herrschaftsstabilisierende Charakter von Wis-

---

626 SuA, 188

senschaft führt dazu, daß bestimmte, für den kapitalistischen Produktionsprozeß nicht direkt verwertbare Forschungsgegenstände nicht bearbeitet werden. BAKUNIN spricht deshalb an anderer Stelle auch von der Begrenzung der Möglichkeiten der Wissenschaft durch die kapitalistisch-bürgerliche Wirtschaftsweise und erwartet erst von einer freien Gesellschaft – nach einer Übergangsphase – eine Art »neue Wissenschaft«, die nicht länger der kapitalistischen Zweckrationalität unterworfen wäre. Daß diese Gesellschaft nicht mit und durch die durch Herrschaft dominierte Wissenschaft geschaffen werden kann, daß also die allmähliche Reform des gesellschaftlichen Systems vermittels einer wissenschaftlichen begründeten Einsicht illusorisch bleibt, ist die Essenz der bakuninschen Wissenschaftskritik. Die Universität in der bürgerlichen Gesellschaft erfüllt für BAKUNIN in hervorragender Weise die oben angesprochene Klassentrennung durch Bildungsmonopolisierung. Universitätsprofessoren sind ihm die »modernen Priester der patentierten politischen und sozialen Schurkerei«[627], ihre Unterweisung ist Propaganda für die bestehende Ordnung: »Er (scil. der bürgerliche Student, M.H.) verläßt die Universität als vollendeter Doktrinär, voll von Respekt für sich selbst und von Verachtung für die Volkskanaille, die er nichts besseres verlangt als zu unterdrücken und vor allem auszubeuten im Namen seiner intellektuellen und moralischen Superiorität.«[628]

Begründet ist diese Ideologisierung unter anderem auch im unzeitgemäßen Wissenschaftsverständnis an den Hochschulen. Für BAKUNIN wird an der Universität ein Wissenschaftsverständnis zugrundegelegt, das die naturwissenschaftliche Herkunft aller Geisteswissenschaft ignoriert: »Ohne von der Theologie zu sprechen, der Wissenschaft der göttlichen Lüge und der Jurisprudenz, der Wissenschaft der menschlichen Lüge noch von der Metaphysik oder idealen Philosophie, der Wissenschaft der Halblügen, sind alle anderen Wissenschaften: Geschichte, Philosophie, Politik, ökonomische Wissenschaft im wesentlichen verfälscht, weil sie ihrer wirklichen Grundlage, der Naturwissenschaft, beraubt, alle in gleicher Weise auf der Theologie, der Metaphysik und der Jurisprudenz begründet sind.«[629] Naturwissenschaften, die nach BAKUNINS Auffassung a priori »demokratisch und im weiten Sinn liberal«[630] sind, bleiben konsequenterweise für ihn die einzig ernstzunehmenden Garanten für eine nicht doktrinäre Ausbildung. Hier ist darauf hinzuweisen, daß BAKUNIN Naturwissenschaft zwar nicht vom allgemeinen Diktum über den Klassencharakter der Wissenschaft exkludiert, daß für ihn Naturwissenschaft im Vergleich zur Geisteswissenschaft aber *tendenziell* progressiv ist. SALTMAN hat auf diese Differenzierung in der Beurteilung von Geistes- und Na-

627 SuA, 179

628 Ebd.

629 Ebd.

630 Ebd.

turwissenschaft bei BAKUNIN verwiesen: »Basing himself on the relationship between science and the ruling classes up until his own period, Bakunin argued that a ruling class exerted two separate forms of control over scientific inquiry. With regard to the natural or physical sciences, which BAKUNIN believed were still predicated upon a ›conscious analysis of the facts‹, state controls would be directed not at the internal integrity of their conclusions but rather upon limiting their application to areas that would be helpful to the state's ruling class. (...) In contrast to their external control over the physical sciences, BAKUNIN believed, was these ruling classes' direct internal interference within the structure and content of the social sciences.«[631] Die so definierten Naturwissenschaften sind also der Funktionalisierung durch die Herrschaft nicht total unterworfen. In Bezug auf die bei BAKUNIN immer im Vordergrund seiner theoretischen Bemühungen stehende Frage nach dem Nutzen dieser progressiven Tendenz der naturwissenschaftlichen Ausbildung für revolutionäre Zielsetzungen heißt dies, daß die Studierenden der Naturwissenschaften diejenigen Hochschulabsolventen sein können, die zum möglichen Bündnispartner der revolutionären Bewegungen werden können, wohingegen die sozialwissenschaftlich Gebildeten per se zum Träger der bürgerlich-kapitalistischen Ideologie werden und der Revolution feindlich gegenüberstehen: »Während die jungen Leute, welche die idealen Wissenschaften studieren, sich mit Leidenschaft beinahe alle in die Partei des aussterbenden und reaktionären Doktrinarismus stürzen, schließen sich die jungen Leute, welche Naturwissenschaften studieren, mit gleicher Leidenschaft der Partei der Revolution an. Viele von ihnen sind offene revolutionäre Sozialisten wie wir selbst.«[632]

BAKUNIN setzt gewisse Erwartungen in die naturwissenschaftlich gebildete Bourgeoisiejugend[633] und integriert sie in sein offenes Konzept revolutionärer Bewegungen. Gleichzeitig wird dies wieder eingeschränkt, denn nur »unter der Bedingung, daß sie begreifen, daß die Mission der Wissenschaft heute nicht mehr darin besteht, die Arbeit zu beherrschen, sondern ihr zu dienen«[634], ist ein solidarisches Verhältnis zwischen revolutionären Studenten und den proletarischen Massen vorstellbar. In der Auseinandersetzung mit der Narodniki-Bewegung wird die hier noch verhalten formulierte Aufforderung an die studentischen Intellektuellen, im Austausch mit den Massen gerade von diesen zu lernen, zum Kern seiner Kritik an der vorrevolutionären Volksbildung werden.

---

631 SALTMAN 1983, 76 f.

632 SuA, 179 f. Hinter dieser idealtypischen Trennung stehen BAKUNINS Erfahrungen mit studenti schen Revolutionären. NETTLAU verweist hier auf den Studentenkongreß von Lüttich im Jahr 1865, der BAKUNINS Aufmerksamkeit fand (vgl. NETTLAU in: SuA, 180).

633 vgl. auch NETTLAU 1972, Bd. 2, 46

634 SuA, 180

2.3.1.2 Kritik an sozialistischen Bildungskonzeptionen

Die Vorstellung vom idealen Staatswesen, das von den besten und gelehrtesten Menschen zum vorgeblichen Nutzen aller geleitet wird, ist ein alter philosophischer Traum, der seit der Antike (PLATONS »politeia«) über das Mittelalter (MORUS' »Utopia«, CAMAPANELLAS »Sonnenstaat«) bis in die Neuzeit reicht. Im Frühsozialismus erfährt der Gelehrtenstaat zuerst durch FOURIER und SAINT-SIMON seine Renaissance. FOURIER kann für sich beanspruchen, in »Le noveau monde« als erster den *direkten* Zusammenhang zwischen Bildung und Gesellschaftsveränderung zur Sprache gebracht und der Erziehung *revolutionäre* Macht zugeschrieben zu haben[635].

Damit gibt er eine Losung, unter der sich alle Frühsozialisten wiederfinden können. SAINT-SIMON, Louis BLANC, CABET und OWEN – um nur die wichtigsten zu nennen – vertrauen auf Bildung und Wissenschaft, und die »Vervollkommnung des Menschen«[636] ad infinite wird für ihr politisches Denken axiomatisch. Die bakuninische Kritik an diesem Bildungsoptimismus nimmt ihren Ausgang am bereits dargelegten Vorbehalt gegen die Fähigkeit der Wissenschaft, »das Leben« oder das »Konkrete« zu verstehen und zu organisieren: »Eine Herrschaft der Wissenschaft und der Männer der Wissenschaft, selbst wenn sie sich Positivisten, Schüler Auguste Comtes, nennen oder selbst Schüler der doktrinären Schule des deutschen Kommunismus, kann nur ohnmächtig, lächerlich, unmenschlich, grausam, unterdrückend, ausbeutend und verheerend sein. Man kann von den Männern der Wissenschaft als solchen sagen, was ich von den Theologen und Metaphysikern sagte: Sie haben weder Gefühl noch Herz für persönliche, lebende Wesen. Man kann ihnen nicht einmal einen Vorwurf daraus machen, denn es ist die natürliche Folge ihres Berufes. Als Männer der Wissenschaft haben sie nur mit Allgemeinheiten zu tun und interessieren sich nur für solche.«[637] Neben dieser philosophischen Kritik sind es aber vor allem die politischen Einwände, die BAKUNINS Kritik bestimmen: Das Bürgertum wird keinesfalls freiwillig seine Bildungsprivilegien aus den Händen geben, weil dies – ebenso wie der freiwillige Verzicht auf die materiellen Produktionsmittel – ihren Untergang als herrschende Klasse bedeuten würde. Die Konzeptionen des Frühsozialismus gehen jedoch von einem friedlichen, auf Überzeugungsarbeit und Erziehung gegründeten Reformprozeß aus, der sich *innerhalb* der bestehenden Gesellschaftsordnung vollziehen kann. Geleitet wird dieser Prozeß von einer gebildeten *Elite,* in der sich zwar nicht die Klassenstruktur der »alten Gesellschaft« repräsentiert – Zugang zu dieser Elite haben prinzipiell alle Klassen -, die aber die Verkehrsformen der bürgerlichen Gesellschaft insofern übernimmt, als sie sich institutionell organisiert und zentrale Entschei-

---

635 vgl. VESTER 1970, Bd. 1, 190 f.

636 VESTER 1970, Bd. 1, 223

637 PdT, 160

dungsfindungen präferiert. BAKUNIN gibt ein vernichtendes Urteil über diese nach seiner Auffassung für alle frühsozialistischen Utopien validen Bestimmungen: »Cabet, Louis Blanc, Fourieristen, Saint-Simonisten hatten alle die Leidenschaft, die Zukunft zu belehren und zu organisieren, alle waren mehr oder weniger Autoritäre.«[638] BAKUNIN präzisiert diese Überlegungen in seiner Auseinandersetzung mit MAZZINI, dem Führer der italienischen nationalrevolutionären Bewegung, dessen politische Vorstellungen die elitäre Leitung der Gesellschaft durch »Gebildete« ebenfalls impliziert. Für BAKUNIN ist die Leitung der Gesellschaft durch eine Elite zuallererst eine Prolongierung der Herrschaft: »Der Staat wird nicht mehr Monarchie heißen, sondern Republik, wird aber nichtsdestoweniger der Staat sein, daß heißt eine offiziell und regelrecht von einer Minderheit zuständiger Männer, von tugendhaften Männern von Genie oder Talent, errichtete Vormundschaft zur Überwachung und Leitung des Betragens dieses großen, unverbesserlichen Schrekkenskindes, des Volkes.«[639]

Die materielle Sklaverei ist in dieser *Gelehrtenrepublik* möglicherweise abgeschafft. Bestehen aber bleibt die intellektuelle Entmündigung des Volkes. Für BAKUNIN sind aber die materielle Unterdrückung und die ideologische Unterwerfung keine klar trennbaren Kategorien. Vielmehr treffen sich beide Weisen der Unterwerfung in der gleichzeitigen Verfügung der Herrschaft über die materiellen und über die »geistigen« Produktions- und Reproduktionsmittel. BAKUNIN nennt die hegemoniale Macht des Bürgertums über Inhalt und Form der Bildung deshalb auch ein »mental capital«[640], das sich in der Geschichte von Herrschaft *akkumuliert* hat und sich unter anderem als »die Wissenschaft von der systematischen Unterjochung und Ausbeutung der Masse«[641] kennzeichnen läßt. Die Ignoranz gegenüber dieser repressiven Funktion der Wissenschaft, die BAKUNIN der Wissenschaftsgläubigkeit des Frühsozialismus unterstellt, ist verantwortlich für die unkritische Transformation eines Bildungs- und Wissenschaftsbegriffes, in der die *autoritären* Momente perennieren: »In diesem System wird das Volk ewig Schüler und Mündel sein. Trotz seiner Herrschaftsgewalt, die ganz fiktiv ist, wird es das Werkzeug von Gedanken, Willen und folglich auch von Interessen sein, die nicht seine eigenen sein werden. Zwischen dieser Lage und der, die wir Freiheit nennen, die einzig wahre Freiheit, liegt ein Abgrund.«[642]

Einmal mehr ist es BAKUNINS totalisierender Freiheitsbegriff, der in der Ablehnung der Gelehrtenrepublik zum Tragen kommt. Freiheit im anarchistischen Sinn ist mit der Aufhebung der ökonomischen Unterdrückung nicht erreicht. Das Volk

---

638 Ges 3, 69

639 PdT, 139 f.

640 BAKUNIN zit. in: SALTMAN 1983, 85

641 Gew, 64

642 PdT, 140

bleibt unter der Herrschaft von Gelehrten immer noch »Herde« und wird von neuen »Hirten« geleitet. Dies ist zu BAKUNINS Freiheitsgedanken, der – wie gesehen – nur in vollständiger Gleichheit aller verwirklicht werden kann, kontradiktorisch. Die Gelehrtenrepublik im Sinn der Frühsozialisten ist für BAKUNIN also *Gegenentwurf* zur freien Gesellschaft. Das Problem der Herrschaft Weniger über Viele ist in der Gelehrtenrepublik nicht aufgehoben, sondern nur anders verortet.

Ein abschließendes Argument, das BAKUNIN gegen die Gelehrtenrepublik entwickelt, ist zugleich einer seiner bedeutsamsten und bis heute aktuellen Kritikansätze. BAKUNIN geht davon aus, daß Herrschaft immer korrumpiert: »Man setze den aufrichtigsten Demokraten auf einen Thron; wenn er ihn nicht sofort verläßt, wird er unfehlbar eine Kanaille werden.«[643]

Dieses Argument, das BAKUNIN vorrangig in der theoretischen Auseinandersetzung mit MARX und dessen Idee von der »Diktatur des Proletariats« einsetzt, bedeutet auf die Problematik der Gelehrtenrepublik bezogen die Annahme einer sich verselbständigenden und macherweiternden Tendenz unter den Gelehrten. Würden Einzelne mit solcher Machtbefugnis versehen, sie würden unzweifelhaft »dem verderblichen Einfluß nachgeben, den jedes Vorrecht unvermeidlich auf die Menschen ausübt, und würden die Menschen im Namen der Wissenschaft schinden, wie die Priester, die Politiker aller Farben und die Advokaten im Namen Gottes, des Staates und des juridischen Rechts sie bis jetzt geschunden haben.«[644]

Die Verewigung von Macht, die als eine Art *Sachzwang* oder *inneres Gesetz* aller Autorität vorgestellt wird, ist auch der marxistischen Konzeption der »Diktatur des Proletariats« inhärent. Divergent ist die »Diktatur des Proletariats« zur Gelehrtenrepublik der Frühsozialisten zunächst deshalb, daß für die erstere versichert wird, sie sei »nur befristet und kurz«[645].

Die Gelehrtenrepublik der Frühsozialisten versteht sich als Endzustand der Menschheitsentwicklung, während die »Diktatur des Proletariats« von MARX als Übergangsform zur klassenlosen Gesellschaft gedacht ist: »Sie (die Marxisten, M.H.) sagen, daß ihre einzige Sorge, ihr einziges Ziel sein wird, das Volk zu bilden und sowohl wirtschaftlich wie auch politisch auf ein solches Niveau zu heben, daß jede Regierung bald unnötig wird und sich der Staat, der jeden politischen, d.h. staatlichen Charakter verloren haben wird, von allein in eine völlig freie Organisation ökonomischer Interessen und Gemeinden verwandeln wird.«[646]

BAKUNIN mißtraut diesem Modell, weil er eine Selbstauflösung von Herrschaft für unmöglich hält. Herrschaft erzeugt sich seiner Meinung nach immer wieder neu und tendiert zur Etablierung. Der lassallsche »Volksstaat«, eine Variante der

---

643 Ges 3, 22

644 PdT, 169

645 SuA, 614

646 Ebd.

»Diktatur des Proletariats«, wird von BAKUNIN aus denselben Gründen abgelehnt: »Die Worte ›gelehrter Sozialist‹, ›wissenschaftlicher Sozialismus‹, denen man in den Werken und Reden der Anhänger von Lassalle und Marx ständig begegnet, beweisen allein schon, daß der sogenannte Volksstaat nichts anderes sein wird, als die äußerst despotische Regierung der Volksmassen durch eine neue und zahlenmäßig sehr kleine Aristokratie wirklicher oder angeblicher Gelehrter.«[647]

BAKUNIN kritisiert an allen Entwürfen einer »Gelehrtenrepublik« den autoritären Charakter, den zwangsläufig jede Form von Herrschaft annimmt. BAKUNIN thematisiert damit eine Diskussion, die bis in die Gegenwart andauert.[648]

Die Kritik an der Gelehrtenrepublik und die Zurückweisung einer »Diktatur des Proletariats« hatte schon gezeigt, daß BAKUNIN dem Bildungsbegriff, wie er sich auf der Grundlage der bürgerlich-kapitalistischen Gesellschaft entwickelt, prinzipiell kritisch gegenübersteht. Bildung wird hier als *Privileg* definiert, und aus dieser Definition ist jede gleichberechtigte Teilnahme der Unterdrückten an der bürgerlichen Bildung ein Widerspruch in sich selbst. Ohne revolutionäre Umwälzung der bürgerlichen Gesellschaft kann es für BAKUNIN keine Erziehung und Bildung der Massen geben, die mehr impliziert als fragmentarisches und lediglich für den kapitalistischen Verwertungsprozeß funktionales Wissen.

Diese Ablehnung einer vorrevolutionären *halben* Bildung für das Volk begründet sich auch aus der für BAKUNIN evidenten Nutzlosigkeit dieser Bildung für das Proletariat. Sowohl in ideologischer als auch in ökonomischer Hinsicht sind einer vorrevolutionären Bildung Grenzen vorgegeben, die allein durch die Aufhebung

---

647 Ebd.

648 Exemplarisch sei hier auf H. MARCUSE verwiesen: Wie kaum ein anderer steht er für die *antiautoritäre* Richtung in der »Neuen Linken«. Dennoch konstruiert auch er eine Art intellektuelle Elite, die den »neuen Menschen« durch diktatorische Maßnahmen lenken will: »Worum es geht, ist erstens die ›bestimmte Negation‹ einer faktisch bestehenden Diktatur, einer faktisch herrschenden Macht. Zweitens geht es um die Autorität über die Erziehung, von der Schule an, vom Kindergarten an bis zur Universität, und daß diese Autorität von Menschen ausgeübt wird, die den Möglichkeiten der Befreiung verpflichtet sind, und der Notwendigkeit, daß, was dem Menschen angetan worden ist, aus der Welt zu schaffen.« (H. MARCUSE in: BUSSE 1970, 283) Gekoppelt ist diese Konzeption Marcuses mit einem Mißtrauen gegenüber den modernen Menschen, die – falls sie sofort in Freiheit über ihr Leben bestimmen könnten – zur Aggression neigen würden: »Dann würden sie nicht vier oder fünf Stunden vor dem Fernsehgerät sitzen, sondern ich weiß nicht wie lange. Da würden sie schießen und jagen gehen und sonst grausige Dinge tun.« (H. MARCUSE in: BUSSE 1970, 282). Die – gemessen am bakuninischen Herrschaftsbegriff – zweifellos *autoritäre* Tendenz dieser Aussagen relativiert sich allerdings vor dem Hintergrund der historischen Erfahrung. MARCUSES Überlegungen ergeben sich aus der Analyse der modernen kapitalistischen Gesellschaft, die sich neue und verfeinerte Instrumentarien der Unterdrükkung geschaffen hat (vgl. insbesondere H. MARCUSE 1970). So sei es gelungen, durch materielle Zugeständnisse an die Arbeiterbewegung einerseits und »Bewußtseinsmanipulationen« an den Unterdrückten durch neuen Massenmedien andererseits, den »eindimensionalen Menschen« (MARCUSE) zu schaffen, der die über ihn ausgeübte Herrschaft entweder nicht mehr als solche zu erkennen vermag oder – wie es ADORNO feststellt – sogar »nach dem Zwang und der Beschränkung hungert, welche der widersinnige Fortbestand der Herrschaft ihm auferlegt.« (ADORNO 1987, 160) Die Folge dieser Perfektionierung von Herrschaft, die als *internalisierte Struktur* nicht mehr als repressiv erfahren wird, ist die tatsächlich effektivste Befriedung von Widerstand. Analytisch hat BAKUNIN das »social engineering« dieser Konzeptionen in seiner Wissenschaftskritik durchaus vorweggenommen. Eine Antwort auf diese Herausforderung gibt er allerdings ebensowenig wie der Neomarxismus.

des Klassenantagonismus aufgehoben werden können. Vorrevolutionäre Bildung für Arbeiter führt für BAKUNIN darüber hinaus zum *Verderben* des Volkes, indem die *Instinkte* der Empörung durch bürgerliche Bildung sublimiert und so die revolutionäre Spontaneität des Volkes unterminiert werden. Bildung wird in diesem Sinne zum Befriedungsinstrument.

BAKUNIN hypostasiert in diesem Zusammenhang die Ungebildetheit der Massen als *revolutionäre Qualität*: Die Massen sind nicht durch die »doktrinäre, klassische, idealistische und metaphysische Erziehung, welche die Bourgeoisiejugend vergiftet«[649] manipuliert, sie sind bewahrt vor einer praxisfernen, theoretischen Haltung. Umgekehrt erhält der Arbeiter durch die Teilnahme am revolutionären Prozeß eine »praktische Erziehung«[650], die sich aus den Kämpfen selbst ergibt, denn »der am geringsten gebildete, am wenigsten vorbereitete, sanfteste Arbeiter, von den Folgen dieses Kampfes selbst immer mehr vorwärts gerissen, erkennt sich selbst schließlich als Revolutionär, Anarchist und Atheist, ohne selbst zu wissen, wie er es geworden ist.«[651]

Auf das revolutionäre Proletariat übertragen heißt dies, daß dasselbe *»sozialistisch ist, ohne es zu wissen«*[652] und insofern nicht zur Revolution gebildet werden muß, sondern nur zum Bewußtsein seiner Lage als unterdrückte Klasse kommen soll. Das wichtigste Mittel, dieses Bewußtsein herzustellen, liegt nicht in der Bildung und Propaganda, sondern in den revolutionären Kampferfahrungen des Proletariats. In BAKUNINS Ablehnung des »autoritären« Kommunismus im Sinne von Karl MARX und Ferdinand LASSALLE verdeutlicht sich diese Sichtweise: Nach dem Scheitern der Pariser Kommune im Jahr 1871 macht sich in der internationalen Arbeiterbewegung anstelle der revolutionären Euphorie Ernüchterung und zu einem gewissem Grad auch Resignation breit. MARX, der der Pariser Insurrektion von Anbeginn skeptisch gegenüberstand, empfiehlt nach dem blutigen Ende der Commune den Rückzug und den organisatorischen Neuaufbau und plädiert – im Konsens mit der deutschen Arbeiterbewegung – für die Eroberung der politischen Macht. Die Organisationsarbeit solle vor allem durch den Aufbau von Arbeiterparteien und die Beteiligung an Wahlen sowie durch Bildung und Propaganda unter den Arbeitern die Ausgangsbedingungen für eine neue revolutionäre Initiative schaffen. Das eigentliche Subjekt dieser Bildung und Propaganda ist für MARX – entsprechend seiner Klassenanalyse – das städtische Industrieproletariat. Gemäß den Lehrsätzen des historischen Materialismus ist diese gesellschaftliche Gruppe das fortgeschrittenste und deshalb revolutionärste Klassensegment, weil es unter den fortgeschrittensten Produktionsbedingungen arbeitet und in der extremsten

---

649 Ges 2, 159

650 Ebd.

651 Ges 2, 158

652 Ges 2, 81

Entfremdungssituation Unterdrückung erfährt. Scharf gegen dieses entwickelte Proletariat grenzt MARX die bäuerlichen Massen und das sogenannte »Lumpenproletariat« der Städte ab. »Lumpenproletariat« als amorphe, unwissende Masse ist nach MARX allenfalls zu spontanen Rebellionen, keinesfalls aber zu einer umwälzenden Revolution fähig. Hier setzt BAKUNINS Kritik ein: Er wendet sich gegen die marxistische Abqualifizierung des Lumpenproletariats[653]. BAKUNIN lehnt aus denselben Gründen auch das marxistische Verständnis des Begriffs »Arbeiterklasse« ab, weil hierin eine Fokussierung auf das Industrieproletariat grundgelegt ist, die alle übrigen Antagonismen aus dem Blick verliert und die darüber hinaus aus den Begrifflichkeiten der bürgerlich-kapitalistischen Gesellschaft abgeleitet ist: »*Klasse, Macht, Staat* sind drei untrennbare Begriffe, deren jeder mit Notwendigkeit die beiden anderen unterstellt, und die sich endgültig in den Worten zusammenfassen: *politische Unterjochung und ökonomische Ausbeutung der Massen*«[654]

BAKUNIN hält die marxistische Erklärung, derzufolge das Bewußtsein der Individuen primär aus ihrem ökonomischen Sein bestimmt werde – also die Begründung der Fortschrittlichkeit des Industrieproletariats -, für einseitig und anmaßend und verweist statt dessen auf die Instinkte und Temperamente als bewußtseinsbildende und zugleich *materielle* Faktoren. MARXENS (vermeintliche) Reduzierung der Bewußtseinsbildung als *Attribut* zur ökonomischen Lage der Individuen unterschlägt nach BAKUNINS Auffassung wesentliche Momente der Genese revolutionären Bewußtseins. Konträr dazu besteht BAKUNIN auf einer *vertikalen Klassenanalyse* (RASPE), die die Entstehung eines revolutionären Bewußtseins in den Kontext jedweder Erfahrung von Unterwerfung zu stellen sucht. Für BAKUNIN sind die *deklassierten* Angehörigen des Bürgertums, das verarmte Kleinbürgertum und insbesondere die Bauernschaft ebenso Rekrutierungsfeld für die revolutionäre Propaganda wie das Industrieproletariat; MARX wird in diesem Zusammenhang Dogmatismus und Borniertheit unterstellt: »Herr Marx mißverkennt (sic!) auch völlig ein in der historischen Entwicklung der Menschheit sehr wichtiges Element: das besondere Temperament und den Charakter jeder Rasse und jedes Volks, die natürlich selbst Produkte einer Vielheit ethnographischer, klimatologischer und ökonomischer, sowie historischer Ursachen sind, die aber, einmal gegeben, selbst außerhalb der ökonomischen Verhältnisse jedes Landes und unabhängig von denselben bedeutenden Einfluß auf dessen Schicksal und selbst auf die Entwicklung seiner ökonomischen Kräfte ausüben. Unter diesen sozusagen natürlichen Elementen und Zügen ist eines, dessen Wirkung für die besondere Geschichte jedes

[653] CLARK nennt BAKUNIN in diesem Zusammenhang den »defender of the revolutionary role of the lumpenproletariat« (CLARK 1979/80, 89). Nach BAKUNINS Auffassung ist der Separation der unterdrückten Klassen in Bauern und Lumpenproletariat einerseits und fortschrittliches Industrieproletariat andererseits bereits eine neue Form von Privilegierung und Unterdrückung immanent, die mit seinen egalitären und freiheitlichen Überzeugungen unvereinbar ist.

[654] Ges 3, 242 (Kursivierung bei BAKUNIN)

Volks ganz und gar entscheidend ist, das ist: die Intensität des Instinkts der Empörung und damit der Freiheit, die jedes Volk besitzt oder sich bewahrt hat.«[655]

Die Ablehnung der marxschen Erklärung, daß eine Revolution nur von einer entwickelten Industriearbeiterschaft erfolgreich durchgeführt werden kann, ist zugleich die Ablehnung einer »vorrevolutionären Arbeiterbildung«. In dem Maße, in dem der Instinkt zum treibenden revolutionären Faktor erklärt wird, verliert die Bildung und Erziehung an Relevanz. Überdies, und hier kehrt BAKUNIN zur Analyse der bürgerlichen Gesellschaft zurück, ist die umfassende Arbeiterbildung unter den Bedingungen der kapitalistischen Gesellschaft illusionär. Die Arbeiter, die täglich »13, 14, 16 Stunden verdummender Arbeit«[656] ausgesetzt sind, können in ihrer verbleibenden freien Zeit unmöglich eine Erziehung und Bildung erfahren, die auch nur annähernd vollständig und umfassend wäre.

BAKUNIN entscheidet die Frage der Arbeiterbildung also zugunsten des Primats der Revolution. Nachrevolutionär wird Bildung und Erziehung zu einem wichtigen Aufgabenbereich der Gesellschaft werden, vor der Revolution bedeutet jede Anstrengung in Richtung Volksbildung eine Zersplitterung der revolutionären Kräfte. Zur Revolution selbst benötigt die Arbeiterschaft keine Bildung.

2.4 Bildung und Erziehung bei BAKUNIN

2.3.2 Der Erziehungsbegriff

Ekkehard VON BRAUNMÜHL, der wohl bekannteste deutsche Vertreter der sogenannten »Antipädagogik«, versucht in seinem Aufsatz »Jede Erziehung ist staatserhaltend« nachzuweisen, daß anarchistische Bildungskonzeptionen ebensosehr auf eine Unterwerfung und Entmündigung des Zuerziehenden hinauslaufen wie alle anderen »Bildungsideologien«. VON BRAUNMÜHL zitiert in diesem Zusammenhang zustimmend LANDAUER, der eine Begründung für die Abwehr aller Bildungsanstrengungen gegeben hat: »›Gar nichts kann gar keiner gar keinem bringen, was der nicht schon vorher weiß, obwohl er es doch wieder nicht so recht weiß.‹« [657] Diese Grundbestimmung der eingeschränkten Möglichkeiten von Bildung und Erziehung ist zweifellos auf BAKUNIN zurückzuführen. BAKUNIN formuliert fast wortgleich in seiner Schrift »Staatlichkeit und Anarchie«: »Man nehme dagegen den ungebildetsten und dümmsten Menschen; spürt man in ihm nur wirklich Instinkte auf und ehrliche, wenn auch unbestimmte Bestrebungen im Sinne der Idee der sozialen Revolution, dann soll man nicht erschrecken, wie wild auch immer seine tatsächlichen Vorstellungen sein mögen, sondern sich ernsthaft und liebevoll mit ihm befassen und dann sehen, wie umfassend und leidenschaftlich er

---

655 Ges 3, 244

656 Ges 2, 122

657 LANDAUER zit. in: ROSENTHAL/KLEMM 1986, 34

unsere Idee aufnehmen und sich zu eigen machen wird, oder vielmehr seine eigene Idee, denn sie ist nichts anderes, als der klare, vollkommene und logische Ausdruck seines eigenen Instinkts; so hat man ihm also eigentlich nichts gegeben, nichts Neues gebracht, sondern nur das erklärt, was schon längst in ihm gelebt hat, bevor er uns begegnet ist. Und deshalb sage ich, daß niemand irgend jemandem irgend etwas geben kann.«[658]

Wenngleich BAKUNIN sich hier mit den speziellen Fragen der Narodniki-Bewegung auseinandersetzt, kann die ausgedrückte Beschränkung der Macht der Erziehung als axiomatisch für seine Bildungskonzeption angesehen werden. Wie schon in der Erörterung der bakuninischen Anthropologie gezeigt wurde, nimmt der »Instinkt« bei BAKUNIN eine überragende Rolle bei der Entwicklung der Gesellschaft und des Individuums ein. Die Aufgabe der Bildung kann es lediglich sein, die vorhandenen Instinkte zu *orientieren* und damit zu ihrem *Triumph* – d.i. die revolutionäre Empörung – beizutragen.

Im Grunde empfiehlt BAKUNIN eine Art *revolutionäre Maeeutik*, mit deren Hilfe die Massen befähigt werden, die Revolution durchzuführen. BAKUNIN kritisiert jede Selbstüberschätzung der Bildung. Bildung ist für sich selbst keine produktive Kraft. Sie kann nur am Disponiblen anknüpfen, und ihre Funktion ist die Systematisierung und Organisierung von Bekanntem und unbewußt Vorhandenem. Ihr Medium ist das *wirkliche Leben* des Volkes; dieses ist alleiniger Ausgangspunkt aller Bildungsanstrengung und zugleich ihre radikale Selbstbegrenzung. Bei BAKUNIN wird die Beschränktheit der Bildung gewissermaßen ontologisiert. Im Folgenden wird zu zeigen sein, wie aus diesem extremen pädagogischen Pessimismus sich dennoch eine libertäre Bildungskonzeption entwickeln läßt, die das von braunmühlsche Diktum »Erziehung ist Herrschaft, ob mit oder ohne Zwang«[659] ständig im Blick behält.

Es wurde bereits ausgeführt, daß BAKUNIN gegen vorrevolutionäre Arbeiterbildung heftig polemisiert, weil durch sie die Spontaneität der Massen und damit die revolutionäre Erhebung gefährdet sei. BAKUNIN wendet sich aber auch grundsätzlich gegen Bildung, weil er der Überzeugung ist, daß das organisierte Belehren Erwachsener einen Eingriff in deren individuelle Freiheit darstellt. »Schulen im eigentlichen Sinne« stellt BAKUNIN fest, »dürfen in einer normalen, auf die Gleichheit und die Achtung der menschlichen Freiheit gegründeten Gesellschaft nur für Kinder und nicht für Erwachsene da sein.«[660]

Er anerkennt allerdings, daß die vorrevolutionären Regierungen die Massen in tiefer Unwissenheit lassen, so daß eine nachträgliche Anhebung des Bildungsstandes des Volkes unumgänglich ist. BAKUNIN schlägt hierzu die Einrichtung soge-

---

[658] SuA, 642 f.

[659] VON BRAUNMÜHL in: ROSENTHAL/KLEMM 1986, 31

[660] PdT, 297

nannter *Volksakademien* vor, in denen Volk und gebildete Jugend – hier hat BAKUNIN wieder die studierende Bourgeoisiejugend im Blick – im wechselseitigen Austausch sich bilden. In diesem wechselseitigen Austausch wird das Volk »nach seiner eigenen Erfahrung seinerseits die Lehrer, die ihm unbekannte Kenntnisse bringen, in vielem unterweisen«[661].

Da es sich bei den Besuchern dieser Volksakademien um freie Erwachsene handelt, wäre eine Reglementierung, etwa im Sinne von Schulzwang, eine Wiedereinführung des Autoritätsprinzips. Auf Erwachsene ausgedehnt ist das Autoritätsprinzip für BAKUNIN in jeder Form »eine Quelle geistiger und moralischer Sklaverei und Verderbtheit.«[662] BAKUNINS Darlegung der Volksakademien bleibt fragmentarisch. Es ist zu vermuten, daß die spärlichen Erläuterungen zur Problematik der Arbeiterbildung eher eine Konzession an die zeitgenössische Arbeiterbildungsbewegung (Lassalle, Weitling u.a.) ist und weniger einen eigenständigen Entwurf BAKUNINS darstellt. Für diese Vermutung spricht auch, daß BAKUNIN nach kurzer Erläuterung der Volksakademien mit Nachdruck auf das »Leben« als die »wahre Schule für das Volk« [663] verweist. In Hinblick auf die Bildungs- und Erziehungskonzeption BAKUNINS ist festzuhalten, daß unter dem Zu-Erziehenden immer Kinder und Jugendliche zu verstehen ist. Erwachsenenbildung ist für BAKUNIN mit Autorität behaftet und letztlich auch von geringer Wichtigkeit, weil das Volk nach der geglückten Revolution sich ohne fest organisierte Anleitung bilden wird.

Die Erziehungsziele bei BAKUNIN sind eng mit seiner philosophischen Grundhaltung verknüpft. In der Programmschrift »Prinzipien und Organisationen einer Geheimgesellschaft« gibt BAKUNIN eine Zielbestimmung von Erziehung an, die dies verdeutlicht: »Vernunft, Wahrheit, Gerechtigkeit, Achtung des Menschen, Bewußtsein der eigenen Würde, die solidarisch und untrennbar von der Menschenwürde der anderen ist, Liebe der Freiheit für sich und alle anderen, Kult der Arbeit als Grundlage und Bedingung jedes Rechts, Verachtung für Unvernunft, Lüge, Ungerechtigkeit, Feigheit, Sklaverei und Müßiggang, dies sollen die Grundlagen der öffentlichen Erziehung sein.«[664]

Diese dem Pathos der Französischen Revolution verwandten Ziele der Erziehung werden mit dem proletarischen Arbeitsethos verknüpft, wie er bei WEITLING und PROUDHON grundgelegt und durch MARX und die Internationale seiner ideologisch-religiösen Verbrämung entledigt worden war. Solche Gewichtung der Arbeit – und BAKUNIN hat hier in erster Linie die *körperliche Arbeit* im Blick – als gesellschaftliches Prinzip schlechthin kann nicht überraschen, ist es doch immer noch eine der ideologischen Hauptaufgaben der proletarischen Bewegung, die

---

661 PdT, 298

662 Ebd.

663 PdT, 299

664 Ges 3, 25

bürgerliche *Entwertung* der Arbeit der unteren Klassen zu neutralisieren. Auch BAKUNIN nimmt diese Auseinandersetzung auf. Die zunächst befremdlich erscheinende Forderung nach einem »Kult der Arbeit« ist so gesehen zuallererst ein *antibourgeoiser Reflex* und steht im Konsens mit der proletarischen Bewegung der 70er Jahre.

Das entscheidende Erziehungsziel aber, das BAKUNIN in der angeführten Definition formuliert, dürfte allerdings in der »Liebe der Freiheit für sich und alle anderen« angesprochen sein.[665] Wie schon deutlich wurde, ist bei BAKUNIN der Begriff der Freiheit eng an den Grundsatz der Gleichheit gebunden. Auf seine Pädagogik übertragen bedeutet diese Verknüpfung die Garantie der vollen Chancengleichheit aller Individuen in Erziehung und Unterricht. BAKUNIN spricht hier von der *Gleichheit des Ausgangspunktes* für alle Mitglieder der freien Gesellschaft. Diese *Gleichheit des Ausgangspunktes* soll schon bei der Geburt sichergestellt sein und ist »gebildet durch Gleichheit der Mittel für Unterhalt, Erziehung und Unterricht und später für Betätigung der verschiedenen Fähigkeiten und Kräfte, welche die Natur in jeden Einzelnen gelegt hat.«[666]

Wenn das wichtigste Erkennungsmerkmal libertärer Pädagogik ihr »extremer Freiheitsbegriff« (KLEMM) ist, dann trifft diese Kennzeichnung hier auf BAKUNINS pädagogischen Entwurf im vollen Sinn zu, und in Hinblick auf die Entwicklungsgeschichte libertärer Pädagogik kann gesagt werden, daß BAKUNIN als erster libertärer Pädagoge den individuellen Freiheitsbegriff als Erziehungsziel mit der Freiheit Aller verknüpft und die dialektische Beziehung dieser Dimensionen ins Zentrum seiner Überlegungen stellt. Durch BAKUNINS Verknüpfung von kollektiver und individueller Freiheit als untrennbare Erziehungsziele wendet sich sein pädagogisches Denken der gesellschaftlichen Dimension zu und verwandelt den Freiheitsbegriff individualanarchistischer Provenienz – wie er etwa bei GODWIN und TOLSTOI dominiert – in einen Freiheitsbegriff, der vom Privatglück Einzelner Abstand nimmt und das Glück Aller fordert.

2.3.3 Die Rahmenbedingungen der Erziehung

Die Garantie einer *Gleichheit des Ausgangspunktes* ist bei BAKUNIN nur denkbar in einer vollständig revolutionierten Gesellschaft. Diese Gesellschaft behält als letzte und auch nur vorläufige Reminiszenz an bürgerliche Rechts- und Gesellschaftsordnung das *Erbrecht* bei und dies mit dem einzigen Zweck, das Erziehungssystem gründlich zu reformieren. BAKUNIN gesteht der nachrevolutionären Erziehungsinstitution als einziger gesellschaftlicher Institution das Erbrecht zu: »Folglich wird nur der Fond für Erziehung und öffentlichen Unterricht das Recht haben, zu erben, mit der Verpflichtung für die gleiche Erhaltung, Erziehung und Unterricht

---

[665] An anderer Stelle betont BAKUNIN die Wichtigkeit dieses Zieles, wenn er schreibt, daß das eigentliche Erziehungsziel in der »Schaffung des freien Menschen« (Ges 3, 29) zu suchen sei.

[666] Ges 3, 28

aller Kinder von der Geburt bis zur Mündigkeit und ihrer vollständigen Freiwerdung zu sorgen.«[667]

Die Diskussion um das Erbrecht und seine gesellschaftlichen Folgerungen war ein nicht unbedeutender Aspekt in den Auseinandersetzungen zwischen MARX und BAKUNIN in der 1. Internationale. BAKUNIN ist davon überzeugt, daß das »Erbrecht dem Sieg der Freiheit entgegengesetzt« ist und daß durch das Erbrecht »im Namen des Todes die Lebenden bedrückt«[668] werden. Die Abschaffung des Erbrechts ist ihm eine revolutionäre Grundforderung und wird sich später in der anarchistischen revolutionären Praxis (Spanischer Bürgerkrieg, Bauernaufstände in der Ukraine) beispielsweise darin ausdrücken, daß anarchistische Revolutionäre nach jedem lokalen Sieg alle amtlichen Unterlagen über Besitz- und Erbverhältnisse öffentlich vernichten. MARX dagegen ist der Auffassung, daß BAKUNIN der Bedeutung des Erbrechts einen zu hohen Stellenwert einräumt. Er ist der Überzeugung, daß »die Erbschaftsgesetze nicht die Ursache, sondern die juristische Folge der bestehenden ökonomischen Organisation der Gesellschaft«[669] darstellen und deshalb mit der Aufhebung des Privateigentums ihre Grundlage verlieren müssen. Es erhebt sich die Frage, wie BAKUNIN, der das Erbrecht in einer freien Gesellschaft abgeschafft sehen will, mit eben diesem Erbrecht eine Finanzierung der Erziehungsinstitutionen sicherstellen will. NETTLAU greift diesen Widerspruch in seiner Darstellung der Philosophie BAKUNINS auf, bemerkt dazu lapidar: »Wie dann die folgende Generation, in der nichts Wesentliches zu vererben war, die Unterhaltskosten der Jugend aufbrachte usw., war nicht mehr BAKUNINS Sache zu diskutieren; seine Vorschläge schlossen sich direkt an die sich durch die Revolution ergebende Situation an.«[670]

Bei BAKUNIN findet sich keine Lösung dieses Widerspruchs, und NETTLAUS Sichtweise trifft den Kern bakuninischer »Utopien« – falls seine seltenen konkreten Vorschläge zur Gestaltung einer nachrevolutionären Gesellschaft diese Bezeichnung verdienen: BAKUNIN ist in der Tat in erster Linie an der unmittelbaren Konsolidierung einer revolutionierten Gesellschaft interessiert, und zu solcher Sicherung gehört die sofortige Überführung des Reichtums der bürgerlichen Gesellschaft in kollektiven Besitz. Daß die Erziehungsinstitutionen hiervon nutznießen sollen, kann nicht überraschen, wenn BAKUNINS Überlegungen zur Monopolisierung des Wissens durch die Bourgeoisie mitbedacht werden: Die Destruktion des Bildungsprivilegs ist ebenso bedeutsam wie die Übernahme der Produktionsmittel durch die Massen, und die Ausnutzung des Erbrechtes – als bürgerlich-

---

[667] Ges 3, 20

[668] Ges 3, 19

[669] STUKE (Anmerkung) in: SuA, 626

[670] NETTLAU 1972, Bd 2, 39

herrschaftliches Recht par excellence – zur Abschaffung der Privilegien ist unter dieser Sichtweise ebenso praktisch wie gerechtfertigt.

Die institutionalisierte und über das Erbrecht vorläufig gesicherte Erziehung in nachrevolutionären Gesellschaften unterscheidet sich in ihrer Strukturierung entscheidend vom bürgerlichen Erziehungssystem. Zunächst ist diese Erziehung *dezentral* zu organisieren. Hier muß eine Grundüberzeugung BAKUNINS – die föderalistische Idee – kurz skizziert werden. Die föderalistische Idee eignet sich BAKUNIN unter dem Einfluß PROUDHONS an. PROUDHONS Föderalismus liegt die Auffassung zugrunde, daß allein ein überschaubares Wirtschaftsgebilde, wie es etwa im Landbau oder im kleineren und mittleren Handwerk zu finden ist, und das in Selbstverwaltung organisiert ist, gewährleisten kann, daß Herrschaft und Ausbeutung dauerhaft absterben. BAKUNIN übernimmt diese Momente des proudhonschen Mutualismus und sucht sie auch auf komplexe wirtschaftliche und politische Strukturen zu übertragen. BAKUNIN stellt hierbei insbesondere auf PROUDHONS *Basisorganisation* in den Mittelpunkt, die eine Gestaltung der Wirtschaft von »unten nach oben« intendiert. BAKUNINS Föderalismus akzentuiert die politische und wirtschaftliche Organisation der Gesellschaft durch die autonome *Basis* oder *Provinz*, die keiner übergeordneten Stelle verpflichtet ist. Auf die Erziehungsinstitutionen übertragen meint dieser Föderalismus die Abwesenheit jeden Eingriffs einer *Zentrale* in das Erziehungsprogramm und die Erziehungsorganisation der jeweiligen *Provinz*. Staatsuniversitäten und kirchliche Bildungseinrichtungen – als extremer Widerpart dieser föderalistischen Konzeption – müssen abgeschafft werden, und BAKUNIN fordert, daß »die Sorge für den öffentlichen Unterricht ausschließlich den Gemeinden und freien Assoziationen angehören soll«[671]. BAKUNIN erteilt hiermit auch jedem vorrevolutionärem Schulversuch eine klare Absage, unabhängig davon, wie freiheitlich und föderativ sich dieser Versuch geriert:

»Selbst wenn man in dem bestehenden Milieu Schulen zu gründen imstande wäre, die ihren Schülern einen so vollendeten Unterricht und eine solche Erziehung geben würden, wie wir sie uns nur vorstellen könnten, würden sie es erreichen, gerechte, freie moralische Menschen zu schaffen? Nein, denn nach Verlassen der Schule würden sie sich inmitten einer nach ganz entgegengesetzten Grundlagen gebildeten Gesellschaft befinden und da die Gesellschaft immer stärker ist als die Individuen, so würde sie nicht versäumen sie zu beherrschen, das heißt, sie demoralisieren.«[672]

---

[671] Ges 3, 19

[672] Ges 2, 121 Die Bestimmung der Verantwortlichkeit der *Provinzen* oder *freien Assoziationen* für Schule und Unterricht wird von der späteren anarchistischen Praxis übernommen. So versuchen die spanischen Anarchisten während des Bürgerkrieges in Gemeinden, die unter anarchistischem Einfluß stehen, zahlreiche Schulprojekte zu verwirklichen. Das Programm der CNT (Confederacion Nacional del Trabajo), der größten spanischen Anarchistenorganisation, nimmt die Forderung nach einer Erziehung auf föderativer Grundlage ausdrücklich in ihr Programm auf: »Die örtlichen Arbeitergesellschaften

2.3.4 Individualität und Erziehung

BAKUNINS Anarchismus ist, wie jede anarchistische Theorie, der Individualität und insbesondere der individuellen Freiheit verpflichtet. Diese Betonung der Individualität bestimmt unter anderem auch BAKUNINS Auseinandersetzung mit MARX, der die Individualität des Menschen in seiner gesamtgesellschaftlichen Totalität zu verorten sucht und für den die Gesellschaft, als *zweite Natur* des Menschen, konstitutiv für jedes individuelle Sein ist. BAKUNIN hingegen vertritt zwar nicht den rigorosen Individualismus STIRNERS, dessen Schwächen MARX in seiner Schrift »Die Deutsche Ideologie« (1846) aufgewiesen hat, kann aber ebensowenig die marxistische Entindividualisierung zugunsten eines allumgreifenden Kollektivismus nachvollziehen.[673]

Für BAKUNIN ist – wie für MARX – der Mensch grundsätzlich umweltbestimmt und somit den *Außenmächten* Natur und Gesellschaft unterworfen: »Alle Menschen ohne Ausnahme sind in jedem Augenblick ihres Lebens das, wozu die Natur und die Gesellschaft sie gemacht hat.«[674] Welche Ergebnisse dieser bestimmende Einfluß hat, ist für BAKUNIN aber nicht von vornherein entschieden. Er hält durchaus eine unterschiedliche Entwicklung unter identischen äußeren Voraussetzungen für denkbar.

Die Unterschiedlichkeit der Entwicklungsmöglichkeiten ist erwartungsgemäß auch Gegenstand seiner pädagogischen Überlegungen. BAKUNIN analysiert hier die individuellen Differenzierungen zunächst als Resultat der Klassengesellschaft, deren soziale Organisation eine Erziehung veranlaßt, die eine *Gleichheit des Ausgangspunktes* aufgrund der Klasseninteressen negieren muß, denn »sobald es ein Erbrecht gibt, wird die Laufbahn der Kinder nie das Resultat ihrer Fähigkeiten und individuellen Energien sein: sie wird vor allen Dingen das Resultat des Vermögenszustandes, des Reichtums oder der Armut ihrer Familien sein. Reiche, aber dumme Erben werden einen höheren Unterricht erhalten; die intelligentesten Kinder des Proletariats werden weiterhin als Erbteil Unwissenheit erhalten, gerade so wie dies heute geschieht.«[675]

So gefaßt wäre Individualität nicht mehr als solche bestimmbar und allein gesellschaftliche Determination. Allerdings finden sich Unterschiede zwischen den

---

oder -föderationen sollen die sofortige Gründung von Schulen zur Ausbildung der Arbeiter in Angriff nehmen.« (BERNECKER 1980, 88)

673 Obwohl die marxistische Konzeption – besonders in Hinblick auf die Frühschriften – Individualität und individuelle Freiheit als wichtige Ziele der Revolution angeben, stellt sich der »späte« MARX, mit dem BAKUNIN sich hier auseinandersetzt, als exponierter Verfechter des Klasseninteresses anstelle des Individualinteresses dar: »Das Individualitätsbewußtsein sollte direkt dem Klassenbewußtsein geopfert werden. Nicht für ewige Zeiten – aber doch für die Zeit, die dem gerade lebenden Individuum der damaligen Gegenwart das wichtigste war.« (BRUPACHER 1976, 85)

674 Ges 2, 118

675 Ges 2, 112

Individuen auch in der auf Gleichheit gegründeten nachrevolutionären Gesellschaft, die durch keine Erziehung ausgeglichen werden können und sollen.

BAKUNIN spricht von einer »natürlichen Ungleichheit der Menschen, einer Ungleichheit, mit der wir uns abfinden müssen« und macht die Veranlagung für diese Ungleichheit verantwortlich: »Manche sind glücklicher veranlagt als andere, haben von Geburt an größere natürliche Intelligenz und Willenskraft«[676] und zeichnen sich deshalb unter anderem durch »a difference in temperament, in vital energy, in the predominance of one sense or of a group of organic functions over others, difference in intensity of sense impressions and natural capacities«[677] aus.

Im Fortgang verknüpft BAKUNIN nativistische Argumente mit der Milieutheorie: Wenn es auch in einer befreiten Gesellschaft individuelle Unterschiede gibt, so sind diese Differenzen doch nicht mit Vorrechten und Privilegien verbunden. Sie sind für BAKUNIN im Gegenteil ein positives Element, in ihnen sieht er – in ausdrücklicher Bezugnahme auf FEUERBACH – einen »Reichtum der Menschheit.«[678] Die Unterschiedlichkeit der Individuen wird einen fruchtbaren, zwischenmenschlichen Austausch bewirken und kann deshalb als Bereicherung einer anarchistischen Gesellschaft verstanden werden: »Dank ihr ist die Menschheit ein Gesamtwesen, in welchem jeder alle vervollständigt und alle braucht, so daß diese unendliche Verschiedenheit der menschlichen Personen die Ursache selbst, die Hauptgrundlage ihrer Solidarität ist, ein Hauptargument zugunsten der Gleichheit.«[679]

Indem BAKUNIN die Unterschiedlichkeit der Individuen – eigentlich ein Argument der Bourgeoisie gegen eine allgemeine Volksbildung – als ein positives Element beschreibt, akzentuiert er zugleich die individuelle Freiheit gegenüber den Ansprüchen der gesellschaftlichen Bildungsmächte. Das Individuum gehört sich selbst, der Einfluß auch und gerade der nachrevolutionären Erziehung endet an der jeweiligen Eigenart des Einzelnen und darf diese Eigenart nicht im Auftrag einer Ideologie – und sei es die libertäre Ideologie – einebnen.

2.3.5 Autorität und Erziehung

Der Freiheitsbegriff BAKUNINS legt es nahe, daß seine Erziehungskonzeption jede Form von Autorität im Bildungsprozeß als unzulässigen Eingriff in die Rechte des Individuums ablehnt. Als Grundsatz trifft dies bei BAKUNIN auch zu. In der praktischen Durchführung der Erziehung hält BAKUNIN ein gewisses Maß von Autorität jedoch für erforderlich. BAKUNIN sieht im Kind und im Jugendlichen *potentielle* Erwachsene, die sich erst »im möglichen Zustand der Freiheit«[680] befinden und die

676 Ges 2, 249

677 Max, 330

678 Ges 2, 113

679 Ebd.

680 Ges 3, 25

durch den Einfluß der Erziehung zu Erwachsenen mit allen Rechten auf Freiheit und Unabhängigkeit werden. Die Kinder und Jugendlichen durchlaufen im Erziehungsprozeß eine Art Übergangsstadium zur vollen Freiheit und werden dementsprechend mit zunehmenden Alter immer mehr der Freiheit teilhaftig.

BAKUNIN ist sich durchaus bewußt, daß mit der Legitimation von Autorität in bestimmten Phasen der Erziehung die Möglichkeit des Mißbrauchs gegeben ist. Deshalb verfügt er über den Autoritätsanspruch über Zu-Erziehende eine Reihe von Einschränkungen, die eine Verselbständigung und Verewigung der Autorität ausschließen sollen.

Zuvorderst weist BAKUNIN darauf hin, daß die Kinder und Jugendlichen nicht als Besitz im bürgerlichen Sinne zu betrachten sind: »Die Kinder gehören weder ihren Eltern noch der Gesellschaft, sie gehören sich selbst und ihrer künftigen Freiheit.«[681] Diese eher allgemeine Einschränkung des Verfügungsrechtes der Erzieher über die Zu-Erziehenden wird von BAKUNIN spezifiziert, wenn er den Erziehungsvorgang als »allmählich fortschreitende Initiation zur Freiheit« umschreibt: Die Autorität im Erziehungsprozeß muß »immer mehr der Freiheit Platz machen, damit die herangewachsenden Jünglinge, wenn sie vom Gesetz freigemacht sich, vergessen haben mögen, wie sie in ihrer Kindheit durch etwas anderes als die Freiheit geleitet und beherrscht wurden.«[682]

Eine weitere Einschränkung liegt in der von BAKUNIN geforderten Weise der Anwendung der erzieherischen Autorität über Kinder und Jugendliche. Bei allen autoritären Handlungen im Erziehungsprozess muß die »Achtung des Menschen«[683] im Vordergrund stehen. Trotz dieser Einschränkungen bleibt der Erziehungsprozeß bei BAKUNIN ein autoritärer Akt. Es ist für BAKUNIN nicht vorstellbar, Kinder und Jugendliche als Vollmitglieder der freien Gesellschaft zu definieren und sie mit allen Freiheitsrechten der Erwachsenen auszustatten. Umgekehrt bleibt in dieser Konzeption der Erzieher der letzte und einzige Träger von Autorität in der freien Gesellschaft.

Diese erzieherische Autorität, die als die »väterliche Autorität« und die »Autorität des Schulmeisters«[684] verstanden wird, bleibt bei BAKUNIN allerdings kein unumstößliches und irrtumsfreies Prinzip. Die Erzieher können »trotz ihrer obligaten und sprichwörtlichen Weisheit und sogar wegen dieser Weisheit sich über die Fähigkeiten ihrer Kinder noch leichter irren als die Kinder selbst« und stehen, da sie eine autoritäre Funktion ausüben, immer in der Gefahr, diese Autorität gegen die ihnen Anvertrauten zu wenden, weil für BAKUNIN feststeht, daß »jeder, der herrscht, nie verfehlt, seine Macht zu mißbrauchen« und deshalb auch die »Schul-

---

681 Ebd.

682 Ebd.

683 Ebd.

684 vgl. Ges 2, 116

meister und Familienväter bei der willkürlichen Festsetzung der Zukunft ihrer Kinder viel mehr ihren eigenen Geschmacke befragen, als die natürlichen Tendenzen ihrer Kinder«.[685]

Trotz dieser Bedenken gegen die »sachimmanenten« Gefahren jedes autoritären Zugriffs beharrt BAKUNIN auf der Notwendigkeit von Autorität in der Erziehung. Er setzt sich hier in einen gewissen Widerspruch zu seiner Freiheitsphilosophie: Wenn an anderer Stelle darauf insistiert wird, daß Freiheit nur durch und in Freiheit geschaffen werden kann, so ist die pädagogische Konzeption, derzufolge die Erziehung »als Ausgangsposition die Autorität« zu nehmen hat, die dann »sukzessive zur vollständigen Freiheit hinführen«[686] soll, mit dem Konzept von Freiheit und ihrer Genese nicht kompatibel. BAKUNIN scheint sich dieser Inkonsequenz durchaus bewußt zu sein, denn er stellt die merkwürdige Forderung auf, die Kinder sollten der ihnen auferlegte Autorität im Zuge ihres Erwachsenwerdens allmählich immer weniger gewahr sein, »damit die heranwachsenden Jünglinge, wenn sie vom Gesetz freigemacht sind, *vergessen* haben mögen, wie sie in ihrer Kindheit durch etwas anderes als die Freiheit geleitet und beherrscht wurden.«[687]

2.3.6 Verfall der Wissenschaften und »Durchschnittsbildung«

BAKUNINS Wissenschaftskonzeption wurde bereits dargelegt. Als wichtiges Merkmal seines Wissenschaftsbegriffs darf die Ambivalenz von bedingungsloser Anerkennung der Wissenschaft als Trägerin von Fortschritt einerseits und die Skepsis gegenüber Wissenschaft als neue Form von Privilegierung andererseits gesehen werden. In eben dieser Ambivalenz findet der Wissenschaftsbegriff auch Eingang in die pädagogische Konzeption BAKUNINS.

Zum einen vertritt BAKUNIN einen wissenschaftlich begründeten Unterricht und lehnt deshalb alle »unwissenschaftlichen«, metaphysischen Bildungsgegenstände wie Religion oder idealistische Philosophie ab. Er fordert in diesem Zusammenhang die völlige Abschaffung eines religiösen Unterrichtes in nachrevolutionären Schulen[688].

Auf der anderen Seite schlägt BAKUNINS Skepsis gegenüber der Wissenschaft durch, wenn er betont, daß die wissenschaftliche Ausbildung der Schüler mit praktischer Arbeit gekoppelt sein muß. Die *reine* Wissenschaft führt für BAKUNIN in eine theoretisierende Einseitigkeit und Spezialisierung, die vom *wirklichen Leben* abstrahiert und insofern nicht die »vollständige Ausbildung« garantiert. Wenn BAKUNIN schreibt, »Kinder, wie reife Männer werden nur durch selbst gemachte

---

685 Ges 2, 116

686 Ges 2, 117

687 Ges 3, 25 (Meine Hervorhebung, M.H.)

688 Privater Religionsunterricht und private Religionsausübung – und hier ist BAKUNINS freiheitliche Gesellschaftstheorie wirksam – ist selbstverständlich möglich und allein der freien Entscheidung der Individuen überlassen.

Erfahrungen, nie durch die Erfahrungen anderer klug«[689], so ist dieser Wissenschaftsskeptizismus wirksam. *Erfahrung* meint hier nichts anderes als Lebenspraxis, die allerdings den Schülern in strukturierter Form dargeboten werden soll.

BAKUNINS Verhältnis zur Wissenschaft kann *pragmatisch* genannt werden. Sein Wissenschaftsbegriff entwickelt sich in Adaption an die jeweils notwendigen (oder als notwendig erachteten) revolutionären Erfordernisse und gesellschaftlichen Bedingungen: Die bürgerliche Gesellschaft wird als Schranke und Fessel für jene Wissenschaft betrachtet, die wirklich im Dienste der aufgeklärten Menschheit stehen wird; Wissenschaft im bürgerlichen Zeitalter ist primär Funktion der Herrschaft und insofern entscheidend begrenzt. Aber auch die revolutionäre Umwälzung führt nach BAKUNINS Auffassung nicht übergangslos zur Befreiung der Wissenschaft. Es wird im Gegenteil für die nachrevolutionäre Gesellschaft zunächst ein *Verfall der Wissenschaften* prognostiziert.

Dieser Verfall begründet sich aus dem pädagogischen Anspruch BAKUNINS, im nachrevolutionären Erziehungssystem eine wissenschaftlich fundierte Ausbildung für alle Zu-Erziehenden einzurichten. Wo BAKUNIN von der wissenschaftlichen Ausbildung für alle spricht, ist die fachwissenschaftliche Spezialausbildung zunächst ausgeschlossen. Er will ein Erziehungssystem, in dem der Grundsatz der Verbindung von Kopf- und Handarbeit bestimmend ist: »Jeder muß arbeiten und jeder muß gebildet sein.«[690] Die Notwendigkeit der körperlichen Arbeit für alle hat zur Konsequenz, daß die Gruppe privilegierter Fachgelehrter sich gewissermaßen ins Volk »auflöst«, also daß genau jener Prozeß eintritt, den BAKUNIN an anderer Stelle die Auflösung der Wissenschaft ins Leben genannt hat.

Mit dieser Auflösung ist es garantiert, daß in der zukünftigen Gesellschaft der Gegensatz zwischen Arbeitern und Gelehrten aufgehoben ist. Als eine von Bildungsprivilegien befreite Gesellschaft kennt sie nur noch »Menschen«, oder – deutlicher ausgedrückt – es wird weder »Halbgötter« (Gelehrte) noch »Sklaven« (Arbeiter) geben: »Die Halbgötter und die Sklaven werden gleichzeitig zu Menschen werden, die einen, indem sie ein bißchen herabsteigen, die anderen, indem sie viel in die Höhe steigen.«[691]

Diese Nivellierung ist nur um den Preis des Rückgangs des wissenschaftlichen Niveaus erhältlich. BAKUNIN nimmt dies in Kauf und gibt ohne Beschönigung zu, daß sein Erziehungssystem zunächst Stagnation und Verfall von Wissenschaft und Forschung mit sich führen wird: »Es ist möglich und selbst sehr wahrscheinlich, daß während des mehr oder weniger langen Übergangszustand, der natürlich der großen sozialen Krise folgen wird, die höchsten Wissenschaften bedeutend unter ihr jetziges Niveau sinken werden (...) Aber wird die zeitweise Verfinsterung der

---

689 Ges 2, 116

690 Ges 2, 110

691 Ges 2, 112

höheren Wissenschaft ein so großes Unglück sein? (...) Zweifellos wird es weniger berühmte Gelehrte geben, aber gleichzeitig auch weniger Unwissende.«[692]

Der hier von BAKUNIN ausgebreitete Pessimismus kann als relativ ungewöhnliche Sonderposition im revolutionären Diskurs des 19. Jahrhunderts bezeichnet werden: Alle Entwürfe der Zukunftsgesellschaft, die zu BAKUNINS Zeit aktuell sind – also die frühsozialistischen Entwürfe und das marxistische Modell – gehen mit großer Selbstverständlichkeit von einer nachrevolutionären *Steigerung* der wissenschaftlichen Möglichkeiten aus. Namentlich im Marxismus ist der Gedanke lebendig, daß die bürgerliche Gesellschaft der Wissenschaft künstliche Grenzen setzt, die mit der proletarischen Revolution aufgehoben sein werden. Wissenschaft im Kapitalismus ist für MARX – wie für BAKUNIN – ein Unterdrückungsinstrument. Er stellt eine zunehmende Bedeutung des wissenschaftlichen Fortschritts in der industriellen Produktion einerseits und das Sinken des Wissensstandes der produzierenden Arbeiter andererseits fest und weist darauf hin, daß die aktuelle Entwicklung in der großen Industrie »die Wissenschaft als selbständige Produktionspotenz von der Arbeit trennt und in den Dienst des Kapitals preßt.«[693]

Nach MARX ist es für den Kapitalverwertungsprozeß geradezu notwendig, »halbe Idioten« [694] zu erziehen, die die einfachen Arbeitsgänge in Manufaktur und Fabrik ohne Fragen verrichten. Erst mit dem zunehmenden technischen Fortschritt in der industriellen Produktion werden auch spezialisierte Facharbeiter gebraucht, die für komplizierte Tätigkeiten ausgebildet sind.

Allerdings macht MARX nicht die Wissenschaften selbst für diese Fehlentwicklungen verantwortlich, sondern betont, daß Wissenschaft dem Kapital »einverleibt«[695] wird. Die Wissenschaft als solche verändert sich durch diese Einverleibung nicht, ihre Methoden und Ergebnisse bleiben objektiv und neutral. MARX intendiert deshalb auch eine Zukunftsgesellschaft, in der die Wissenschaft – befreit von den kapitalistischen Zwängen – eine Steigerung ihres Leistungsvermögens erfahren wird. Von einem Skeptizismus im Sinne BAKUNINS ist bei MARX nichts zu finden und Brupacher verdeutlicht die Diametralität zwischen MARX und BAKUNIN in der Frage der Wissenschaftsgläubigkeit, wenn er schreibt: »Er (BAKUNIN, M.H.) konnte nicht ein Opfer einer wissenschaftlichen Überzeugung werden wie Marx, dem die Wissenschaft ein strenger Herr war, welchem er Leben, Muße, Ruhe opferte, unerbittlich streng gegen sich und alle, die nicht im Einklang mit den Gesetzen handelten, dem unabänderlichen Gang der Entwicklung blind gegenüberstanden.«[696]

---

692 Ges 2, 111

693 MEW 1983, Bd. 23, 382

694 Ebd.

695 MEW 1983, Bd. 23, 409

696 BRUPACHER 1976, 13

Die hier angesprochene Souveränität BAKUNINS gegenüber der *strengen Wissenschaft* ermöglicht ihm die Degradierung derselben in gesellschaftlichen Übergangsperioden, ein Verfahren, das für MARX völlig inakzeptabel wäre und in Widerspruch zu dessen Wissenschaftskonzeption stünde.

In einer Transformationsperiode ist für BAKUNIN zudem die »vorübergehende Wissenschaftsfinsternis« zum Zweck der »Vermenschlichung der Gelehrten und Handarbeiter«[697] notwendig: Beide Gruppen sind in ihrer Spezialisierung und Einseitigkeit von der Fülle des Lebens abgetrennt, und deshalb ist eine der Hauptaufgaben einer künftigen befreiten Gesellschaft, die *Versöhnung* von Wissenschaft und Leben herbeizuführen, was letztlich dem wissenschaftlichen Progreß zugute kommen wird: »Und wir sind überzeugt, daß nach Eroberung dieser neuen Grundlage die Fortschritte der Menschheit in der Wissenschaft wie im Leben bald alles übertreffen werden, was wir kennen und was wir uns heute in der Einbildung vorstellen können.«[698] Der entscheidende Unterschied zu anderen sozialistischen und revolutionären Konzeptionen zur *Zukunft der Wissenschaft* besteht darin, daß BAKUNIN nicht in erster Linie auf eine Befreiung der Wissenschaft von kapitalistischen Zwängen spekuliert und davon gewissermaßen einen Rekurs der Wissenschaft auf ihr bisher durch kapitalistische bzw. herrschaftliche Zurichtung verfälschtes »wahres« Wesen erwartet, sondern daß sein Wissenschaftsskeptizismus den Modus wissenschaftlicher Verfahrensweisen zum Inhalt der Kritik macht. Dieser Modus wird auch durch eine freie Gesellschaft nicht grundsätzlich veränderbar sein; alle Erfolge einer künftigen Wissenschaft werden deshalb daran zu messen sein, ob die Wissenschaft als Hilfsinstrument der gesellschaftlichen Entwicklung betrachtet werden wird oder ob sie sich eine (falsche) Autonomie erobert, die unweigerlich Herrschaft mit sich führt.[699]

In engem Zusammenhang mit dem befristeten Rückgang des wissenschaftlichen Niveaus steht das von BAKUNIN erwartete Absinken der Allgemeinbildung in der nachrevolutionären Gesellschaft. BAKUNIN geht davon aus, daß ein Bildungssystem, das auf der *Gleichheit des Ausgangspunktes* aufgebaut ist, noch nicht die Gewähr bietet, daß solche Chancengleichheit von allen Individuen gleichermaßen

---

[697] Ges 2, 112

[698] Ebd.

[699] FEYERABENDS Kritik am Wissenschaftsbegriff der revolutionären Theorie im 19. Jahrhundert geht deshalb gerade bei BAKUNIN ins Leere. Es ist eben nicht richtig daß BAKUNIN die Wissenschaft als Organisationsinstrument künftiger gesellschaftlicher Ordnung betrachtet, wie FEYERABEND unterstellt: »BAKUNIN und KROPOTKIN wollen die bestehenden Institutionen kurz und klein schlagen – die Wissenschaft aber lassen sie nicht nur ungeschoren, sie betrachten sie sogar als Grundlage des zukünftigen Zusammenlebens zwischen Menschen.« (FEYERABEND 1980, 120) Statt dessen finden wir bei BAKUNIN eine scharf ausgeprägte Wissenschaftskritik, die die von Feyerabend inkriminierten *autoritären Tendenzen* wissenschaftlicher Sozial- und Gesellschaftsplanung eindrucksvoll vorwegnimmt und darüberhinaus die Überlegungen FEYERABENDS zur Überwachung der Wissenschaften durch Laien (vgl. FEYERABEND 1980, 190 ff.; 209 ff.) in seiner Konzeption von der Auflösung der Wissenschaft ins Leben im Kern antizipiert. (KROPOTKIN, dies wird zu zeigen sein, zieht mit mehr Recht jene Kritik FEYERABENDS auf sich.)

genutzt werden kann. In dieser Hinsicht setzt er die bürgerliche Kritik am rigorosen Umweltdeterminismus, der den wichtigsten revolutionären und utopistischen Theorien immanent ist, zunächst ins Recht. BAKUNIN historisiert in einem zweiten Schritt das Problem, um auf das Mißverhältnis zwischen bürgerlichem Anspruchsdenken und den tatsächlichen Erfolgen bürgerlicher Bildungsanstrengungen hinzuweisen: Bürgerliche Erziehung in BAKUNINS Interpretation erzeugt wenige Hochgebildete und eine Masse von Ungebildeten. BAKUNIN verlangt angesichts dieses Mißverhältnisses die *Durchschnittsbildung für alle.* Die Forderung nach Durchschnittsbildung beinhaltet einerseits wiederum den möglichen Verfall von Bildung in der nachrevolutionären Übergangsperiode, andererseits kündigt sich in ihr eine Kritik am bürgerlichen Erziehungsideal der »Genieerziehung« an. BAKUNIN beschreibt Genies als gesellschaftliche Ausnahmen – vergleichbar mit »Idioten«, die ebenso untypisch für den gesellschaftlichen Durchschnitt sind – und vermerkt polemisierend, »man beschäftigt sich nicht mit der Organisation der Ausnahmen.«[700] BAKUNIN sieht im Genie nicht das non plus ultra pädagogischer Anstrengung, sondern im Gegenteil die Gefahr einer erneuten Befestigung geistiger Herrschaft. Er zitiert zustimmend VOLTAIRE: »Es gibt jemand, der mehr Geist hat als die größten Genies, das ist alle Welt.«[701] BAKUNIN ist an der pädagogischen Organisation »aller Welt« interessiert; sein Bildungsideal orientiert sich an einer kollektiven Allgemeinbildung. Analog zum Verfall der Wissenschaften wird in der »transformatorischen Periode« auf Höhepunkt und Spitzenleistungen in Bildungswesen verzichtet werden können[702]. Das Bildungsziel ist die allgemeine Verbreitung von Wissenschaft und Bildung.

2.3.7 Hand- und Kopfarbeit

In der Forderung nach Aufhebung der Trennung von Hand- und Kopfarbeit konvergieren die verschiedenen ideologischen Strömungen in der Arbeiterbildungsbewegung des 19. Jahrhunderts[703]. Diese Forderung ist bereits bei den Frühsozialisten zu einer pädagogischen Kernfrage geworden. FOURIER[704] und WEITLING[705]

---

700 Ges 2, 114

701 Ebd.

702 DOSTOJEWSKIJ hat in seinem Werk »Die Dämonen«, das in der NEÈAEV-Affäre, in die auch BAKUNIN verwickelt war, seinen historischen Hintergrund hatte, diese Absenkung des Bildungsniveaus scharf kritisiert. Seine Ausführungen zum »Schigaljowismus« können auch als satirische Polemik gegen das bakuninische Gleichheitsideal gelesen werden: »Jeder gehört allen und alle jedem. Alles sind Sklaven und in der Sklaverei gleich. (...) Als erstes wird das gesamte Bildungsniveau gesenkt, die Wissenschaft und die Talente. (...) Die höher Begabten haben immer die Macht an sich gerissen und waren Despoten. Die höher Begabten können gar nicht anders als Despoten sein und haben immer mehr demoralisiert als Nutzen gestiftet; sie werden vertrieben oder hingerichtet. Einem Cicero wird die Zunge abgeschnitten, einem Kopernikus werden die Augen ausgestochen, und ein Shakespeare wird gesteinigt – das ist der Schigaljowismus! Sklaven müssen gleich sein.« (DOSTOJEWSKIJ 1991, 476)

Zur Geschichte der *Trennung* von Hand- und Kopfarbeit vgl. etwa SOHN-RETHEL 1973, 127 – 174

704 vgl. VESTER 1970, 192

weisen auf die Notwendigkeit einer Verbindung von Kopf- und Handarbeit hin und erwarten von ihr wichtige Impulse für eine chancengleiche Ausbildung. OWENS Fabrikschulen[706] können als die praktische Anwendung dieses Prinzips gesehen werden. MARX und ENGELS schließlich sehen in der Verknüpfung von theoretischer und praktischer Ausbildung zum einen eine Möglichkeit, den Entfremdungscharakter der industriellen Arbeit zu überwinden. (Eine nicht entfremdete Beziehung zur Arbeit setzt die Kenntnis des vollzogenen Arbeitsvorgangs voraus.). Zum anderen verstehen MARX und ENGELS die *polytechnische Ausbildung*[707] als ökonomische Notwendigkeit, weil eine spezialisierte Industrie auf Facharbeiter angewiesen ist.

BAKUNIN ist in seinen Ausführungen zur verknüpften Ausbildung von Kopf- und Handarbeit nicht in erster Linie von Fragen der Effektivität solcher Ausbildung für die Entwicklung der Produktion geleitet. Er nähert sich der Problematik vielmehr unter moralisch-politischen Vorgaben, ihn interessiert primär, wie die polytechnische Ausbildung gesellschaftliche Gerechtigkeit schaffen kann. Er sieht in der Trennung von Hand- und Kopfarbeit zuerst eine Verewigung der Herrschaft von »Kopfarbeitern« über unterlegene »Handarbeiter«. BAKUNIN erklärt diese Trennung von Hand- und Kopfarbeit aus dem historischen Zusammenhang. Die antiken Sklavenhaltergesellschaften und die in ihr gegebene Trennung von geistiger und handwerklicher Arbeit werden als Urform einer in Privilegierte und Unterprivilegierte getrennten Gesellschaft vorgestellt. Zugleich begründet sich für BAKUNIN aus dieser Trennung der Untergang der antiken Gesellschaft: »Die Stadtgemeinde, durch den privilegierten Müßiggang der Bürger korrumpiert und desorganisiert, andererseits untergraben durch die unbemerkbare und langsame, aber dauernde Tätigkeit dieser enterbten Sklavenwelt, die trotz der Sklaverei durch die heilsame Wirkung der Arbeit, selbst der erzwungenen, moralisiert und in ihrer primitiven Kraft bewahrt war, – dieses antike Stadtwesen fiel unter den Schlägen der barbarischen Völker, denen diese Sklaven durch ihre Geburt zum großen Teil angehört hatten.«[708] In dieser historischen Erklärung, die in modifizierter Weise auch für die Erklärung des Zerfalls der feudalen Gesellschaft durch die Angriffe der bürgerlichen Revolution herangezogen wird, finden sich zwei Behauptungen, die für BAKUNINS Begriff von körperlicher Arbeit und dessen Implikationen bedeutsam sind: Zum einen ist die Rede von der »Korruption« und »Desorganisation«, die der »Müßiggang« mit sich führe. BAKUNIN ist hier der Auffassung, daß in der ausschließlichen Beschäftigung mit geistiger Arbeit diese geistige Arbeit selbst an

---

705 Deutlich äußert sich WEITLING hierzu in Skizzierungen zu seiner pädagogischen Utopie: »Der Handwerker und der Bauer werden zugleich Gelehrte, und der Gelehrte Handwerker und Bauer sein.« (WEITLING 1971, 173)

706 vgl. HOFMANN 1971, 38; vgl. VESTER 1970, 53.

707 vgl. MARX 1968, 170 f.

708 Ges 3, 20

Qualität verliert. Die Verbindung von Kopf- und Handarbeit sei also die Garantie für den wissenschaftlichen Fortschritt und insofern im Interesse aller Klassen: »Wenn der Mann der Wissenschaft arbeiten und der Mann der Arbeit denken wird, wird intelligente und freie Arbeit als schönster Ruhmestitel für den Menschen gelten, als Grundlage seiner Würde, seines Rechts, als Offenbarung seiner Menschenkraft auf der Erde – und die Menschheit wird konstituiert sein.«[709] Die zweite Behauptung bezieht sich auf die Phrase von der »heilsamen Wirkung« der Arbeit, die eine »primitive Kraft« beim Sklaven bzw. Arbeiter bewahre. Bei BAKUNIN steigert sich die *Glorifizierung* der Arbeit ins Extrem. Er bezeichnet körperliche Arbeit als »Wunder« und wertet gleichzeitig die geistige Arbeit ab. Er geht so weit, geistige Arbeit nicht als Mühe anzuerkennen, sondern als Muße, die aus diesem Grund auch keine finanzielle Anerkennung verdient: »Sind diese Arbeiten (geistige Arbeiten, M.H.) mühevoller als letztere (körperliche Arbeiten, M.H.)? Im Gegenteil, letztere sind die unvergleichlich mühevolleren. Die intellektuelle Arbeit ist eine anziehende Arbeit, die ihre Belohnung in sich selbst trägt und keinen anderen Lohn braucht.«[710]

Die Frage nach der Entlohnung der »Kopfarbeiter« wird eindeutig beantwortet: »Eh, mein Gott! Sie werden von ihrer Hand- und Kollektivarbeit leben wie die andern.«[711] BAKUNIN nimmt hier eine drastische Umwertung der geistigen Arbeit vor, die schon in seinen Ausführungen über die Wissenschaft und ihre Grenzen vorgezeichnet ist. Im Grunde wird geistige Arbeit bei ihm zum Privatvergnügen, das sich mit der körperlichen Arbeit nicht messen lassen kann. Körperliche Arbeit, die bei BAKUNIN nach kollektivistischen Gesichtspunkten zu organisieren sein wird, erwirtschaftet den materiellen Reichtum der Gesellschaft und ist damit über die geistige Arbeit zu stellen.

Für die Bildungskonzeption BAKUNINS bedeutet die Verbindung von Hand- und Kopfarbeit eine Ausrichtung der Ausbildung auf praktische Betätigung. Ähnlich wie MARX fordert er eine polytechnische Ausbildung, die eine Einübung der Schüler in die verschiedenen industriellen Spezialbereiche ermöglichen soll. Allerdings differiert die auch von BAKUNIN gesehene Notwendigkeit der industriellen Ausbildung für Kinder in einem zentralen Punkt von der Position MARXENS. MARX war bekanntlich der Auffassung, daß Kinderarbeit dazu beitragen kann, frühzeitig mit den Erfordernissen der industriellen Produktion vertraut zu werden. In seiner Kritik am Gothaer Programm der deutschen Sozialdemokraten verdeutlicht MARX diesen Standpunkt: »Allgemeines Verbot der Kinderarbeit ist unverträglich mit der Existenz der großen Industrie und daher leerer frommer Wunsch. Durchführung derselben – wenn möglich – wäre reaktionär, da bei strenger Rege-

---

709 Ges 3, 23

710 Ges 2, 101

711 Ges 2, 102

lung der Arbeitszeit nach den verschiednen (sic!) Altersstufen und sonstigen Vorsichtsmaßregeln zum Schutz der Kinder, frühzeitige Verbindung produktiver Arbeit mit Unterricht eines der mächtigsten Umwandlungsmittel der heutigen Gesellschaft ist.«[712]

Selbstverständlich intendiert MARX nicht die Beibehaltung der Kinderarbeit in der Form, wie sie im kapitalistischen System seiner Zeit gegeben war. Festzuhalten bleibt aber doch ein gewisses Zugeständnis an die Kinderarbeit. (Schließlich fordert der von MARX im Zitat inkriminierte Punkt des Gothaer Programms die sofortige Abschaffung der Kinderarbeit.)

Für BAKUNIN dagegen bedeutet Kinderarbeit unter den gegebenen kapitalistischen Verhältnissen die völlige Negation aller Bildungschancen: »In den demokratischsten Ländern besucht die große Mehrzahl der Kinder des Volks die Schule zwei oder höchstens drei Jahre lang, worauf sie ihr Brot verdienen müssen und man weiß, was diese Worte: ihr Brot verdienen, für die Kinder des Volkes bedeutet! Einmal in das Verhältnis der Lohnarbeit eingetreten ist der Proletarier gezwungen, auf die Wissenschaft zu verzichten.«[713]

In der Frage der polytechnischen Ausbildung und damit der Aufhebung der Trennung zwischen Kopf- und Handarbeit herrscht also in theoretischer Hinsicht Konsens zwischen MARX, BAKUNIN und auch den übrigen sozialistischen Theoretikern. Unterschiede ergeben sich erst in der praktischen Durchführung dieses Bildungsinhaltes. BAKUNIN bleibt seiner nachrevolutionären Konzeption von Bildung und Erziehung treu und bestreitet den Nutzen einer polytechnischen Ausbildung im Kapitalismus, während MARX in der Verbindung von Arbeit und Schule ein nicht zu unterschätzendes Transformationsinstrument ausmacht, das sowohl die Entwicklung des industriellen Fortschritts als auch die bei ihm damit eng verknüpfte revolutionäre Umwandlung der Gesellschaft unterstützt.

Eine wesentliche Schwäche des bakuninischen Ansatzes liegt in der nicht erkannten ökonomischen Bedeutung einer technischen Ausbildung. BAKUNIN akzentuiert vielmehr moralisch-ideologische Kategorien und versucht aus ihnen eine Begründung für die Notwendigkeit der Verbindung von Kopf- und Handarbeit abzuleiten. Indem er allein auf die Ungerechtigkeit rekurriert, die in der Privilegierung des Kopfarbeiters gegenüber dem Handarbeiter sich manifestiere, verzichtet er auf eine Argumentation, mit der die Notwendigkeit der technischen Ausbildung für alle zu begründen wäre: Die sich entwickelnde Industrie benötigt Facharbeiter, und umgekehrt wird sich die Industrie entwickeln, wenn geschulte Facharbeiter unausgebildete Hilfskräfte ersetzen. Darüberhinaus bereiten BAKUNINS Polemiken gegen die geistige Arbeit den Boden für einen »Intellektuellenhaß«[714], der für die

---

712 MARX 1978, 37

713 Ges 2, 168

714 Beispielhaft hierfür etwa sind Verbalradikalismen im Spätwerk BAKUNINS: »Je schöner einer die Worte drechselt, einen um so höheren Galgen würde ich ihm errichten.« (SB, 32)

anarchistische Bewegung symptomatisch werden soll. Ähnlich wie in der kommunistischen Bewegung gilt auch in anarchistischen Zusammenschlüssen der Arbeiter wegen seiner proletarischen Herkunft per se als höherwertig. Auch wenn es in der anarchistischen Bewegung – möglicherweise mangels Gelegenheit – nicht zu jenem Terror gegen Intellektuelle gekommen ist, wie er für den Kommunismus stalinistischer Prägung typisch war, ist durch BAKUNIN dem Anarchismus die theoretische Grundlegung für antiintellektuelle Ausfälle mitgegeben. Schließlich sei noch darauf hingewiesen, daß in der Intellektuellenfeindlichkeit BAKUNINS und seiner Glorifizierung der körperlichen Arbeit eine gewisse Ironie liegt: BAKUNIN hat zeitlebens – sieht man von den gartenbaulichen Betätigungen auf seinem Alterssitz ab – keinerlei körperliche Arbeit verrichtet. Seinen Lebensunterhalt bestreitet er einerseits durch Anleihen bei Freunden, andererseits aber durch seinen Erbteil, der wiederum durch die Leibeigenen des väterlichen Landbesitzes erwirtschaftet wird.

2.3.8 Koedukation

Die Gleichbehandlung und Gleichstellung von Mann und Frau ist in der anarchistischen Theorie ein wichtiges Element, und auch BAKUNIN tritt für die politische und soziale Gleichberechtigung der Frau ein. Die gesellschaftliche Stellung der Frau bestimmt er folgendermaßen: »Die Frau, die vom Mann verschieden ist, aber ihm nicht nachsteht, intelligent, arbeitsam und frei wie der Mann, wird ihm gleich erklärt in allen politischen und sozialen Rechten wie in allen solchen Funktionen und Pflichten.«[715]

Diese Gleichstellung impliziert konsequenterweise auch den gleichberechtigten Zugang zu Erziehung und Bildung. Mädchen und Knaben erhalten die gleiche Ausbildung, eine geschlechtsspezifische Differenzierung ist bei BAKUNIN nicht vorgesehen. Daß BAKUNIN – ganz im Gegensatz zu PROUDHON, der als notorischer Frauenhasser bekannt ist – Koedukation ohne weitere Begründung als selbstverständlich in seine Bildungskonzeption integriert, läßt sich, allgemein gesprochen, auf seine Verbundenheit mit der libertären und utopistischen Theorie des 19. Jahrhundert zurückbeziehen, die ohne den Wunsch nach der Befreiung der Frau nicht denkbar gewesen wäre.

Mit der nicht weiter begründeten Forderung nach Koedukation erledigt BAKUNIN zwar seine »theoretischen Verpflichtungen« gegenüber den utopistischen, libertären und revolutionären Theorien seiner Zeit, die die Unterdrückung der Frau als unvereinbar mit einer freien Gesellschaft sehen. Mit dieser formalen Abhandlung des Problemkreises ist für ihn die Beschäftigung mit dieser Frage abgeschlossen. Für

715 Ges 3, 24

BAKUNIN bleibt die Befreiung der Frau ein *Nebenwiderspruch*, der sich mit der geglückten proletarischen Revolution von selbst lösen wird.[716]

2.3.9 Die konkrete Durchführung des Unterrichtes

2.3.9.1 Definition und Ziele des Unterrichts

Unterrichtsplanung und Unterrichtsdurchführung stehen bei BAKUNIN in engem Zusammenhang mit den allgemeinen Inhalten seiner Bildungstheorie: »Der Unterricht muß auf allen Stufen für alle gleich sein, er muß also vollständig sein, das heißt, er muß jedes Kind der beiden Geschlechter ebenso auf das Leben des Gedankens wie auf das Leben der Arbeit vorbereiten, damit alle auf gleiche Weise vollständige Menschen werden können.«[717]

Der Gleichheitsgrundsatz erfährt in dieser Definition starke Berücksichtigung und darf als Kernstück seiner Überlegungen zur Bildungspraxis gesehen werden. Zunächst soll der Unterricht für alle Schüler in gleicher Form und in gleichem Umfang angeboten werden. Hier ist BAKUNINS Kritik an privilegierter Ausbildung für Kinder aus dem Bürgertum mitbedacht. Nachrevolutionärer Unterricht wird bei BAKUNIN als Einheitsunterricht gefaßt, in dessen Genuß alle Individuen unabhängig von ihrer Klassenherkunft gelangen müssen. Der Gleichheitsgrundsatz wird ebenfalls in der Forderung nach der Auflösung des Unterschiedes zwischen der Ausbildung für Jungen und der Ausbildung für Mädchen ausgedrückt. Schließlich wird die Gleichwertigkeit der handwerklichen und der geistigen Ausbildung angesprochen, die für BAKUNIN – wie gesehen – die Vorbedingung einer nach Gleichheitsgrundsätzen verlaufenden Erziehung darstellt.

Als Unterrichtsziel wird bei BAKUNIN die Gestaltung des *vollständig* gebildeten Menschen angestrebt. Dieser *vollständig* gebildete Mensch ist für BAKUNIN zu körperlicher und wissenschaftlicher Arbeit gleichermaßen befähigt. Seine schulische Unterweisung soll deshalb dergestalt ausgerichtet sein, daß sie »zuerst Menschen (...) dann Arbeitsspezialisten und Bürger«[718] und schließlich den freien Menschen als ideales Ziel der Bildung hervorzubringen vermag. Wenn BAKUNIN in seiner

---

716 Diese Schwäche der bakuninischen Konzeption in dieser Frage hat Nachwirkungen. Die spanischen Anarchisten etwa, die am nachhaltigsten von der bakuninischen Theorie beeinflußt sind, übernehmen BAKUNINS Ideen von der Gleichheit der Rechte und Pflichten beider Geschlechter. Allerdings werden diese Ideen ebenso formal rezipiert, wie sie von BAKUNIN formuliert sind. Die spanischen Anarchisten bekennen sich zwar öffentlich zur Gleichheit der Frau und legen diese Gleichheit auch programmatisch fest. Die anarchistische Praxis allerdings bleibt von diesen theoretischen Überzeugungen unberührt. Die Lebensgefährtin von Bonaventura DURRUTI, Emilienne MORIN, erläutert dies eindrucksvoll: »Ja, die Anarchisten haben immer gern von der freien Liebe gesprochen (...) Sie hatten das nur aus ihren Büchern. Die Spanier hatten nie etwas übrig für die Befreiung der Frau. Nicht die Bohne. Ich kenne sie in- und auswendig, und ich sage ihnen: Die Vorurteile, die sie störten, sind sie rasch losgeworden, aber die ihnen paßten, haben sie sorgfältig gehütet(...)Ein alter Genosse hat einmal zu mir gesagt: ›Das ist ja ganz schön und gut mit euren Theorien, aber die Anarchie ist eine Sache und die Familie eine andere, so ist es und so bleibt es auch.‹« (MORIN zit. in: ENZENSBERGER 1977, 96)

717 Ges 2, 115

718 Ges 3, 25

Definition des Unterrichtes davon spricht, daß der Unterricht auf allen Stufen für alle gleich sein muß, verzichtet er bewußt auf die Möglichkeit, besonders begabten Schülern eine Sonderausbildung zuzugestehen. Die Befürchtung, eine neue Form von Unterdrückung durch solche Förderung von hochgebildeten Spezialisten zu unterstützen, wiegt für BAKUNIN hier schwerer als die etwaigen Vorteile, die der gesamten Gesellschaft durch Spezialisten und »Genies« zufließen könnten. Konsequent fordert BAKUNIN in diesem Zusammenhang die Auflösung der Staatsuniversitäten, und seine Bildungskonzeption bietet hier auch keinerlei Ersatzinstitution. BAKUNIN macht die Weiterbildung begabter Schüler zu deren *Privatangelegenheit*; die Gesellschaft ist für diese Weiterbildung nicht länger verantwortlich, ihre Aufgabe bleibt auf die Sicherstellung einer *Elementarbildung für Alle* beschränkt.

2.3.9.2 Struktur des Unterrichts

In den Ausführungen BAKUNINS zur Struktur des Unterrichts lassen sich zwei Schwerpunkte ausmachen, nämlich einerseits die Betonung einer allgemeinen theoretischen Grundausbildung für Alle und andererseits eine spätere Spezialisierung der praktischen Ausbildung. Beide Ausbildungsformen sollen nach dem Erkenntnisstand der modernen Naturwissenschaften organisiert werden.[719]

Der Unterricht beginnt für die Kinder mit der allgemeinen Einführung in die »Hauptelemente aller Wissenschaften«. Diese Einführung ist für alle Schüler obligatorisch und soll die »menschliche Erziehung ihres Geistes bilden, welche vollständig die Metaphysik und Theologie ersetzt«[720]. Neben der Einführung in die genannten »Hauptelemente« soll im ersten Unterricht auch eine speziellere Kenntnis der Einzelwissenschaften vermittelt werden. Welche Einzelwissenschaften BAKUNIN hier im einzelnen meint, geht aus seinen Ausführungen nicht hervor. Er bemerkt lediglich, daß er die Wissenschaften gelehrt wissen will, »welche ihrer Natur gemäß besonders berufen sind einander zu ergänzen.«[721]

Der zweite Schwerpunkt der Unterrichtspraxis liegt bei BAKUNIN in einer später einsetzenden praktischen Ausbildung, die zum theoretischen Unterricht parallel laufen soll. Diese praktische Ausbildung ist ebenfalls in einen allgemeinen und einen speziellen Teil gegliedert. Der allgemeine Teil soll dem Kind »die allgemeine Idee und erste praktische Kenntnis aller Industrien, ohne eine einzige auszunehmen, geben«[722]. Im speziellen Teil dieses Unterrichtes soll dann eine genauere Kenntnis von Einzelindustrien vermittelt werden. In einer zweiten Phase der prak-

[719] BAKUNIN teilt auch hier die Auffassungen, die in den zeitgenössischen sozialistischen Strömungen zu Erziehung und Bildung vorherrschend sind. WEITLING, PROUDHON, MARX und ENGELS und auch die Autoren und Autorinnen der Bildungsprogramme der Pariser Commune sind gleichermaßen von der Bedeutung der wissenschaftlichen Grundlegung des Unterrichts überzeugt.

[720] Ges 2, 115

[721] Ebd.

[722] Ges 2, 116

tischen Ausbildung werden die Schüler »unter Leitung ihrer Lehrer zum ersten Mal mit der ernsten Arbeit als Lernende bekanntgemacht.«[723] In dieser Phase soll der Schüler eine Entscheidung treffen, in welchem Industriezweig er fortan zu arbeiten gedenkt und in welcher *Spezialschule* er seine Ausbildung fortsetzen will. Der Besuch einer *Spezialschule,* deren konkrete Form BAKUNIN nicht näher erläutert, ist also mit der praktischen Ausbildung in der industriellen Produktion gekoppelt. In dieser letzten Phase der Ausbildung fallen Ausbildung und Arbeit zusammen.

In der ersten und zweiten Phase des schulischen Unterrichtes ist der Schüler angehalten, die Anweisungen seiner Lehrer zu befolgen und alle angebotenen Unterrichtsveranstaltungen zu besuchen. Die dritte Phase ist dadurch gekennzeichnet, daß die Schüler – nach gebührender Aufklärung durch die Lehrer – selbst ihre Wahl treffen und sich für eine »Spezialschule« und eine Lehre entscheiden, »die am besten ihren persönlichen Anlagen und ihrem Geschmack entspricht.«[724] Diese Wahl ist nicht als endgültige aufzufassen. BAKUNIN gesteht dem Schüler die Möglichkeit zu, sich bei seiner Wahl zu täuschen. In diesem Fall kann der Schüler seine Entscheidung revidieren und eine erneute Fächerwahl treffen. Die Unterrichtskonzeption BAKUNINS läßt sich also in drei Phasen unterteilen, die in folgender Skizze nochmals im Überblick dargestellt werden sollen:

	Allgemeiner Teil	*Spezieller Teil*
1. Phase:	Kenntnis aller Wissenschaften in Grundzügen	Kenntnis von Einzelwissenschaften
2. Phase:	Kenntnis der Gesamtindustrie in Grundzügen Erstes praktisches Arbeiten unter Anleitung von Lehrern	Kenntnis von Einzelindustrien
3. Phase:	Besuch einer »Spezialschule«	Lehre in einem Industriebetrieb

BAKUNIN ist bei seinen Überlegungen zur Struktur des Unterrichts weitgehend auf die Forderung nach Einübung von praktischer, körperlicher Arbeit durch die Schüler fixiert. Es findet sich in seinen Ausführungen zur Unterrichtsstruktur keine Information über die Vermittlung so elementarer Grundkenntnisse wie Schreiben, Rechnen und Lesen.

---

723 Ebd.

724 Ges 2, 115

Ebensowenig geben die Ausführungen BAKUNINS Aufschluß darüber, in welchen Altersstufen welche Unterrichtsphasen relevant werden. Hier kann allerdings vermutet werden, daß BAKUNIN auf eine feste Altersbegrenzung deshalb verzichtet, weil er den Schülern die Freiheit der Wahl der Fächer und die Möglichkeit des Irrtums bei dieser Wahl zugesteht, was zu individuellen Verzögerungen beim Durchlaufen der Ausbildung führen kann.

Bemerkenswert an den didaktischen und curricularen Fragmenten, die sich bei BAKUNIN finden, ist das konsequente Insistieren auf den Freiheitsbegriff, selbst wenn damit für das gesellschaftliche Ganze ökonomische Einbußen verbunden sein können: Indem er den Schülern eine Revision ihrer Entscheidung bei der Fächerwahl ausdrücklich zugesteht, nimmt er eine Verlängerung der Ausbildungszeit in Kauf und unterscheidet sich auch hier einmal mehr vom Bildungsoptimismus des Frühsozialismus, der Schwierigkeiten und Unstimmigkeiten des nachrevolutionären Bildungssystems in der Regel als Übergangserscheinungen zu kennzeichnen pflegte.

BAKUNINS nachrevolutionäre Pädagogik hatte nie die praktische Bewährungsprobe zu bestehen. Sein utopisches Erziehungkonzept fand zwar einen gewissen Nachhall in den pädagogischen Programmen der spanischen anarchistischen Bewegung, insgesamt aber bleiben seine Überlegungen zu Erziehung und Bildung zu allgemein und zu fragmentarisch, um nachhaltige Wirkung zu zeigen. Seine radikale Erziehungs- und Bildungskritik jedoch hat gewisse Auswirkungen: BAKUNIN versucht auf die strategischen Diskussionen der Narodniki-Bewegung Einfluß zu nehmen und die Volkserziehungsprojekte der Narodniki mit Hinweis auf den revolutionären Instinkt des Volkes, der der Bildung und Erziehung nicht bedürfe, zu untergraben.

2.4 BAKUNIN und die Narodniki-Bewegung: BAKUNINS Erziehungsdenken in der Praxis

2.4.1 Entstehung der Narodniki-Bewegung

Um die Entstehung der sogenannten Narodniki-Bewegung zu erklären, ist es zuvorderst notwendig, einige Erläuterungen über die politischen und ökonomischen Zustände im zaristischen Rußland des 19. Jahrhunderts zu geben.

Nach dem Tode des Zaren NIKOLAUS I. im Jahr 1855 wird ALEXANDER II. der neue russische Zar. Eine seiner wichtigsten Amtshandlungen besteht in der Aufhebung der Leibeigenschaft im Jahr 1861. Während die Aufhebung der Leibeigenschaft zunächst von den Liberalen und Revolutionären stürmisch begrüßt wird, stellt sich nach genauerer Prüfung dieser Reform heraus, daß zwar die rechtliche Abhängigkeit der Bauern vom Gutsbesitzer abgeschafft ist, eine wirtschaftliche Abhängigkeit aber nach wie vor besteht. Die Bauern sind gezwungen, sich vom

Gutsbesitzer Land zu kaufen[725]. Da die Bauern die nötigen Loskaufsummen nicht aufbringen können, unterstützt sie der Staat mit langfristigen Krediten, wodurch die Bauern in eine neue Abhängigkeit geraten. Auch die Tatsache, daß 30 000 adlige Grundbesitzer insgesamt zwei Drittel des zur Verfügung stehenden Landes behalten und nur ein Drittel auf die 45 Millionen Bauern verteilt wird, spricht gegen einen echten Reformcharakter der Bauernbefreiung. Insgesamt gesehen tritt nach der Bauernbefreiung eine Verschlechterung der wirtschaftlichen Situation der Bauern ein, »im ganzen gesehen ging es ihm (dem Bauern, M.H.) 1900 schlechter als 1800. Für die Landbevölkerung wurde die zweite Hälfte des 19. Jahrhunderts zu einer Periode fortschreitenden Verfalls und zunehmender Demoralisierung.«[726]

Dies ist der Anlaß für Interventionen der russischen Intellektuellen und Revolutionäre[727]: Während unter dem autoritären Regime des Zaren NIKOLAUS I. nahezu alle politische Aktivität gehemmt war und nur in abgeschotteten Zirkeln theoretische Auseinandersetzungen über politische Fragen möglich waren, kommt es unter dem »Reform-Zaren« ALEXANDER II. zu einer Liberalisierung bezüglich der politischen Meinungsäußerung. Diese Liberalisierung wird von der Intelligentsia ausgenutzt. Es bilden sich mehrere, ideologisch voneinander abgrenzbare Oppositionsgruppen.

Die sogenannten »Westler«, die schon in den vierziger Jahren eine klare Abgrenzung zu »slavophil« ausgerichteten Kreisen vorgenommen haben, streben eine Öffnung der russischen Gesellschaft für die Inhalte der westeuropäischen Kultur und Philosophie an. In politischer Hinsicht wünschen sie die Einführung »westlicher« Rechtsformen wie Parlamente und Wahlrecht und fordern die Abschaffung des Zarismus. Wichtigste Vertreter dieser Richtung sind HERZEN und BJELINKSIJ.

Eine gegensätzliche Richtung bilden die sogenannten »Slavophilen«. Diese Gruppe vertritt den Standpunkt, daß Rußland nur durch eine Rückbesinnung auf seine nationale Identität und Geschichte zu retten ist. Die Slavophilen akzentuieren den spezifisch russischen Volkscharakter und distanzieren sich von einer Übertragung westeuropäischer Kultur und Philosophie auf russische Verhältnisse. Die Lösung der sozialen Probleme Rußlands wollen sie durch eine Wiederbelebung des

---

725 »Generell wurde im Gesetz bestimmt, daß jeder Bauer seinen Landanteil (nadjel) erhält und dieses Land vom bisherigen Herrn kaufen muß.« (von RIMSCHA 1970, 482)

726 PIPES 1977, 170

727 Die Geschichtsforschung subsumiert die verschiedenen Oppositionsströmungen unter dem Zarismus unter dem Begriff »Intelligentsia«. VON RIMSCHA gibt folgende Definition der »Intelligentsia«: »Die russische Intelligenz war keine soziale Schicht, weder ein Stand noch eine Klasse (...) Entstanden aus der Ablehnung der Autokratie und ihrer Methoden, insbesondere des Leibeigenschaftsrechtes und der Leibeigenschaftspraxis, ihrerseits in zahlreiche Richtungen und Gruppen gespalten, blieb sie gleichwohl einheitlich in ihrem aufrührerischen Geist. Nur wer die in der Intelligenzia geltenden politischen Wertmaßstäbe als für sich verbindlich akzeptierte und sich dem aufrührerischen Geist und dem verschwommenen und sakralisierten Begriff ›Revolution‹ verschrieb, wurde als ›Intelligenzler‹ (russisch = Intelligent) anerkannt.« (VON RIMSCHA 1970, 456 f.; zum selben Problemkreis vgl. auch KONRÁD/SZELÉNY 1978, 165 180)

Mir-Gedankens erreichen: Der *mir* oder auch *obscina* ist die typisch russische Form der Dorfgemeinschaft. Die russische Dorfgemeinde verfügt über den Besitz an Grund und Boden in kollektiver Weise. Auch die Abgaben an die Gutsbesitzer werden kollektiv entrichtet. Die Slavophilen wollen hierin eine Urform des Kommunismus sehen, deren Wiederbelebung eine sozialistische Umgestaltung Rußlands im Sinne der westlichen politischen Ideen überflüssig machen kann.

Innerhalb der slavophilen Bewegung kommt es wiederum zu Spaltungen, die auf unterschiedliche Auffassungen über die revolutionären Praxis zurückzuführen sind. So entwickelt sich eine Richtung, die in einem Zurückdrängen des politischen und ökonomischen Einflusses der Gutsbesitzer durch einen »Reform-Zaren« wie ALEXANDER II. die sozialen Ziele für erreichbar hält. Wichtigste Vertreter dieser Richtung, die letztlich »ins Lager der Staatslenker und der politischen und kirchlichen Machthaber«[728] führt, sind ASKASOV und SAMARIN.

Eine zweite Richtung innerhalb der Slavophilen wird von ČERNYŠEVSKIJ begründet. Er führt in das slavophile Denken sozialrevolutionäre Ideen ein und nähert sich ideologisch dem Sozialismus westeuropäischer Prägung. Zusammen mit HERZEN gilt er als der ideologische Wegbereiter der Narodniki-Bewegung.

Der Begriff Narodniki leitet sich aus dem russischen »narod« (»Volk«) ab und kann als »Volksfreunde« oder »Volksleute« übersetzt werden. Die Narodniki-Bewegung setzt es sich als Ziel, »ins Volk« zu gehen und durch Aufklärung und Bildung die Bauernschaft zur Revolution zu führen. Der erste *Zug ins Volk* beginnt etwa Ende der sechziger Jahre und endet mit einem Fiasko: »The populist crusade failed. The masses did not respond (...) Indeed the muzhiks on occasion handed over the strange newcomers from the cities to the police. The police, in turn, were frantically active, arresting all the crusaders they could find.«[729]

Die Narodniki-Bewegung sieht sich gezwungen, eine politische Neuorientierung vorzunehmen. Die Neuorientierung wird von BAKUNIN beeinflußt, der ab 1871 mit russischen Studenten und Studentinnen an der Universität von Zürich in Kontakt tritt. Diese russischen Studenten und Studentinnen werden am zweiten *Zug ins Volk* beteiligt sein, der in den 70er Jahren einsetzt.

2.4.2 BAKUNINS Einfluß auf die Narodniki-Bewegung

BAKUNIN, der an HERZENS Zeitschrift »Kolokol« (»Die Glocke«) mitarbeitet, die einen gewichtigen propagandistischen Anteil an der Realisierung des ersten *Zug ins Volk* hat, ist von Anfang an mit der Problematik der Narodniki-Bewegung vertraut. Früh legt er HERZEN gegenüber seinen Standpunkt zum Verhältnis von Bildung und Revolution dar. Für BAKUNIN ist – entsprechend seiner Bildungskritik – eine *Erziehung* der Bauern durch Studenten gleichbedeutend mit einer Ent-

---

728 VON RIMSCHA 1970, 465

729 RIANSANOVSKY 1969, 425

mündigung dieser Bauern. Im Gegensatz zu HERZEN, der den ersten *Zug ins Volk* gerade aufgrund seines Volksbildungscharakters stürmisch begrüßt hat, lehnt BAKUNIN jeden Versuch, das Volk zu belehren, entschieden ab. Auch BAKUNIN hält das »Ins-Volk-Gehen« der Narodniki prinzipiell für richtig. Er will der Narodniki-Bewegung jedoch eine grundsätzlich andere politische Bestimmung geben; die Jugend soll nicht ins Volk gehen »um ihm (dem Volk, M.H.), wie der gemäßigte HERZEN es wollte, Wissen und Aufklärung zu bringen, sondern um die elementare Kraft seiner Aufruhrbereitschaft zweckmäßig zu koordinieren.«[730]

Diese Position, die er durch das Scheitern des ersten *Zug ins Volk* bestätigt sieht, macht BAKUNIN auch den russischen Studenten und Studentinnen an der Züricher Universität deutlich. BAKUNIN nimmt seit 1872 an den Diskussionen der emigrierten Studenten und Professoren teil, die – gemäß den »russischen Gepflogenheiten« – in abgeschlossenen Zirkeln stattfinden. Die Diskussionen haben die Erörterung der Möglichkeit einer russischen Revolution und des Anteils der Studentenschaft an dieser Revolution zum Thema. Es kristallisieren sich schnell zwei unterschiedliche Standpunkte heraus: BAKUNIN setzt nach wie vor auf die *Instinkte* der Bauernmassen, die vom intellektuellen Einfluß der Studenten nur verdorben werden können. Die andere Position, die vor allem von LAVROV, einem 1870 emigrierten Geschichtsprofessor, vertreten wird, sieht in der Ausbildung von *Berufsrevolutionären*, die ihre durch das Studium erworbenen politischen und philosophischen Kenntnisse dazu nutzen sollen, das Volk zur Revolution zu leiten, den einzig gangbaren Weg der Narodniki-Bewegung.[731]

Einigkeit herrscht zwischen BAKUNIN und LAVROV darüber, daß der russische Staat zerschlagen werden muß, daß nur eine soziale Revolution diese Zerschlagung möglich machen kann und daß die Studentenschaft eine gewichtige Rolle bei der Vorbereitung dieser Revolution spielt. Der Streit zwischen BAKUNIN und LAVROV dreht sich in erster Linie um die Frage, wie die revolutionäre Erhebung der russischen Bauernmassen erreicht werden kann.

LAVROV hält es für notwendig, daß die Studenten sich einem gründlichen wissenschaftlichen Studium unterziehen, bevor sie ihre agitatorische Tätigkeit unter dem Volk aufnehmen. Er stellt eine Art »Lernzielkatalog« für Berufsrevolutionäre auf, in dem gefordert wird, daß die Studenten sich mit den »laws concerning the formation of capital, the formation of rent, the laws of price variations (...), the division of labour and its sta-tistics«[732] beschäftigen sollen. BAKUNIN dagegen hält eine Ausbildung der Studenten für überflüssig. Durch ein langes Studium geht

---

730 GITTERMANN 1949, Bd. 3, 226

731 LAVROVS Haltung zur Rolle der Studenten gegenüber den Bauern unterscheidet sich von den Auffassungen ČERNYŠEVSKIJS und HERZENS. Betonen letztere die Notwendigkeit einer Bildung der Bauern durch die Studenten, so besteht für LAVROV die Hauptaufgabe der Studenten darin, die Bauern zu »führen« und ihnen so den Weg für die Revolution zu weisen, und insofern kommt ihm die BAKUNIN zuweilen angetragene Rolle eines Vorläufers bolschewistischer Kader- und Avantgardekonzeptionen zu.

732 LAVROV zit. in: MEIJER o.A., 160

seiner Auffassung nach zuviel kostbare Zeit verloren. Die Studenten sollen statt dessen sofort ihr Studium abbrechen und sich nach Rußland begeben, um die revolutionäre Tätigkeit aufzunehmen.

BAKUNIN weist auch die von LAVROV angestrebte Anleitung des Volkes durch die studentischen Revolutionäre zurück. Er ist der Auffassung, daß nicht das Volk der Führung der Studenten bedarf, sondern daß umgekehrt die Studenten vom Volk zu lernen haben: »Wir wissen, daß in Rußland jetzt eine regelrechte Strömung zur Ausbildung von sog. (sic!) Volkserziehern entstanden ist. Sie versichern, daß das Volk vor allen Dingen unterwiesen werden müsse, und erst, wenn es gelernt und seine Rechten und Pflichten verstanden habe, zur Revolte gebracht werden könne. Hier erhebt sich sofort die Frage, was man das Volk lehren wird. Doch nicht etwa das, was man selbst nicht weiß, nicht wissen kann, und was man selbst erst beim Volk lernen muß ?«[733]

Der Konflikt zwischen LAVROV und BAKUNIN findet keine Lösung. Es kommt im Züricher Studentenkreis zur Spaltung. Die Mehrheit der Studenten schließt sich der Auffassung LAVROVS an. Diese Studenten werden nach ihrer Rückkehr nach Rußland maßgeblich am zweiten *Zug ins Volk* beteiligt sein und dabei die lavrovschen Vorstellungen praktizieren. Aber auch der zweite *Zug ins Volk* scheitert an der mangelnden Bereitschaft der Bauernmassen, sich von den Studenten zur Revolution führen zu lassen.

Aufgrund der einsetzenden Verfolgung durch die zaristischen Behörden entsteht 1879 innerhalb der Narodniki-Bewegung eine Untergrundorganisation, die sogenannte »Narodnaja Volja« (»Volkswille«). Diese Organisation nimmt die Gedanken BAKUNINS auf. Ihr Ziel ist nicht die langsame Bildung der Volksmassen, sondern der sofortige revolutionäre Aufstand. Zu diesem Zweck setzt sie auf die sogenannte »Propaganda der Tat«. Die Mitglieder von »Narodnaja Volja« glauben, daß durch terroristische Einzelaktionen der allgemeine Volksaufstand ausgelöst werden kann. In den Aktionen der »Narodnaja Volja« finden BAKUNINS revolutionäre Ideen ihren extremsten praktischen Ausdruck. BAKUNIN selbst hat keine Gelegenheit mehr, zum Terrorismus der »Narodnaja Volja«, der erst drei Jahre nach seinem Tod einsetzt, Stellung zu nehmen. Sein bedingungsloses Eintreten für den Primat der revolutionären Praxis gegenüber der »langsamen« Methode der Arbeiterbildung macht ihn jedoch zu einem »geistigen Wegbereiter« der terroristischen Politik der »Narodnaja Volja«.

---

733 SuA, 636 f.

2.5 Zusammenfassung

Das pädagogische Programm Michael BAKUNINS ist Ergebnis seiner philosophischen und ideologischen Analysen und nur in dieser engen Verschränkung faßbar. Nichts zeugt davon, daß BAKUNIN ein spezifisch pädagogisches Interesse geleitet hätte, daß er etwa von einer anderen Erziehung eine andere und bessere Welt sich versprochen hätte. Seine Ausführungen zur Erziehung sind Appendix seiner Sozialphilosophie und entfalten sich zum einen als radikale Bildungskritik und zum anderen als Sozialutopie, die unter anderem die pädagogischen Rahmenbedingungen einer nachrevolutionären Gesellschaft skizziert.

Eine Ausnahme hiervon bilden die Frühschriften BAKUNINS, die ganz im Zeichen einer konservativen Hegelnachfolge stehen und eine »echte russische Bildung« fordern, was zum Zeitpunkt der Drucklegung dieser Schrift nichts anderes heißen konnte als die restlose Tilgung der pädagogischen Reformprojekte im nikolaiischen Rußland. Diese Frühschrift bleibt für das pädagogische Denken BAKUNINS folgenlos. Im Zuge seiner philosophischen Entwicklung, die BAKUNIN vom Rechtshegelianismus konservativster Prägung zum radikalen Linkshegelianismus und schließlich zum allein der politischen Praxis sich verpflichtenden Revolutionär führt, ändert sich sein pädagogisches Denken grundlegend. BAKUNIN konzipiert in seinen anarchistischen Schriften eine anthropologische Sichtweise, die den Menschen als entwickeltes Tier begreift, das von bestimmten Instinkten getrieben wird, die sich in den revolutionären Kämpfen aller Zeiten widerspiegeln. Der Empörungsinstinkt und der Befehlsinstinkt sind für BAKUNIN archetypische Grundkonstellationen, deren prägende Kraft bei jeder philosophischen und jeder pädagogischen Aussage über den Menschen zu berücksichtigen sind. Der Mensch wird bei BAKUNIN als entwickeltes Tier vorgestellt, dessen Eigentümlichkeit darin besteht, über eine Denkfähigkeit zu verfügen, die es ihm erlaubt, Wissen zu akkumulieren und schließlich damit seine Überlegenheit über die Natur zu etablieren. In diesen anthropologischen Grundsätzen ist zunächst auch die Bildbarkeit und Erziehbarkeit des Menschen nicht in Frage gestellt. Allerdings problematisiert BAKUNIN die Möglichkeiten der Pädagogik, indem er in einer radikalen Kritik bürgerlicher Wissenschaft und bürgerlichen Erziehungswesens jedwede vorrevolutionäre Erziehung zur konterrevolutionären Unternehmung erklärt. BAKUNINS Bildungskritik bleibt nicht auf die Kritik bürgerlicher Erziehung beschränkt; er erteilt gleichermaßen den Bestrebungen sozialistischer oder sozialdemokratischer Provenienz eine klare Absage, die in der Erziehung der Massen eine Chance gesellschaftlicher Reform oder aber die Grundbedingung für revolutionäre Veränderung sehen wollen. BAKUNIN hält diese Unternehmungen für unnötig, weil die Massen nach seiner Auffassung über genügend »Bildung« verfügen, das Nächstliegende und Notwendige zu tun, nämlich die radikale Umwälzung der bürgerlichen Gesellschaft. »Erziehung« der Massen wird ihm sogar Synonym für eine Verhinderung oder Verlangsamung der revolutionären Prozesse, weil diese Erziehung den »Empörungsinstinkt« zu überformen und damit zu bändigen droht.

Die radikale Bildungskritik wird komplettiert von einer Analyse des bürgerlichen Begriffes von Wissenschaft, die zu einem der fruchtbarsten Ansätze des klassischen Anarchismus geworden ist. BAKUNIN analogisiert Wissen und Wissenschaft mit den kapitalistischen Akkumulationsgesetzen und definiert den Wissenszuwachs unter bürgerlicher Herrschaft als Zuwachs von (materieller) Macht. Er deduziert hieraus eine Kritik an Wissenschaft, die wesentliche Momente moderner Wissenschaftskritik vorformuliert.

Trotz dieser grundsätzlich negierenden Ausrichtung auch seines pädagogischen Denkens formuliert BAKUNIN doch eine visionäre nachrevolutionäre Erziehungstheorie, die die zentralen Elemente einer libertären Pädagogik enthält. BAKUNIN äußert sich zu den Rahmenbedingungen der Erziehung, er macht deutlich, welcherart die institutionellen Voraussetzungen eines nachrevolutionären Bildungssystems sein müßten, und er skizziert die essentiellen Kriterien, von denen sich eine solche Erziehung leiten lassen müßte: Es geht BAKUNIN um ein Erziehungswesen, das der Freiheit und der Individualität der Zu-Erziehenden allergrößte Bedeutung zumißt. Das pädagogische Verhältnis, das er – wie GODWIN – als Unterdrükkungsverhältnis versteht, soll vom Zögling »vergessen« werden, das Ziel der Erziehung ist auch hier ihre Aufhebung.

Inhaltlich und didaktisch reflektieren seine Bemerkungen zur postrevolutionären Erziehung alle im zeitgenössischen pädagogischen Diskurs bedeutenden progressiven Ideale. BAKUNIN verlangt koedukative Erziehung, er befürwortet die Aufhebung der Trennung von Kopf- und Handarbeit, und er fordert eine wissenschaftliche Ausbildung für alle – bei gleichzeitiger Verpflichtung der bislang privilegierten wissenschaftlich Arbeitenden zur Handarbeit. BAKUNIN räumt ein, daß diese Nivellierung der wissenschaftlichen Ausbildung einen zeitweisen »Verfall der Wissenschaft« zur Folge haben könnte, gibt aber einer »Durchschnittsbildung für Alle« den Vorrang gegenüber einer elitären für nur wenige erreichbaren Ausbildung. Diese Erwartung eines vorläufigen Rückfalls des wissenschaftlichen Niveaus einer Gesellschaft nach einer geglückten Revolution setzt ihn in Widerspruch zu den progressiven und revolutionären Strömungen seiner Zeit, die unisono von der Revolution die »Befreiung« der Wissenschaft von den Beschränkungen durch die kapitalistisch-bürgerliche Herrschaft erwarten und damit ihren Aufschwung prognostizierten.

Dieses frühe libertärpädagogische Programm bleibt, zumindest in konstruktiver Hinsicht, zunächst folgenlos. BAKUNINS Bildungskritik jedoch findet einen ersten praktischen Ausdruck in den Diskussionen um die richtige Strategie der sogenannten Narodniki-Bewegung: BAKUNIN kritisiert in diesen Auseinandersetzungen in scharfer Form jedweden Versuch, das russische Volk zu »belehren« und drängt statt dessen die revolutionären Intellektuellen, vom Volk zu lernen, d.i. der Rolle der Intelligentsia als Führung und Kader, die BAKUNINS Gegenspieler in dieser Debatte, Peter LAVROV, präferiert, zu entraten. Niederschlag findet diese Position BAKUNINS unter anderem in der attentistischen Politik der »Narodnaja Volja« und dann auch in den taktischen Überlegungen zur Propaganda, wie sie Peter KROPOTKIN anstellen wird.

Abschließend sei festgehalten, daß BAKUNIN nahezu idealtypisch den klassischen Revolutionär des 19. Jahrhunderts verkörpert. Seine Philosophie ist immer auf die revolutionäre Umwälzung ausgerichtet, jede innere Reform der Gesellschaft, die nicht an die Wurzeln reicht, ist ihm Konterrevolution. BAKUNIN lebt gewissermaßen schon in der nachrevolutionären Zukunft, und demgemäß entwikkeln sich seine pädagogischen Ideen. Jedes Interesse an einer Schulreform unter den gegebenen Verhältnissen ist ihm fremd, er hält die Bildung der Arbeiter- und Bauernmassen für Zeitverschwendung und kritisiert autoritäre Tendenzen der Propaganda, wie sie von marxistisch orientierten Revolutionären empfohlen werden. In seiner nachrevolutionären Erziehungs- und Bildungsprogrammatik werden die Prinzipien seiner anarchistischen Sozialphilosophie konsequent angewandt: Gleichheit, Freiheit des Individuums und sukzessive Ablösung jeder erzieherischen Autorität durch Selbstbestimmung und Eigenverantwortung bilden die Eckwerte dieser pädagogischen Utopie.

Diese negative Sicht der Erziehung als zu überwindende Phase wird erst bei KROPOTKIN zumindest relativiert: Sein konstruktiver Anarchismus ist auch in pädagogischer Hinsicht für Reformen innerhalb der alten Ordnung aufgeschlossen, BAKUNINS Pandestruktivismus ist für ihn nicht länger das probate Mittel der gesellschaftlichen Veränderung.

3. Bildung und Erziehung bei Peter KROPOTKIN

3.1 Biografisch-historische Einordnungen

3.1.1 Leben und Werk

Peter KROPOTKIN hat als einziger der hier untersuchten Theoretiker eine umfangreiche Autobiografie, seine »Memoiren eines Revolutionärs«, hinterlassen, die zur Skizzierung der Vita des Autors selbstverständlich als erste Quelle zu nutzen ist. Allerdings finden sich einige Ungenauigkeiten und Verallgemeinerungen[734] und – was entscheidender ist – einige *Beschönigungen* der eigenen politischen Theorie und Praxis in KROPOTKINS Autobiografie; diese Reduktionen werden, wo sie augenscheinlich sind und wo dies im Rahmen der hier unternommenen biografischen Skizzierung als Supplement zur Genese der pädagogischen Denkens des Autors notwendig wird, kenntlich gemacht. Auch ist die Autobiografie keinesfalls vollständig: KROPOTKINS Lebensbeschreibung endet im Jahre 1886, die folgenden dreißig Jahre bis zu seinem Tod im Jahre 1921 gehören jedoch zur literarisch produktivsten Periode seines Lebens. Auch dies macht deutlich, daß die Memoiren KROPOTKINS zwar einen unverzichtbaren Bestandteil einer Annäherung an jenen letzten anarchistischen *Klassiker* bilden, daß sie allein aber nur unzureichend Aufschluß über die Entwicklung des philosophischen und pädagogischen Denkens KROPOTKINS zu geben vermögen.

KROPOTKIN wird im Jahre 1842 in Moskau geboren. Sein Vater gehört dem russischen Hochadel an, und demgemäß orientiert sich seine Erziehung in erster Linie an der Vorbereitung auf hohe und höchste Ämter bei Hofe. Wie BAKUNIN erhält er Privatunterricht durch Erzieher französischer und deutscher Herkunft, und MILLER weist darauf hin, daß seine Hauserziehung dem höchsten zu dieser Zeit in Rußland erreichbaren Standard entspricht[735]. POULAIN, der französische Hauslehrer, repräsentiert jene pädagogische Richtung, die seit KATHARINA DER GROSSEN in den russischen Adelskreisen obligat ist und die exklusive Orientierung nach westlichen Vorgaben impliziert, in der Formalismus und Einübung in Etikette die Basis der Erziehung bilden. POULAIN verwendet Lehrmethoden, die KROPOTKIN euphemistisch als »einfach« kennzeichnet: Der Unterricht beschränkt sich auf das Repetieren einer französischen Grammatik und diverser naturkundlicher und geschichtlicher Werke[736], und der Hauslehrer greift bei ungenügenden Leistungen seiner Anvertrauten zuweilen zur Prügelstrafe. Erst die Intervention der Schwester und des Vaters beendet diese rigiden Lehrmethoden. Ein russischer Stu-

---

[734] vgl. NETTLAU, Bd. 2, 246

[735] vgl. MILLER 1976, 15

[736] vgl. Mem, 21 f.

dent, SMIRNOV, erteilt den Unterricht in russischer Sprache, in Rechnen und in Geschichte. Die Kinder erhalten zudem Tanzunterricht und eine musische Ausbildung.

Der französische Hauslehrer wird von einem deutschen Lehrer abgelöst, bedeutsamer aber ist der pädagogische Einfluß des Literaturlehrers SMIRNOV. Die Beschäftigung mit Literatur ist zugleich eine erste Annäherung an Sozial- und Gesellschaftskritik: Die »schöne Literatur« ist im nikolaiischen Zeitalter die einzige legale Form der Gesellschaftskritik, und auch diese Kritik muß sich versteckt äußern und steht unter den strengen Auflagen des Zensors.

Ab 1856 besucht KROPOTKIN ein Moskauer Elitegymnasium; der Gruppenunterricht und die Konkurrenz zwischen den Schülern bedeuten eine ungewohnte Umstellung für KROPOTKIN, der den exklusiven Hauslehrerunterricht gewohnt ist. Im August 1857, im Alter von 15 Jahren, tritt KROPOTKIN in das sogenannte *Pagenkorps* ein, eine Eliteschule, die junge russische Adlige entweder auf den Dienst am Hof oder auf die höhere Militärlaufbahn vorbereitet: »Nur einhundertfünfzig meist dem Hofadel angehörige Knaben empfingen ihre Ausbildung in dieser privilegierten Anstalt, die den Charakter einer mit Sonderrechten ausgestatteten Militärschule und eines an den kaiserlichen Haushalt angeschlossenen Hofinstituts in sich vereinte. Nach vier- oder fünfjährigem Aufenthalt im Pagenkorps wurden seine Zöglinge, wenn sie die Schlußprüfungen bestanden hatten, in die Garde oder nach ihrem eigenen Wunsch in irgendein anderes Regiment als Offiziere aufgenommen (...). Außerdem wurden die ersten sechzehn Schüler der obersten Klasse zu ›Kammerpagen‹ ernannt, d.h. sie wurden zum persönlichen Dienst der verschiedenen Mitglieder der kaiserlichen Familie – des Kaisers, der Kaiserin, der Großfürstinnen und der Großfürsten – bestimmt.«[737]

Diese Eliteschule untersteht unmittelbar dem Zaren, ihr obliegt die Heranbildung einer loyalen Führungsschicht in Militär, Verwaltung und Diplomatie. Als Stütze und Garant der Kontinuität der Selbstherrschaft spiegelt sich in ihrer inneren Struktur sehr direkt die jeweilige Konstitution der Herrschaft wider. Demgemäß war das *Pagenkorps* unter der nikolaiischen Regentschaft eine militaristisch und autoritär geführte Institution, und KROPOTKIN überzeichnet keinesfalls, wenn er in seinen Erinnerungen mutmaßt, der Eintritt in das *Pagenkorps* in der nikolaiischen Epoche (1825 – 1855) hätte für ihn entweder totale Konformität und Brechung des Eigenwillens oder alsbaldigen Ausschluß aus dem Korps[738] bedeutet. Der Tod NIKOLAUS' I. im März 1855 und die Thronbesteigung durch den anfangs als Reformzar gefeierten ALEXANDER II. zeitigt jedoch vorübergehend eine Liberalisierung im gesellschaftlichen Leben, was in den Ausbildungsbedingungen im *Pagenkorps* einen gewissen Niederschlag findet. Dennoch ist die Ausbildung in

---

737 Mem, 85

738 vgl. Mem, 87 f.

erster Linie vom militärischen Denken geleitet, Unterordnung und Gehorsam sind die wesentlichen äußerlichen Merkmal dieses hierarchisch organisierten Internatslebens.

Trotz dieser militaristischen Tendenzen orientiert sich der Unterricht im *Pagencorps* an einer für die Zeit progressiven, am westeuropäischen Stand der Pädagogik ausgerichteten[739] Didaktik, in der *Anschaulichkeit* und *Praxisnähe* eine wesentliche Rolle spielen. Inhaltlich unterscheidet sich der im *Pagenkorps* angebotene Unterricht nur unwesentlich von den allgemein anerkannten pädagogischen Konzeptionen der Zeit[740]: Die Schüler werden in russischer Grammatik und Literatur unterrichtet, sie lernen Deutsch und Französisch, Mathematik und Naturwissenschaften (Geografie, Biologie und in den höheren Klassen Chemie, Physik und Astronomie). Religionsunterricht sowie Zeichenstunden und sportlich-militärische Übungen vervollständigen die Ausbildung. KROPOTKIN gilt als sehr guter Schüler, nach eigenem Bekunden ist er während der fünfjährigen Ausbildung im *Pagenkorps* immer Klassenerster.

KROPOTKIN beginnt sich während seiner Ausbildungszeit unter maßgeblichen Einfluß seines älteren Bruders Alexander für philosophische und naturwissenschaftliche Fragen zu interessieren, die über das im *Pagenkorps* »erlaubte« Wissen hinausgehen. Er befaßt sich mit den Enzyklopädisten, mit VOLTAIRE und schließlich – auf Drängen des Bruders – mit KANT. Wichtiger als diese philosophischen Einflüsse werden jedoch die ersten Kenntnisnahmen von DARWIN und LAMARCK bleiben. Insgesamt bleibt das *Pagenkorps* von den Ende der 50er Jahre allmählich wiedererwachenden *revolutionären* Strömungen nahezu unberührt[741]; KROPOTKIN gerät eher durch Zufall Ende 1859 an einige Exemplare der von HERZEN herausgegebenen Zeitschriften »Poljarnaja Zvezda« (»Polarstern«) und »Kolokol« (»Die Glocke«) und wird durch diesen Einfluß zum »Konstitutionalisten«[742]. Die Aufhebung der Leibeigenschaft, jenes Projekt, das alle russischen Intellektuellen gleich welcher Couleur von ALEXANDER II. als erste Amtshandlung nach seiner Thronbesteigung erwarteten, löst Debatten und Diskussionen aus, die in den frühen 60er Jahren so dominant werden, daß schließlich auch das streng abgeschirmte *Pagenkorps* hiervon beeinflußt wird. Als am 17. März 1861 die Leibeigenschaft formal aufgehoben wird, gehört KROPOTKIN zu denjenigen, die ALEXANDER II. als Volkszar und Befreier feiern. Die kritischen Stimmen ČERNYŠEVSKIJS und seines Kreises und der Skeptizismus HERZENS und BAKUNINS, die in der Bauernbefreiuung sehr

---

739 vgl. CAHM, 20

740 Die militärische Ausbildung, die in den letzten Klassen zum Unterricht hinzutritt, ist die wesentliche Differenz zu Schulen und Internaten vergleichbarer Art.

741 vgl. Mem, 150

742 vgl. Mem, 152. »Konstitutionalist« meint hier die Forderung nach einer konstitutionellen Monarchie nach englischem Vorbild, eine für das autokratische Rußland durchaus revolutionäre Forderung, »consistent with the views of the most advanced thinkers of the time.« (MILLER 1976, 33)

früh die neue Form von Lohnknechtschaft erkannten, die sich im Zuge der Durchführung des Reformvorhabens herausbilden sollte, fanden erst allmählich KROPOTKINS Zustimmung.

KROPOTKIN wird im Juni des Jahres 1861 zum Sergeanten des *Pagenkorps* ernannt, ein Amt, das dem Primus der Oberklasse zukommt und das zum Pagendienst am Hof des Zaren verpflichtet. KROPOTKIN ist in der Lage, an exponierter Stelle Erfahrungen über das russische Hofleben zu sammeln, ein Umstand, der seine spätere radikale Kritik an monarchischen und adligen Herrschaftsformen wesentlich mitbestimmt.

Ende 1861 setzt die Restauration, d.h. die allmähliche Rückkehr zur reaktionären Innenpolitik nikolaiischer Prägung, ein. ALEXANDER II. läßt als Reaktion auf die Studentenunruhen vom Oktober 1861 zunächst die Universität in Petersburg schließen. Die darauf folgende Abhaltung von außeruniversitären Kursen durch einige »radikale« Professoren – im übrigen ein Präludium zu den verschiedenen Volksbildungsbewegungen der kommenden Jahre – führt zum Verbot dieser Veranstaltungen und – was gewichtiger ist – zum Verbot der seit den späten 50er Jahren überall existierenden Sonntagsschulen[743]. KROPOTKIN hatte sich, zusammen mit anderen Schülern des *Pagenkorps*, ebenfalls als Lehrer zur Verfügung gestellt[744].

KROPOTKIN vermerkt diese einschneidenden Veränderungen in seinem Memoiren[745]; zu einer Annäherung an widerständische Gruppen, wie sie in studentischen Kreisen sich zu organisieren beginnen, kommt es nicht. Statt dessen beendet KROPOTKIN seine Ausbildung am *Pagenkorps*, und läßt sich – zur Überraschung seiner Lehrer und Vorgesetzten – in ein sibirisches Regiment versetzen, das keinerlei Aussicht auf eine militärische Karriere bietet. KROPOTKIN wollte ursprünglich die Universität besuchen, eine Absicht, die zum Bruch mit dem Vater geführt hätte; die Versetzung nach Sibirien bedeutet zumindest, daß er der höfischen Karriere in Petersburg entkommt.

Mitte 1862 tritt KROPOTKIN seinen Dienst im Kosakenheer in Irkutsk an. Sibirien, der traditionelle Verbannungsort für revolutionäre oder auch nur reformerische Intellektuelle[746], war im Verhältnis zu Petersburg und Moskau *liberal*[747]. KROPOTKIN übernimmt zunächst einen Verwaltungsposten und beteiligt sich an

---

743 Diese Sonntagsschulen sind Schulen für die ungebildeten Arbeiter und Bauern, die unentgeltlich und auf freiwilliger Basis von Studenten und Offizieren geleitet werden und sich zeitweise großen Zuspruchs erfreuen können (Zur Geschichte der Sonntagsschulbewegung in Petersburg vgl. auch ZELNIK 1965).

744 vgl. WOODCOCK/AVAKUMOVIC 1970, 41 f.

745 vgl. Mem, 178 f.

746 1861 erst war BAKUNIN auf abenteuerliche Weise aus Sibirien geflohen; sein Einfluß auf die Emigrantenkreise und auch auf den damaligen Gouverneur Transsibiriens, MURAV'EV, war noch allgegenwärtig (vgl. Mem, 200 f.).

747 KUKEL beispielsweise, der Chef des Generalstabes und KROPOTKINS Vorgesetzter, verfügte über »vollständige Sammlungen von HERZENS Londoner revolutionären Schriften« (Mem, 201).

diversen Reformvorhaben. Die relative Autonomie der sibirischen Verwaltung erlaubt zunächst auch die Realisierung einiger Reformen. Die polnische Insurrektion von 1863 und die daraufhin einsetzende Repression gegen alle reformerischen Anstrengungen erreicht – mit der üblichen Verzögerung – auch die sibirischen Provinzen. Gouverneur KUKEL wird seines Amtes enthoben, und obwohl kein ausgesprochen zaristisch gesinnter Mann sein Nachfolger wird, ist diese Amtsenthebung gleichbedeutend mit einem Erliegen der Reformen.

KROPOTKIN zieht sich zunehmend aus dem politischen Leben zurück und nimmt an mehreren Expeditionen nach China und in die Mandschurei teil. Sein Interesse für Geologie und Geografie erwacht. Als er im Herbst 1867 nach Petersburg zurückkehrt und an der Universität Mathematik zu studieren beginnt, hat er den Militärdienst bereits quittiert. Die geografischen Forschungen gehören jetzt zu seinen wichtigsten Nebeninteressen. Er verfaßt einen in Forschungskreisen aufsehenerregenden Bericht über seine Sibirienexpeditionen, der Auffassungen über bestimmte asiatische Gebirgsformationen grundlegend revidiert[748]. Diese Arbeit und verschiedene andere Studien zur Orografie und Kartografie Nordasiens sowie zur Geologie Schwedens und Finnlands veranlassen die Russische Geografie Gesellschaft, ihm 1871 das Amt des Ersten Sekretärs anzutragen. KROPOTKIN lehnt ab und begründet diesen Verzicht aus sozialer Verantwortung: »Aber welches Anrecht hatte ich auf diese höheren Freuden, wenn ich um mich herum nur Elend sah und den Kampf um ein schimmeliges Stück Brot, wenn alles, was ich ausgab, um in jener erhabeneren geistigen Welt weilen zu können, notwendigerweise denen vor dem Munde weggenommen werden mußte, die den Weizen bauten und kein Brot für ihre Kinder hatten? (...) Die Massen sind es, die des Wissens bedürfen, sie wollen lernen, sie können auch lernen. (...) In dieser Richtung und für diese Leute muß ich tätig sein! Alle diese tönenden Redensarten von Wirken für den Fortschritt der Menschheit, während die Fortschrittsförderer sich fern von denen halten, die sie angeblich vorwärts bringen, sind nichts als Sophismen, die nur das Bewußtsein des peinigenden Widersinns beseitigen sollen.«[749]

Dieses in den Memoiren emphatisch vorgetragene Plädoyer gegen die wissenschaftliche Karriere wird KROPOTKIN zwar nicht abhalten, in späteren Jahren ein Leben »mainly behind the desk and the podium rather than on the barricades«[750] zu führen; allerdings wirft es ein Licht auf den sozial fundierten Wissenschaftsbegriff, der in dieser Form den wissenschaftstheoretischen Diskurs einer ganzen Generation russischer Intellektueller dominiert. Spätestens mit ČERNYŠEVSKIJS Essay »Die ästhetische Beziehung der Kunst zur Wirklichkeit« (1855) und der gewissermaßen literarischen Ausarbeitung der darin skizzierten

748 KROPOTKIN bewertet diesen Aufsatz nachträglich als seinen »Hauptbeitrag zur Wissenschaft« (Mem, 268).

749 Mem, 283 f.

750 OSOFSKY, 18

Grundsätze in seinem Roman »Was tun?«[751] wurde Wissenschaft ohne soziale Verantwortung und Wissenschaft ohne praktische Anwendung als nutzloser Zeitvertreib einer Elite verurteilt. Die revolutionäre Bewegung der »Jungen« bricht radikal mit dem als antiquiert erachteten Kunstbegriff und zugleich mit dem eher evolutionären Reformismus der unter NIKOLAUS nicht emigrierten Intellektuellen[752] und diese Bewegung findet zunehmend KROPOTKINS Interesse. Als der Vater 1871 stirbt und KROPOTKIN unvermittelt ein beträchtliches Erbe zufällt, ist er in der Lage, diesem Interesse volle Aufmerksamkeit zu gewähren. Dies aber bedeutet für den russischen Intellektuellen, wie schon bei BAKUNIN deutlich wurde, einen Aufenthalt im Ausland, weil nur außerhalb Rußlands eine authentische Annäherung an revolutionäre Philosophie und Praxis möglich ist. KROPOTKIN reist Anfang 1872 nach Zürich, wo er sich kurzzeitig der russischen Studentenkolonie um LAVROV anschließt. Die dort diskutierten Fragen zu Volksbildung und Revolution werden auch KROPOTKINS sozialphilosophische Stellungnahmen im ČAIKOVSKIJ-Zirkel bestimmen. Bedeutender für seine weitere Entwicklung aber ist die Kontaktaufnahme mit den Züricher und Genfer Sektionen der Internationale und schließlich die Annäherung an die *bakunistischen* Sektionen der Internationale, wie sie sich in der Juraföderation herausgebildet hatten. Nach eigenem Bekunden sind die im Jurabund virulenten Auseinandersetzungen um autoritären oder libertären Sozialismus und vor allem die kollektivistischen Strukturen des juraissischen Proletariats für ihn der *»erste Funke des Anarchismus«*[753]. KROPOTKIN verzichtet auf einen Besuch beim zur gleichen Zeit im nahen Locarno lebenden BAKUNIN und kehrt, nach Zwischenstationen in Brüssel und Paris, Ende 1872 nach Petersburg zurück. Hier tritt er dem ČAIKOVSKIJ-Kreis bei, und seine Entwicklung zum Sympathisanten und schließlich zum Repräsentanten anarchistischer Theorie und Praxis findet in der politischen Tätigkeit im ČAIKOVSKIJ-Kreis ihre erste und – für die Entwicklung des sozialphilosophischen Denkens bei KROPOTKIN – grundlegende Ausprägung.

Anfang 1874 wird KROPOTKIN aufgrund seiner Tätigkeit im mittlerweile illegalen ČAIKOVSKIJ-Zirkel verhaftet. Er wird in der Peter-und-Pauls-Festung einge-

---

751 Die von ČERNYŠEVSKIJ und seinem Kreis einzig akzeptierte Form der Wissenschaft versinnbildlicht in nuce RACHMETOV in »Was tun?«, jenem »Kultbuch« der 60er Jahre, das zweifellos die Grundschrift des russischen Nihilismus genannt werden darf: »Seine Regel lautete: Nicht dem Vergnügen nachgehen, nicht Unterhaltung suchen, sondern immer nur das treiben, was notwendig ist.« (ČERNYŠEVSKIJ 1947, 346) *Notwendig* aber ist nur das, was dem Volk dienlich ist: »›Wir fordern für das Volk den vollen Genuß des Lebens; darum müssen wir durch unsere Lebensweise den Beweis liefern, daß wir dies nicht tun, um unsere eigenen Neigungen und Leidenschaften zu befriedigen, daß wir die Forderungen nicht für uns selbst, sondern für die Menschheit erheben, daß sie auf Grundsätzen nicht auf einem flüchtigen Einfall beruhen – auf Überzeugung, nicht auf unserem persönlichen Bedürfnis.‹« (ČERNYŠEVSKIJ 1947, 344)

752 Dieser Konflikt ist in TURGENEVS berühmten und umstrittenen Roman »Väter und Söhne«, der 1862 erscheint, exemplarisch dargestellt.

753 Mem, 332. Die Lektüre PROUDHONS, die nach WOODCOCK/AVAKUMOVIC bereits für die erste sibirischen Periode datieren, hat noch nicht KROPOTKINS Wende zum Anarchismus bewirkt.

kerkert. KROPOTKIN arbeitet während der Haft an seinen geografischen Schriften und erwartet seine Gerichtsverhandlung. Nach zwei Jahren Festungshaft gelingt ihm unter Mithilfe seiner Kampfgenossen eine spektakuläre Flucht aus dem Militärhospital der Peter-und-Pauls-Festung.

Er begibt sich unverzüglich ins Ausland und lebt einige Zeit in England, wo er seinen Lebensunterhalt durch gelegentliche Artikel zu geografischen Forschungen bestreitet. KROPOTKIN läßt sich im August 1878 in Genf nieder und beginnt im darauffolgenden Jahr mit der Herausgabe der anarchistischen Zeitschrift »Lé Révolté«[754]. Die Jahre bis zur zweiten Verhaftung KROPOTKINS im Jahre 1882 sind angefüllt mit umfangreichen propagandistischen Tätigkeiten, die vor allem in seiner Arbeit als – zeitweilig einziger – Redakteur von »Le Révolté« zum Ausdruck kommen. In diese Zeit fällt auch die theoretische Ausarbeitung des *kommunistischen Anarchismus,* die zwar nicht allein KROPOTKIN zugeschrieben werden kann, die aber in ihm den zweifellos bekanntesten und wirkungsvollsten Vertreter dieser anarchistischen Richtung findet. Die Kennzeichnung *kommunistisch* geht zunächst auf eine Schrift eines frühen Mitherausgebers der »Révolté«, François DUMARTHERAY, zurück, der in »Aux travailleurs manuels partisans de l'action politique« (1876) diesen Begriff einführt. Der wesentliche Unterschied zum kollektivistischen Anarchismus bakuninischer und proudhonscher Prägung besteht in der unterschiedlichen Auffassung hinsichtlich der *Besitz- und Entlohnungsverhältnisse* in nachrevolutionären Gesellschaften. BAKUNIN und deutlicher PROUDHON hatten eine Aufteilung des Besitzes nach kollektivistischen Vorgaben intendiert, was nicht gleichbedeutend mit einer vollständigen Aufhebung von Eigentumsverhältnissen wäre. Zudem sollte die Entlohnung in einer zukünftigen anarchistischen Gesellschaft so erfolgen, daß alle Gesellschaftsmitglieder *nach ihren Kräften und nach ihren Bedürfnissen* Anteil am gesellschaftlichen Reichtum erhalten. KROPOTKIN verwirft diese Grundsätze und fordert statt dessen die *»freie Verteilung«* der Güter und die Überführung des Privateigentums in Kollektivbesitz als ersten Schritt der Revolution und schließlich die kommunistische Gesellschaft[755] ohne jedes Eigentum nach dieser Transformationsperiode[756]. Hinsichtlich der Entlohnungsfrage macht KROPOTKIN geltend, daß die Bemessung des Lohnes an

---

754 »Lé Révolté« wird ab 1887 als »La Revolté« fortgesetzt und schließlich 1895 in »Les Temps Nouveaux« umbenannt.

755 vgl. NETTLAU 1972, Bd. 2, 303. Die starke Bezugnahme auf die kommunale Struktur und ihre zen-trale Bedeutung für den Erfolg der revolutionären Erhebung ist zugleich Ergebnis einer Interpretation der Niederlage der *Commune:* KROPOTKIN und mit ihm andere wichtige Theoretiker der anarchistischen Bewegung (Elise RECLUS, MALATESTA) sehen im zögerlichen Verhalten der Communarden in bezug auf die vollständige Expropriation der Bourgeoisie das wesentliche Moment der Niederlage der *Commune.* Nach KROPOTKINS Auffassung hätte allein die sofortige Beschlagnahme allen Besitzes und die unverzügliche Organisation der Selbstversorgung der revolutionären Gebiete (vgl. EdB (b), 122 – 147) die Garantie geben können, die Belagerung durch THIERS zu überstehen.

756 vgl. NETTLAU 1972, Bd. 2, 293.

den Kräften und Fähigkeiten der Arbeitenden die schwächsten Mitglieder der Gesellschaft (Kranke, Alte, Kinder) exkludieren würde, und er insistiert auf eine Verteilung der Güter, die allein an den *Bedürfnissen* der Mitglieder der Gesellschaft sich orientiert[757]. KROPOTKIN wird die theoretischen Grundlagen seiner Auffassung des Anarchismus in den folgenden Jahren zwar noch vertiefen – die Kerngedanken entwickeln sich allerdings bereits in diesen frühen Jahren seiner agitatorischen Tätigkeit und werden im wesentlichen konsistent bleiben. KROPOTKINS propagandistische Tätigkeiten in »Le Révolté« und seine Einflußnahme auf die verschiedenen anarchistischen Kongresse, die nach der Spaltung der Internationale abgehalten wurden, haben schließlich entscheidenden Anteil daran, daß Ende der 70er Jahre von einer »definitiven Proklamierung des Anarchismus als kommunistisch«[758] gesprochen werden kann.

KROPOTKINS Tätigkeiten als Redakteur von »Le Révolté« sind zugleich die Vorbereitung für seine ersten Veröffentlichungen in Buchform: KROPOTKIN hat alle seine größeren Arbeiten zunächst als Aufsätze[759] oder als Broschüren herausgegeben, ein Arbeitsverfahren, das der Notwendigkeit entspringt, »Lé Révolté«, die seit 1879 als Wochenblatt erscheint, genügend Beiträge zuzuführen. Der allmählich wachsende Einfluß von »Lé Révolté« zieht schließlich die Aufmerksamkeit der Behörden auf sich. KROPOTKIN hatte in einem Leitartikel für »Lé Révolté« im Dezember 1880 eindeutig jener revolutionären Richtung zugestimmt, die in sogenannten *direkten Aktionen* (oder auch *Propaganda der Tat*) die Möglichkeit zur Einleitung revolutionärer Umwälzungen sehen wollte[760]: »Permanente Revolte durch das gesprochene und geschriebene Wort, durch Dolch, Gewehr, Dynamit ... Uns ist alles recht, was sich außerhalb der Legalität bewegt.«[761]

Er vertieft diese Auffassung in einer Serie von Aufsätzen in »Lé Révolte«, die als Broschüre unter dem Titel »Der Geist der Empörung« (L'Esprit de Révolte) 1881 erscheint. KROPOTKIN greift in dieser Schrift den Gedanken der *Verschmelzung* der Revolutionäre mit den Massen auf und sieht in der *direkten Aktion* das adäquate Mittel, solche Übereinstimmung von Revolutionären und den Massen herauszubilden. Die *direkte Aktion* steht in krassem Gegensatz zur Haltung theoretisierender Intellektueller; nicht die »Klugen und Weisen, die der Volkssache erst in einigen

---

757 Die Rigorosität, mit der innerhalb der anarchistischen Bewegung über diese vergleichsweise marginale Frage gestritten wurde, die in ihrer Intensität den Auseinandersetzung zwischen Kommunisten und Anarchisten in der 1. Internationale in nichts nachsteht, markiert bereits die ersten Zerfallserscheinungen des internationalen Anarchismus.

758 NETTLAU, Bd. 2, 297

759 Die 1885 zuerst erschienen »Worte eines Rebellen« (»Paroles d'un révolté«) versammeln frühe Aufsätze KROPOTKINS und geben Einblick in die Herausbildung der anarchistisch-kommunistischen Theorie.

760 Eine umfassende Darstellung der verschiedenen *direkten Aktionen* und terroristischen Aktivitäten der 80er und 90er Jahre findet sich bei JOLL 1971, 84 – 110.

761 KROPOTKIN zit. in: MAITRON, 70

hundert Jahren den Sieg prophezeien«, bestimmen den Fortgang der revolutionären Entwicklung, sondern der revolutionäre Akt repräsentiert die »inneren Wünsche aller«[762]. KROPOTKIN ist zu diesem Zeitpunkt der Auffassung, daß die Aktion »in einigen Tagen mehr Propaganda als Tausende von Broschüren«[763] bewirken kann, und er befindet sich mit dieser Einschätzung im Konsens mit den weitverbreiteten Hoffnungen auf Umsturz durch Insurrektion, die in den 80er Jahren die anarchistisch-revolutionäre Bewegung prägen.

Unmittelbare Auswirkung dieser revolutionären Taktik waren etwa MALATESTAS Insurrektionsversuche auf lokaler Ebene, die in einzelnen norditalienischen Dörfern versucht wurden, oder ähnliche Unternehmungen in Spanien. Ein weiteres, allerdings nur indirekt auf die Vorschläge der organisierten Anarchisten zurückführbares Mittel der *Propaganda der Tat* waren die ab 1880 einsetzenden Attentate und Attentatsversuche auf Persönlichkeiten des öffentlichen Lebens.

KROPOTKIN nimmt Stellung zum Attentat auf ALEXANDER II. und verurteilt in scharfer Form den Prozeß und die Hinrichtung der Attentäter. Dies und einige andere Veröffentlichungen in »Lé Révolté« führen dazu, daß er – auf Betreiben der russischen Regierung – von den Schweizer Behörden des Landes verwiesen wird. Er läßt sich im August 1881 im französischen Thonon nieder und setzt seine Tätigkeit für »Lé Révolté« von dort aus fort, bis er im Dezember 1882 als angeblicher intellektueller Initiator einer Reihe von Bombenattentaten in Lyon und Montceau-les-Mines zu fünf Jahren Haft verurteilt wird. Er verbringt drei Jahre in Haft – vorwiegend im Zentralgefängnis von Clairvaux – und wird 1886 entlassen. Seine Erfahrungen im Gefängnis faßt er in den 1887 in Buchform erschienen Arbeit »In Russian and French Prisons« zusammen. Die Haft, die seinen Gesundheitszustand stark angegriffen hat, hat zur Folge, daß KROPOTKIN sich nach seiner Entlassung vom aktiven politischen Leben immer mehr zurückzieht. Er läßt sich, nach einem Zwischenaufenthalt in Paris, im englischen Harrow nieder, und es beginnt eine Phase rein schriftstellerischer Tätigkeit, die – mit einigen Unterbrechungen – bis an sein Lebensende andauert.

KROPOTKIN findet in London schnell Aufnahme: Seine wissenschaftliche Reputation und nicht zuletzt seine adelige Abstammung verschaffen ihm Zugang zur bürgerlichen Welt, er ist ein gern gesehener Gast bei Empfängen und Diners. Er nimmt seine schriftstellerischen Tätigkeiten wieder auf und schreibt unter anderem für die renommierte Zeitschrift »Nineteenth Century«, gelegentlich für die »Times«, für die als »Les Temps Nouveaux« in Frankreich fortgesetzte »Révolté« und schließlich für »Freedom«, eine neue anarchistisch-sozialistische Zeitschrift, an deren Gründung er maßgeblichen Anteil hatte. Wieder sind es einzelne Aufsätze, die in diesen Zeitschriften vorabgedruckt werden, die in Sammelbänden zusam-

---

762 KROPOTKIN zit. in: NETTLAU, Bd. 3, 24

763 Ebd.

mengefaßt als Bücher aufgelegt werden: 1892 erscheint »Die Eroberung des Brotes« (»La conquete du pain«). KROPOTKIN versucht in dieser Aufsatzsammlung seinen anarchistischen Kommunismus unter revolutionstaktischen Gesichtspunkten darzulegen. Er greift hier auf historische Studien zurück und exemplifiziert insbesondere anhand der Geschichte der *Commune*, worin die Fehler dieser ersten rein proletarischen Revolution bestanden. »Die Eroberung des Brotes« ist zugleich eine der ersten Schriften KROPOTKINS, in der versucht wird, revolutionäre Theorie an *empirischen Befunden* zu verifizieren: KROPOTKIN legt eine Fülle von – nicht immer zweifelsfreiem[764] – statistischem Material vor, um zu beweisen, daß die Produktionsbedingungen in Industrie, Handwerk und Landwirtschaft längst eine Entwicklungsstufe erreicht hätten, der die allgemeine Distribution der Güter und der Umschlag der Gesellschaft in eine kommunistische Ordnung gewissermaßen inhärent sei. Die Zuhilfenahme statistischen Materials zur Fundierung seiner Sozialphilosophie, die auch als Ausdruck der zeitgemäßen *Wissenschaftsgläubigkeit* gesehen werden kann, ist auch für die im Jahr 1899 erscheinende Aufsatzsammlung »Landwirtschaft, Industrie und Handwerk« (»Fields, Factories and Workshops«) bestimmend. KROPOTKIN versucht hier in Auseinandersetzung mit dem Malthusianismus darzulegen, daß die Überbevölkerungstheorie nicht stichhaltig ist, und belegt dies mit der durch technischen Fortschritt möglich gewordenen Produktivität in Industrie und Agrarproduktion. In pädagogischer Hinsicht ist hier insbesondere eine längere Erörterung zu Hand- und Kopfarbeit interessant, die mit der Forderung nach einer *integralen Ausbildung* schließt.

Gleichzeitig erscheinen zahlreiche kleinere Arbeiten zur anarchistischen Theorie, die später von anarchistischen Gruppen als Broschüren herausgegeben werden. Hervorzuheben sind hier vor allem »Der Anarchismus. Seine Philosophie – sein Ideal« (»L'anarchie, sa philosophie, son idéal«) von 1896 und die Schrift »Die historische Rolle des Staates« (»L'état: son rôle historique«) von 1896/97.

KROPOTKINS Versuche, empirische Befunde für eine revolutionäre Theorie wie den Anarchismus zu nutzen, hatten sich zunächst auf gesellschaftswissenschaftliche Daten und Fakten beschränkt. In den 90er Jahren beginnt er allmählich, auch naturwissenschaftliche Untersuchungen daraufhin zu prüfen, ob sie zur Begründung einer anarchistischen Philosophie tauglich sein könnten. Äußerer Anlaß für eine Transformation naturwissenschaftlicher Tatbestände in gesellschaftswissenschaftliche Problemkreise, wie sie in der 1902 als Buch vorgelegten Schrift »Gegenseitige Hilfe in der Tier- und Menschenwelt« (»Mutual Aid – A Factor of Evolution«)[765] unternommen wird, ist die in den späten 80er Jahren einsetzende Instrumentalisierung der darwinistischen Evolutionstheorie für »sozialtechnologische«

---

[764] Vgl. hierzu die zahlreichen richtigstellenden Anmerkungen HELMS in seiner vorbildlichen Neuübersetzung von »La conquete du pain«.

[765] Die ersten Aufsätze, die das spätere Buch bilden, erscheinen bereits 1890.

Zwecke. Thomas A. HUXLEY hatte mit seinen 1888 erschienenen Essay »The Struggle for Existence in Human Society« diese Diskussion eingeleitet, indem er in DARWINS Bemerkungen zum Überlebenskampf der Stärkeren ein biologischen Grundgesetz erkennen wollte, das die *zivilisierte* Gesellschaft anerkennen muß. Deshalb habe sie nach Wegen zu suchen, die animalischen Instinkte des Konkurrenzkampfes durch Einübung sozialer Rollenmuster zu kanalisieren. Der *Sozialdarwinismus* hatte als willkommenen Legitimationstheorie für die krisengeschüttelte Industriegesellschaft eine wichtige Funktion[766] und bestimmt – zunächst im angelsächsichen Raum – zunehmend den gesellschaftspolitischen Diskurs[767]. KROPOTKIN, der sich in seiner Haft eingehend mit KESSLER[768] und schon in seinen russischen Studienjahre mit ROULIER und seinen transformistischen Theorien[769] beschäftigt hatte und DARWIN als einen der bedeutendsten Forscher seiner Zeit würdigt, zieht gleichwohl gänzlich andere Schlußfolgerungen aus den evolutionistischen Theorien. Er anerkennt zwar im Grundsatz DARWINS Theorie eines Überlebenskampfes in der evolutionären Entwicklung, macht jedoch geltend, daß hierin nur eine von mehreren Möglichkeiten zu finden ist, den Fortgang der Evolution zu erklären. Bezugnehmend auf KESSLER entwickelt KROPOTKIN anhand einer Fülle von Beispielen aus der Morphologie und der Ethnologie die Theorie der *gegenseitigen Hilfe,* die für die Herausbildung von Zivilisation und Fortschritt von zumindest ebensolcher Bedeutung sei wie der Kampf ums Überleben. KROPOTKIN entwirft in dieser Arbeit auch die ersten Ansätze einer anthropologischen Theorie, die in seinen weiteren Schriften genauere Ausgestaltung finden sollen. Etwa 1895, nach seinem Umzug nach Bromley, einer Kleinstadt südöstlich von London, beginnt KROPOTKIN sich wieder mit aktueller Politik zu beschäftigen. Vor allem die russische revolutionäre Bewegung erweckt sein Engagement, und er greift mit verschiedenen Broschüren und Reden in die sozialrevolutionäre Diskussion ein. 1897 reist er in die Vereinigten Staaten und zeigt sich von den technischen Errungenschaften und dem dort bereits im Aufschwung begriffenen *Massenkonsum* beeindruckt, die ihm Bestätigung für seine antimalthusianischen Auffassungen geben. In gesellschaftspolitischer Hinsicht anerkennt KROPOTKIN, daß die demokratische Verfaßtheit Nordamerikas zwar nicht seinen anarchistischen Idealvorstellungen genügen kann, daß jedoch eine parlamentarische Demokratie amerikanischen Zuschnitts durchaus als Zwischenschritt in Hinblick auf eine kommunistisch-revolutionäre Gesellschaft denkbar ist. Besonders die russische Situation, so KROPOTKIN, erfordere anderes als den sofortigen revolutionären Umbruch. Er zeigt sich interessiert an den Bestrebungen der russischen Oppositi-

---

766 Für KROPOTKIN ist der Sozialdarwinismus huxleyscher Prägung die »*Religion*« herrschender Klassen geworden (vgl. E, 214).

767 vgl. HUG 1989, 15

768 vgl. HULSE 1970, 64

769 vgl. Mem, 117

on, eine Nationalversammlung einzuberufen, und tritt 1898 offen für die Einrichtung von Regionalparlamenten ein, die ihm als die »only possible solution for Russia«[770] erscheinen. Diese Haltung kommt natürlich in der anarchistischen Welt, in der Wahlen und Parlamente immer als Ausdruck einer Herrschaft von Wenigen über die Massen verurteilt wurden, einer »Häresie« gleich. Dieses *häretische Denken* wird von KROPOTKIN, trotz aller Zerwürfnisse, die damit verbunden sind, in den ihm verbleibenden Jahren beibehalten und 1914 in seinem Aufruf zur Unterstützung der Alliierten seinen Höhepunkt finden.

KROPOTKINS Souveränität gegenüber der anarchistischen Bewegung begründet sich einerseits aus seiner relativen Zurückgezogenheit seit 1886; andererseits ist nach dem endgültigen Zerfall der internationalen Organisationen der anarchistischen Bewegung kein verbindliches und verbindendes Moment dieser Strömung mehr zu erkennen, und die in den 90er Jahren grassierenden *terroristischen Aktionen* füllen das entstandene Vakuum: Anarchismus wird in diesen Jahren von der öffentlichen Meinung mit Terrorismus und Bombenattentaten identifiziert, und erst die aufkommende anarchistisch-syndikalistische Bewegung, die aber KROPOTKIN eher fremd bleiben wird, kann an die relativ erfolgreiche Strategie des Anarchismus der 40er und 50er Jahre anknüpfen.

Die internationale Arbeiterbewegung ist um die Jahrhundertwende eindeutig sozialistisch und kommunistisch orientiert; ihre Hauptanstrengung ist die gewerkschaftliche Organisation und die Erlangung politischer Macht durch Wahlen. In dieser Situation der Isolation ist es nicht unverständlich, daß KROPOTKIN zunehmend anarchistische *Glaubenssätze* aufgibt und nach offeneren Konzeptionen zu suchen beginnt, wenngleich er immer betont, daß diese Konzeptionen der anarchistischen Theorie zugehörig seien. 1899 werden KROPOTKINS »Memoiren eines Revolutionärs« (»Memoirs of an revolutionist«) in Buchform veröffentlicht und erreichen auf Anhieb eine sehr hohe Auflage. 1909 veröffentlicht KROPOTKIN sein einziges historisches Werk, »Die Französische Revolution 1789 – 1793« (»La grande révolution 1789 – 1793«)[771]. Ähnlich wie in »Die Eroberung des Brotes« wird hier nach den »richtigen« Techniken der Revolution gesucht; KROPOTKINS Studie interessiert sich primär für die Fehler der revolutionären Massen und für die Umstände, die zu einer Dominanz des jakobinischen Elementes in der Französischen Revolution geführt hatten. In den folgenden Jahren bleiben größere Arbeiten KROPOTKINS aus. Er veröffentlicht weiterhin Aufsätze in »Freedom« und in »Nineteenth Century«, sein Hauptanliegen aber sind die Vorarbeiten zu einer großangelegten »Ethik«. Diese »Ethik« wird nie vollendet, der erste Band erscheint posthum 1922.

---

[770] Out, Vol. 58: Jan. 1898, 117

[771] Die Vorarbeiten zu dieser Arbeit reichen bis in die 70er Jahre zurück.

Die bereits erwähnte Parteinahme für die Alliierten hat die nahezu vollständige Isolierung KROPOTKINS innerhalb der anarchistischen Bewegung zur Folge: Langjährige Freunde und Genossen distanzieren sich öffentlich von KROPOTKIN, der fortan nur noch an seiner »Ethik« arbeitet. Die russische Revolution schließlich ermöglicht KROPOTKIN die Rückkehr nach Rußland. 1917 läßt er sich zunächst in Moskau nieder. KERENSKI bietet ihm ein Ministeramt an, KROPOTKIN verzichtet. Er greift seine ab 1886 entwickelten Ideen einer parlamentarischen Demokratie wieder auf und schlägt der *Duma* eine Staatsverfassung nach französischem Vorbild vor. Die bolschewistische Revolution verhindert solche Pläne, die zu diesem Zeitpunkt von den Bolschewiki als anachronistisch und konterrevolutionär kritisiert werden. KROPOTKIN zieht sich auf Anraten der Ärzte im Sommer 1918 auf eine von den Bolschewiki zur Verfügung gestellte Datscha in Dimitrov bei Moskau zurück. Er kritisiert den Verlauf der bolschewistischen Revolution, sie ist ihm Exempel dafür *»wie der Kommunismus nicht eingeführt werden kann«*[772]. Er trifft sich zweimal mit LENIN und setzt sich für von den Bolschewiki verfolgte Anarchisten und Sozialrevolutionäre ein. Hauptsächlich aber arbeitet er an seiner »Ethik«, was sich nicht einfach gestaltet, da er seine Bibliothek in England zurückgelassen hat. Der erste Band der »Ethik« konnte noch fertiggestellt werden; der zweite Band ist über die Vorarbeiten und knappe Skizzierungen nicht hinausgelangt.

KROPOTKIN stirbt am 8. Februar 1921. Sein Begräbnis ist zugleich die letzte große Manifestation des Anarchismus in der Sowjetunion: »Der Trauermarsch durch die Straßen Moskaus war gleichzeitig die letzte große öffentliche Protestversammlung der libertären Bewegung gegen den Despotismus der Bolschewiki. Unzählige Anarchisten verschwanden für immer in den Kerkern der neuen Machthaber oder waren gezwungen, ins Ausland zu flüchten. Einen Monat später wurde der Aufstand der Kronstädter Matrosen von der Roten Armee niedergeschlagen, Ende desselben Jahres rieben Trotzkis Soldaten die anarchistischen Bauerntruppen unter Nestor Machno in der Ukraine auf. Danach gab es keine anarchistische Bewegung in Rußland mehr.«[773]

3.1.2 KROPOTKIN im ČAIKOVSKIJ-Zirkel: Populistischer Anarchismus

3.1.2.1 Vom Nihilismus zum »Zug ins Volk«

Wie schon bei der Untersuchung der politischen Entwicklung BAKUNINS gezeigt wurde, ist die russische revolutionäre und reformistische Intelligenz aufgrund der repressiven Politik der zaristischen Herrschaft gezwungen, in abgeschlossenen Zirkeln sich zu organisieren. Auch die Herrschaft des »Reform-Zaren« ALEXANDER II.

772 EdB (b), 284 (Kursivierung bei KROPOTKIN)

773 MERTL in: An, 48

ändert an dieser Notwendigkeit langfristig nichts. Zwar hatten die Anfangsjahre der Herrschaft ALEXANDER II. große Erwartungen in Hinblick auf durchgreifende Reformen des russischen Gesellschaftssystems geweckt, und die 1861 dekretierte Bauernbefreiung hatte zunächst auch die Hoffnungen der fortschrittlichen Intelligenz bestätigt; unter dem Einfluß der konservativen Elemente im Adel wurde die Bauernbefreiung jedoch durch eine Vielzahl von Verordnungen und Ausführungsbestimmungen derart manipuliert, daß ihr Ergebnis eine drastische *Verschlechterung* der Lage der Bauern war. Zugleich setzt Anfang der 60er Jahre, insbesondere nach dem großen Brand in Petersburg, der – ohne daß dies je nachgewiesen werden konnte – den radikalen Gruppen zugeschrieben wurde, eine Repressionswelle gegen reformistische und revolutionäre Organisationen ein, die in verschiedenen Prozessen ihren Ausdruck findet.

Die Intellektuellenzirkel reagieren auf unterschiedliche Weise auf die wiedereinsetzende zaristische Reaktion. Ein kleinerer Teil der Intellektuellen entscheidet sich für den Attentatismus; der (fehlgeschlagene) Anschlag KRAKAZOVS auf den Zaren (1866) ist die erste öffentliche Manifestation der Politik der *direkten Aktion* bzw. der *Propaganda der Tat*[774], die in den den späten 90er Jahren durch die Politik der »Narodnaja Volja« (»Wille des Volkes«) ihre Klimax erreichen soll.

Eine andere bedeutende geistig-kulturelle Strömung der 60er Jahre wird gemeinhin als *Nihilismus* bezeichnet und kann als *die* geistige Haltung der jungen russischen Intelligentsia dieser Jahre gelten. Der *Nihilismus* läßt sich in theoretischer Hinsicht auf PISAREV zurückführen, dessen kritische Essays sich für eine destruktive Haltung gegenüber allem, was nicht in Einklang mit einer gesellschaftlichen Nützlichkeit steht, aussprechen. Für PISAREV und den *Nihilismus* ist alles menschliche Handeln – gemäß der materialistischen Weltsicht, wie sie im »Lieblingsbuch«[775] des *Nihilismus*, in Ludwig BÜCHNERS »Kraft und Stoff«, dargelegt wurde[776] – in erster Linie am Egoismus orientiert. Jede Lehre, die auf Metaphysik oder Religion rekurriert, ist zu verwerfen[777] , Kritik am Bestehenden nach Maßgabe der utilaristischen und egoistischen Vernunft ist die erste Pflicht des *Nihilismus*:

---

774 Es ist darauf hinzuweisen, daß dem *Terrorismus* in Rußland eine gänzlich andere gesellschaftliche Verankerung zuzugestehen ist als vergleichbaren politischen Strömungen, wie sie Ende des 19. Jahrhunderts in Westeuropa und Nordamerika Fuß fassen. Der Anschlag auf das Leben des Zaren trifft im autokratischen Rußland tatsächlich das »Herz des Staates«; das Fehlen einer bürgerlichen Mittelschicht, die imstande wäre, die Macht des Staates zu bilden, und die vollständige Korruption des zaristischen Verwaltungsapparates, der aber auch bewiesen hatte, daß er jede »Reform von oben« *verwaltungstechnisch* zu Fall bringen würde, hatten jede graduelle innere Reform des Staates zur Aussichtslosigkeit verurteilt. Die stark zentralistische Ausrichtung des Herrschaftsapparates auf den Zaren, so die Hoffnung der *terroristischen* Gruppen, hätte umgekehrt einen gänzlichen Zusammenbruch der Herrschaft bei Elimination des Alleinherrschers zur Folge.

775 CAMUS, 126

776 vgl. BÜCHNER, 413 f.

777 »Wer immer in diesem Kreis es unternahm, von der Unsterblichkeit der Seele zu reden, war in Bann getan.« (CAMUS, 127)

»What can be smashed must be smashed; whatever withstands the blow is fit to survive; what flies into pieces is rubbish; in any case, hit right and left; from that no harm can or will come.«[778]

PISAREV und seine Gefolgschaft sind zunächst als kulturrevolutionäre Strömung anzusehen, ihr Hauptanliegen ist die ethische und moralische Neubestimmung der als korrupt und »ehrlos« angesehenen russischen Gesellschaft. Die *Nihilisten* konzipieren eine Art »revolutionäres Märtyrertum«[779], sie geben ihr Erbteil auf, kleiden sich einfach und leben spartanisch. Ihr politischer Einfluß bleibt begrenzt; ihre moralische und ethische Unbedingtheit dagegen wird zum Maßstab für die spätere Narodniki-Bewegung und findet sich in den Grundsätzen des ČAIKOVSKIJ-Zirkels wieder.

Schließlich muß als Formationsmerkmal für den Kreis um ČAIKOVSKIJ der sogenannte Nečaevismus genannt werden. NEČAEV hatte – unter anfänglicher Vermittlung BAKUNINS – versucht, eine revolutionäre Geheimgesellschaft in Petersburg zu gründen, und hierbei ein autoritäres und hierarchisch ausgerichtetes Organisationsmodell entwickelt. Als der Student IVANOV sich aus dem radikalen NEČAEV-Kreis lösen wollte, wurde er von NEČAEV und einigen Mitgliedern der Geheimgesellschaft als Verräter ermordet. Der Prozeß gegen NEČAEV und seine Genossen offenbarte den »cynical amoralism«[780] dieser Revolutionsauffassung und hatte eminente Nachwirkungen auf die künftige Ausrichtung revolutionärer Zirkel, die sich bis zur Entstehung der »Norodnaya Volya« als grundsätzlich *antiautoritär* und *egalistisch* begriffen[781].

3.1.2.2 Populimus und Revolution: Die Formierung des anarchistischen Denkens bei KROPOTKIN

Die ersten Hinweise auf die Formation des ČAIKOVSKIJ-Zirkels datieren auf das Jahr 1869, als an der medizinischen Fakultät in Petersburg M. A. NATANSON und V. M. ALEKSANDROV einen kleinen studentischen Zirkel gründen, dessen Hauptanliegen die *Selbsterziehung* der studentischen Jugend in progressiver und sozialistischer Theorie ist. Die Gruppe ist in die Studentenunruhen im März 1869 verwickelt und nimmt im Verlauf der Auseinandersetzungen in kritischer Weise zur Position der nečaevistisch orientierten studentischen Propagandisten Stellung: Bereits vor dem Mord an IVANOV und dem Prozeß gegen NEČAEV und seine Anhänger verweigern sie sich dem autoritären, strikt hierarchisch strukturierten Kader-Konzept der Nečaevisten und insistieren auf ein Programm der Massenerziehung, das in erster Linie die bäuerliche Bevölkerung ansprechen soll. Zurückgewie-

778 PISAREV zit. in: WOODCOCK/AVAKUMOVIC 1970, 99

779 STÖKL 1973, 569

780 WOODCOCK/AVAKUMOVIC 1970, 103

781 Zum »Anti-Nečaevismus« des ČAIKOVSKIJ-Zirkels vgl. auch: MILLER, 1970, 6; MILLER 1976, 90.

sen wird auch der bakunistische Ansatz, »vom Volk zu lernen«; beide Ansätze werden als »wild and impractical«[782] eingeschätzt und stehen im Gegensatz zu einer Analyse der gesellschaftlichen Entwicklung, die eine Rekonstruktion der reformistischen und revolutionären Kräfte nach den Repressionswellen der 60er Jahre zur ersten Aufgabe erklärt. Die Anfänge des ČAIKOVSKIJ-Kreises sind also, falls überhaupt eine ideologische Attribuisierung hier zulässig ist, lavrovistisch ausgerichtet. In praktischer Hinsicht bedeutet dies eine Konzentration auf Selbsterziehung und – in einem zweiten Schritt – auf Erziehung der Massen. Der Petersburger Zirkel unterstützt die Gründung von Kreisen in Odessa, Moskau, Kazan und Kiew und fördert die Einrichtung von Bibliotheken, in denen unter anderem die Arbeiten von SPENCER, MILL, BUCKLE, LAVROV und ČERNYŠEVSKIJ zunächst der studentischen Jugend zugänglich gemacht werden sollen. Ende 1870 beschließt eine Delegiertenversammlung der verschiedenen Zirkel, die *knizhnoe delo,* die Verbreitung sozialistischer Literatur unter Studenten *und* Bauernschaft zu ihrem Hauptanliegen zu machen. Diese Programmatik sieht vor, daß die studentische Jugend, nach einer Selbsterziehung in revolutionärer Theorie innerhalb der hermetischen Zirkel, im Volk revolutionäre Ideen verbreitet und hierzu auf eigens zu diesem Zweck konzipierte simplifizierte Texte mit revolutionshistorischen und revolutionstheoretischen Inhalten zurückgreifen kann. Die Problematik dieser Vorgehensweise, die auch impliziert, daß eine studentische Elite imstande ist, die Massen zur Annahme revolutionärer Theorien zu bewegen, wird schnell zum Gegenstand kontroverser Debatten unter den *čaikowskijs.* Namentlich der Einfluß der studentischen Kolonie in Zürich[783] ist dafür verantwortlich, daß die allzu einseitige Ausrichtung auf LAVROV, die in dieser Frühphase des ČAIKOVSKIJ-Kreises dominiert, durch eine Diskussion des bakuninischen Standpunktes in der Frage der Volkserziehung durchbrochen wird. Veranlaßt wird diese Umorientierung, die freilich niemals, wie KROPOTKIN behaupten wird, die exklusive Ausrichtung auf die bakuninistische Programmatik zur Folge haben wird, unter anderem auch durch die Verhaftungen von NATANSON und ALEKSANDROV, die den lavrovistischen Standpunkt am eindringlichsten vertreten.

KROPOTKIN schließt sich dem in Petersburg existierenden Zirkel im Mai 1872 – unmittelbar nach seiner Rückkehr aus der Schweiz – an und wird zum »leader of the bakunian element in the Chaikovsky Circle«[784]. Dies bedeutet jedoch nicht, daß er den radikalen Ansatz BAKUNINS, demzufolge die studentische Jugend »vom Volk lernen« müsse widerspruchslos annimmt. Der Bakunismus' KROPOTKINS zeigt sich vielmehr in seiner engagierten Parteinahme gegen die Tendenzen im ČAIKOVSKIJ-Zirkel, der studentischen bürgerlichen Jugend eine Avantgarde-

782 MILLER 1970, 6

783 MEIJER spricht in diesem Zusammenhang von einem »certain parallelism of the developments in Zurich and in Russia.« (MEIJER, o.A.d. J., 79)

784 POMPER 1971, 118

Funktion in der Umwälzung der bestehenden Ordnung zuzuschreiben. Die Aktivitäten des Zirkels, dessen Hochphase von 1872 bis 1874 reicht, spiegeln die von KROPOTKIN mitunterstützte Umorientierung wider: Das Selbsterziehungsprogramm und die Propaganda unter der bürgerlichen Jugend bestimmt nicht länger die Politik der Zirkel, sondern eine allmähliche Hinwendung zum städtischen Proletariat und erste Versuche, die bäuerliche Bevölkerung zu unterrichten und zu agitieren.

KROPOTKINS Beteiligung an den praktischen Unternehmungen der čaikovskijs ist vielfältig, er verfaßt einige »vereinfachte« Agitationsbroschüren für das Petersburger Proletariat, er unternimmt mehrere Reisen in jene Städte, in denen Zirkel der čaikovskijs existieren und er hält propagandistische Vorträge vor Petersburger Arbeitern. Seine wichtigste Tätigkeit für die čaikovskijs ist allerdings seine Schrift »Must We Occupy Ourselves with an Examination of the Ideal Future System«, die er im November 1873 verfaßt und die ursprünglich zur Selbstverständigung der ideologischen Positionen des Petersburger ČAIKOVSKIJ-Kreises dienen soll. KROPOTKIN entwickelt in dieser Arbeit, die im übrigen seine erste größere politische Schrift darstellt, ein Konzept von Revolution und revolutionärem Subjekt, das nicht nur als erste Zusammenfassung seines durch BAKUNIN und die Erfahrungen mit den anarchistisch orientierten Arbeitern in der Westschweiz entwickelten sozialphilosophischen Standpunktes darstellt, sondern auch eine Haltung zur revolutionären Rolle der bäuerlichen und proletarischen Massen dokumentiert, die KROPOTKIN in späteren Schriften nur unwesentlich modifizieren wird. Die pädagogischen Aspekte dieser Arbeit, denen im Folgenden besondere Aufmerksamkeit gilt, bestätigen ebenfalls eine Konsistenz kropotkinischen Denkens: Die Fokussierung auf das *ursprüngliche Wissen* der bäuerlichen und proletarischen Massen, die den intellektuellen Anmaßungen der revolutionären Kader entgegengehalten wird, die damit verbundene Skepsis gegenüber jedem Elitarismus in pädagogischer Hinsicht und schließlich die Kritik an privilegierter Bildung nehmen zentrale Aspekte der pädagogischen Überlegungen KROPOTKINS vorweg.

Die Schrift KROPOTKINS eröffnet mit der positiven Beantwortung der rhetorischen Frage nach der Notwendigkeit einer Beschäftigung mit einem »future system«. Für KROPOTKIN ist die präzisierte Skizzierung der Form einer revolutionierten Gesellschaft notwendig, weil hieraus die Differenzen der verschiedenen sozialistischen Strömungen ersichtlich werden, die in der Beschränkung auf allgemeine sozialphilosophische Forderungen verdeckt bleiben müssen. KROPOTKIN versucht also, eine konkrete Definition der Aufgaben und Forderungen der revolutionären Bewegung zu geben und untersucht hierzu zunächst den Gleichheitsbegriff, der solche Definitionen zu leiten hätte. Neben der – obligatorischen – Forderung nach Gleichheit in Produktion und Konsumtion und der damit verbundenen Notwendigkeit einer Aufhebung des Privat- und Staatseigentums sind insbesondere seine Aussagen zur *privilegierten Arbeit* von Interesse: KROPOTKIN versteht unter diesem Terminus zuallererst »intellectual labor, the management of some business of industry, the factory, the *obshchina*«[785]. Die Leitungsfunktionen, die dieser *privilegierten Arbeit* zueignen, bilden ihm eine »manifestation of inequality« und die Legitimation dieser Form von Arbeit muß sich daran beweisen, ob sie für das »further development of the very society«[786] notwendig ist und ob die Notwendigkeit der Arbeitsteilung eine Notwendigkeit der Privilegierung impliziert. KROPOTKIN verneint diese Fragen und entwickelt ein Modell der Egalität körperlicher und geistiger Arbeit, das für seine weiteren Stellungnahmen zu diesem Zusammenhang elementar bleiben soll. Der Lehrer in einer *obshchina*, so die kropotkinische Hypothese, muß zweifellos als *privilegierter Arbeiter* angesehen werden. Er produziert nichts und ist von schwerer körperlicher Arbeit befreit. Wenn die zukünftige Gesellschaft an der Emendation der Differenz von körperlicher und geistiger Arbeit interessiert ist, muß dieser Lehrer außerhalb seiner eigentlichen Lehrtätigkeit auch körperlich tätig werden, er ist angehalten, die praktischen Notwendigkeiten des Schulbetriebs zu organisieren; unter seine Aufgabe fällt es, Holz für die Schule zu hacken, den Schulhof zu fegen, den Ofen zu heizen[787] usw. Müßte ein »ungelernter« Arbeiters diese Aufgaben übernehmen, würde die Privilegierung der nicht-körperlichen Arbeit erneut befestigt. In ähnlicher Weise nimmt KROPOTKIN Stellung zu anderen Berufsgruppen, die privilegierter, geistiger Arbeit nachgehen; der Professor in einer künftigen *obshchina*, sollte seine Funktion von der Mehrheit als notwendig erachtet werden, soll »together with the metalworker and the mechanic« mit dem »cleaning up the universitiy building« beschäftigt sein, denn dies verhindert, daß eine neue Intelligentsia sich formiert, die eine »aristocracy of skilled labor alongside the democracy of unskilled labor«[788] bildet und damit dem Gleichheitsanspruch einer revolutionierten Gesellschaft widersprechen würde. Eingefordert wird ein Erziehungsprozeß, in dem nicht länger ein »dividing people, from childhood onward, into those who are led and those who lead«[789] vorherrscht, sondern ein System von Erziehungsinstitutionen, das die Überwindung der Trennung von Kopf- und Handarbeit zur Zielsetzung hat. Dies impliziert die Auflösung der Universität, die für KROPOTKIN in exemplarischer Weise die einseitige Ausrichtung auf die »socalled higher manifestations of the human mind« repräsentiert: »We do not need these privileged establishments; we need neither universities nor technical academies nor naval academies created for the

[785] Sel, 55. *Obshchina* bezeichnet die russische Bauerngemeinde, die in relativer Autonomie vom staatlichen Zugriff seit dem Mittelalter existiert und die von Sozialisten und radikalen Panslavisten zur kommunistischen Urform des bäuerlichen Rußlands stilisiert wurde.

[786] Sel, 55

[787] vgl. Sel, 56

[788] Sel, 56

[789] Sel, 58

few; we need the hospital, the factory, the chemical works, the ship, the productive work-school for workers, which having become available to all, will with unimaginable speed exceed the standard of present universities and academies.«[790]

Die hier angesprochene optimistische Erwartung, ein auf Gleichheit und Gleichberechtigung von Hand- und Kopfarbeit gegründetes Erziehungssystem würde den Fortschritt in Lehre und Forschung in »imaginable speed« beschleunigen und unterscheidet KROPOTKIN vom Ansatz BAKUNINS, der – wie gesehen – einen temporären *Verfall der Wissenschaften* in einer Transformationsperiode prognostiziert hatte.

Die Gründe für diesen Optimismus können auch in der historischen Verortung des kropotkinischen Konzeptes gefunden werden. Für die russische Situation konnte eine Erhebung der Bildung nur progressiv sein: Die Mehrheit der Bevölkerung – noch 1840 waren 95 % der Bevölkerung Analphabeten – konnte durch eine Öffnung der Bildungsinstitutionen für alle, wie sie hier verlangt wird, nur gewinnen. Die eigentliche Divergenz zu BAKUNIN liegt aber tiefer: KROPOTKIN zieht gänzlich andere Konsequenzen aus dem bakuninischen Diktum, die Intellektuellen hätten von den Masse zu lernen. Aufgrund seiner biografischen Erfahrungen – KROPOTKIN kennt die aktuelle Situation des bäuerlichen und des entstehenden städtischen Proletariats weitaus genauer als BAKUNIN und er ist zugleich mit dem Universitäts- und Wissenschaftsbetrieb in Rußland vertraut – kann er von einer *Weisheit der Massen* sprechen, die über die Instinktkonzeption BAKUNINS entscheidend hinausreicht und ihn zudem veranlaßt, dieses *Volkswissen* dem offiziellen Wissen der Bildungsinstitutionen als überlegen zu deklarieren. Bei KROPOTKIN wird das nicht zuletzt auch in polemischer Absicht gegen LAVROV gerichtete Verdikt BAKUNINS, die Massen hätten nichts zu lernen, zur bildungspolitischen Maxime, mit Hilfe derer eine pädagogische und vor allem agitatorische Praxis entwikkelt wird, die an den Erfahrungen des Volkes anzusetzen beansprucht. Paradoxerweise entfaltet sich gerade aus der Ernsthaftigkeit, die KROPOTKIN und die čaikovskijs in Bezug auf das *Wissen des Volkes* und die selbstauferlegte Zurückhaltung an den Tag legen, eine eminent pädagogische Anstrengung.[791] Die negative Bestimmung der Aufgabe des Intellektuellen, dasjenige also, was den Revolutionären in ihrem Verhältnis zum Volk *nicht* zusteht, konturiert sehr detaillreich, wie und unter welchen Bedingungen die Massen zu agitieren und zu unterweisen sind. Die

---

790 Ebd. Gemäß der *Autonomie*, die dem *obshchina*-Konzept zugrunde liegt, ist es jeder Gemeinde ausdrücklich unbelassen, Privatuniversitäten, die nicht durch allgemeine Besteuerung finanziert werden, zu dulden (vgl. Sel, 57).

791 Dies soll nicht dahingehend mißverstanden werden, daß dieser subjektiven Anstrengung ein nennenswerter objektiver Erfolg beschieden gewesen wäre. Auch die čaikovskijs scheitern weitgehend – zunächst in der Agitation unter dem städtischen Industrieproletariat und später auch auf dem Land. Die staatliche Repression und das Mißtrauen der Massen gegenüber allen »Studentischem« – eine Attribuisierung, der die čaikovskijs trotz aller Anstrengung nicht entgehen – tragen hierzu wesentlich bei. (vgl. MILLER 1970, 100; ZELNIK, 266 – 269)

zentrale Aufgabe des revolutionären Intellektuellen ist es zunächst, Hilfestellungen anzubieten. Nicht die Herbeiführung des Aufstandes, sondern die geduldige Bereitschaft zur Unterstützung der revolutionären Ziele des Volkes ist seine Pflicht: »Consequently, the business of any revolutionary party is not to call for insurrection but only to pave the way for the success of the imminent insurrection, that is, to unite the dissatisfied elements, to promote the acquaintance of separate units or groups with the aspirations and actions of other similar groups, to assist the people in defining much more clearly the true causes of dissatisfaction, to assist them in defining more clearly their actual enemies (...) and finally , to contribute to the elucidation both of the nearest practical goals and the means of their realization.«[792]

Diese Aufgabe einer Sekundanz der Massen setzt voraus, daß die revolutionären Gruppen in erster Linie *im Volk* agitieren und sich nicht in Distanz zu den Interessen und Bedürfnissen des Volkes als »champion of some alien opinions«[793] präsentieren. Hier entfernt sich KROPOTKIN von Positionen lavrovscher Provenienz, die eine Propaganda unter den bürgerlichen Jugendlichen und Studenten zum entscheidenden Hebel der gesellschaftlichen Veränderung erklären. Die Ambivalenz des studentischen Milieus, das einerseits den revolutionären Analysen aufgeschlossen scheint, andererseits jedoch der herrschenden Schicht angehört oder angehören wird, erschwert die Propaganda in einem Maße, die ihre Effektivität in Frage steht. KROPOTKIN weist insbesondere auf die Auswirkungen der (universitären) Erziehung dieser Jugend hin, um zu begründen, warum eine Propaganda unter dieser gesellschaftlichen Gruppe zeitraubend und nicht selten aussichtslos ist: »Besides that, all the educated youth is so infected by an awe of authority, so corrupted by the habit of demanding hundreds of facts to be convinced, facts twisted and presented in all sorts of ways, dug out from the same various, authoritative sources, when there already exists a whole aggregate of fact illustrating the argument .«[794]

Dem wesentlichen Einwand der lavrovschen Argumentation, demzufolge jene bürgerlichen Jugendlichen zur Agitation unter den Massen unverzichtbar seien, da nur sie über die notwendige Bildung verfügen, begegnet KROPOTKIN mit dem Hinweis auf die vergleichsweise höhere Effizienz von »Arbeiteragitatoren«. Die Propaganda- und Erziehungsanstrengungen direkt auf das industriellen und bäuerliche Proletariat zu lenken, scheint KROPOTKIN deshalb geboten, weil die Verankerung der revolutionären Kerne im Volk[795] eine wesentliche Bedingung einer er-

[792] Sel, 83

[793] Sel, 86

[794] Sel, 87

[795] Dies ist nicht zuletzt eine Erfahrung, die aus der letztlich gescheiterten Sonntagsschul- Bewegung (1859 – 61) gewonnen wurde. Die staatliche Unterdrückung dieser Bewegung war auch deshalb möglich, weil der Rückhalt der »Volkserzieher« in der Bevölkerung schwach ausgeprägt war und die revolutionären Propagandisten in den Sonntagsschulen von den »Arbeiter-Schülern« denunziert wurden (vgl. ZELNIK 1965, 163; 169).

folgreichen Propagandatätigkeit darstellt. Es kann deshalb für den ČAIKOVSKIJ-Zirkel nicht die Aufgabe sein, »to take on oneself the role of the tutor, to concern oneself with the education and training of the individuals working among the people«[796], wie dies die lavrovsche Strategie vorschlägt. Im Volk finden sich statt dessen »like-minded people of much greater reliability, in many respects more useful, and in any case more deserving«[797], und ihnen hat die ganze Aufmerksamkeit der propagandistischen Aktion zu gelten. KROPOTKIN entwickelt an dieser Ablehnung einer Ausbildung von studentischen Kadern eine Kritik an der »Volksferne«, die strategische Konzeptionen antizipiert, wie sie für »Narodnaja Volja« und – im weitesten Sinn – noch für die bolschewistische Volkskriegsideologie signifikant bleiben wird: Die bürgerliche Intelligentsia wird ihre Privilegien nicht wirklich aufgeben, wenn sie nicht mit dem Volk *verschmilzt*, d.i. mit ihrer bürgerlichen Existenz radikal bricht und hierbei auch keine Rückwege offenhält. Aus der Unmöglichkeit »to suddenly cross at some given moment from the spheres of the intelligentsia to the milieu of the people, just as one pleases«[798] erhebt sich die Forderung nach dem »Sprung« ins Volk. Hier verschränkt sich die moralische Unbedingtheit, die den Nihilismus gekennzeichnet hatte mit einer revolutionären Strategie, die im *bunt* pugacevscher Prägung[799] das Instrument der Umwälzung sehen will. Da die studentische Jugend sich in ihrer agitatorischen Tätigkeit letztendlich »at a distance to the people«[800] bewegt – und verschmilzt sie mit dem Volk, existiert sie als studentische und privilegierte Jugend nicht länger -, ist sie für den Agitationsprozeß der čaikovskijs irrelevant. Die Forderungen KROPOTKINS sind hier eindeutig: Ohne engsten Kontakt zum Volk, ohne ein vorbehaltloses »Eintauchen« in die bäuerlichen und proletarischen Massen wird es kein tragfähiges Verhältnis zwischen Revolutionären und Volk geben können. Die *Verschmelzung* mit dem Volk heißt aber nicht, daß in ihr die revolutionären Inhalte und Zielsetzungen zurückgestellt oder eine im demokratischen Diskussionsprozeß zwischen Revolutionären und Volk herausgearbeitete Modifikation erfahren würde, was BAKUNIN für möglich gehalten hatte. Die Revolutionäre, die KROPOTKIN im Blick hat, vergessen keinen Moment den Zweck ihrer *Verschmelzung* mit den Massen – die Agitation zur Revolution – und diesem Zweck unterliegt jede »single conversation«, jeder »single act«.[801] Unter solcher Voraussetzung relativiert sich

[796] Sel, 88

[797] Ebd.; vgl. auch Sel, 90

[798] Sel, 91

[799] KROPOTKIN versteht hierunter den von PUGACEV 1773 versuchten Aufstand (*bunt*) gegen KATHARINA DIE GROSSE. In der Revolte PUGACEVS, die in kurzer Zeit große Teile der Leibeigenen zu mobilisieren vermochte, sah schon BAKUNIN *das* historische Vorbild einer russisch-bäuerlichen Revolution.

[800] Sel, 91

[801] Sel, 99

selbstverständlich die emphatisch proklamierte Orientierung am »Wissen des Vokes«: KROPOTKINS Intellektuelle, so könnte hier unterstellt werden, kennen (als einzige) das »Wissen des Volkes«, sie beanspruchen die Definitionsmacht darüber, welche Elemente dieses ursprünglichen Wissens den revolutionären Aspirationen subsumierbar und zuträglich sind und welche Elemente als Emanationen der alten Ordnung zu gelten haben. Die parenthetischen Verweise KROPOTKINS auf die Notwendigkeit der Ordnung und Systematisierung des »Wissens des Volkes« sind – cum grano salis – auch als erste Zugeständnisse an die Notwendigkeit einer intellektuellen Führung interpretabel.

Das bakuninische Diktum, die Revolutionäre hätten »vom Volke zu lernen« war vordergründig ein radikales Argument gegen das volkserzieherische Projekt LAVROVS; die Praxisuntauglichkeit solcher Vorschläge mußte vor allem im noch tief im Feudalismus verhafteten Rußland, dessen Arbeiter- und Bauernmassen den Schritt aus dem Heloten-Status des Leibeigenensystems gerade erst im Begriff waren zu vollziehen, auf Indolenz oder – im günstigeren Falle – Unverständnis stoßen.[802] Daß den Intellektuellen vielerorts als Herren begegnet wurde und ihnen ehrerbietig und unterwürfig zugehört wurde, konnte nur den Einfältigeren unter den čaikovskijs ein Zeichen für den Kollaborationswillens des Volkes gegen die zaristische Repression sein. Die čaikovskijs ziehen aufgrund dieser Erfahrungen die einzig mögliche Konsequenz und bilden Kader, deren erste Aufgabe – wie bei LAVROV – die Erziehung des Volkes ist. Die kropotkinischen Abgrenzungen gegen den lavrovschen Standpunkt erscheinen – zumindest in dieser Frage – als eine Art »taktischer Rückzug«. Auch KROPOTKIN muß eingestehen, daß vom Volk in Hinblick auf die revolutionäre Strategie und Taktik wenig zu lernen ist und es dagegen dringend notwendig ist, die Unterdrückungserfahrungen des Volkes zu systematisieren, die verantwortlichen Strukturen namhaft zu machen und (revolutionäre) Lösungsstrategien anzubieten: »Suppose a man is oppressed, not educated, capable of considering only the most immediate events and totally incapable of discussing their causes. But even here it will always be possible, by assuming the point of view of this man, to analyze phenomena in a more general way and to *lead* him to considerations of general causes.«[803]

Diese Anweisungen zeigen deutlich, wie bewußt sich die revolutionäre Intelligenz des ČAIKOVSKIJ-Zirkels ihrer Überlegenheit und Entscheidungsfähigkeit ist. Im Grunde unterscheidet sich das Konzept KROPOTKINS in formaler Hinsicht wenig vom lavrov-schen Plan. Differenzen ergeben sich primär in den inhaltlichen Fragen. Allerdings bleibt trotz aller Rückschläge und dem schließlichen Rückzug

---

802 Ohne daß dies historisch letztgültig verfizierbar ist, spricht einiges für die Vermutung, daß das lavrovsche Konzept, das relativ frei war von Illusionen über den Bewußtseinsstand der Massen und deshalb auf ein klassisches Lehrer-Schüler-Verhältnis kaprizieren konnte, auf breiteres Verständnis und Entgegenkommen hoffen durfte als der kropotkinische Weg.

803 Sel, 99

auf die Kader-Position der Anspruch gültig, die Massen und ihre Bedürfnisse ernst zu nehmen und sie zumindest in die strategischen und taktischen Erwägungen einzubeziehen. Die theoretische Rückgebundenheit KROPOTKINS in eine Hypostasierung des Volkes, wie sie BAKUNIN unternimmt, und die – in wesentlichen Punkten – dem entgegengesetzte historische Erfahrung der agitatorischen Praxis wird noch nicht – wie bei der »Narodnaja Volja« und in Kaderkonzepten der Bolschewiki – in die Legitimation der autoritären Leitung »unreifer« Massen synthetisiert. Was aber bereits anklingt ist eine durch die Revolutionäre bestimmte Segmentierung der Klassen, ein Ein- und Ausschlußdenken, das die Definition des revolutionären Subjektes leitet und als Prärogativ der Revolutionäre auftritt.

Für KROPOTKIN ist das revolutionäre Subjekt im zaristischen Rußland – in Affiliation zu HERZEN, OGAREV und BAKUNIN – die revolutionäre Masse der verarmten Bauern. Zwar werden die »unskilled workers«, die in den Petersburger und Moskauer Textilfabriken arbeiten, ebenfalls als für die revolutionäre Propaganda zugängliche Gruppe beschrieben; dies aber darf nicht als Hinwendung zum Industrieproletariat im marxistischen Sinne mißverstanden werden: Das industrielle Proletariat der Städte wird vielmehr als künftiger »nucleus of peasant circles in the villages«[804] gedacht. KROPOTKIN konzentriert sich hier auf jene Gruppen im industriellen Proletariat, die nur zeitweilig in der Textilindustrie arbeiten und dann in ihre Heimatdörfer zurückkehren. Diese unterscheiden sich in wesentlichen, für die revolutionäre Propaganda der čaikovskijs aussichtsreichen Punkten vom in den Städten »heimischen« Industrieproletariat: »This mobile element from the peasant milieu in most cases represents both a highly receptive ground and means for the dissemanition of social ideas: they are free of the conservative influence of the family, somewhat more observant of various relations in life and, moreover, they continually return to the village. Furthermore, they all live not in isolation, as the skilled workers do, but in artels, which considerably faciliates an acquaintance with a large circle of people.«[805]

Diese Polarisierung von »skilled worker« und »unskilled worker« deutet bereits an, entlang welcher Linie die Klassensegmentierung der čaikovskij erfolgt: Diejenigen werden als revolutionäres Subjekt benannt, von denen aufgrund ihrer sozialen Entwurzelung eine mehr oder weniger kritiklose Akzeptanz der revolutionären Propaganda erwartet wird. Was KROPOTKIN nur en passant erwähnt, ist die ablehnende oder zumindest kritische Haltung, die den čaikovskijs in ihrer Agitationstätigkeit von seiten der »skilled workers« entgegenschlug. Diese Ablehnung ist mit der »Privilegierung« jener Arbeiter – wie KROPOTKIN glauben machen will – nur unzureichend erklärt. In der Tat hatten das vergleichsweise »gebildete« städtische Industrieproletariat im Verhältnis zu den verarmten Bauernmassen einen höheren

[804] Sel, 101

[805] Ebd.

sozialen und ökonomischen Status; daß dies jedoch zwangsläufig mit Indolenz und Feindseligkeit gegenüber den revolutionären Agitatoren zusammenfällt, ist eine Erfindung KROPOTKINS, die schon in den späten 70er Jahren durch die ersten Fabrikkämpfe, die keineswegs von den entwurzelten »Saison-Proletariern« getragen wurden, eindrucksvoll widerlegt wurde. Die Weigerung der »skilled workers«, mit den čaikovskijs zu deren Bedingungen zu kollaborieren, kann durchaus auch mit einer begründeten Skepsis gegenüber jenen enthusiastischen jungen Bürgerlichen erklärt werden, die zwar – wie etwa KROPOTKIN – ihre Propagandavorträge im Arbeitskittel abhielten, denen aber der Rückweg in die bürgerliche oder aristokratische Welt offenstand. Die Problematik, die für alle »Züge ins Volk« und – mutas mutandis – vielleicht für jede Begegnung zwischen bürgerlich-studentischer Avantgarde und proletarischen bzw. bäuerlichen Massen perennierend ist, betrifft den Umstand, daß erstere *gewählt* haben, entscheiden konnten, ob sie sich der revolutionären Sache verschreiben – und wer stünde hierfür exemplarischer als *Fürst* Peter KROPOTKIN -, letztere jedoch aus den Notwendigkeiten ihrer ökonomischen und sozialen Bedingungen revolutionär werden. Die Orientierung an jenen Elementen im Industrieproletariat, die noch nicht vollständig im Proletariat der Städte verwurzelt sind, aber schon ihren Platz im bäuerlichen *mir* verloren haben, also an jener Gruppe, die KROPOTKIN euphemistisch als »mobile element« umschreibt, mag sich zwar damit rechtfertigen, daß diese Gruppe entsprechend ihrer unsicheren Klassenlage für die revolutionären »Wahrheiten« der čaikovskijs empfänglich ist. Daß sie bei KROPOTKIN zur zentralen Kraft wird, die die Verbindung zwischen *mir* und Fabrik herstellen kann, ist eine Fiktion und wird auch in den revolutionären Kämpfen nie Wirklichkeit werden, die von der Erfahrung der Resistenz der »skilled workers« gegenüber der revolutionären Agitation diktiert sind.

Wenn auch die Klassenanalyse der čaikovskijs den genannten Beschränkungen unterworfen bleibt und ihre Bedeutung für den weiteren Verlauf der Entwicklung der revolutionären Bewegungen Rußlands lediglich episodal ist, so haben doch die Vorschläge zur *Form* und zu den *Mitteln* der Agitation beachtliche Nachwirkungen. Das Kompositum aus bakuninischer »green-table«-Revolutionstheorie, aus Fundamentalkritik am Konzept LAVROVS und aus den realpolitischen Erfahrungen mit einer skeptischen Industriearbeiterschaft führt eine Agitationstheorie mit sich, die für grundsätzliche Probleme der Konfrontation von »intellektueller Avantgarde« und »Volk« noch blind ist. Es werden Positionen verschoben, es wird eine vordergründige Kritik am Verhalten der intellekuellen Kader geübt, und schließlich ist der Repressionsapparat des Zarismus jeweils dort verantwortlich, wo die Fehlschläge der čaikovskijs eigentlich eine Neubestimmung des agitatorischen Konzeptes gebieten müßten. Die Agitationstheorie, die Kropotikin unterbreitet, ersetzt LAVROVS »bürgerliche Jugend« als Katalysator der Volksaufklärung durch Arbeiter- und Bauernkader, die durch die čaikovskijs ausgebildet werden sollen. Der Unterricht in Lesen, Schreiben und Rechnen ist deshalb, anders als in den breit angelegten Volkserziehungsprogrammen, streng an der revolutionären Zielsetzung orientiert: »If we meet a person who is receptive, energetic and gives promise of becoming a useful agitator, who does not even know how to read, we, of course, will unfailingly con-sider it a *necessity* to teach him reading and writing, understandig very well that a literate person can more easily conduct agitation than can an illiterate (...).«[806]

Bildung und Erziehung ist hier Mittel zum Zweck; der »peaceful worker« soll in einen »convinced, active, populist agitator«[807] transformiert werden. Auch wenn KROPOTKIN in seinen späteren Schriften sich weniger entschieden zur revolutionären Zweckgebundenheit von Erziehung und Bildung äußern wird, bleibt die Ausrichtung auf ein *bewußtes* Proletariat als Ausgangspunkt der revolutionären Umwälzung dominant. Die Differenz zwischen revolutionärer Intelligenz und den »Massen« wird ihm nie zur Antinomie. Dies garantiert einerseits, daß in seiner Forderung nach einer Verschmelzung mit den Massen eine Selbstkritik implizit ist, der sich die revolutionäre Avantgarde jederzeit zu stellen hat: Privilegierung durch Erziehung und Bildung wird wie bei BAKUNIN mit ökonomischer Herrschaft analogisiert. Hierauf basiert in nuce der antiautoritäre Gehalt kropotkinischen Denkens. Andererseits wird der moralische Impetus, der dem Verschmelzungsgedanken der čaikovskijs unterliegt, in KROPOTKINS Postulat von der »Reinheit« und »Unverdorbenheit« der Massen wiederkehren. Diese Idealisierung des Volkes aber kann nur legitimiert werden durch die permanente Neuinterpretation des »Wesens des Volkes«. Historische Erfahrungen, die das Dogma vom instinktiv revolutionären, herrschaftsfeindlichen und solidarischen Volk hätten unterminieren können – die periodisch sich wiederholende Auslieferung der *narodnikij* an die zaristischen Behörden etwa – können vermittels der Theorie von den grundsätzlich revolutionären Massen nachhaltig ignoriert werden. Der Absolutheitsgedanke, der solchen Schematisierungen zugrunde liegt – und der im marxistischen Konzept von der historischen Rolle des Proletariats sein Pendant hat – degradiert gegenläufige historische Erfahrung zu Nebenwidersprüchen und zu Anachronismen. Auch wenn KROPOTKIN, nach jahrzehntelanger revolutionärer Erfahrung in einem nicht zur Veröffentlichung bestimmten Brief an BRANDES[808] seine Skepsis gegenüber dem ursprünglichen Wissen des Volkes und seinen revolutionären Tugenden ausspricht, bleibt für das Gros seiner theoretischen und propagandistischen Schriften die Hypostasierung des populistischen Credos virulent.

---

[806] Sel, 102

[807] Ebd.

[808] Vgl. KROPOTKIN zit. in: KRUGER 1952 – 1966, Bd. 2, 215 f.

3.2 KROPOTKIN als anarchistischer Denker

3.2.1 KROPOTKINS Anthropologie: Gegenseitige Hilfe versus Überlebenskampf

KROPOTKIN ist einer der wenigen anarchistischen Theoretiker, dem es gelungen ist, neben seinen politischen und propagandistischen Tätigkeiten eine fundierte wissenschaftliche Auseinandersetzung mit wesentlichen geistigen Strömungen seiner Zeit zu führen. Er erkennt, daß die anarchistische Theorie, die immer mehr zur Repetition der Konzeptionen des »alten« Anarchismus bakuninischer und proudhonscher Provenienz neigt und deshalb in Gefahr ist, zu einem *epigonalen Anarchismus* zu degenerieren, nicht mehr ausreichen kann, um auf die Entwicklungen in der Sozialphilosophie adäquat zu reagieren, und vor allem nicht imstande ist, auf die Herausbildung der verschiedenen sozialistischen Theorien mehr als marginalen Einfluß zu nehmen. KROPOTKIN will einen zeitgemäßen Anarchismus, der dem aktuellen Stand der Wissenschaft zu entsprechen hätte; er versucht – in Anlehnung an den wissenschaftlichen Sozialismus marxistischer Abkunft – einen *wissenschaftlichen Anarchismus*[809] zu konzipieren.

Eine der schärfsten Herausforderungen für jede sozialistische Theorie war seit den 90er Jahren des 19. Jahrhunderts zweifellos diejenige Spielart der Evolutionstheorie, die – nicht ganz zu Recht – als *Sozialdarwinismus* gekennzeichnet wird. KROPOTKIN nimmt seit den späten 90er Jahren die Auseinandersetzung mit dieser gesellschaftstheoretischen Richtung auf und beschäftigt sich nahezu ein Jahrzehnt mit Fragen des Zusammenhanges von Evolution und der Entwicklung menschlicher Sozialität. Ergebnis seiner Studien ist eine Anthropologie, die statt des »struggle for existence« (HUXLEY) eine auf Solidarität und Kooperation ausgerichtete Struktur in der Tierwelt und – mutatis mutandis – in der menschlichen Gemeinschaft nachweisen will.

KROPOTKIN entwickelt seine Überlegungen zu einer Anthropologie, die Solidarität und Kooperation in den Mittelpunkt stellt, zunächst in enger Anlehnung an die von DARWIN entwickelte Evolutionstheorie. Er akzeptiert dessen Grundüberlegungen und negiert auch nicht die von DARWIN analysierten Entwicklungsgesetze, die einen *Kampf ums Dasein* als einen wesentlichen – wenngleich nicht den wichtigsten – Faktor der Evolution behaupten. Er weist jedoch darauf hin, daß auch für DARWIN sich dieser Kampf primär »*als Kampf zwischen verschiedenen Arten*«[810] darstellt und daß innerhalb einer Art die *gegenseitige Hilfe* als das dominante Entwicklungsgesetz anzusehen sei, welches »ebensowohl ein Naturgesetz wie gegenseitigen Kampf«[811] darstelle.

---

809 Vgl. SBA, 149 – 164)

810 E, 15 (Kursivierung bei KROPOTKIN)

811 GH, 27

Die 1888 erschienene Arbeit HUXLEYS »The Struggle for Existence«, die die früheste Manifestation des Sozialdarwinismus darstellt, hatte dagegen den Konkurrenzkampf zum alles bestimmenden Moment der Entwicklungsgeschichte der Arten erklärt. HUXLEYS Sicht einer »nature red in tooth and claw«, in der alles Geschehen als Kampf ums Überleben interpretiert werden muß, gipfelt in einer Analyse der Entwicklungsgeschichte des Menschen, die ebensolchen Gesetzen unterliege: »Wie unter den Tieren, so sind auch unter den Urmenschen die schwächsten und dümmsten zum Kuckuck gegangen, und haben die zähesten und schlausten, die am tauglichsten dazu waren, ihren äußeren Verhältnissen die Spitze zu bieten, nicht aber die besten in irgendwelchem anderen Sinn, überlebt. Das Leben war eine beharrliche Rauferei, und jenseits der begrenzten und vorübergehenden Familienbeziehungen war HOBBES' Krieg aller gegen alle der regelrechte Daseinszustand.«[812]

HUXLEY plädiert angesichts dieser animalischen und letztendlich für die Gesellschaft gefährlichen Grundstruktur des Menschen ganz im Sinne HOBBES' für eine durch Gesetz und Autorität geregelte Gesellschaft. Zugleich erklärt diese Interpretation den Konkurrenzkampf in der Gesellschaft zur *biologischen Tatsache.* KROPOTKIN wendet hiergegen ein, daß sich anhand zahlreicher empirischer Befunde das Gegenteil beweisen lasse. Er führt das Prinzip der *gegenseitigen Hilfe* in die Diskussion ein, die sich bei allen entwickelten Tierarten und in der Humangeschichte – für primitive Stämme bis hinein in industrialisiert, moderne Gesellschaften – aufweisen lasse.

Gegenseitige Hilfe ist für KROPOTKIN darüber hinaus die eigentlich dynamische Kraft in der Evolution[813]; durch den Zusammenschluß und die Kooperation erwächst der tierischen wie menschlichen Population eine Überlegenheit gegenüber einer feindlichen Umwelt, die im individuellen »Daseinskampf« fehlt: »Daher behaupten wir, obwohl wir völlig zugeben, daß Kraft, Schnelligkeit, Schutzfarben, List und Ausdauer im Ertragen von Hunger und Kälte, die von Darwin und Wallace angeführt werden, lauter Eigenschaften sind, die das Individuum oder die Art in bestimmten Fällen zu den geeignetsten machen, daß in a l l e n Fällen die Geselligkeit der größte Vorteil im Kampf ums Dasein ist. Solche Arten, die sie freiwillig oder gezwungen aufgeben, sind zum Niedergange verurteilt, während solche Tiere, die es am besten verstehen, sich zusammenzuschließen, die größten Aussichten haben zu überleben und sich weiter zu entwickeln, auch wenn sie weniger als andere mit j e d e r von den Eigenschaften (mit Ausnahme der intellektuellen Fähigkeiten) begabt sind, die Darwin und Wallace aufzählen.«[814]

---

812 HUXLEY zit. in: HUG, 16

813 vgl. E 15; vgl. E, 39

814 GH, 51 (Sperrung bei KROPOTKIN)

Dies ist die zentrale These der gesamten mit umfangreichen empirischen Materialien ausgestatteten Arbeiten KROPOTKINS zu diesem Problemkreis. Er fährt fort, dieses (vermeintliche) Entwicklungsgesetz an den primitiven, barbarischen und schließlich mittelalterlichen Gesellschaftssystemen zu verifizieren, und gerät zusehends in monistische Komplikationen, die auch durch gelegentliche Hinweise auf die bewußte Begrenztheit der Analyse[815] nur unzulänglich aufgelöst werden. KROPOTKINS Entscheidung, sich mit dem Evolutionismus auf dessen Terrain auseinanderzusetzen, bringt ihn in schwierige argumentative Situationen. Frühere »anarchistische Anthropologien« begnügten sich immer mit allgemeinen Verweisen auf natürliche, biologische Strukturen und ließen sich nicht auf die Enge einer Naturwissenschaft beschränken, wo soziale Gesetzlichkeiten begründet werden sollten. KROPOTKIN gibt diese (wohlbegründete) Skepsis gegenüber der Erklärungskraft der Empirie auf. Das Problematische an KROPOTKINS Verfahren besteht in erster Linie darin, daß er die *biologistische Axiomatik* des Darwinismus in keiner Weise ideologiekritisch hinterfragt. Sein Versuch, der Natur die Begründung für die richtige Gestaltung der menschlichen Gesellschaft »abzulesen«, mußte in notgedrungen statische und einseitige Konzeptionen führen, sollte das Ergebnis der empirischen Untersuchung erfolgversprechend für die anarchistische Ideologie genutzt werden. So konnte KROPOTKIN noch einigermaßen schlüssig das Prinzip der gegenseitigen Hilfe in der Tierwelt und in »primitiven« Gesellschaftsformationen nachweisen; seine Beschreibung der mittelalterlichen Welt als primär auf Solidarität und Soziabilität gegründetes Sozialgebilde ist nicht zu unrecht als einseitig und ignorant gegenüber den tatsächlichen Herrschaftsverhältnissen im Feudalismus kritisiert worden[816]. KROPOTKIN sieht in der mittelalterlichen Gildenverfassung in erster Linie eine *antifeudalistische Manifestation*, in der sich das Bedürfnis der Massen ausdrücke, gegen die Individualinteressen der Feudalherrschaft Zentren der Rechtssicherheit und ökonomischen Unabhängigkeit zu installieren. Darüber hinaus interpretiert KROPOTKIN die mittelalterliche Stadt als historisch erste Konstellation, in der sich gewissermaßen en miniature alle Elemente modernen gesellschaftlichen Lebens widerspiegeln: »Kurz, je besser wir die mittelalterliche Stadt kennen lernen, um so mehr sehen wir, daß sie nicht bloß eine politische Organisation zum Schutz gewisser politischer Freiheiten war. Sie war ein Versuch (...), einen engen Verband zu gegenseitiger Hilfe und Beistand zu organisieren, für Konsum

---

815 vgl. GH, XI

816 vgl. HULSE 1970, 68. Es wurde in diesem Zusammenhang auch geltend gemacht, KROPOTKIN habe seine Zitate und anderen Nachweise nicht immer korrekt wiedergegeben, sondern Belegmaterial funktionalisiert (vgl. HELMS in: EdB (b), 307 f.). Prototypisch für dieses Verfahren ist etwa ein GOETHE-Zitat, das KROPOTKIN zum Beleg seiner Konzeption von der Solidarität im Tierreich anführt. KROPOTKIN zitiert korrekt »›Wäre es wirklich, daß dieses Füttern eines Fremden als etwas Allgemeingesetzliches durch die Natur ginge, so wäre damit manches Rätsel gelöst.‹« (GH, VI), unterschlägt allerdings – als überzeugter Atheist – GOETHES Zusatz: »›... man könnte mit Überzeugung sagen: daß Gott sich der verwaisten jungen Raben erbarme, die ihn anrufen.‹«(ECKERMANN 1913, 622).

und Produktion und für das gesamte soziale Leben, ohne den Menschen die Fesseln des Staates aufzulegen, sondern unter völliger Wahrung der Freiheit für die Äußerungen des schöpferischen Geistes einer jeden besonderen Gruppe von Individuen in der Kunst, dem Handwerk, der Wissenschaft, dem Handel und der politischen Organisation.«[817] KROPOTKIN sieht in der mittelalterlichen Stadt eine gesellschaftliche Form verwirklicht, die revolutionäre Utopien, wie sie in seiner Zeit erhoben werden, in wesentlichen Elementen antizipiert hatte[818]; die mittelalterliche Stadt ist ihm historisches Exempel für die Erreichbarkeit einer vernünftigen, ohne Unterdrückung und Zentralisation organisierbaren Gemeinschaft, sie ist ihm »Veranschaulichung der Utopie eines kommunistischen Anarchismus«[819]. Umgekehrt beweist ihm der Untergang der mittelalterlichen Städte, der nach seiner Interpretation primär auf die Angriffe der entstehenden Großstaaten zurückzuführen[820] ist, daß allein dezentralistische Gesellschaftsgebilde fried-liche Kooperation zu sichern vermögen. Anthropologisch gesehen verwirklicht sich im Stadtstaat des Mittelalters das Prinzip der *gegenseitigen Hilfe* in der historisch ausgereiftesten Form. Die spätere Humangeschichte kennt nach KROPOTKINS Auffassung zwar weiterhin eine Reihe von Beispielen der Kooperation auf solidarischer Basis, die mittelalterliche Blütezeit jedoch wurde (bislang) historisch nicht wieder erreicht. Die Heranziehung eines Grundprinzips zur Erläuterung komplexer historischer Vor-gänge führt unweigerlich in ein monokausales Erklärungsmuster, dem alle Einzeltat-sachen subsumiert werden müssen. KROPOTKIN versucht dieser Gefahr zu entgehen, indem er seine historischen Untersuchungen zur *mainstream*-Studie erklärt, deren Zweck zuallererst die Darlegung der Geschichte des *Alltags der Massen*[821] sei. Er will die Humangeschichte nicht als Geschichte von historischen Einzelpersonen oder als Geschichte von Umbruch- und Krisensituationen gefaßt wissen, sondern intendiert eine Sozialgeschichtsschreibung, die vorwiegend die Friedensphasen in der menschlichen Entwicklung im Blick hat. Für KROPOTKIN überwiegen diese Phasen auch eindeutig über Zeiten kriegerischer Auseinandersetzungen, weil eben – und hier kehren seine Überlegungen wieder zu ihrem anthropologischen Ausgangspunkt zurück – Solidarität und Kooperation vom Menschen stärker gesucht werden als Konkurrenz und Kampf. Friedenszeiten, deren Signum für KROPOTKIN der kooperative Austausch und die gemeinschaftliche Arbeit am Prozeß der Vervollkommnung des gesellschaftlichen Lebens ist, sind in seiner Konzeption die Phasen der menschlichen Entwicklung, die den wirklichen Fortschritt der Menschheit in Gang setzen. KROPOTKIN sieht selbst in der frühkapitalistischen

---

817 GH, 171

818 vgl. GH, 179

819 HUG 1989, 27

820 vgl. GH, 198 f.

821 vgl. GH, 107 f.

Entwicklung – also jener historischen Epoche, die für die überwältigende Mehrheit der sozialistisch und kommunistisch orientierten Theoretiker der Inbegriff des brutalen Konkurrenzdenkens ist – Ansätze zu einer Deutungsmöglichkeit im Sinne der *gegenseitigen Hilfe:* »Den industriellen Fortschritt des 19. Jahrhunderts also dem Krieg aller gegen alle zuzuschreiben, den es proklamiert hat, das ist die Logik des Mannes, der die Ursachen des Regens nicht kennt und ihn auf das Opfer zurückführt, das er seinem Lehmgötzen dargebracht hat. Für den industriellen Fortschritt wie für jeden anderen Sieg über die Natur ist die gegenseitige Hilfe und enge Verbindung gewiß, wie sie es immer gewesen ist, von viel größerem Wert als der gegenseitige Kampf.«[822]

KROPOTKIN findet Spuren für die Tendenz zur gegenseitigen Hilfe schließlich in der industrialisierten Gesellschaft seiner Zeit. So werden die genossenschaftliche[823], und die gewerkschaftliche Organisation als Beispiele für das Solidaritätsprinzip angeführt[824], und der Streik erweist sich unter diesem Blickwinkel betrachtet geradezu als Paradebeispiel der *gegenseitigen Hilfe:* »Und während ein Teil der Presse geneigt ist, Streiks mit ›Einschüchterung‹ zu erklären, sprechen solche, die unter Streikenden gelebt haben, voller Bewunderung von der gegenseitigen Hilfe und dem Beistand, die fortwährend von ihnen (den Arbeitern, M.H.) geleistet werden.«[825]

Schließlich werden noch diverse Einrichtungen der modernen Gesellschaft als Beispiele für *gegenseitige Hilfe* angeführt, die durch ihren neben- oder antistaatlichen Charakter sich auszeichnen und allein aus Eigeninitiative und aus individuellem oder kollektivem Verantwortungsgefühl entstanden seien: KROPOTKIN nennt die im Entstehen begriffenen Rettungsgesellschaften[826], das Rote Kreuz und beschließt seine Ausführungen mit einer Huldigung gegenüber allen Formen freier Vereinigung – vom Kegelverein bis hin zum Jagdclub[827]; sie alle sind ihm »lauter mannigfältige Offenbarungen derselben immer lebendigen Tendenz des Menschen zu gegenseitiger Hilfe und Unterstützung«[828], deren antistaatliche und antibürokratische Tendenz für KROPOTKIN feststeht. Der Angriff des Staates auf solche Formen unkontrollierbarer Solidarität begleitet die Ausbildung dieser Sub- und Gegenkulturen zwar in allen geschichtlichen Epochen – eine restlose Zerschlagung konnte jedoch schon deshalb nicht gelingen, weil es sich hier um anthropologische Kategorien handelt. In pädagogischer Hinsicht wird das Prinzip der *gegenseitigen Hilfe* vor allem insofern bedeutsam, als KROPOTKIN in der elterliche Sorge um die

---

822 GH, 273 f.

823 vgl. GH, 248 ff.

824 vgl. GH ,245 f.

825 GH, 246

826 vgl. GH, 252

827 vgl. GH, 256 f.; vgl. EdB (b) 206 – 212

828 GH, 258

Kinder Elemente des Solidarischen findet. In breitangelegten Beschreibungen der Mutterliebe[829] entwickelt KROPOTKIN eine Sicht der Beziehungen zwischen Eltern und Kindern, die einigen zeitgenössischen Verherrlichungen der Mutterrolle in nichts nachsteht: »Mit tausenderlei Kleinigkeiten unterstützen die Mütter einander und sorgen für Kinder, die nicht ihre eigenen sind. Einige Erziehung – ob gut oder schlecht, mögen sie selbst entscheiden – ist erforderlich, damit eine Dame der reicheren Klassen imstande ist, an einem frierenden und hungernden Kind vorbeizugehen, ohne es zu bemerken. Aber die Mütter der ärmeren Klassen haben keine solche Erziehung. Sie können den Anblick eines hungrigen Kindes nicht aushalten; sie m ü s s e n ihm etwas zu essen geben und sie tun es.«[830] Bemerkenswert ist die eher negativ gefaßte Funktion von Erziehung, die diesem Zitat implizit ist: Es deutet sich hier KROPOTKINS Kritik gegenüber einer »aufgeklärten« Zivilisation an, die die solidarischen Elemente, die der menschlichen Natur zueignen, sublimiert hat. Umgekehrt sind es die »unkultivierten« Armen, die Spuren einer solidarischen Kultur tradieren. Gleichzeitig aber zeigt sich in solchen Beschreibungen die Enge des kropotkinischen Ansatzes: Wenn er der Mutter die Sorge um das Kind als biologische Qualität zuspricht, bewegt er sich in eindeutiger Nähe zu ideologischen Konzeptionen, die statische Rollenzuschreibung aufgrund natürlicher Dispositionen zu begründen versuchen. KROPOTKIN scheint sich dieses Umstandes bewußt zu sein: Seine Darlegungen zu Ursprung und Entwicklung der Familie machen deutlich, daß er in ihr keineswegs die Urform eines solidarischen und kooperativen Zusammenlebens grundgelegt sieht. KROPOTKIN erklärt – in Bezugnahme auf die Arbeiten BACHOFENS und MORGANS – die patriarchalische Familie als späte Form menschlichen Zusammenlebens. Ursprüngliche Organisationsform der menschlichen Gemeinschaften war dagegen der mutterrechtlich ausgerichtete Clan, in dem Familien »n u r g e d u l d e t e A u s n a h m e n«[831] bildeten. Der Familienverband ist eine Auflösungserscheinung des kommunistisch geprägten Clans, und das Prinzip der gegenseitigen Hilfe ist im Clan weitaus deutlicher ausgeformt als in den privatistischen Familienverbänden[832].

Der Rekurs auf den »kommunistischen« Clan als frühe menschliche Entwicklungsstufe wird auch in KROPOTKINS kollektivistischem und kommunistischem Utopismus eine Rolle spielen; für den hier verfolgen Zusammenhang sei festgehalten, daß seine Kritik an der patriarchalischen Familie zunächst keine ideologischen Argumente geltend macht, sondern auf paläo-ethnologische Begründungen abhebt. Wieder ist hierfür der Anspruch KROPOTKINS ausschlaggebend, die sozialdarwinistische Theorie zu relativieren: HUXLEY wollte in der gesellschaftlichen Organisati-

---

829 vgl. GH, 261 ff.

830 GH, 261 (Sperrung bei KROPOTKIN)

831 GH, 289 (Sperrung bei KROPOTKIN)

832 vgl. GH, 104; vgl. E, 64

on im Familienverband eine Bestätigung für den allgemein vorherrschenden »Krieg aller gegen alle« erkennen; die Familienstruktur ist nach seiner Lesart der vorübergehende Zusammenschluß weniger, um dadurch für das »survival of the fittest« bessere Ausgangsbedingungen zu schaffen, und das historische »Überleben« der Familie beweist ihm, daß in ihr die geeignetste Form des Standhaltens im Existenzkampf gefunden wurde. KROPOTKINS Verweise auf die Clanorganisation und verschiedene andere Sozialisierungsformen (Horden-, Stamm- und Gentilorganisationen) sollen belegen, daß kooperative Großgemeinschaften die historisch ursprüngliche Struktur menschlichen Zusammenschlusses darstellen. Auch hier verläßt KROPOTKIN nicht die Ausgangsfragen der sozialdarwinistischen Theorie, sondern begnügt sich mit substitutiven Verfahren. Es ist aber von untergeordneter Bedeutung für die Erklärung der sozialen und gesellschaftlichen Wirklichkeit, ob die kommunistische Clanorganisation oder die privatistisch orientierte Familienstruktur am Ausgangspunkt menschlicher Entwicklung steht, und hierin zeigt sich das ahistorische Moment, das KROPOTKINS gesamte sozialphilosophische Theorie bestimmt.

Im Gegensatz zu BAKUNIN ist KROPOTKIN kein *dialektischer Denker*[833]. Er entwickelt seine politischen und philosophischen Vorstellungen durchgängig aus empiristischen Deduktionen, deren Dependenz vom »Stand der Forschung« KROPOTKIN bewußt sein mußte. Deshalb mochten seine anthropologischen Überlegungen zwar zeitweilig überzeugen, eine Tiefen- und Langzeitwirkung konnte diese *Biologisierung der Politik* nicht nach sich ziehen. Die Suche nach Konstanten in der anthropologischen Entwicklung, wie sie im Prinzip der *gegenseitigen Hilfe* und in kooperativen Verhaltensweisen auffindbar seien, negiert notwendig die historische Dynamik des sozialen Prozesses, die bei GODWIN als infiniter Vervollkommnungsprozeß der Menschheit dargestellt wurde und bei BAKUNIN dem revolutionären Umschlag, der allein den der Gegenwart noch »unbekannten« neuen Menschen herausbilden wird, immanent war.[834]

Unabhängig von den Verkürzungen, die das anthropologisch entwickelte Prinzip der *gegenseitigen Hilfe* beinhaltet, zeigen sich in ihm Elemente eines moralischen und ethischen Denkens, das seine deutliche Ausgestaltung in KROPOTKINS »Ethik« findet. Die Studien KROPOTKINS zur Kooperation in Tierwelt und menschlicher Geschichte und seine ökonomischen Analysen, die in der Darlegung seiner päd-

---

833 Dieser Umstand ist von anarchistischen Parteigängern KROPOTKINS durchaus als *positives Merkmal* hervorgehoben worden. ROCKER charakterisiert KROPOTKIN als Theoretiker, der sich durch »einen instinktiven Widerwillen gegen jede Form der Dialektik mit ihren unvermeidlichen Trugschlüssen« (ROCKER in: EdB (a), VII) auszeichne, und ein Einspruch KROPOTKINS gegen solche Charakterisierung ist nicht erfolgt. (vgl. auch MILLER (Introduction) in Sel, 26; OSOFSKY, 119)

834 In diesem Sinne ist die auch bei BAKUNIN formulierte Instinkttheorie nur bedingt mit den Überlegungen KROPOTKINS vergleichbar: BAKUNIN hatte die Urinstinkte der Empörung und des Befehlens keineswegs als überhistorische Größen vorgestellt und dem Empörungsinstinkt eindeutig Präferenz zugewiesen. Sein anthropologisches Konzept ist im wesentlichen vorwärts gerichtet; eine Determination des Menschen aus natur- oder urgeschichtlichen Begründungen ist ihm fremd.

agogischen Konzeptionen zur Sprache kommen werden, weisen auf ein zentrales Interesse des Autors hin: Mit diesen Untersuchungen sollte das Material zusammentragen werden, das eine ethische Begründung des Anarchismus fundieren kann.

3.2.3 KROPOTKINS Ethik

Wenn KROPOTKIN die Kooperation und die *gegenseitige Hilfe* in den Mittelpunkt seiner Anthropologie stellt, so hat dies erhebliche Folgen für die Bestimmung moralischer und ethischer Kategorien. KROPOTKIN befürwortet zunächst die – nach seiner Auffassung – positive Leistung des Darwinismus und seiner Spielarten, die darin besteht, Moral- und Sittlichkeitskategorien *jenseits* metaphysischer Setzungen zu etablieren; der Darwinismus hat nach seiner Interpretation den Beweis erbracht, daß moralischen Qualitäten bei Tieren und Menschen, die gemeinhin transzendental begründet wurden, eine natürliche Abkunft zugeschrieben werden könnte, bei DARWIN finde sich »die erste Erklärung des Pflichtgefühls auf naturwissenschaftlichen Grundlagen«.[835]

Daß für HUXLEY die darwinistische Theorie in eine gänzlich andere Richtung interpretierbar ist und die Evolutionsgesetze auch als die endgültige *Amoralisierung der Natur* genommen werden können, veranlaßt KROPOTKIN zur Gegenrede. Das Prinzip der *gegenseitigen Hilfe* ist ihm eine *natürliche Urform des Guten*: »Auf diese Weise wird es klar, daß uns die Natur nicht nur keine Lehre des Amoralismus, d. h. des gleichgültigen Verhaltens zur Moral, gibt, mit dem irgendein naturfremdes Prinzip zu kämpfen hätte, um es zu besiegen, sondern daß wir genötigt sind, einzugestehen, daß *die Begriffe des Guten und Bösen und unsere Rückschlüsse auf das ›höchste Gute‹* dem Leben der Natur entlehnt sind.«[836]

Die Ignoranz gegenüber einer möglichen Begründung der Ethik aus natürlichen Determinanten – wie sie vornehmlich in christlicher und idealistischer Welterklärung zum Ausdruck gelangt – verantwortet für KROPOTKIN die langlebige Vorstellung einer *bösen Natur*. Sein ethisches Programm möchte hier korrigierend eingreifen; die Fundierung einer Ethik, die ohne metaphysische Setzungen allein aus den Befunden der Empirie sich deriviert, ist seine Absicht, er intendiert – in Abwandlung der kantschen Begrifflichkeit – eine *Physik der Sitten*.

Grundlegend für seine ethischen Überlegungen ist das im metaphysischen Denken – oft auch unausgesprochene – Postulat vom Selbsterhaltungstrieb des Menschen, dessen zerstörerisches Potential eine gesellschaftliche Regulation im Sinne von Moralkodizes zur Notwendigkeit mache. Wenn aber, wie in der Darstellung der kropotkinischen Anthropologie deutlich gemacht wurde, die *Solidarität* als zumindest gleichberechtigtes Moment bei der Herausbildung menschlicher

---

[835] E, 37

[836] E, 17 (Kursivierung bei KROPOTKIN)

Sozialität einzustufen ist, dann kann die ethische Konstruktion hieran anknüpfen und das Gute zum Ausgangspunkt ihrer Überlegungen machen. Unter diesem Aspekt betrachtet lassen sich die in der Natur be-obachtbaren Sozialitätsbildungen zwar nicht umstandslos als *gut* klassifizieren, eine Interpretation in utilaristischer und eudämonistischer Tradition ist für KROPOTKIN allerdings zunächst möglich: »Der Begriff des Guten oder Schlechten hat also nichts mit der Religion oder dem geheimnisvollen Gewissen zu tun. Es ist ein natürliches Bedürfnis der tierischen Rassen. (...) Ist es der Gesellschaft nützlich? Wohlan, so ist es gut. Ist es ihr schädlich, so ist es schlecht.«[837] Abweichend vom utilaristischen Gedanken macht KROPOTKIN geltend, daß die Nützlichkeitsentscheidungen in der Natur nicht in erster Linie individualistisch getroffen werden, sondern daß die kollektive Arterhaltung der Maßstab für »gute« oder »schlechte« Handlungen ist.

Auf den Menschen angewandt finden diese Bestimmungen zunächst Bestätigung. Menschliche Gemeinschaftsbildung unterliegt den Nützlichkeitserwägungen und hat als ersten Zweck das kollektive Überleben. Primitive menschliche Gemeinschaften kennen anfänglich keine egoistischen Individualinteressen, der »Begriff vom ›Einzelnen‹, vom ›Individuum‹« existiert hier »fast gar nicht.«[838] Gemeinschaftliche Handlungen dominieren und richten sich an »festumrissenen Gebräuchen, Vorurteilen, Aberglauben, Verboten, Gewohnheiten und Interessen«[839] aus.

Ein weiteres Moment, das für KROPOTKIN erklärt, wie Sittlichkeit und ethisches Handeln aus der natürlichen Verfaßtheit des Menschen sich herleiten lassen, ist die *Sympathie,* die als eine dem Prinzip der *gegenseitigen Hilfe* entsprechende ethische Kategorie verstanden werden kann. In Bezugnahme auf DARWIN spricht KROPOTKIN von einem Instinkt der *Sympathie*[840], der in der Natur wie in primitiven menschlichen Gemeinschaften die Arterhaltung garantiere und dem »struggle for existence« in Bedeutung nicht nachstehe.

Diese *Sympathie* ist zunächst in der Mutterliebe zu finden und als eine frühe Einübung in solidarisches Verhalten zu verstehen. Einübung oder auch G*ewohnheit*, die KROPOTKIN hier in scharfen Gegensatz zu religiösen oder rechtsethischen Erwägungen[841] im hobbeschen Sinne setzt, erklären darüberhinaus die Ausbildung erster sittlicher Grundsätze in primitiven Gemeinschaften. Die Ausbildung der menschlichen Intelligenz – etwa in der Sprachbildung und in der Entwicklung des Gedächtnisses[842] – tritt als gewichtiges Moment der evolutionären Entwicklung hinzu. Durch sie ist der Mensch in der Lage, eine gesellschaftliche Organisierung zu entwickeln, die die Adaption an die »harten Naturgesetzlichkeiten« erleichtert.

---

837 AM, 16

838 E, 51; vgl. E, 55

839 E, 51

840 vgl. E, 30 f.

841 AM, 18

842 vgl. E, 60

Ethische Begrifflichkeiten wie »Gut« und »Böse« verändern sich »je nach der Stufe der Intelligenz und des gesammelten Wissens«[843], und im Fortgang der Zivilisationsentwicklung, also in der Aufhebung der einfachen Clan- oder Gentilorganisation, schreiten die ursprünglich dem überschaubaren Kollektiv zugeordneten Nützlichkeitserwägungen fort zu Nützlichkeitserwägungen, die auf die gesamte Gesellschaft[844] ausgedehnt werden. Diese Transformationsperiode zeitigt für KROPOTKIN auch die erste Herausbildung des Gerechtigkeitsbewußtseins: »Aber der Übergang vom Geselligkeitstrieb, d.h. vom einfachen Drang oder Bedürfnis, im Kreise verwandter Wesen zu leben, *zum Vernunftschluß über die Notwendigkeit der Gerechtigkeit in den wechselseitigen Beziehungen,* zwecks Aufrechterhaltung des geselligen Lebens selbst, konnte notwendigerweise nur im Menschen stattfinden.«[845]

Die Grundtendenz einfacher menschlicher Gemeinschaften zur Sozialität ist für KROPOTKIN Begründung dafür, daß diese Gemeinschaften ihr Leben nach *Gleichheitskriterien* organisieren. Die Unkenntnis des Individualinteresses überwiegt, und die frühe innergemeinschaftliche Regulation ist für KROPOTKIN die Rekonstruktion einer »*verletzten Gleichberechtigung*«[846]. Erst durch die Entwicklung der Familie verliert sich in den primitiven Gemeinschaften das Bedürfnis nach allgemeiner Gleichberechtigung oder Gleichheit, und Partikularinteressen setzen sich durch. Allerdings zersetzt der Familienverband die Gleichheitsbedürfnisse nicht vollständig. Historisch tritt dieses Bedürfnis in Revolutionsperioden hervor – deutlich etwa in der Französischen Revolution.

Das Gerechtigkeitsgefühl einer Gemeinschaft ist jedoch nicht die zufriedenstellende Erklärung für eine Ethik, die beansprucht, das ethische Empfinden des Individuums außerhalb metaphysischer Setzungen zu begründen: KROPOTKIN vervollständigt seine Ethik mit Verweisen auf den französischen Moralphilosophen GUYAU, der nach seiner Auffassung eine umfassende nichtmetaphysische Bestimmung der Moral des Individuums gegeben habe, die auch vor naturwissenschaftlichen Befunden Stand halten kann. Nach GUYAU verfügt der Mensch über »sittliche Fruchtbarkeit«[847], die sich nicht in der Bedürfnisbefriedigung und im Gerechtigkeitsstreben erschöpft. KROPOTKIN findet hierin einerseits Bestätigung für seine Vorstellung vom nicht-utilaristischen moralischen Handeln, andererseits beweist ihm GUYAUS Morallehre den progressiven Charakter nicht-egoistischen moralischen Verhaltens: »Wir fühlen, insbesondere in einem gewissen Alter, daß wir mehr Kräfte besitzen, als wir für unser persönliches Leben brauchen und die über-

---

843 AM, 16

844 AM, 17

845 E, 60 (Kursivierung bei KROPOTKIN)

846 E, 61

847 GUYAU zit. in: E, 244

schüssigen Kräfte verwenden wir gern zum Nutzen anderer. (...) Wir fühlen, daß wir mehr Energie haben, als wir für unser alltägliches Leben brauchen und geben diese Energie den anderen.«[848]

Dieses Insistieren auf eine »Sittlichkeit ohne Pflicht« – so der Titel des bedeutendsten Werkes GUYAUS – entspricht den Forderungen einer Ethik, wie sie bei KROPOTKIN entwickelt wird. Wesentliche Schwierigkeit der kropotkinischen Ethik und ihrer engen Anlehnung an *natürliche Dispositionen* ist ihre Nähe zum Epikurismus oder – im Fortgang – zum Utilarismus, deren Grundannahmen dem kropotkinischen Menschenbild sehr nahe liegen. Die Konklusionen dieser philosophischen Richtungen in all ihren Spielarten hatten – nach KROPOTKINS Interpretation – entweder die Identifikation des Individualinteresses mit dem Gesamtinteresse (BENTHAM, SMITH etc.) oder die Heranziehung metaphysischer (Christentum, Idealismus) bzw. juridische Konstrukte (HOBBES, in gewisser Weise auch ROUSSEAU) zur Folge, die die Gesellschaft vor dem Individualinteresse zu schützen hätten. GUYAU hingegen erklärt das ethische Handeln einerseits aus der natürlichen Konstitution des Menschen und negiert alle religiösen oder idealistischen Setzungen. Andererseits führt seine Lehre nicht in den Egoismus, sondern zielt auf das natürliche Bedürfnis des Menschen nach Aufopferung und Solidarität. KROPOTKIN kritisiert an GUYAU jedoch dessen exklusive Bezugnahme auf das Individuums[849]; eine Verbindung der guyauschen Individualethik mit den Erkenntnissen der Anthropologie und der Ethnologie würde zeigen, daß ethisches Verhalten in Gemeinschaften oder Gruppen aus ebensolcher Motivation entstehen kann. Dies ist zugleich der zentrale Inhalt der Ethik KROPOTKINS: Ethik und Sittlichkeit sind kollektive menschliche Eigenschaften, die sich für die gesamte (Natur-)Geschichte nachweisen lassen und die deshalb im Menschen in irgendeiner Form *naturhaft angelegt* sein müssen: »Wenn indessen die Sitten durch die Entwicklungsgeschichte der Gemeinschaften geschaffen werden, so hat das Gewissen (...) seinen Ursprung viel tiefer, *im Bewußtsein der Gleichberechtigung,* das sowohl beim Menschen als auch bei allen gesellschaftlichen Tieren sich physiologisch entwickelt.«[850]

Kollektive ebenso wie Individuen sind von einem solidarischen Bedürfnis geprägt, das es – gegen die geschichtlich durchgesetzte und noch vorherrschende egoistische oder gruppenegoistische Tendenz – freizusetzen gilt. Wie diese Hegemonie des Egoismus gebrochen werden kann, ist nicht länger die Frage der kropotkinischen Ethik. Hierauf versuchen KROPOTKINS sozialphilosophischen und politischen Theorien eine Antwort zu geben.

Insgesamt kann festgehalten werden, daß KROPOTKIN der Vernunftentwicklung bei seinen ethischen Konzeptionen zwar Raum gibt, daß sie die Priorität, die

---

848 E, 244

849 E, 246

850 E, 254

sie etwa bei GODWIN und anderen aufklärungsphilosophisch orientierten Sittlichkeitsbegründungen findet, in keiner Weise vorsieht: KROPOTKINS Ethik sind vielmehr in erster Linie emotionale Kategorien (*Sympathie, Solidarität, Gegenseitigkeit*) zugeordnet. Pädagogisch gesehen hat diese ethische Konzeption insofern Konsequenzen, als in ihr nicht primär eine Ausbildung der Vernunft und Urteilsfähigkeit als höchste menschliche Potentialität gesetzt wird, sondern eher ein Wiederaneignen und ein Wiedererinnern an naturhafte Ursprünglichkeit der Solidarität und *Sympathie* zur ersten Aufgabe der Erziehung werden. Auch hinsichtlich der Erziehungs- und Bildungskritik wird diese ethische Konzeption zuerst ein Rückbesinnen auf die Emotionalität des Menschen in den Mittelpunkt stellen und einseitig intellektuelle Bildung und Ausbildung verwerfen. Kritisch anzumerken bleibt, daß KROPOTKINS Ethik, obwohl sie die Auseinandersetzung mit den wichtigsten ethischen Entwürfe von der Antike bis in das frühe 20. Jahrhundert sucht[851], letztendlich ebenso appellativ und idealistisch[852] bleibt, wie jede christliche oder humanistische Ethik – mit dem Unterschied, daß sie beansprucht, der Natur des Menschen zu entsprechen und in streng (natur-)wissenschaftlicher Weise zu ihren Ergebnissen zu gelangen.

KROPOTKINS Anthropologie und seine ethischen Überlegungen haben gezeigt, daß für ihn Wissenschaft und insbesondere Naturwissenschaft von großer Erklärungskraft für die Beschreibung und Interpretation menschlicher Entwicklung sind. Wenn im Folgenden der Wissenschaftsbegriff KROPOTKINS untersucht wird, dann sind diese anthropologischen und ethischen Grundüberlegungen immer implizit: KROPOTKIN sucht auch in gesellschaftswissenschaftlicher Hinsicht eine datengestützte, der Empirie verpflichtete Erkenntnisform.

3.2.4 KROPOTKINS Wissenschaftsbegriff

KROPOTKIN äußert sich außerhalb seiner anthropologischen und ethischen Untersuchungen in dezidierter Form zu wissenschaftlichen und wissenschaftstheoretischen Fragen: Er versucht, das Verhältnis zwischen Wissenschaft und Anarchismus zu fassen und intendiert eine Art »wissenschaftlichen Anarchismus«. Bemerkenswert ist, daß KROPOTKIN Wissenschaft als durchgängig positiv charakterisiert; ein Skeptizismus im bakuninischen Sinne, eine Kritik der Wissenschaft im Namen des »Lebens« findet sich bei ihm in keiner Weise, obwohl gerade bei KROPOTKIN die natürlichen Bedürfnisse und das archaisch vorgeprägte Instinktverhalten eine weitaus größere Rolle spielen als bei BAKUNIN. Allerdings ist der Wissenschaftsoptimismus KROPOTKINS ebensoweit entfernt vom Vernunftglauben eines GODWIN.

---

851 KROPOTKINS »Ethik« stellt von PLATON bis GUYAU zunächst alle ethischen Konzeptionen kritisch vor, um in einem zweiten Schritt ihre Bedeutung und vor allem ihre Unzulänglichkeiten darzutun.

852 MILLER weist in diesem Zusammenhang zurecht auf den Romantizismus hin, der die ethischen Überlegungen KROPOTKINS prägt und stellt die kropotkinische »Gefühlsethik« in die Nähe zu PUFENDORFS Naturlehre (MILLER 1976, 246).

Die Vernunft ist nicht der Hebel der gesellschaftlichen Reform, sie ist allenfalls ein Instrument – und keinesfalls das entscheidende.

Der Begriff von Wissenschaft, den KROPOTKIN entwickelt, bildet sich in enger Anlehnung an seine anthropologischen Überlegungen. Das Verfahren, aus Erkenntnissen der Biologie und namentlich aus der Evolutionstheorie auf menschliches Sozialverhalten zu extrapolieren, wird bemüht, wenn KROPOTKIN versucht, die Befunde der Naturwissenschaft, sowohl in methodischer wie in inhaltlicher Hinsicht zur Erklärung gesellschaftlicher, historischer und politischer Sachverhalte zu nutzen. Solche Analogisierung von Naturwissenschaft und Gesellschaftswissenschaft weiß sich im Konsens mit dem wissenschaftstheoretischen Diskurs des 19. Jahrhunderts, der – nach dem Modell COMTES – es als progressives Unterfangen versteht, die Gesellschaftswissenschaft zu entideologisieren und sie somit den religiösen oder transzendentalphilosophischen Interpretationen, die hier noch immer hegemonial sind, zu entziehen. Innovativ ist KROPOTKINS Konzept dort, wo es sich methodenkritisch mit dem Wissenschaftsbegriff des Marxismus auseinandersetzt: KROPOTKIN erachtet die dialektische Methode, wie sie MARX in Anlehnung an HEGEL fortentwickelt hatte, als wissenschaftliche Verfahrensweise, die »der Willkür vollkommene Freiheit (ließ), sobald man zu praktischen Schlußfolgerungen kam.«[853] Für KROPOTKIN ist Dialektik ein retrospektives und spekulatives Verfahren, das mit Hypothesen arbeitet, deren Bestätigung nicht in der Empirie gesucht, sondern über beliebige und subjektivistische Synthesenbildungen konstruiert wird. Dialektik, so KROPOTKIN, ist eine Methode, die sich noch auf dem Boden der Metaphysik und Scholastik bewegt, sie gehört deshalb zu den »Antiquitäten«[854], die durch die Verfahrensweisen der modernen Naturwissenschaften obsolet geworden seien. Die Dialektik »erinnert den modernen Naturforscher an etwas längst Vergangenes und von der Wissenschaft längst Überlebtes und Vergessenes«[855], ihrer bedienen sich »Leute, die noch die Sprache des Wilden sprechen, der die Natur anthropomorphisierte«[856]. Die polemischen Zuspitzungen, derer sich KROPOTKIN hier bedient, machen deutlich, daß mehr zur Disposition steht als eine wissenschaftstheoretische Methodenfrage. Das dialektische Verfahren ist keineswegs, wie KROPOTKIN glauben machen will, der letzte Versuch einer überkommenen idealistischen und spekulativen Philosophie, sich Ausdruck zu verschaffen. Die marxistische Dialektik mit ihrer historisch-materialistischen Ausrichtung ist im Gegenteil hegemonial für die Theoriebildung der revolutionären Bewegungen im ausgehenden 19. Jahrhundert, und die »Erkenntnisse« des dialektischen Materialismus, die KROPOTKIN vehement bestreitet, finden zweifellos Ein-

---

853 MWuA, 60; vgl. auch MWuA, 125

854 MWuA, 91

855 MWuA, 93

856 MWuA, 91

gang in seine eigenen sozialpolitischen[857] und historischen Darlegungen[858]. Die Subsumtion der Dialektik in all ihren Varianten unter spekulative und metaphysische Erkenntnisformen ist in erster Linie als politische Entscheidung zu sehen und der Widerspruch zwischen dialektischen Erkenntnisweisen und dem Stand der naturwissenschaftlichen Forschung und ihrer Epistemologie erweist sich bei näherer Betrachtung als kropotkinsche Konstruktion.

In seiner Kritik des Wissenschaftsbegriffs idealistischer, scholastischer oder metaphysischer Provenienz aber steht KROPOTKIN in der erkenntniskritischen Tradition, wie sie durch LOCKE und BACON begründet wurde, und unter dem Einfluß der französischen Aufklärungsphilosophie vom ursprünglich naturwissenschaftlichen Horizont auf die gesellschaftswissenschaftlichen Problematik übertragen worden war. Scholastik, Metaphysik und Idealismus gewinnen ihre Erkenntnisse unter Ausblendung empirischer Tatbestände und die Anwendung dieser Erkenntnisse sei deshalb gleichermaßen fruchtlos wie vermessen. Die kantianische Trennung der metaphysischen Epistemologie von der empirischen Untersuchung ist für KROPOTKIN zwar durchaus ein Durchbruch; einen endgültigen Abschied von Metaphysik leistet aber KANT ebensowenig wie DESCARTES oder COMTE. Worum es KROPOTKIN – im Konsens mit einem Begriff von Naturwissenschaft, wie er bei DARWIN oder SPENCER gefunden werden kann – geht, ist die Emen-dation aller Letztbegründungen. Für die wissenschaftliche Methode, die KROPOTKIN vorschlägt und die zugleich als einzige Gültigkeit haben soll[859] bedeutet dies, daß sie sich als *induktiv-deduktives* Verfahren verstehen muß, das keinen Raum läßt für scholastische, metaphysische oder auch dialektische Willkürlichkeiten.

Die *induktiv-deduktive Methode* ist nach KROPOTKINS Interpretation zuerst bei SMITH und den Enzyklopädisten entwickelt worden und ihre Intention war primär, »die gesamte Natur – die Sternenwelt, unser Sonnensystem, unsere Erde, die Entwicklung der Pflanzen-, der Tierwelt und der menschlichen Gesellschaft auf letzterer – als eine Reihe von Tatsachen anzusehen, welche in der gleichen Weise studiert werden können, wie man die Naturwissenschaften studiert.«[860]

Es werden gemäß den Regeln für den Erkenntnisprozeß dieser Methodik zunächst Einzelerscheinungen beobachtet und klassifiziert und hieraus »auf dem Weg der Induktion«[861] Hypothesen und Verallgemeinerungen entwickelt, die als »vorläufige Erklärungen« funktionieren und ein »nachfolgendes Studium erleich-

---

857 Die Abkehr vom marxistischen »Mehrwertbegriff« etwa läßt die marxistische Analyse des Verhältnisses zwischen Kapital und Proletariat unbeanstandet.

858 KROPOTKINS historische Arbeit über die Französische Revolution kann als Anwendung der marxisti schen Deutung von Geschichte als »Geschichte der Klassenkämpfe« interpretiert werden.

859 vgl. MWuA, 156

860 MWuA, 13

861 MWuA, 14

tern«[862] sollen: »Aber diese Hypothesen mußten erst durch die Anwendung auf eine Fülle von Erscheinungen bestätigt werden, sie mußten auch auf deduktivem Wege erklärt werden, und sie wurden nicht eher ›Gesetz‹ (d.h. erwiesene Verallgemeinerungen) als bis sie diese Probe bestanden und in ihrem Verhältnis zu Ursache und Wirkung erklärt waren.«[863] Diese Methodik bildet die Basis jeder inhaltlichen Bestimmung, die KROPOTKIN für die wissenschaftlichen Disziplinen vornimmt.

Die *induktiv-deduktive Methode* ist ihm ein universales Instrument, und KROPOTKIN ist davon überzeugt, daß diese Methodik das einzig geeignete Verfahren ist, das anarchistische Weltbild, wie er es versteht, zu begründen und zu leiten. Diese Methodik bleibt nicht unhinterfragt und der prominenteste Gegner im »eigenen Lager«, Errico MALATESTA, inkriminiert die mangelnde Objektivität dieser Verfahrensweise. Für MALATESTA fehlt KROPOTKINS Methodik »something which goes to make a true man of science: the capacity to forget one's aspirations and preconceptions and observe facts with cold objectivity. (...) His normal procedure was to start with a hypothesis and then look for the facts that would confirm it – which may be a good method for discovering new things; but what happened, and quite unintentionally, was that he did not see the ones which invalidated his hypothesis.«[864]

KROPOTKIN bleibt von solchen Einwänden unberührt und betont statt dessen die Prädominanz der *induktiv-deduktiven Methode* für jede gesellschaftstheoretische Untersuchung. Der Methode wird universale Gültigkeit zuerkannt und diesem Universalismus entspricht die entschiedene Kritik KROPOTKINS an einer Trennung naturwissenschaftlicher und gesellschaftswissenschaftlicher Verfahrensweisen. Diese Trennung ist ihm Reminiszenz an vorwissenschaftliches Denken und wird vor dem Hintergrund der wissenschaftlichen Erfolge in den anthropologischen und biologischen Disziplinen unhaltbar. Für KROPOTKIN ist es COMTE, der als erster den Versuch unternimmt, die »exakten Naturwissenschaften« für soziologische Analysen heranzuziehen, seine positive Philosophie bleibt jedoch auf halbem Wege stehen, weil sie einen Moralismus entwickelt, der in idealistischer Setzung die »Menschheit« anstelle des Gottesbegriffes ontologisiert[865]. Der Versuch einer Synthetisierung von Naturwissenschaft und Geisteswissenschaft wird erst bei DARWIN und SPENCER vollzogen, und KROPOTKIN findet vornehmlich bei erste-

---

862 MWuA, 14 f.

863 MWuA, 15

864 MALATESTA zit. in: VERNON, 261. Vgl. hierzu auch die Bemerkungen BALDWINS, der KROPOTKIN zugute halten will, daß seine *induktiv-deduktive Methode* auf dem naturwissenschaftlichen Terrain entwickelt wurde und dort auch legitimiert wäre, während die gesellschaftswissenschaftlichen Ausführungen die politischen Intentionen des »Propagandisten« KROPOTKIN niemals wirklich exkludieren: »He maintained that he was always ready to alter his theories in the light of facts, but like all men of deep convictions he cherished them too pro-foundly to see opposing facts except to demolish them.« (BALDWIN in: KRP, 6 f.)

865 vgl. MWuA, 42 ff.

rem die Bestätigung seiner eigenen Fusion von Naturwissenschaft und Gesellschaftswissenschaft[866]. Wie bereits die Untersuchung der anthropologischen Annahmen und Hypothesen KROPOTKINS gezeigt hat, ist die menschliche Gesellschaft natürlichen Sozialformen nachgebildet; die wissenschaftliche Anstrengung, die von diesem Axiom ausgeht, ist konsequenterweise dazu verpflichtet, ihre Methodik aufrechtzuerhalten, wenn sie von der Untersuchung tierischen Sozialverhaltens zu Analyse menschlicher Gesellschaftsformen übergeht.

In politischer Hinsicht bedeutet die wissenschaftstheoretische Verpflichtung KROPOTKINS, daß er für die anarchistische Weltanschauung eine wissenschaftliche Fundierung fordert, die sich in Einklang befindet mit den Methoden und Erkenntnissen der modernen Natur- und Gesellschaftswissenschaften: »Der Anarchismus ist eine Weltanschauung, die auf einer mechanischen oder besser kinetischen Erklärung aller Naturerscheinungen beruht und die gesamte Natur umfaßt – inbegriffen das Leben der menschlichen Gesellschaften mit ihren wirtschaftlichen, politischen und sittlichen Problemen.«[867]

Diese Rückführung der politischen Ideologie auf das »neutrale« Gebiet der empirischen Wissenschaft ist möglicherweise einer der wichtigsten Beiträge KROPOTKINS zur anarchistischen Theoriebildung, zugleich aber beinhaltet die durch ihn versuchte Verwissenschaftlichung des Anarchismus eine Angreifbarkeit dieser Positionen. Zurecht wird ihm vorgeworfen, daß seine Ausführungen zur Analogie von Gesellschafts- und Naturwissenschaft als »Mischung aus Pseudowissenschaft und Sozialutopie«[868] erscheinen können, wenngleich die »Nachbarschaft zu faschistischen Deduktionsmethoden«[869], die HELMS in KROPOTKINS methodischen Verfahrensweisen ausmachen will, sicher über das Ziel hinausschießt. Die Analogisierungen KROPOTKINS entfalten sich gleichwohl in einer dogmatischen Terminologie, deren Hermetik dazu führen kann, daß die von KROPOTKIN eingeräumten Relativierungen aus dem Blick geraten. KROPOTKIN versteht seine durch

---

866 Die Synthetisierung von Naturwissenschaft und Gesellschaftswissenschaft ist zwar bereits in den frühesten Schriften KROPOTKINS zu dieser Problematik zu finden; die vollständige Identifikation von Gesellschafts- und Naturwissenschaft aber ist erst im Spätwerk KROPOTKINS in aller Schärfe ausgebildet. In seiner Arbeit »Der Anarchismus« etwa heißt es noch, der Analogisierung von Naturwissenschaft und Gesellschaftswissenschaft unterliege nicht die Absicht, aus naturwissenschaftlichen Erscheinungen »unsere sozialen Ideen abzuleiten« (An, 59). Vielmehr beabsichtige diese Analogisierung »gewisse Beziehungen besser klar machen zu können, die man leichter in den von den exakten Wissenschaften festgestellten Erscheinungen erkennt, als in den so komplizierten Tatsachen der menschlichen Gesellschaften.« (An, 60) Die spätere Akzentverschiebung verdankt sich unter anderem der zunehmenden Faszination, die die Erkenntnisse der Naturwissenschaften im 19. Jahrhundert für einen aufgeschlossenen Beobachter wie KROPOTKIN zeitigen mußten; vor allem aber war der Rekurs auf die empiristisch fundierte Gesellschaftswissenschaft die einzige Option, die neben der marxistischen Dialektik und ihrer überragenden Relevanz hinsichtlich der gesellschaftstheoretischen Analyse Bestand haben konnte.

867 MWuA, 87

868 HELMS in: EdB (b), 315

869 Ebd.

induktiv-deduktive Methodik gewonnenen Erkenntnisse durchaus als Provisorien, die jederzeit durch neue empirische Befunde widerlegt werden können[870] – eine Reformulierung vollzieht sich jedoch ausschließlich auf dem Boden der Empirie und aufgrund von Erweiterungen und Vertiefungen der mechanischen und kinetischen Erkenntnisse: »Aber wir kennen kein Gebiet, auf dem uns die Erscheinungen nicht durch einfache physikalische Tatsachen, wie wir sie im Zusammenstoß zweier Billardbälle und beim Fall eines Steins beobachten, oder durch bekannte chemische Reaktionen möglich sein sollte. Diese *mechanischen* Tatsachen genügen uns bis heute.«[871]

Die Einführung der *induktiv-deduktiven Methode* als Leitmotiv für jede wissenschaftliche Erkenntnisform beantwortet noch nicht die Frage nach der Genealogie wissenschaftlicher Methodik. KROPOTKIN akzeptiert die Methodik der modernen Naturwissenschaften auch deshalb, weil sie nach seiner Auffassung als einzige wissenschaftliche Richtung erscheint, die *unter Absehung ideologischer Setzungen* sich entwickelt hat. Ihre neutralen Verfahren verweigern sich jeder politischen oder philosophischen Parteinahme; die Politik oder Philosophie muß sich vielmehr an der Wissenschaft ausrichten, will sie nicht in Anachronismen verharren. Die Objektivität und Neutralität der Wissenschaft verdankt sich aber nicht der Anstrengung ihrer Protagonisten, sondern ist selbst Ausdruck eines wissenschaftlichen Gesetzes, das sich historisch durchsetzt. Nach KROPOTKINS Vorstellung entwickelt sich Wissenschaft »im Volk«; sie erscheint dort als beständiges Ringen um Antworten auf gesellschaftliche und naturwissenschaftliche Fragen, die der Alltagserfahrung entspringen. Die einzelnen Wissenschaftler, denen es gelingt, die Fragestellungen zu konkretisieren und zu systematisieren und daraus Hypothesen und Schlußfolgerungen abzuleiten, sind deshalb als bloße »Vollzugsorgane« anzusehen – ein eigenständiges, von den gesellschaftlichen und sozialen Bedingungen unabhängiges Forschen kann es nicht geben. Deutlich wird diese Rückgebundenheit der Wissenschaft an die Interessen des Volkes dort, wo dezidiert gesellschaftswissenschaftliche Fragestellungen berührt sind. Soziale Utopien wie Anarchismus oder Kommunismus haben sich nicht »in der Tiefe der Studierstube von Gelehrten«[872] entwickelt, sondern sind Konkretionen des Alltagswissens des Volkes: »Sie sind der Ausdruck dessen, was die Arbeiter und Bauern denken und sagen, wenn sie hier und da, aus dem gewohnheitsmäßigen Gang des Alltagslebens heraustretend, sich den Träumen über eine bessere Zukunft hingeben. Sie sind der Ausdruck der langsamen Entwicklung, welche sich im Geiste der Menschen seit Jahrhunderten vollzogen hat. Sie sind die unverfälschte Auffassung des Volkes über die Umwälzung, welche sich bald verwirklichen muß, um Gerechtigkeit, Solidarität, Brüderlichkeit

---

870 vgl. MWuA, 35 f.

871 MWuA, 36

872 WeR, 58

in unsere Städte und Dörfer zu bringen.«[873] Diese Bestimmung wissenschaftlicher Erkenntnisbildung als Reflex auf das Wissen des Volkes unterscheidet KROPOTKINS Wissenschaftstheorie von den Konzeptionen, die GODWIN und BAKUNIN vorlegen. Letztere haben auf je eigene Weise eine relative Autonomie der Wissenschaft unterstellt – GODWIN, um aus ihr die Autonomie des Individuums zu begründen, BAKUNIN, um der für ihn »lebensfremden« Wissenschaft gesellschaftspolitische Interventionen zu verwehren. KROPOTKINS Integration von Gesellschafts- und Naturwissenschaft in *eine* Wissenschaft und die damit einhergehende Verwissenschaftlichung politisch-philosophischer Konstruktionen, die bei BAKUNIN und GODWIN noch als spekulative, verhandlungsfähige und historisch abhängige Ideologeme erscheinen und auch als solche ausgewiesen werden, führen geradezu zwangsläufig dahin, daß das Volk, dessen Bedeutung für jeden historischen Fortschritt für KROPOTKIN außer Frage steht, auch in den Gang der Wissenschaftsgeschichte eingreift, ihn trägt und so die Basis jeder wissenschaftlichen Innovation bildet: »In diesen düsteren Massen, die die Bourgeoisie in dem Maße verachtet, wie sie sie fürchtet, aus deren Schoß aber immer der Geist hervorgegangen ist, der die großen Erneuerer der Menschheit beseelte – da werden die schwersten Probleme der Nationalökonomie und der politischen Organisation, eines nach dem anderen aufgestellt, besprochen und auf neue Art, nach den Anforderungen der Gerechtigkeit, gelöst.«[874] Die Funktion der angesprochenen »großen Erneuerer der Menschheit« ist für KROPOTKIN in erster Linie darin zu sehen, daß sie es verstehen, die akuten Problemstellungen zu erkennen und ihnen Ausdruck zu verschaffen. Sie sind somit keine Entdecker und Erfinder, sondern befähigte Reproduzenten des Volkswissens. Bestätigt sieht KROPOTKIN diese Auffassung in der historischen Entwicklung der Einzelwissenschaften. Geschichtswissenschaft wird – in seiner Auslegung – von einer Wissenschaft, die Herrschaftsgeschichte zu schreiben hatte[875] zu einem wissenschaftlichen Verfahren, das erkunden will, »wie die Mitglieder, aus denen ein bestimmtes Volk bestand, zu einer bestimmten Zeit lebten, welchen Glauben, welche Existenzmittel sie hatten, welches soziale Ideal ihnen vorschwebte, und welchen Weg sie nach dieser Richtung einschlugen.«[876] Ähnliches gilt für Rechtswissenschaft[877], für die Nationalökonomie[878] und für Untersu-

[873] Ebd.

[874] WeR, 12

[875] vgl. An, 66

[876] Ebd. KROPOTKIN wendet dieses Verfahren auf seine eigenen historischen Arbeiten, namentlich auf seine umfangreiche Arbeit zur Französischen Revolution an und bemerkt dort einleitend, es wäre seine Absicht »die *Revolutionsgeschichte* des Volkes zu schreiben.« (FR I, 10; vgl. auch: FR I, 17 ff.; FR II, 261)

[877] vgl. An, 66 f.; vgl. MWuA, 80 f.

[878] vgl. MWuA, 123

chungen, die sich mit der Entwicklung des bürgerlichen Herrschaftssystems befassen[879].

Insgesamt gesehen ist der Wissenschaftsbegriff, den KROPOTKIN unterbreitet, als Versuch zu werten, jenen Vorsprung, den der »wissenschaftliche Marxismus« in Hinblick auf die Erklärung sozialer und ökonomischer Phänomene für sich beanspruchen durfte, einzuholen und somit die anarchistische Theoriebildung, die seit BAKUNIN eher als emphatisch vorgetragene Sozialkritik sich präsentierte, an die moderne Wissenschaft anzuschließen. Daß KROPOTKIN bei diesem Unterfangen die wissenschaftskrititschen Einwände BAKUNINS, die ihm bekannt sind, außer acht läßt und letzterem umstandslos spekulativ-dialektische Fehlinterpretationen zuschreibt, die aus BAKUNINS Abhängigkeit von HEGEL erklärt werden[880], ist nicht zuletzt aus der Defensive zu erklären, in die der Anarchismus hinsichtlich seiner Stellung in der Ideologiebildung der Arbeiterbewegung geraten war. Der Anarchismus galt spätestens nach dem Fall der Commune von Paris (1871) weithin als utopistische und »frühsozialistische« Theorie, die für die Analyse der ökonomischen und sozialen Erscheinungen nicht länger brauchbar war. Die terroristischen Aktionen der 80er und 90er Jahre des 19. Jahrhunderts, die in weiten Teilen der bürgerlichen Öffentlichkeit, aber auch in Stellungnahmen der marxistischen Führer mit anarchistischer Politik und Philosophie in eins gesetzt wurden, taten das ihre, um den Anarchismus als seriöse gesellschaftspolitische Alternative, die über eine wissenschaftliche Fundierung verfügt, zu desavouieren.

In der Reformulierung der Wissenschaftsgeschichte als Geschichte des reproduzierten und systematisierten Alltagswissens des Volkes ist der wesentliche Gehalt der Wissenschaftskritik KROPOTKINS schon implizit: Aufgabe einer reformierten Wissenschaft muß es zunächst sein, sich der Fesseln einer durch Herrschaftsinteressen gebundenen Forschung zu entledigen. Wissenschaft, die in Abhängigkeit von den Erfordernissen und Bedürfnissen der herrschenden Klassen sich entfaltet, ist stagnativ und dient lediglich zur Aufrechterhaltung solcher Herrschaft[881]. Wissenschaft in diesem bürgerlichen Sinne ist zudem das exklusive Privileg Weniger[882], die sich verpflichten, ihre Erkenntnisse im Sinne der Herrschaft zu funktionalisieren. KROPOTKINS Wissenschaftskritik schließt sich hier an die bakuninische Kritik an, die in der Suprematie der bürgerlichen Form von Wissenschaft ein Instrument der Herrschaftssicherung erkennen wollte. Wissenschaft ist eine effiziente Form von Macht, die der ökonomischen Macht in Effektivität in nichts nachsteht und die auch in derselben Terminologie beschrieben werden darf: Privilegiertes Wissen, wie es der bürgerliche Wissenschaft inhärent ist, kann als »Kapital« beschrieben

---

879 vgl. MWuA, 130

880 vgl. MWuA, 61

881 vgl. WeR, 13

882 vgl. Mem, 268; WeR, 36

werden[883]. KROPOTKIN radikalisiert solche Wissenschaftskritik jedoch nicht dahingehend, daß er Wissenschaft in toto als bürgerliche Unternehmung in Frage stellt. Wenn die Privilegierung von Wissenschaft aufgehoben wird, die im übrigen dem grundsätzlich demokratischen Charakter wissenschaftlichen Strebens widerspricht, wird Wissenschaft ihrer ideologischen Fesseln enthoben und gelangt zur vollen Entfaltung: »Das Wissen ist eine gewaltige Macht. Der Mensch muß sich Kenntnisse erwerben. Aber wir besitzen schon viele Kenntnisse. Wie wäre es, wenn diese Kenntnisse – und nur diese – ein Eigentum aller würden? Würde nicht die Wissenschaft selbst sich dann sprungweise entwickeln und die Menschheit in den Stand setzen, in Produktion, Erfindung und sozialen Schöpfungen in einem Tempo Fortschritte zu machen, für das uns jetzt eigentlich jedes Maß fehlt?«[884]

Die Demokratisierung des Wissens und der Wissenschaft, jene Hauptforderung, in der sich die marxistischen und anarchistischen Kritiker der bürgerlichen Herrschaft treffen, ist auch bei KROPOTKIN zentraler Bestandteil der Wissenschaftskritik. Allerdings versteht er die Befreiung der Wissenschaft von den Fesseln der Privilegierung nicht als Garantie für den qualitativen Fortschritt der wissenschaftlichen Erkenntnisse. Vielmehr bedeutet die Demokratisierung des Wissens und der Wissenschaft, »die Wahrheiten, welche uns die Wissenschaft bereits zugänglich gemacht hat, zu verbreiten, sie ins Leben einzuführen, sie zum Gemeingut zu machen« statt »neue Wahrheiten und wissenschaftlich Entdeckungen anzuhäufen.«[885] Die Erträge der Forschung sollen also vom Spezialwissen einiger Privilegierter in ein Volkswissen transformiert werden. Die pädagogische Bedeutung dieser Demokratisierung der Wissenschaft ist offensichtlich: Nur ein reformiertes Erziehungswesen ist in der Lage, der Wissenschaft und wissenschaftlichen Arbeits- und Erkenntnisweisen die Exklusivität zu nehmen und sie mit dem Alltagswissen des Volkes wieder zu verschmelzen. Insbesondere in seinen Ausführungen zu einer Aufhebung der Trennung von geistiger Tätigkeit und körperlicher Tätigkeit wird KROPOTKIN diese Transformation des Expertenwissens in Volkswissen in den Mittelpunkt seiner pädagogischen Utopien stellen. Insgesamt bleibt festzuhalten, daß KROPOTKIN bei aller Kritik der Funktion bürgerlicher Wissenschaft an einem Wissenschaftsbegriff festhält, der gewissermaßen über den gesellschaftlichen Kräfteverhältnissen in nicht näher definierter Neutralität sich entfaltet und deshalb

---

883 vgl. OSOFSKY, 120. OSOFSKYS Interpretation, derzufolge KROPOTKINS Wissen und Wissenschaft als Kapitalform zu betrachten sei, die »more fundamentally than any other« ausbeutet und unterdrückt, ist allerdings zu drastisch. Diese Zuspitzung, die für BAKUNIN in vollem Sinne zutreffen würde, ignoriert KROPOTKINS ausgeprägten Respekt vor den Forschungserträgen seiner Zeit, die für ihn gleichzeitig Problem und Lösung implizieren: Die Wissenschaft im Dienste der Herrschaft ist immer zugleich Infragestellung dieser Herrschaft, da ihre Befunde – wo sie nicht durch die Macht kassiert werden – systematisiertes Volkswissen sind, und sie stehen deshalb immer auch antagonistisch zur herrschenden Ordnung.

884 Mem, 283

885 WeR, 36

nicht per se die Verewigung von Herrschaft bedeuten muß. Der Prozeß der Verwissenschaftlichung einer Erkenntnis ist zudem auch als Formulierung und Systematisierung von Volkswissen gedacht, was ebenfalls für den ursprünglich demokratischen Kern wissenschaftlicher Erkenntnisformen spricht. Schärfer als BAKUNIN oder GODWIN akzentuiert KROPOTKIN den Punkt des Umschlags einer Erkenntnis in Herrschaftswissen; während BAKUNIN bereits in der wissenschaftlichen Methodik eine Reihe von Problemen auffand, die ihm eine umstandslose Übertragung der wissenschaftlichen Erkenntnisse auf den politischen Bereich und insbesondere auf die revolutionären Strategie als fragwürdiges Unternehmen erscheinen ließ und Wissenschaft insgesamt nur als Hilfsinstrument revolutionärer Theoriebildung gelten lassen wollte, kennt KROPOTKIN solche Bedenken nicht: Die Kritik an COMTE bleibt, wie gesehen, formal. Gesellschaftswissenschaft kann sowohl in Methodik als auch in ihren Inhalten, würde sie vom Volk oder von den revolutionären Bewegungen getragen, die revolutionäre Strategiebildung kommandieren. Ähnlich wie MARX sucht KROPOTKIN nach einer wissenschaftlichen Legitimation seiner Revolutionstheorien – eben nach dem *wissenschaftlichen Anarchismus.*

3.3 Die Pädagogik bei Peter KROPOTKIN

3.3.1 Bildungskritik

3.3.1.1 Gewöhnung an Autorität

KROPOTKINS Analysen der bürgerlichen Gesellschaft beinhalten eine scharfe Abgrenzung vom dominierenden Bildungs- und Erziehungsideal, die sich in Anlehnung an die Kritik einer Pervertierung der Wissenschaft in den Händen des kapitalistisch orientierten Bürgertums entwickelt. Eine Gesellschaft, die vom Interesse eines profitorientierten Bürgertums geleitet ist, wird auch ihre Erziehungsinstitutionen primär nach ökonomischen Nützlichkeitserwägungen strukturieren und einen Bildungsbegriff entwickeln, der nur vordergründig auf humanistischen oder liberalistischen Traditionen gründet. Diese Fundamentalkritik am bürgerlichen Bildungs- und Erziehungsideal ist Ausdruck einer prinzipiellen Ablehnung von Herrschaft und Privilegierung. Unter historischen Gesichtspunkten betrachtet ist für KROPOTKIN Bildung und Erziehung ein Herrschaftsinstrument ersten Ranges. Die Hauptaufgabe der Erziehung ist nach seiner Auffassung die *Gewöhnung* der Zu-Erziehenden an Autorität und Gesetz. Wie schon die Untersuchung der kropotkinischen Anthropologie zeigte, ist die Macht der *Gewohnheit* für KROPOTKIN ein entscheidender Faktor bei der Stabilisierung sozialer Systeme. Die Phänomene der *Einübung* oder *Gewöhnung* sind hierbei nicht als hinterfragbare Kategorien zu verstehen, sondern gehören zum Grundbestand menschlichen und tierischen Verhaltens: Sie sind in erster Linie Überlebensstrategien. Einmal mehr sind es die Analogisierungen von Gesellschafts- und Naturwissenschaft – in diesem Fall die Analogisierung der Beobachtungen des tierischen Sozialverhaltens mit menschlichen Sozialisierungen -, die KROPOTKIN in erhebliche Erklärungsnot bringen. Die *Einübung* oder *Gewöhnung* ist ihm ein unangreifbares Faktum menschlicher Sozialisierung, und zugleich sind diese anthropologischen Konstitutionen eine der stärksten Waffen zur Aufrechterhaltung einmal etablierter Herrschaftsformen. Nicht nur die Bourgeoisie – als historisch am höchsten entwickelte Form von Herrschaft – verdankt die Aufrechterhaltung ihrer Herrschaft der Tendenz des menschlichen Sozialverhaltens, sich an gegebene Strukturen anzupassen. Die Geschichte der Herrschaft – von der Antike bis in den Feudalismus – läßt sich auch als Geschichte der Instrumentalisierung der *Gewohnheitsinstinkte* der Menschen verstehen, und das zweifellos wirkungsvollste Instrument in diesem Prozeß ist die Macht über Erziehung und Unterricht. Unterricht und Erziehung in den Händen der Herrschaft bewirkt, »daß die sozialen Handlungen zur Gewohnheit, zum Instinkt werden. Dieser (der Hang zur Gewohnheit, M.H.) hat – wie uns die Geschichte beweist – niemals sein Ziel verfehlt, niemals hat er als Waffe mit doppelter Schneide gehandelt. Und wenn er verblaßt ist, so nur darum, weil die Gewohnheit zu erstarren und sich zu kristallisieren sucht und selbst zur unangreifbaren Religion werden will. Sie verschlang das Individuum, raubte alle Freiheit des Handelns und zwang es, gegen das, was seinen Fortschritt aufhielt, zu revoltieren.«[886]

Die *Gewohnheit* als unhinterfragbare Kategorie der Sozialisierung wird zum nahezu unüberwindlichen Hindernis des Fortschritts oder deutlicher: Die menschliche Natur, wie KROPOTKIN sie in seiner Anthropologie charakterisiert, tendiert dazu, sich revolutionären Veränderungen zu verschließen. KROPOTKIN löst diesen für einen revolutionären Theoretiker unerträglichen Widerspruch durch den Verweis auf die jeweilige historische Überkommenheit bestimmter Formen der Erziehung und Bildung. Er macht geltend, daß die großen historischen Umbrüche in Theorie und Praxis der Erziehung der Fortentwicklung der ökonomischen Bedürfnisse einer Gesellschaft nachgebildet sind. Der Feudalismus russischer Prägung etwa versucht zunächst mit allen Mitteln, die dringend erforderlichen Reformen des Erziehungssystems zu hintertreiben, muß aber schließlich die Einrichtung von Ingenieursschulen akzeptieren[887], um nicht völlig hinter den technischen Möglichkeiten zurückzubleiben. Dies bedeutet aber, daß nicht die Anstrengungen der revolutionären Bewegungen die Veränderungen im Erziehungs-system herbeiführen, sondern in erster Linie ökonomische Erfordernisse Reformen im Bildungswesen begründen, und KROPOTKIN sieht konsequenterweise in einer Reform der Erziehung keineswegs eine Möglichkeit der Reform oder gar Revolutionierung der Gesellschaft. Dieser Standpunkt, der bereits seine Überlegungen zur Volkserziehung im ČAIKOVSKIJ-Zirkel geleitet hatte, hindert ihn nicht, die Pervertierungen der bürgerlichen Erziehung zu kritisieren: Die Reformen im Unterrichts- und Erziehungswesen, wie sie vor allem in England und Frankreich aufgrund der Nachfrage nach geschulten Arbeitskräften für die Industrie Ende des 19. Jahrhunderts einsetzen, sind für ihn einerseits Ausdruck der ökonomischen Notwendigkeiten und andererseits Rekonstruktion und Modernisierung von Herrschaft.

3.3.1.2 Erziehung und der Staat

KROPOTKIN macht in seiner Bildungskritik darauf aufmerksam, daß die Reformen des Unterrichtswesens, deren Hinwendung zu Anschaulichkeit und Wirklichkeitsnähe er begrüßt, gleichzeitig einen Rückschritt beinhalten: Die Orientierung am Stand des technischen Fortschritts verhindert nicht, daß der Unterricht in einer Weise modernisiert wird, die den Fortschritt an das Kommando des Kapitalismus bindet, und dies bedeutet, daß die grundsätzliche Neutralität der technischen Neuerungen in Hinblick auf Pro-fitinteressen ideologisiert wird. Den Notwendigkeiten des Profitinteresses werden alle tradierten Werte unterworfen, das Kind wird »heute bei uns Maschinenfutter«[888]. Der Unterricht wird so ausgerichtet, daß aller

---

[886] An, 91

[887] vgl. Mem, 291 f.

[888] WeR, 22

Nonkonformimus und jedes Aufbegehren von vornherein unterbunden werden kann: »Bis ins Mark verdorben, mordet die Gesellschaft auch den Geist unserer Kinder. Indem sie den Schulunterricht zum Drill macht, der den jungen und edlen Leidenschaften und dem Bedürfnis nach einem Ideal, das sich in einem gewissen Alter bei der Mehrzahl unserer Kinder entwickelt, gar keinen Spielraum läßt, bewirkt sie, daß jede nur einigermaßen unabhängige, poetische oder stolze Natur die Schule haßt, sich in sich selbst verschließt oder anderswo einen Ausweg für ihre Leidenschaften sucht.«[889]

Bourgeoisieunterricht hat als primäres Ziel die Nivellierung der Unterschiede zwischen den Zu-Erziehenden. Erziehungsziel dieser Pädagogik ist die »goldene Mittelstraße«, die Eliminierung aller Leidenschaftlichkeit und schließlich die Hervorbringung der »guten Staatsbürger«, die »freilich nicht Taschentücher auf der Straße stehlen, aber auf ›anständige Art‹ ihre Kunden bestehlen«[890].

In seiner Arbeit »Der Moderne Staat« polemisiert KROPOTKIN gegen die staatlicherseits erzwungene allgemeine Schulpflicht, die allein garantieren kann, daß dieser »gute Staatsbürger« Realität werden kann. Er gesteht zunächst zu, daß prinzipiell nichts gegen eine allgemeine Schulpflicht eingewendet werden könne: »Eine treffliche Sache im Prinzip, solange man sie vom Standpunkt des **Rechtes** des Kindes betrachtet, auch in dem Fall eine Schule zu besuchen, wo die Eltern etwa versuchen würden, es zu Hause zu halten oder in die Fabrik oder zu einer unwissenden frommen Schwester zu schicken.«[891]

In dieser Interpretation der möglichen Schutzmaßnahme für das Kind erschöpft sich KROPOTKINS Zugeständnis an die Vorzüge einer staatlicherseits verordneten Schulpflicht. Grundsätzlich kann es für KROPOTKIN in der bürgerlichen Gesellschaft keine Schule geben, die für die Zu-Erziehenden freie, gleiche und nicht-manipulative Ausbildung gewährleisten könnte. Schule hat die Funktion der Herrschaftssicherung, und dementsprechend ist schulischer Unterricht konzipiert: »Man trichtert ein ganzes Gebäude von Lehren ein, die dazu bestimmt sind, die Rechte des Staates über den Bürger zu sichern; die Monopole zu rechtfertigen, die der Staat ganzen Klassen von Bürgern überträgt; das Recht des Reichen, den Armen auszubeuten und dank dieser Armut reich zu werden, für unantastbar zu erklären; den Kindern zu lehren, daß die Vendetta, wenn sie von der Gesellschaft ausginge, die erhabenste Gerechtigkeit und daß die Eroberer die Größten der Menschheit wären. Der Staatsunterricht, ein würdiger Erbe des Unterrichts der Jesuiten, was ist er anderes als das raffinierte Mittel, jeden Geist der Selbständigkeit

---

889 Ebd.

890 WeR, 22 f.

891 DmS, 2 (Hervorhebung bei KROPOTKIN)

und Unabhängigkeit zu ertöten und dem Kind die Knechtschaft in Denken und Tun beizubringen.«[892]

Die Manipulationsfähigkeit des Staates, die mit der Einrichtung einer allgemeinen Schulpflicht einen Schub erfahren hat, der die gesamte Gesellschaft erfaßt, ist für KROPOTKIN gerade wegen dieser totalisierenden Tendenz gefährlicher als frühere Formen der Erziehung: »Und wann hat man denn, selbst in den düstersten Perioden antiker Unterdrückung, erlebt, daß der Staat die tatsächliche Möglichkeit hatte, den ganzen Unterricht, von der frühen Unterweisung der kleinen Kinder bis zur Universität mit seinem Schulsystem zu verderben?«[893]

Diese umfassende, lückenlose staatliche Kontrolle über die Individuen interpretiert KROPOTKIN als historisch neue Form von Herrschaft, deren Perfektionismus darin besteht, die Unterdrückten dahin zu erziehen, » die alten Verhältnisse leibeigener Herrschaft zugunsten des Staates wiederherzustellen – um sie zu vergrößern, um sie freiwillig zu bewachen. Das ist das hervorragendste Kennzeichen unserer Zeit.«[894]

Diese Kritik der staatlichen Erziehung ist in ihrer Radikalität neuartig. Die sozialistische und anarchistische Schulkritik forderte die Revolution und befaßte sich mit den Ausbildungs- und Schulformen nur insoweit, als an ihnen die autoritäre, versklavende Macht der Bourgeoisie aufgezeigt werden konnte. Daß die Schule eine Erziehung zur Loyalität gegenüber dem System leisten könnte, war – auch vor dem Hintergrund der ungerecht verteilten Bildungschancen – für die revolutionären Kritiker des 19. Jahrhunderts kaum vorstellbar. KROPOTKIN sieht als erster anarchistischer Theoretiker die Folgen einer allgemeinen, das ganze Volk einschließenden Verpflichtung zur Erziehung. KROPOTKIN interpretiert die allgemeine Schulpflicht als eine der gefährlichsten Bedrohungen der revolutionären Propagandamöglichkeiten, weil in ihr ein nahezu unaufholbarer Vorsprung des Staates, die Massen in seinem Sinne zu manipulieren, geschaffen ist.

Die Zurichtung des Unterrichtes auf das Profitinteresse, wie sie im bürgerlichen Staat zum Ausdruck kommt, ist für KROPOTKIN eine Variante des grundsätzlichen Phänomens der Instrumentalisierung der Erziehung im Sinne der Herrschaft. Die Gewöhnung an die Autorität ist – unabhängig von den jeweiligen historischen Ausformungen hinsichtlich des spezifischen Inhaltes der Erziehung – das übergreifende Moment, das den verschiedenen Erziehungssystemen zugrunde liegt. Für KROPOTKIN bestand die zentrale Aufgabe der Erziehung zu allen Zeiten darin, »den Geist der Selbständigkeit zu töten« und den »Geist der Unterwürfigkeit unter die Autorität«[895] zu entwickeln. Die entscheidende Neuerung liegt darin, daß dieses

892 DmS, 4

893 DmS, 9

894 Ebd.

895 WeR, 117

Prinzip sich auf eine allgemeine Akzeptanz stützen zu können scheint: »Wir sind derart verdorben durch diese Existenz unter dem Gesetz, welches alles regelt: unsere Geburt, Erziehung, geistige Entwicklung, unsere Liebe und Freundschaft usw., daß wir, wenn das so fortgeht, alle Initiative, alle Gewohnheit, selbst zu denken und zu urteilen, vollständig verlieren werden. Die Menschen scheinen jetzt schon gar nicht mehr zu verstehen, daß man anders, als unter der Herrschaft der Gesetze leben könne, welche von einer parlamentarischen Vertretungs-Regierung ausgearbeitet und von einer Handvoll über jenen stehenden Regierungen angewandt werden. Und selbst dann, wenn sie sich vom alten Joche befreit haben, ist es ihre erste Bestrebung, sich dasselbe sofort wieder aufzuladen.«[896]

Diese »Gewöhnung an die Autorität« findet nicht nur im Unterricht statt, wenngleich die Erziehung in den Händen des Staates oder – wie im Feudalismus – in den Händen der Kirche hier einen weitreichenden Einfluß nimmt. Auch die familiäre Sozialisation fördert solche Einübung[897], und schließlich übernehmen auch die entstehenden Massenmedien diese Funktion[898].

Die Folgen dieser allgemeinen Verpflichtung auf Gesetz und Autorität sind für KROPOTKIN weitreichend und berühren grundsätzliche Fragen der Möglichkeiten revolutionärer Veränderung: Der Totalität solcher gesellschaftlicher Einübung können sich auch die revolutionären Propagandisten nicht entziehen: »Die Servilität vor dem Gesetz ist eine Tugend geworden, und ich zweifle sehr, ob es einen einzigen Revolutionär gibt, der in seiner Jugend nicht damit angefangen hätte, der Verteidiger der Gesetze gegen deren sogenannten ›Mißbrauch‹ zu sein; des ›Mißbrauchs‹, der eine unvermeidliche Folge der Gesetze selbst ist.«[899]

Es wird deutlich, daß KROPOTKINS Kritik am Erziehungs- und Bildungsbegriff seiner Zeit über eine Institutionenkritik hinausgeht. Wie GODWIN und BAKUNIN sieht auch er in der Macht über die Erziehung ein bedeutsames Herrschaftsinstrument. Neu ist an der kropotkinischen Kritik der Gedanke der totalen Wirkung der Erziehung: Bislang galt es als ausgemacht, daß zumindest die Revolutionäre – oder bei GODWIN jene, die im Einklang mit der Vernunft handeln – gegen alle Indoktrinationen der Herrschaft gewissermaßen immunisiert waren. Für BAKUNIN etwa war der Bruch mit der bürgerlichen Gesellschaft und ihren Idealen – zumindest im philosophischen Sinne – ein vollkommener Bruch. Der Revolutionär konnte sich in einem Willensakt »asozialisieren«, er gehörte fortan nicht mehr zur Gesellschaft, und diese hatte keine Macht mehr über ihn. KROPOTKIN erkennt – vermutlich auch vor dem Hintergrund der zunehmenden Bedeutung der Öffentlichkeit als Raum, der das Individuum lebenslang formieren kann – die Begrenztheit solcher

896 Ebd.

897 vgl. WeR, 118

898 vgl. KRP, 64; vgl. WeR, 118

899 WeR, 118

voluntaristischer Selbstbefreiungen. Auch die Revolutionäre reproduzieren durch ihre Erziehung eine Teilhabe am autoritären Geist der Gesellschaft, und eine Befreiung hiervon kann nicht über eine Willensentscheidung gelingen, sondern nur durch eine allmähliche und vor allem kollektiv versuchte Emanzipation. BAKUNIN hatte in seiner Bildungskritik keinen Zweifel daran gelassen, daß jeder Versuch, das Bildungswesen zu reformieren, zum Scheitern verurteilt sein muß. Seine pandestruktivistische Grundhaltung erstreckte sich auch auf die Erziehungsinstitutionen, und eine Neuordnung des Erziehungswesens war für ihn nur nach der gelungenen Revolution denkbar. Auch KROPOTKIN hatte im ČAIKOVSKIJ-Zirkel dieser Position im Prinzip zugestimmt – im Unterschied zu BAKUNIN aber war schon seine Programmschrift für den ČAIKOVSKIJ -Zirkel mehr als konstruktiver Vorschlag für die »richtige« Erziehung des Volkes zu lesen denn als Fundamentalkritik aller vorrevolutionären Erziehungsbemühungen. In seinen späteren Schriften verstärkt sich die Tendenz, die positiven Momente in der »alten Gesellschaft« hervorzuheben und in ihnen Anknüpfungspunkte für die Umgestaltung im anarchistischen Sinne zu finden. KROPOTKIN versteht sich selbst als konstruktiver Anarchist, er ist der Auffassung, daß einer der entscheidenden Fehler der anarchistischen Propaganda in ihrer exklusiven Orientierung auf Kritik und Zersetzung der bürgerlicher Gesellschaft zu suchen sei. Deshalb sind seine theoretischen Arbeiten spätestens seit 1870 sehr stark darauf ausgerichtet, die *antizipatorischen Elemente* einer neuen Gesellschaft, die sich bereits im herrschenden kapitalistisch-bürgerlichen System finden lassen, hervorzuheben. Dieses Verfahren behält auch Gültigkeit, wenn KROPOTKIN das Bildungssystem seiner Zeit in die Kritik nimmt: Zwar ist die Erziehung in erster Linie Herrschaftsinstrument. Gleichzeitig aber sieht KROPOTKIN in den Erziehungsinstitutionen durchaus Anknüpfungspunkte, die dazu beitragen könnten, die notwendigen Reformen zumindest einzuleiten. So ist beispielsweise der Lehrer den Grenzen der Institutionen unterworfen und wird irgendwann entscheiden müssen, ob er seine ursprünglichen Erziehungsideale den Erfordernissen der Institution opfert. Möglich ist aber auch, daß »die Träume deiner Jugend (des Lehrers, M.H.) (...) zur festen Überzeugung des gereiften Mannes werden. Du wirst eine großzügige, wahrhaft menschliche Erziehung für Alle anstreben, in der Schule und außerhalb der Schule; und erkennend, daß dieselbe unter den gegenwärtigen Verhältnissen unmöglich ist, wirst du die kapitalistische Gesellschaftsordnung in ihren Grundlagen angreifen. In diesem Falle wirst du durch die Regierung deiner Stelle enthoben, die Schule verlassen und zu uns kommen, um mit uns zusammen anderen, erwachsenen Menschen, die nicht so viel gelernt haben wie du, zu zeigen, welch ein Genuß im Wissen liegt, was die Menschheit sein sollte, und was sie sein könnte. Du wirst mit den revolutionären Sozialisten und Anarchisten zusammenwirken zur vollständigen Umgestaltung der bestehenden Gesellschaftsordnung im Sinne der Gleichheit, der Solidarität, der Freiheit.«[900]

Was KROPOTKIN hier anstrebt, ist nicht die Auflösung der Institutionen von innen. Das Wissen um den Masseneinfluß des Staates, wie er im Erziehungssystem seiner Zeit allmählich Konturen gewinnt, veranlaßt KROPOTKIN aber, die bislang im revolutionären Lager gültige radikale Absage an alle Auseinandersetzungen mit dem herrschenden System und ihrer Repräsentanten, zu denen auch die Lehrerschaft gerechnet wird, als luxuriöse und langfristig zur Isolation führende Haltung einzuschätzen. KROPOTKIN hofft darauf, daß zumindest einzelne durch die revolutionäre Analyse überzeugt werden können – eine Hoffnung die sich auf seine russischen Erfahrungen stützen kann -, und er ist entschieden dafür, die anarchistische Bewegung für solche einzelne offenzuhalten.

Grundsätzlich aber teilt KROPOTKIN die Auffassung seiner Bewegung, daß die institutionalisierte Erziehung – unter den gegebenen Kräfteverhältnissen – nicht reformierbar ist. Die Staatsschule wird jede Kritik und jeden Änderungsvorschlag, der ihre Funktion als Herrschaftsinstrument der Bourgeoisie in Frage stellen könnte, zurückweisen: »›Unterricht?‹ sagt der Staat, ›mit Vergnügen gebe ich ihn Ihren Kindern, meine Damen und Herren! Um Ihnen die Sache zu erleichtern, wollen wir Ihnen sogar **verbieten**, sich mit dem Unterricht zu befassen. Wir werden die Schulpläne aufstellen, auf Ihre Kritik verzichten wir, verstanden?‹«[901]

Diese Lehrpläne reproduzieren für KROPOTKIN primär die herrschende Ideologie. Angefangen vom Lateinunterricht, den er für überflüssig hält und dessen Anforderungen die Kinder »fügsam und geschmeidig machen«, über die Vermittlung der »Vortrefflichkeiten des römischen Rechts«, das den Glauben in die Rechtmäßigkeit der staatlichen Unterdrückung festigt, bis hin zur Lehre, »das Elend der Massen sei ein ›Naturgesetz‹«, durchdringen die Vorgaben der bürgerlichen Herrschaft alle Bereiche des Unterrichts und zielen einzig auf die Ausformung eines Bewußtseins davon, daß es »jenseits des fürsorglichen Staats keinerlei Heil gibt.[902]« Schule ist so gesehen Einübung in das herrschende System.

Insgesamt kann festgehalten werden, daß KROPOTKINS Bildungskritik eine umfassende Reform des herrschenden Erziehungs- und Bildungssystems für unmöglich hält, daß aber doch diejenige Kritik in Frage gestellt wird, die das bürgerliche Erziehungssystem umstandslos als Institution der »alten Gesellschaft« klassifiziert und damit die Auseinandersetzung für beendet erklärt. Die Verlegung der Frage nach den Erziehungsinstitutionen in eine nachrevolutionäre Zeit, wie BAKUNIN sie für möglich hielt, ist für KROPOTKIN nicht hinreichend. Dies ist nur dann möglich, wenn eine Art revolutionärer »Naherwartungsglaube«, wie er für

---

900 WeR, 42

901 DmS, 25 (Hervorhebung bei KROPOTKIN)

902 Ebd.

BAKUNIN zweifellos Gültigkeit hatte, die politische Analyse bestimmt. KROPOTKIN entwickelt seine Überlegungen im Bewußtsein einer eminent wirkungsvollen Neutralisierung der revolutionären Aspirationen der proletarischen Massen, die nicht zuletzt durch die Instrumentalisierung der allgemeinen Schulpflicht als Kontrollelement über das Denken der Massen möglich wird. Seine Bildungskritik ist Teil seiner Gesellschaftskritik, und diese Gesellschaftskritik ist davon geleitet, daß der bloße Angriff und der Verweis auf die nachrevolutionäre Verbesserung der Verhältnisse nicht mehr genügen kann, um die Loyalität der Massen zum herrschenden System zu untergraben. Das Massenelend und das daraus resultierende »instinktive« Aufbegehren, das noch BAKUNIN zum Fundament seiner revolutionären Propaganda machen konnte, existiert in seinen krassen Formen des »Manchestertums« nicht länger – zumindest nicht in den modernen Industriegesellschaften Englands und Frankreichs, die KROPOTKIN vorrangig im Blick hat. Die revolutionäre Bewegung, die die Loyalität der Massen gegenüber der Herrschaft der Bourgeoisie lediglich als vorübergehende Erscheinung betrachtet und ansonsten an den utopistischen Konzepten des 19. Jahrhunderts anhängt, verkennt nach KROPOTKINS Auffassung die innere Reformfähigkeit der Herrschaft. KROPOTKIN ist deshalb für eine Auseinandersetzung mit den herrschenden Erziehungskonzeptionen, die neben aller Kritik aufzuzeigen vermag, wie eine veränderte, auf die »wahren« Bedürfnisse der Massen ausgerichtete Erziehung aussehen könnte. Die Kritik hat immer auch die Alternativen aufzuzeigen und zwar im Sinne einer möglichst präzisen Beschreibung von bereits vorhandenen Tendenzen in der »alten Gesellschaft«, die einen neuen Begriff und eine neue Form von Erziehung und Bildung in sich bergen. Unter diesen Prämissen entwickelt KROPOTKIN seine Vorschläge zu einer auf anarchistische Prinzipien gestützten Erziehung.

3.3.2 Die Ziele der Erziehung bei KROPOTKIN

Die ausführlichste Stellungnahme KROPOTKINS zu seinen Vorstellungen einer an anarchistischen Grundsätze orientierten Erziehung findet sich in seiner Schrift »Landwirtschaft, Industrie und Handwerk«. Er versucht hierin, ein Modell für eine Umgestaltung der Erziehungsinstitutionen zu entwickeln, das für sich beansprucht, an bereits erprobten Reformversuchen anzuknüpfen und deshalb nicht als »Utopie« abgetan werden darf. KROPOTKINS zentrales Anliegen ist die Formulierung eines anarchistischen Standpunktes zum Verhältnis von Kopf- und Handarbeit, also jener Frage, die zu Ausgang des 19. Jahrhunderts in den pädagogischen Diskussionen der revolutionären Bewegungen – im marxistischen wie im anarchistischen oder syndikalistischen Lager – breiten Raum einnimmt. Diese Orientierung rückt praktische, auf Didaktik und Unterrichtsgestaltung bezogene Fragen in den Mittelpunkt. Theoretische Überlegungen zum Bildungs- und Erziehungsbegriff – etwa zu Erziehungszielen, zur Autoritätsproblematik oder zur Autonomie des Kindes – entwickeln sich bei KROPOTKIN – anders als bei GODWIN und BAKUNIN – aus den jeweils zu klärenden praktischen Fragestellungen. Erst unter Berücksichtigung der theoretischen Prämissen, wie sie in seiner Anthropologie und seiner Sicht der Wissenschaft und ihrer gesellschaftlichen Funktion fundiert sind, werden die Konturen der kropotkinschen Pädagogik als *alternative libertäre Erziehungstheorie* kenntlich.

KROPOTKIN steht mit seinen Ausführungen zum Ziel der Erziehung ganz in den Traditionen der Arbeiterbewegung: Aus der Analyse der ungerechten Verteilung der Bildungs- und Ausbildungschancen wird die Forderung nach einer Gleichheit der Erziehungschancen erhoben und die Spaltung der Gesellschaft in Wenige Gebildete einerseits und in die Masse der Ungebildeten andererseits kritisiert. Dies ist in keiner Weise originell und gehört vielmehr zum »Standard« jeder progressiven Äußerung zu Bildung und Erziehung, wie sie auch beim liberalistischen und humanistischen Bürgertum gefunden werden können. KROPOTKIN erhebt für seine Forderung nach einer Chancengleichheit bei Ausbildung und Erziehung auch keineswegs den Anspruch, hier wesentlich Neues vorzutragen.

Was seine Forderung nach der gerechten Verteilung der Ausbildungschancen allerdings von den gleichlautenden bürgerlichen Forderungen unterscheidet ist die Zurückweisung jener Begründung für eine allgemeine Volkserziehung, die versucht, mit ökonomischen Nützlichkeiterwägungen für eine Verbesserung der Ausbildung der Massen zu argumentieren. KROPOTKIN nennt diese Haltung einen »Krämerstandpunkt«[903], weil ihr jede ethische Begründung für eine allgemeine und gleiche Ausbildung fehle. Zugleich differiert hier KROPOTKINS Bestimmung des Gleichheitsgebotes in der Erziehung auch zu sozialistischen und anarchistischen Konzeptionen: KROPOTKIN teilt nicht die Auffassung, derzufolge eine auf Gleichheit gegründete Ausbildung eine grundsätzliche Veränderung der herrschenden Gesellschaftsordnung herbeiführen könnte. Diese Position, die etwa vom rechten Flügel der deutschen Sozialdemokratie, von Teilen der chartistischen Bewegung in Großbritannien und auch in weiten Kreisen der internationalen Gewerkschaftsbewegung Ende des 19. Jahrhunderts zunehmend an Einfluß gewinnt, ist für KROPOTKIN von einer grundsätzlichen Fehleinschätzung der ökonomischen und politischen Interessen der herrschenden kapitalistischen Schicht geleitet. Das Ziel der Erziehung wird unter den Vorgaben der kapitalistischen Herrschaft immer die Aufrechterhaltung der gesellschaftlichen Ordnung bleiben. Schulreformen, die innerhalb des bestehenden Systems versucht werden, reichen deshalb immer nur so weit, wie sie dieses Ziel nicht gefährden und dienen in erster Linie der Befestigung der ungleichen Verteilung der Machtverhältnisse. KROPOTKIN sucht einen Weg, der einerseits bis an die Grenzen des Möglichen im herrschenden Erziehungssystem stoßen will und der sich andererseits keinerlei Illusionen über die Limitationen

903 LIH, 215. FREIRE wird in seiner »Pädagogik der Unterdrückten« den Terminus »Bankiers-Auffassung« von Erziehung einführen, um denselben Umstand zu beschreiben (vgl. FIGUEROA 1989, 27 f.).

einer Veränderung von Erziehung und Ausbildung im Rahmen der kapitalistischen Ordnung macht. Das Ziel der Erziehung unter solchen Vorgaben kann es nur sein, Bedingungen herzustellen, die eine bessere Ausgangsposition im Kampf gegen die Unterdrückung verschaffen können. Die Kinder und Jugendlichen sollen durch eine reformierte Erziehung dazu befähigt werden, ihre Klassenlage zu analysieren, ihre Stellung im gesellschaftlichen System zu erkennen und dadurch instand gesetzt werden, an der Veränderung der gesellschaftlichen Verhältnisse mitzuwirken. Dies ist jedoch keineswegs als »Erziehung zur Revolution« zu verstehen. KROPOTKIN will lediglich, daß die Zu-Erziehenden durch ihre Ausbildung in die Lage versetzt werden, sich ein Urteil über die gesellschaftlichen Verhältnisse zu bilden. Das Ziel der Erziehung also ist – wie bei BAKUNIN und GODWIN – die *autonome Persönlichkeit*, die auf der Grundlage der durch die Erziehung und Ausbildung erworbenen Kenntnisse für sich selbst entscheiden kann.

Die ethischen Zielvorgaben einer reformierten Erziehung vervollständigen sich in erziehungspraktischer oder didaktischer Hinsicht durch die Akzentuierung einer Vereinigung von Hand- und Kopfarbeit, die im Mittelpunkt der durch KROPOTKIN unterbreiteten Erziehungstheorie steht: Die Trennung von Hand- und Kopfarbeit, wie sie in den auf Arbeitsteilung beruhenden modernen Industriegesellschaften sich entwickelt hat, führt zu einem Erziehungssystem, das diese Teilung fortsetzt und vertieft. Dieser Prozeß beinhaltet eine »Entwertung« der Handarbeit und zugleich eine Aufwertung der geistigen Arbeit. KROPOTKINS Erziehungstheorie setzt es sich zum zentralen Ziel, diese Trennung aufzuheben. Er fordert eine Erziehung, die es jedem Individuum ermöglicht, ohne diese Trennung seine Möglichkeiten zu entfalten: »Wir behaupten, daß es sowohl im Interesse der Wissenschaft und Industrie sowohl (sic!) als dem der gesamten Gesellschaft liegt, jedem Menschen ohne Unterschied der Geburt eine Erziehung zu geben, die ihn befähigt, ein vollständiges wissenschaftliches Wissen mit einem vollständigem Können der Handarbeiter zu vereinigen.«[904]

Die Trennung von Kopf- und Handarbeit ist dabei für KROPOTKIN nicht zu verwechseln mit einer – durch die Entwicklung der Großindustrie notwendig gewordenen – Spezialisierung der verschiedenen Arbeitsbereiche; diese notwendige Spezialisierung soll, wie KROPOTKIN in seinen Überlegungen zur konkreten Durchführung eines in seinem Sinne reformierten Unterrichtes darlegen wird, »einer allgemeinen Ausbildung folgen«[905] und nicht – wie dies in den Konzeptionen der »technischen Erziehung« bürgerlicher Abkunft vorgesehen ist – den Gang der Ausbildung von vornherein bestimmen.

904 LIH, 216

905 Ebd.

Das Ziel der Erziehung unter diesen Prämissen ist eine »vollständige Ausbildung« oder eine »éducation intégrale«[906], deren Ergebnis die Ausbildung einer neuen Generation von *gebildeten Handarbeitern* sein soll: »Kurz und gut: die Ziele der Schule unter diesem System sollten sein, jedem Knaben oder Mädchen, der oder das mit achtzehn Jahren die Schule verläßt, eine vollständige Kenntnis der Wissenschaften mitzugeben (...) und gleichzeitig ihnen eine allgemeine Kenntnis dessen zu geben, was die Grundlagen der technischen Schulung ausmacht und eine derartige Übung in einem Spezialgewerbe, die jeden befähigt, seinen oder ihren Platz in dem großen Getriebe der körperlichen Arbeit zur Produktion des Wohlstandes einzunehmen.«[907]

Auffallend in diesen Bestimmungen ist der prononcierte Verzicht auf eine Integration der allgemeinen Erziehungsziele in einen ideologischen Gesamtzusammenhang. Ohne jede »Sozialromantik« werden in für KROPOTKIN ungewöhnlich nüchternen Formulierungen praktische Forderungen erhoben. Der Grund für diese Zurückhaltung KROPOTKINS in der entscheidenden Frage nach den ideologischen Zielen von Erziehung und Bildung ist zuerst in seiner optimistischen Sicht der Entwicklung der Wissenschaften zu suchen. Die Erwartung, eine wissenschaftlich geschulte Menschheit würde – wenn auch erst nach Generationen – eine durch Autorität und Herrschaft organisierte Gesellschaft für obsolet halten und ein auf Freiheit und Gleichheit gegründetes Gesellschaftssystem etablieren, ist zumindest in der Frage nach der richtigen Erziehungsinstitution gewichtiger als die Notwendigkeit einer propagandistischen Anstrengung, die eine *libertäre Pädagogik* als selbständige, dem Anarchismus als Doktrin verpflichtete Richtung im erziehungstheoretischen Diskurs ausweisen würde. Diese Orientierung auf die Befreiung der Erziehung durch die Wissenschaft erklärt allerdings nur zum Teil, weshalb KROPOTKIN in all seinen Schriften, die bildungs- und erziehungstheoretische Fragestellungen berühren, darauf verzichtet, Pädagogik als politisches Instrument zu definieren. Die Instrumentalisierung von Kindern und Jugendlichen im Sinne gleich welcher politischen Zielrichtungen ist für KROPOTKIN ein unzulässiger Eingriff in das Selbstbestimmungsrecht der Zu-Erziehenden. In KROPOTKINS Definitionen von Erziehungszielen einer dem Anarchismus verpflichteten Pädagogik verdichtet sich die Reserviertheit der libertären Konzepte gegenüber einer Manipulierung der Zu-Erziehenden in herausragender Weise. Auch GODWIN und BAKUNIN positionieren sich in dieser Auseinandersetzung eindeutig auf Seiten der Kinder und Jugendlichen und kritisieren jedes staatliche oder gesellschaftliche

---

906 Ebd. (Sperrung bei KROPOTKIN). KROPOTKIN wählt hier bewußt dieselbe Formulierung für sein Erziehungssystem wie BAKUNIN, ebenso wie er in Einzelfragen immer wieder die Übereinstimmung mit den bakuninischen Positionen sucht – gegen die Einwände eines »Reformanarchismus« im Sinne GRAVES oder anderer anarchistischer Führer, die die syndikalistischen Arbeitererziehungsprogramme als Hebel der revolutionären Veränderung bestimmten.

907 LIH, 216

Kalkül, das Erziehung zur Methode der Herrschaftssicherung modellieren möchte. KROPOTKIN geht hier noch einen Schritt weiter: Seine Erwartung, daß eine einmal befreite Wissenschaft das Wesen und die praktische Ausrichtung von Erziehung und Bildung fundamental reformieren wird, hat zur Konsequenz, daß er jede ideologische oder philosophische Orientierung pädagogischer Anstrengungen für überflüssig halten muß. Die alleinige Aufgabe der anarchistischen Bewegung wäre es, den Kampf gegen jene gesellschaftlichen Rahmenbedingungen aufzunehmen, die (noch) die Möglichkeiten der Wissenschaft beschränken. Die erfolgte Befreiung der Wissenschaft wäre dann gleichbedeutend mit dem Rückzug der Ideologien. Eine weitere Einmischung der Ideologien in den Gang der Erziehung wäre so doktrinär wie schädlich, denn die an der Notwendigkeit und Zweckmäßigkeit orientierte Wissenschaft ist in jeder Beziehung ausreichend, den Unterricht sinnvoll zu gestalten.

Diese Konzentration auf die modernen Naturwissenschaften erklärt auch, weshalb KROPOTKIN dort höchste Zurückhaltung an den Tag legt, wo eine spezifisch anarchistische Begründung der Erziehung und Bildung gegeben werden könnte. KROPOTKIN interessiert sich primär für die – für seine Zeit – modernen Formen von Erziehung und Unterricht, sein Augenmerk gilt den unterschiedlichsten Reformschulprojekten und hieran knüpfen seine Überlegungen an.

3.3.3 Hand- und Kopfarbeit

Die Trennung von Kopf- und Handarbeit ist nach KROPOTKINS Auffassung zunächst unter historischen Gesichtspunkten zu sehen: Für KROPOTKIN ist solche Trennung nicht notwendiger Effekt der Differenzierung des Produktionsprozesses. Er weist darauf hin, daß gerade in Hinblick auf die Geschichte der Wissenschaft die Einheit von körperlicher und geistiger Arbeit Bedingung für den wissenschaftlichen Fortschritt sei: »In den alten Zeiten verachteten die Männer der Wissenschaft und besonders jene, die am meisten getan hatten, um das Wachsen der Naturerkenntnis zu fördern, keineswegs körperliche Arbeit und Handwerk. Galilei machte seine Fernrohre mit eigener Hand. Newton lernte in seiner Jugend die Kunst, Werkzeuge zu handhaben. (...) Kurz: Handarbeit war unseren großen Geistern kein Hindernis ihrer abstrakten Untersuchungen, ja sie förderte und begünstigte sie.«[908]

Dieses Wechselverhältnis von Kopfarbeit und Handarbeit löst sich im Prozeß der zunehmenden Arbeitsteilung allmählich auf. Die Erfordernisse der großen Industrie verlangen nicht nach den allseitig gebildeten Arbeitern, sondern nur nach der Befähigung in einigen wenigen Handgriffen und Kenntnissen. Ergebnis dieser Einseitigkeit ist ein Arbeiter, »der seine erfinderischen Fähigkeiten verloren«[909] hat,

---

[908] LIH, 213

[909] LIH, 214

ein Umstand, der insofern negativ auf die Entwicklung des wissenschaftlichen und insbesondere technischen Fortschritts rückwirkt, als der ursprüngliche Zusammenhang zwischen direkt im Arbeitsprozeß gewonnenen Erfahrungen und daraus abgeleiteten Innovationen zunehmend verloren geht[910]. Die Folge dieses Verlustes ist für KROPOTKIN eine Stagnation des technischen Fortschritts, und die Forderung nach einer *technischen Erziehung*, wie sie um die Jahrhundertwende auch in der bürgerlichen Erziehungs- und Bildungsdiskussion Raum gewinnt, scheint ihm Beleg für die bereits spürbaren Folgen der Dezimierung der Innovationsfähigkeit von Wissenschaft und Technik. Die an die Bedingungen der großen Industrie geknüpfte Reform von Ausbildung und Erziehung im Sinne einer *technischen Erziehung* bringt zwar das Problem zur Sprache, eine Perspektive vermag KROPOTKIN hierin aber nicht zu erkennen: Hintergrund solcher Erziehungsreform bleibt primär das kapitalistische Interesse, etwa die »Zerschmetterung der ausländischen Konkurrenz«[911] durch die technische Überlegenheit der eigenen Industrie. Auch die Entwicklung einer technisch und wissenschaftlich geschulten *Arbeiteraristokratie*, die eine Folge der *technischen Erziehung* unter den Vorgaben des Kapitalismus wäre, wird durch KROPOTKIN, gemäß seinen Gleichheitsforderungen, scharf attakkiert. Seine Forderung nach der Aufhebung der Trennung von Kopf- und Handarbeit entwickelt sich vor dem Hintergrund einer grundsätzlichen Gesellschaftsreform[912].

KROPOTKINS *éducation intégrale* erhebt den Anspruch, im »Interesse der gesamten Gesellschaft«[913] zu stehen. Es geht ihm zwar auch um den Fortschritt in Wissenschaft und Technik und damit in der industriellen Produktion. Primär aber soll das Individuum durch die reformierte Erziehung befähigt werden, wissenschaftliche Kenntnisse zu erwerben und diese nach seinen Bedürfnissen anzuwenden. KROPOTKIN geht davon aus, daß die Trennung von Hand- und Kopfarbeit ein Haupthindernis für die Entwicklung des wissenschaftlichen Fortschritts ist. Einer freien Gesellschaft, in der beide Formen der Ausbildung gleichberechtigt gefördert werden, wird Kopf- und Handarbeit wechselseitig von Nutzen sein: »Eine Gesellschaft aber, die jedem Mitglied eine breite philosophische und *wissenschaftliche* Ausbildung bietet, wird die körperliche Arbeit auf eine Manier zu organisieren wissen, daß sie der Menschheit zum Stolz gereicht; eine gelehrte Sozietät wird dann eine Assoziation von Forschern, Amateuren und Arbeitern sein, die allesamt ein Handwerk gelernt haben und allesamt an Wissenschaft interessiert sind.«[914]

---

910 vgl. LIH, 215

911 Ebd.

912 vgl. LIH, 226

913 LIH, 216

914 EdB (b), 176 (Kursivierung bei KROPOTKIN)

Als Beispiel für die Verknüpfung von Hand- und Kopfarbeit in der nachrevolutionären Gesellschaft führt KROPOTKIN die Verbindung von schriftstellerischer Arbeit mit der praktischen Herstellung des Buches an und erläutert hieran seine Utopie vom fortschrittlichen Charakter solcher Verbindung: »Solange der Schriftsteller Arbeitskittel und Handarbeit als Zeichen der Minderwertigkeit betrachtet, wird er verblüfft zusehen, wie ein Autor sein Buch eigenhändig in bleiernen Lettern setzt. (...) Ist aber der der Handarbeit anhaftende Makel verschwunden und müssen alle ihre Hände benutzen, weil niemand mehr da ist, auf den man die Arbeit abwälzen kann, dann werden die Schriftsteller und ihre Bewunderer und Bewunderinnen schnell die Kunst der Handhabung von Winkelhaken und Setzmaschine erlernen«[915]

Im Unterschied zu BAKUNIN, der in der *Verpflichtung* der Intellektuellen zu körperlichen Arbeit ein notwendiges und »heilsames« Mittel erkennen wollte, die Ungleichheit zwischen Hand- und Kopfarbeitern aufzuheben und der deshalb der Privilegierung durch geistige Arbeit revolutionäre Zwangsmaßnahmen entgegensetzt, vertritt KROPOTKIN hier einen ausgesprochen optimistischen, den »Segen« der Handarbeit betonenden Standpunkt: Bei KROPOTKIN haben die wissenschaftlich Arbeitenden nur noch nicht erkannt (oder vergessen), welche Bedeutung eine handwerkliche Ausbildung für ihre Forschungstätigkeiten haben könnte[916], und – was gewichtiger ist – sie haben aufgrund der Abstraktion und Weltferne ihrer akademischen Arbeit den Bezug zur konkreten Anwendung ihrer Erkenntnisse verloren. Abgesehen davon, daß nur die gesellschaftliche Aufwertung der Handarbeit nachhaltig die Privilegierung der Kopfarbeit aufzulösen vermag, ist diese Auflösung für KROPOTKIN auch die Bedingung einer Modernisierung des Wissenschaftsbetriebs.

3.3.4 »Aufschwung« der Wissenschaften

Ganz im Gegensatz zur wissenschaftskritischen Konzeption BAKUNINS erwartet KROPOTKIN von einer nach den Prinzipien der *éducation intégrale* gestalteten neuen Form der Erziehung und Ausbildung einen erheblichen Aufschwung der Natur- und Gesellschaftswissenschaften. Wo BAKUNIN von einem »Verfall der Wissenschaften« zumindest für eine Transformationsperiode gesprochen hatte und hierin – gemessen an der damit einhergehenden Befreiung von der »Diktatur der Gelehrten« – allenfalls ein notwendiges Übel sehen konnte, verweist KROPOTKIN auf die weitgehend ungenutzten Potentiale einer Wissenschaft, die nicht länger an die elitäre und privilegierte Schicht der Gelehrten gebunden wäre. Die Folge seiner

---

915 EdB (b), 174

916 Ohne Zweifel spielen hier KROPOTKINS eigene Erfahrungen eine Rolle: Er hatte sich während seines Aufenthaltes im Schweizer Jura als Schriftsetzer ausgebildet, und auch seine geografische Arbeit war immer mit handwerklicher Tätigkeit verbunden.

éducation intégrale wäre ein »solches Aufleben von Wissenschaft und Kunst, eine solche Entwicklung der Industrie, wie wir sie nur schwach vorausahnen können aus dem, was wir aus der Zeit der Renaissance wissen.«[917]

KROPOTKINS Utopie wäre eine Gesellschaft, deren Mitglieder auf eine fundierte wissenschaftliche Ausbildung im obigen Sinne zurückblicken können und die in der Lage wären, entweder als selbständig Forschende tätig zu werden oder als Zuträger und Assistenten für einzelne Forschungsprojekten zu fungieren: »Kurz, es gibt keine einzige Wissenschaft, deren Entwicklung nicht Not leidet an Männern und Frauen, die eine philosophische Auffassung vom Weltganzen haben, und die bereit sind, ihre Forschergaben auf einem gegebenen Felde, klein, wie es auch sein mag, anzuwenden, und die Muße haben, sich wissenschaftlicher Betätigung zuzuwenden. In einer Gemeinschaft, wie wir sie voraussetzen, würden Tausende von Arbeitern einem Aufruf zur Forschung Folge leisten.«[918]

Hintergrund für diese optimistische Sicht ist eine Analyse, die davon ausgeht, daß wissenschaftlicher Fortschritt in den seltensten Fällen allein Einzelpersonen zu verdanken ist. Wie schon bei KROPOTKINS Auffassung von Wissen und Wissenschaft deutlich wurde, sind die Erneuerer von Forschung und Wissenschaft keine *Genies* im klassischen Sinne, sondern systematisieren in erster Linie ein Wissen, das im Volk längst Gemeingut geworden ist. Die Trennung von Kopf- und Handarbeitern ist also immer schon eine scheinbare Trennung, und ihre Aufhebung kann keine ernsthafte Bedrohung des wissenschaftlichen Fortschritts bedeuten. Zudem hat die Entwicklung der Wissenschaften und insbesondere der Naturwissenschaften ein Stadium erreicht, das eine gründliche und umfassende Kenntnis aller Wissenschaftsbereiche – also ein Ideal, dem noch der von KROPOTKIN sehr bewunderte GOETHE anhing – unmöglich macht. Erforderlich ist deshalb weniger eine *qualitative Steigerung* der wissenschaftlichen Ausbildung[919] als eine *quantitative Extension* der grundlegenden wissenschaftlichen Kenntnisse und Methoden. Das wissenschaftliche Methoden- und Forschungsinstrumentarium soll zum Werkzeug für Alle werden; wer dies dann in welcher Weise einsetzt, bleibt den Individuen überlassen. KROPOTKINS Konsequenz aus dieser Spezialisierung der Wissenschaft ist der Vorschlag einer Bildung von Kollektiven von Wissenschaftlerinnen und Wissenschaftlern, die arbeitsteilig an größeren Projekten forschen würden[920]. KROPOTKIN begründet diese Forderung auch mit der nach seiner Auffassung rückläufigen Tendenz in den modernen Wissenschaften, wirklich Neues zu entwickeln: Die arbeitsteilige Gesellschaft habe durch die Spezialisierung den ur-

---

917 LIH, 227

918 LIH, 229

919 Schon KROPOTKINS Bemerkungen zum Wissenschaftsbegriff und zu der Notwendigkeit, nicht »Neues« zu entwickeln, sondern das bereits Bekannte zu demokratisieren, beinhalten diese Hervorhebung der *quantitativen* Steigerung.

920 vgl. EdB (b), 175

sprünglichen Zusammenhang von Volkswissen und wissenschaftlicher Systematisierung dieses Wissens durch einzelne Gelehrte immer mehr auseinandergerissen. Der Zwang zur eintönigen Fabrikarbeit zerstört das Interesse an der Arbeit insgesamt und damit das Interesse an der Produktivitätssteigerung oder das Interesse an der Erhöhung der Effektivität einzelner Arbeitsprozesse. Der Arbeiter der Großindustrie erfindet nicht mehr[921], und dies hat zur Folge, daß auch die Ingenieure oder Kopfarbeiter, deren Entwicklungen von den Alltagserfahrungen und -beobachtungen der Arbeitenden abhängig waren, nur noch in abstrakter, von den tatsächlichen Erfordernissen des Produktionsprozeß abgeschnittener Weise ihre Forschungen betreiben können.

3.3.5 Die konkrete Durchführung des Unterrichts

In der Diskussion der konkreten didaktischen Gestaltung der *éducation intégrale* stützt sich KROPOTKIN auf bereits vorhandene Schulexperimente und skizziert in Anlehnung an diese Versuche, wie er sich die systemimmanente Reform des Ausbildungswesens vorstellt. Als Beispiel führt er zunächst die Unterrichtspraxis der Moskauer Technischen Schule an, deren Absolventen er in seinen Moskauer Studienjahren kennengelernt hatte. Was KROPOTKIN betont, ist die ausgeprägte Orientierung dieses Schulversuches auf die naturwissenschaftliche Fachausbildung. Mit dieser Orientierung einher geht eine handwerkliche Schulung, die die Schüler befähigt »mit ihren eigenen Händen und ohne Hilfe professioneller Arbeiter die feinsten Dampfmaschinen vom schweren Kessel bis zur letzten fein gedrehten Schraube, landwirtschaftliche Maschinen und wissenschaftliche Apparate«[922] zu fertigen, die als konkrete Anwendung der abstrakten Kenntnisse in Physik und Mechanik den Unterricht ergänzen. KROPOTKIN hebt hervor, daß die Eigeninitiative und das selbständige Arbeiten der Schüler im Mittelpunkt dieser Ausbildung steht. Das für KROPOTKIN wichtigste Unterscheidungsmerkmal dieses Schulexperimentes zu anderen gleichzeitigen Schulversuchen, die sich auf die technisch-wissenschaftliche Ausbildung konzentrieren, ist der Verzicht auf eine Beschränkung der technischen Ausbildung auf eine rein handwerkliche Fertigkeit: Der Schüler lernt zunächst die Grundlagen des technischen Zeichnens, dann ist er gehalten, anhand seiner Zeichnungen in der schuleigenen Schreinerei ein Werkstück zu fertigen. Eine weitere Ausbildungsstufe sieht vor, in der Drechslerei Holzmodelle zu entwerfen, die dann in der Gießerei zu Metallteilen nachgebildet werden. Schließlich werden die Schüler in die eigentlichen Schmiede- und Schlosserwerkstätten aufgenommen und sind in der Lage, die verschiedenen handwerklichen Fähigkeiten, die sie erworben haben, zu kombinieren.

---

921 vgl. LIH, 214 f.

922 LIH, 217

Die für KROPOTKIN bedeutendste Neuerung dieses Schulversuches stellt die *Anschaulichkeit* dar, die mit einer im obigen Sinne durchgeführten technischen Erziehung verbunden ist. Übertragen auf den Fachunterricht impliziert dieses Prinzip, daß – soweit die einzelnen Fächer dies sachlich und inhaltlich gestatten – die sinnliche, praktische, anwendungsbezogene Seite des Unterrichtsgegenstandes zentral wird. »Durch Auge und Hand ins Gedächtnis«[923] wird bei KROPOTKIN zur Formel, die in didaktischer Hinsicht jedem Unterrichtsfach zugrunde liegen sollte.

KROPOTKIN exemplifiziert dieses Prinzip am Geometrieunterricht und will zeigen, daß eine Kombination der abstrakten geometrischen Gesetze mit der möglichst unmittelbaren konkreten Anwendung sowohl motivierend als auch beschleunigend auf den Lernprozeß einwirken kann: »Überdies muß jede abstrakte geometrische Wahrheit auch dem Geist in ihrer konkreten Form eingeprägt werden. Sobald die Schüler einige Aufgaben auf dem Papier gelöst haben, müssen sei diese auch auf dem Spielplatze der Werkstätte anwenden. Nur dann werden die geometrischen Formeln eine konkrete Bedeutung in den kindlichen Geistern erlangen, nur dann werden sie sehen, daß der Lehrer nicht nur Spitzfindigkeiten ausübt, wenn er von ihnen verlangt, Aufgaben mit dem Lineal und dem Zirkel zu lösen (...), nur dann werden sie Geometrie kennen.« [924] Für KROPOTKIN ist *Anschaulichkeit* und damit die Möglichkeit, theoretisch erworbenes Wissen unmittelbar in praktischer Anwendung zu erproben, eine pädagogische Maxime, die direkt am kindlichen Bedürfnis des Experimentierens[925] anknüpft. Eine Nicht-Berücksichtigung dieses Bedürfnisses, wie sie für den klassischen Unterricht charakteristisch ist, verkennt für ihn die Natur des Kindes. Der nur an abstrakter Wissensvermittlung ausgerichtete Unterricht knüpft nicht an die kindliche Neugier und Experimentierfreude an und setzt statt dessen auf bloße Reproduktion: »Oberflächlichkeit, papageienhaftes Wiederholen, Sklaverei und Gedankenträgheit sind die Erfolge unserer Erziehungsmethode. Wir lehren den Kindern nicht wie zu lernen.«[926] KROPOTKINS Ideen zur praktischen Unterrichtsgestaltung setzen sich entschieden ab von jenen autoritären, die Individualität der Zu-Erziehenden ignorierenden Erziehungsmethoden. Er tritt ein für eine grundsätzliche Neuorientierung hinsichtlich der *allgemeinen Gültigkeit* von Lehrplänen und Curricula. Nicht der Stoff und seine Vermittlung stehen im Mittelpunkt der pädagogischen Handlung, sondern die Fähigkeiten und Bedürfnisse der Schülerinnen und Schüler. Starre Lehrpläne können die individuellen Bedürfnisse und Fähigkeiten der Zu-Erziehenden naturgemäß nicht berücksichtigen, und diese Inflexibilität macht KROPOTKIN für schulische Mißerfolge verantwortlich: »Ein im Latein- und Grie-

---

923 LIH, 221; vgl. auch Fr 1901, 49

924 LIH, 221; Zur *Anschaulichkeit* vgl. auch EdB (b), 231

925 vgl. Mem, 149

926 LIH, 222

chischunterricht fauler Knabe arbeitete wie ein Pferd, würde er in den Naturwissenschaften unterrichtet, zumal wenn der Unterricht durch manuelle Arbeit vermittelt wäre. Ein Mädchen, das in Mathematik als Null gilt, würde zur besten Mathematikerin in ihrer Klasse, träfe sie zufällig mit jemanden zusammen, der ihr die Grundbegriffe der Arithmetik zu erklären verstünde, die sie nicht begriffen hatte.«[927]

Dieses Prinzip konsequent anzuwenden heißt bei KROPOTKIN, daß der schulische Unterricht dem Umstand Rechnung tragen muß, daß die Zu-Erziehenden niemals als Masse betrachtet werden dürfen, sondern als Individuen, die nicht durch allgemeine und starre curriculare Vorgaben unterdrückt werden dürfen: »Ein anderes Kind ist nicht an Ordnung und Regelmäßigkeit gewöhnt. Lassen wir die Kinder selbst sie einander beibringen. Methodik werden sie später bei der Arbeit im Laboratorium und in der Fabrik und mit vielen Werkzeugen auf engem Raum ganz von allein lernen. Machen wir aus ihnen bloß keine zerfahrenen Wesen durch eine Schule, deren einzige Ordnung die Symmetrie der Bänke (...) ist.[928] Dies ist eine der deutlichsten Stellungnahmen KROPOTKINS zu seiner Konzeption einer freiheitlich orientierten Erziehung. Die Erziehung zu Regelmäßigkeit und Ordnung soll nicht über die Zugriffe der Lehrerinnen und Lehrer durchgesetzt werden, sondern ist als Selbstregulationsprozeß gedacht, der sich gewissermaßen *organisch* aus dem Zusammenleben der Schülerinnen und Schüler entwickelt. Diese Sicht beruft sich auf die anthropologischen Grundannahme der gegenseitigen Hilfe: Jedes Kollektiv und jede Gemeinschaft ist – wie gezeigt – solidarisch und verfolgt die gemeinsamen Interessen stärker, als es die Konkurrenzsituationen akzentuiert. Die Schulklasse ist eine solche Gemeinschaft, und ihre Sonderstellung als dem Überlebenskampf der Gesellschaft mehr oder weniger entzogener Raum[929] kann Gewähr dafür sein, daß die *Einübung in Solidarität* hier erfolgreicher praktiziert wird. Voraussetzung hierfür ist allerdings, daß die Lehrerinnen und Lehrer ihre Mission darin sehen, diese Tendenzen zu fördern und nicht in erster Linie ihre Hauptaufgabe in der Vorbereitung auf den gesellschaftlichen Existenzkampf sehen. Ziel der pädagogischen Anstrengung muß es vielmehr sein, die sozialen Handlun-

---

927 EdB (b), 229

928 EdB (b), 231

929 Allerdings ist es nicht KROPOTKINS Interesse, eine von der gesellschaftlichen Realität isolierte Schule zu legitimieren. Die Versuche OWENS in New Lamarck sind ihm zwar bekannt – er hatte während einer Nordamerika-Reise die noch bestehenden, in der owenschen Tradition stehenden Kommunen besucht -, und auch TOLSTOJS Erziehungsexperimenten in »Jasnaja Poljana« zollt er Respekt (vgl. IuW, 124), aber er läßt keinen Zweifel daran, daß solche »pädagogische Inseln« nicht die gesamtgesellschaftlich notwendige Reform der Erziehung und Ausbildung leiten können, sondern daß nur die grundlegende Reform der Gesellschaft das Erziehungssystem zu reformieren vermag (vgl. etwa: KROPOTKIN in: WOODCOCK/AVAKUMOVIC 1970, 256).

gen der Zu-Erziehenden »zur Gewohnheit, zum Instinkt«[930] zu entwickeln und so die Vorbereitung zur sozialen, solidarischen Charakterbildung zu leisten.

3.3.6 Selbstregulation

Die Akzentuierung der Selbstregulation deutet zugleich auf ein anderes Merkmal, das für die anarchistische Theoriebildung insgesamt von zentraler Bedeutung ist. Ein notorischer Vorwurf gegen den Anarchismus äußert sich – bis heute – im Verdacht, eine dem staatlichen Regulationsmechanismen entzogene Gesellschaftsordnung müsse im Chaos und in gegenseitiger Vernichtung versinken. KROPOTKINS Rekurs auf eine Anthropologie, die die *ordnende Kraft der Solidarität* zur Naturtatsache erhebt, war nicht zuletzt eine Antwort auf diese Kritik. Wenn er in der pädagogischen Diskussion die *ordnende Kraft der Selbstregulation* akzentuiert, so ist auch hierin ein Versuch der Rechtfertigung und Verteidigung anarchistischer Prinzipien zumindest enthalten. Kinder und Jugendliche ordnen ihr Zusammenleben selbst – sofern die erzieherische Einwirkung sich zurückhält – aufgrund einer noch nicht durch den gesellschaftlichen Einfluß gebrochenen »natürlichen« Solidarität. Diese Ontologisierung der menschlichen Solidarität, wie sie in der Anthropologie KROPOTKINS entfaltet wurde, zeitigt in Hinsicht auf das Unterrichtsgeschehen einen Laissez-faire-Stil besonderer Art: Die Zu-Erziehenden werden, sofern sie der selbstregulierenden Gruppe überlassen und ihnen ansprechende, d.i. auf Anschaulichkeit und Praxisnähe bedachte Unterrichtsmittel angeboten werden, am Material *von selbst* lernen. Das *Unterrichtsmaterial* und die *Gruppe* bilden den Rahmen für die Schulausbildung ohne Zwang, d.h. diese Abwesenheit von Zwang ist keine pädagogische oder ethische Maxime, wie sie von einem anarchistischen Denker wie KROPOTKIN zu erwarten wäre, sondern leitet sich aus *sachlichen* Erwägungen ab. Dies ist zugleich das möglicherweise deutlichste Unterscheidungsmerkmal dieser pädagogischen Überlegungen zu den Ansätzen, wie sie bei GODWIN und BAKUNIN gefunden werden können: KROPOTKINS Absicht, den Anarchismus neu zu begründen und diese Begründung primär aus einer Analyse der gesellschaftlichen Möglichkeiten und Bedingungen abzuleiten, führt dort zu einer Bescheidung, wo die Utopie einer künftigen freiheitlichen Pädagogik entfaltet werden könnte. KROPOTKIN versieht seine pädagogischen Ideen mit Anlehnungen an progressive pädagogische Tendenzen seiner Zeit – aber eben nicht mit mehr. Er enthält sich weitgehend der Spekulation, wenn pädagogische Fragen zu beantworten wären, die über den Rahmen des »Bekannten« hinausgehen, und gibt allenfalls Andeutungen über die Ausgestaltung einer Pädagogik, die nicht länger im Dienst der kapitalistischen Herrschaft stünde. Wie in seinen Legitimationsversuchen des Anarchismus als wissenschaftlich begründbare und begründete Weltanschauung wird statt der utopistischen Schwärmerei, die dem Anarchismus mehr als anderen ideologischen

930 An, 91

Richtungen zueignet, eine Seriosität präferiert, die allerdings mit einer naiven Wissenschaftsgläubigkeit einhergeht, die eben diese Seriosität wieder unterminiert.

In Übereinstimmung mit den pädagogischen Konzeptionen GODWINS und BAKUNINS ist KROPOTKINS Erziehungslehre dort, wo die Individualität des Kindes oder des Jugendlichen auf dem Spiel steht. Auch er will eine Erziehung, die radikal mit der Uniformität als Bildungs- und Erziehungsideal bricht und deren elementares Anliegen es ist, die ganze Variationsbreite der menschlichen Entwicklungsmöglichkeiten zur Grundlage der pädagogischen Anstrengungen zu machen: »Erkennen wir denn nicht, daß für 8 Millionen Schüler, die 8 Millionen unterschiedliche Fähigkeiten repräsentieren, von einem Minister entwickelte Unterrichtsmethoden uns ein System der Mittelmäßigkeit oktroyieren, weil es von mittelmäßigen Menschen konzipiert worden ist.«[931]

3.4 Zusammenfassung

KROPOTKINS libertärpädagogisches Denken entwickelt sich, gemäß seiner philosophischen und politischen Entwicklung, in zwei Phasen, die allerdings nicht scharf voneinander abzugrenzen sind. Der frühe KROPOTKIN präsentiert sich als Adept der bakuninischen Erziehungskritik, die jede Unterweisung des Volkes zur konterrevolutionären Unternehmung erklärt. KROPOTKIN teilt im ČAIKOVSKIJ-Zirkel diese Auffassung und entwickelt eine Theorie der propagandistischen Agitation, der für seine frühen politischen Aufsätze bestimmend bleiben soll. Allerdings ist seine BAKUNIN-Rezeption von Anbeginn doppeldeutig: Er kennt, anders als BAKUNIN, die Verhältnisse in Rußland sehr genau. Eine Bereitschaft des Volkes zur Revolution, ein revolutionärer Instinkt, der durch Bildungsanstrengungen nur unterminiert würde, dominiert keineswegs die sozialen und politischen Verhältnisse des späten 19. Jahrhunderts in Rußland. KROPOTKIN behilft sich mit einer Zwischenlösung: Formal anerkennt und verteidigt er BAKUNINS Diktum vom instinktiv revolutionären Volk. Tatsächlich aber konzipiert er im ČAIKOVSKIJ-Kreis ein propagandistisches Programm zur Volkserziehung, das zwar nicht pädagogisch, sondern revolutionstaktisch begründet ist, in der Sache aber einen eminenten Progreß in Hinblick auf die Volksbildung bedeutete. Die čaikovskijs sind zeitweise die einzige relevante Kraft in Rußland, die im Volk in organisierter Weise pädagogisch tätig wird. KROPOTKINS Schrift »Must We Occupy Ouerselves with an Examination of the Ideal Future System« von 1873 bestreitet einerseits vehement, es wäre Aufgabe der Intelligentsia, das Volk zu bilden, akzeptiert aber durchgängig elementare bildungspolitische Erfordernisse. KROPOTKIN weiß, daß es ohne Schreib- und Lesefähigkeit keine Entwicklung revolutionärer Kader unter den Massen wird geben können, und deshalb erklärt er die Alphabetisierung von Kadern als erste, revolutionäre Pflicht. Diese Kaderbildung ist zwar noch keine pädagogische Strate-

931 EdB (b), 231; vgl. auch WeR, 120

gie zur Reform der Gesellschaft, aber sie ist auch nicht mehr im Einklang mit BAKUNINS radikaler Bildungskritik. In den Schriften des frühen KROPOTKIN zeigen sich bereits erste Elemente der Entwicklung einer konstruktiven Haltung zu pädagogischen Bemühungen. Diese Entwicklung setzt sich fort, und KROPOTKIN wird immer mehr zum Vordenker einer libertären Pädagogik, von der erwartet wird, daß sie bei der Veränderung der Gesellschaft eine entscheidende Rolle spielt.

Die Bedeutung der Pädagogik, die KROPOTKIN im Zuge seiner Entwicklung zum wissenschaftlichen und philosophischen und nicht mehr nur politisch-taktischen Denker zunehmend in den Mittelpunkt rückt, wird in seinen anthropologischen Analysen fundiert: KROPOTKIN konzipiert ein evolutionäres Schema, das neben dem Überlebenskampf der Arten im Sinne HUXLEYS auch die sogenannte *gegenseitige Hilfe* als gleichberechtigte evolutionäre Ordnungsregel setzt. Diese Solidaritätsverhältnisse unter Mensch und Tier zeigen sich für KROPOTKIN unter anderem in der Sorge um die Nachkommenschaft und in der Kindererziehung.

Besondere Relevanz für die Reform der Gesellschaft wird bei KROPOTKIN der modernen Naturwissenschaft beigemessen, die nach seiner Auffassung alle Instrumentarien zur friedlichen, evolutionären Umgestaltung bereits in der Hand hat. KROPOTKIN entfaltet in seinen zahlreichen Schriften, die naturwissenschaftliche Fragestellungen berühren, einen extremen Optimismus bezüglich der Möglichkeiten naturwissenschaftlichen Fortschritts. Es ist hierin der sicherlich schärfste Bruch zur anarchistischen Philosophie BAKUNINS zu sehen, dessen Wissenschaftskritik gerade zum umgekehrten Schluß einer drohenden Verewigung der Herrschaft vermittels der wissenschaftlichen Legitimation ungerechter Verhältnisse gelangt. KROPOTKINS Optimismus in dieser Hinsicht, der freilich durch eine Kritik am bürgerlichen Wissenschaftsbetrieb abgemildert wird, führt in pädagogischer Hinsicht zur Forderung nach einer wissenschaftlichen Ausbildung für alle, von der erwartet wird, daß sie auch vorrevolutionär bereits organisiert werden kann und daß ihr Ergebnis ein ungeahnter Aufschwung naturwissenschaftlicher Erkenntnisse sein wird.

Die pädagogischen Überlegungen KROPOTKIN im engeren Sinne schließen sich an seine anthropologischen und wissenschaftlichen Reflexionen an. Er entfaltet hierbei zunächst eine radikale Bildungskritik, die jedoch – anders als bei BAKUNIN – in erster Linie die Verfehlung »bürgerlicher Bildung« in den Blick nimmt und reformerische Erziehungsprojekte, seien sie bürgerlicher oder sozialistischer Abkunft, zunächst ausblendet. Seine Bildungskritik inkriminiert die »Gewöhnung an Autorität«, die über die bürgerliche Schule vermittelt würde, er verweist auf den engen Konnex zwischen Erziehung und Staat im bürgerlichen Bildungssystem und fordert schließlich eine Entideologisierung jeglichen Schulunterrichtes.

Seine eigenen Vorschläge zu Erziehung und Bildung greifen die »obligatorischen« bildungspolitischen Forderungen der progressiven Bewegungen des 19. und frühen 20. Jahrhunderts auf. KROPOTKIN legt hierbei größtes Gewicht auf eine Verknüpfung von Hand- und Kopfarbeit, weil nur dadurch sicherzustellen sei, daß eine »integrale«, den »ganzen Menschen« berücksichtigende Erziehung realisiert werden kann. Anders als BAKUNIN erwartet KROPOTKIN von einer reformierten Erziehung einen »Aufschwung der Wissenschaften«. Seiner Auffassung nach sind die bürgerlich-doktrinäre Klassenerziehung und die kapitalistische Arbeitsteilung gleichermaßen dafür verantwortlich dafür, daß eine Stagnation der wissenschaftlichen Fortschritts eingetreten ist, die nur durch eine »Demokratisierung« der Wissenschaft aufgehoben werden kann. Erreicht werden soll dies durch eine frühe pädagogische Heranführung an wissenschaftliche Verfahren und durch die Kombination von wissenschaftlich-theoretischer Ausbildung mit praktischen Anwendungen der erworbenen Kenntnisse. KROPOTKIN konzipiert einen polytechnischen Unterricht, der sich auf bereits etablierte Modellversuche stützt und mit dem langfristig das gesamte Bildungswesen verändert werden soll. In didaktischer Hinsicht empfiehlt KROPOTKIN eine sukzessive Befähigung der Zu-Erziehenden, sich in Selbstregulation zu unterrichten, denn auch in KROPOTKINS Erziehungskonzept wird das pädagogische Verhältnis als ein Autoritätsgefälle beschrieben, das es aufzuheben gilt.

Insgesamt bleiben KROPOTKINS Darlegungen zur Erziehung und Bildung fragmentarisch. Zwar konnten unter Bezugnahme auf seine Anthropologie und seine Überlegungen zu Wissenschaft und Ethik die Bedingungen und der Hintergrund aufgewiesen werden, der sein Konzept einer *éducation intégrale* legitimiert. Konkretion erfährt diese *éducation intégrale* bei KROPOTKIN aber noch weniger als bei BAKUNIN: Erklärlich ist diese Zurückhaltung einerseits aus einer prinzipiellen Vorsicht KROPOTKINS, en détail dort zu formulieren, wo nicht seine Fachgebiete (Geografie, Geschichte und mit Einschränkungen Wirtschaftswissenschaft) berührt sind, andererseits aus praktisch-politischen Erwägungen. KROPOTKIN steht, zumindest auf dem Höhepunkt seiner Popularität, vor einer schwierigen Wahl: Er wollte, als der – neben TOLSTOIJ und RUSSELL – vielleicht renommierteste Repräsentant des Anarchismus, der anarchistischen Theorie ihren Utopismus und Chiliasmus nehmen, um für sie jene gesellschaftliche und philosophische Kraft zurückzugewinnen, deren sie im Aufstieg des Marxismus und durch die katastrophalen Fehler der anarchistischen Bewegung verlustig gegangen war. Erreicht werden konnte dies durch die *Modernisierung* des Anarchismus, eine Unternehmung, die KROPOTKIN durch die Öffnung der anarchistischen Lehre gegenüber der Naturwissenschaft erreichen wollte. Naturwissenschaft aber war, was ihre Praxis und was ihre Theoriebildung betraf, fest in den Händen der *Bourgeoisie* – zumindest in den Augen der jeweiligen anarchistischen Führer. Jeder Fortschritt der Naturwissenschaft mußte (auch) als Befestigung der herrschenden Ordnung betrachtet werden, und die Berufung auf die Neutralität der Wissenschaft, die KROPOTKIN zuweilen versuchte, wurde immer dann brüchig, wenn die Indienstnahme neuester Erkenntnisse durch die herrschenden Mächte evident wurde. KROPOTKIN hat hier niemals eindeutig Stellung bezogen: Weder hält er sein Konzept einer friedlichen, durch den Fortschritt in Gang gesetzten evolutionären Übergang der alten Ordnung in eine freie Gesellschaft konsequent durch: Schließlich ist er anarchistischer Revolutionär und kennt die Flexibilität des kapitalistischen Machtapparates, der sich durch die Wissenschaft zu restaurieren weiß. Noch ist KROPOTKIN ein »klassischer« Revolutionär des 19. Jahrhunderts, der – im Sinne BAKUNINS – an den spontanen Aufstand der Massen und an einen »Jüngsten Tag« der revolutionären Bewegungen glauben kann[932]. Dieses Lavieren zwischen friedlicher Reform und revolutionärer Umwälzung, zwischen Wissenschaftsgläubigkeit und Fundamentalkritik an kapitalistischer Herrschaft durchdringt auch sein pädagogisches Programm: Er kann sich nicht den Reformschulbewegungen anschließen, die auch in anarchistischen Kreisen zunehmend an Einfluß gewinnen[933], weil diese nur pädagogische Inseln innerhalb eines kapitalistischen Systems schaffen können, die letztlich immer von der kapitalistischen Macht kassiert werden können. Zugleich aber sind für KROPOTKIN die verschiedenen Versuche einer »neuen« Erziehung Antizipationen der Erziehung in der befreiten Gesellschaft und können so – als Lehrstücke und Experimente – einen bedeutenden Beitrag zu seinem Konzept eines *konstruktiven Anarchismus* leisten. Die zentrale Frage nach der gesellschaftsverändernden Macht der Erziehung bleibt bei KROPOTKIN im Grunde unbeantwortet. Weder kann er – wie GODWIN – Erziehung als das »most powerful instrument« betrachten, noch kann er dem bakuninischen Verdikt zustimmen, demzufolge die revolutionären Massen keiner Erziehung bedürften. Er bezieht in diesen Diskussionen nicht Stellung, sein *konstruktiver Anarchismus* läßt sich statt dessen als permanenter Balanceakt zwischen Revolution und Evolution beschreiben und diese Unentschiedenheit bleibt für seine pädagogischen Überlegungen perennierend

---

932 Noch vor dem Hintergrund der Oktoberrevolution warnt er vor der übereilten Machtübernahme der Massen und schlägt statt dessen eine Parlamentsreform vor.

933 Zu den zahlreichen anarchistischen Schulversuchen vgl. etwa BIANCO 1967, ARCHER/POOLE 1982, HEER 1982, KLEMM 1984, GRUNDER 1986 und BAUER 1987.

4. Schlußbemerkungen

4.1 Libertäre Pädagogik bei GODWIN, BAKUNIN und KROPOTKIN – Gemeinsamkeiten und Differenzen

GODWIN, BAKUNIN und KROPOTKIN haben auf je eigene Weise ihren Beitrag zur Geschichte der libertären Pädagogik und damit auch zur Geschichte der Pädagogik geleistet. GODWIN, der zum einen als typischer Repräsentant des individualistischen Anarchismus, zum anderen als der früheste anarchistische Denker überhaupt gelten kann, entwickelt einen Begriff von Erziehung, für den die Autonomie des Zu-Erziehenden Maßstab und Begrenzung jeder pädagogischen Unternehmung ist. Diese pädagogische Selbstbeschränkung setzt sich in auffallenden Widerspruch zum aufklärungsphilosophischen »Glauben« seiner Zeit, alles sei »pädagogisierbar«. Freiheit und Individualität sind für GODWIN absolute Größen; ihre Limitation, die in jeder pädagogischen Maßnahme zwangsläufig mitspielen muß, ist ihm nur als notwendiges Übel zulässig, eine positive Legitimation pädagogischer Einflußnahme findet sich bei GODWIN nicht. Dies aber heißt, daß für ihn Erziehung ein Zwangsinstrument auch dort bleibt, wo revolutionäre oder reformistische pädagogische Theorien Befreiung über Erziehung versprechen. GODWIN hat sich auf diese Debatte, die für die sozialistische und sozialdemokratische Ideologie so bestimmend werden sollte, nicht einlassen wollen. Den Apologeten einer »National Education«, die im Recht aller Staatsbürger auf Erziehung und Bildung einen gewaltiger Fortschritt gegenüber der noch allgegenwärtigen Standes- und Klassenerziehung sahen, hält er entgegen, daß ihr Konzept eine weitere Entmündigung der Autonomie des Kindes impliziert und lediglich zu einer Einübung in andere Herrschaftsverhältnisse führen wird. Es ist für den Radikalindividualisten GODWIN ohne Belang, ob sich eine Herrschaftsform demokratisch legitimiert oder aristokratischer bzw. monarchistischer Deszendenz ist. Herrschaft ist Unterwerfung der individuellen Freiheit, und die erste und damit möglicherweise wirkungsvollste und weitreichendste Unterwerfung in diesem Sinne ist ihm die pädagogische Einflußnahme. Seine pädagogische Utopie wäre deshalb eine gesellschaftliche Formation von kleinen bis kleinsten sozialen Einheiten (*parishes*), in denen eine Delegierung von Macht nur zu den notwendigsten Verwaltungsaufgaben notwendig wäre. Erziehung wäre in solchen Formationen ein Prozeß, der sich in freier Übereinstimmung zwischen den Individuen vollzieht. GODWINS aufklärungsphilosophischer Optimismus, der von der Omnipotenz der Vernunft und ihrer Durchsetzungsfähigkeit geleitet ist, findet hier seine radikale Ausformung: Die Zu-Erziehenden werden aufgrund ihrer inneren »Vernünftigkeit«, die bei GODWIN fast metaphysische Züge annimmt, um ihre Erziehung besorgt sein und sich aus freien Stücken an Erwachsene oder Ältere wenden, um erzogen zu werden. Diese utopistischen Vorstellungen sind die letzte Konsequenz eines philosophischen und pädagogischen Denkens, das einerseits Erziehung als das »most powerful instrument«

der menschlichen (Selbst-)veränderung anerkennt, andererseits das pädagogische Verhältnis als Zwangsverhältnis beschreibt, das zunächst nur Prolongation von Unfreiheit bedeuten muß. Was hier als Paradoxie erscheint, erweist sich bei genauerer Betrachtung als konsequentes Zuende-Denken einer Philosophie, die die individuelle Potenz des Menschen zum »vernünftigen Leben« hypostasiert und die damit im Grunde ganz auf dem Boden der aufklärungsphilosophischen Axiomatik steht. GODWIN bringt auf seine Weise den aufklärungsphilosophischen Diskurs zur Vollendung, der um die Probleme der Selbstmächtigkeit von Vernunft und der Freiheit des Individuums kreist.

Ähnliches kann auch von BAKUNIN gesagt werden, wenngleich er als radikaler Kritiker gerade des durch die Aufklärung etablierten Begriffes von Vernunft auftritt. Dennoch entfaltet sich sein Denken ganz im Horizont des aufklärungsphilosophischen Verbesserungswillens. Die Besonderheit seiner Sozialphilosophie besteht in erster Linie darin, daß er als Pandestrukteur auftritt, der keine Emanation von Herrschaft akzeptiert, gleich welcher ideologischen Vorgaben sie auch immer sich bedient. Das Vermächtnis BAKUNINS ist die radikale Infragestellung der doktrinären und autoritären Elemente aufklärungsphilosophischer Denkweisen. Vor allem seine radikale Kritik an totalitären und machtbewußten Komponenten des Sozialismus und Kommunismus bleibt sein fruchtbarster und historisch weitreichendster theoretischer Ansatz. Diese Orientierung wirkt sich auch auf seine pädagogischen Überlegungen aus, die einerseits als schonungslose Bildungskritik auftritt und andererseits eine pädagogische Utopie ausbreitet, in der Erziehung als notwendiges, aber der Freiheit des Menschen entgegenstehendes Zwangsverhältnis beschrieben wird. BAKUNIN führt einen der schärfsten Angriffe gegen den Wissenschaftsbegriff des 19. Jahrhunderts. Dieser Angriff unterscheidet sich grundsätzlich von den Kritikansätzen anderer revolutionärer Theorien (unter anderem auch von derjenigen KROPOTKINS), weil er Wissenschaft nicht deshalb hinterfragt, weil sie unter den Begrenzungen bürgerlicher Herrschaft sich nicht adäquat entwickeln könnte. BAKUNINS Angriff zielt auf das Zentrum wissenschaftlichen Denkens, das von ihm als notwendig lebensfremd und abstrakt beschrieben wird. Wissenschaft darf aus diesem Grunde nicht dazu herangezogen werden, gesellschaftliche Zustände zu erklären oder gar – wie COMTE dies wollte – gesellschaftliche Machtpositionen einzunehmen. BAKUNIN intendiert die »Auflösung der Wissenschaft ins Leben«, was nichts anderes meint als eine Aufhebung jenes Anspruches wissenschaftlicher Forschung, der glaubt, mehr als Vorläufiges, Zu-Verifizierendes, Hypothetisches anbieten zu können. BAKUNIN will nicht die Abschaffung der Wissenschaft, wie ihm vor allem in der marxistischen Rezeption immer wieder vorgeworfen wurde, sondern eine klare Zuweisung ihrer Position, eine Funktionalisierung der Wissenschaft und eine Entmachtung ihrer institutionellen Repräsentanten. Daß BAKUNIN nicht »wissenschaftsfeindlich« (etwa im Sinne der Lebensphilosophie oder des Romantizismus) ist, zeigt schon ein oberflächlicher Blick auf sein nachrevolutionäres Erziehungsprogramm, das eine polytechnische, auf eine Zusammenführung von Kopf- und Handarbeit orientierte und wissenschaftlich fundierte Ausbildung für alle vorsieht. Allerdings geht BAKUNINS utopisches Bildungsprogramm von einem vorübergehenden »Verfall der Wissenschaften« aus, der aus den Konsolidierungsproblemen erklärt wird, die in revolutionären Transformationsperioden auftreten. Langfristig ist seine pädagogische Utopie von der Überzeugung geleitet, daß Wissenschaft und Forschung, wenn sie ihren Stellenwert als Funktion und Instrument der Menschen erkennen und nicht als Macht auftreten und gesellschaftliche Herrschaft beanspruchen, als Mittel zur Verbesserung der sozialen und wirtschaftlichen Verhältnisse nützlich sein werden.

Die Bildungskritik BAKUNINS ist sicherlich sein zentraler Beitrag zur libertären Pädagogik. Aber auch seine fragmentarisch gebliebenen Aussagen zum Verhältnis von Freiheit und Erziehung, seine Überlegungen zu den institutionellen Bedingungen einer postrevolutionären Erziehung und schließlich seine Beiträge zur Auseinandersetzung um Volksbildung und Revolution weisen ihn auch als frühen Repräsentanten einer libertären Pädagogik aus.

KROPOTKIN schließlich darf für sich beanspruchen, den heute diskutierten Ansätzenim libertärpädagogischen Kontext fördernd auf den Weg geholfen zu haben. KROPOTKINS konstruktiver Anarchismus eröffnet nämlich jene Richtung im anarchistischen Denkkreis, die gesellschaftliche Veränderungen nicht länger erst als Resultate der revolutionären Umwälzung sehen will, sondern die auf das experimentelle Neugestalten auch unter den Bedingungen des »falschen Lebens« (ADORNO) zu setzen beginnt. Diese Richtung im Anarchismus hat noch immer eine gewisse, wenn auch geringe Nachwirkung und Aktualität. Landkommunen, Selbstversorgungprojekte und eben auch pädagogische Experimente wie die frühen Kinderläden oder sogenannte »freie Schulen« können auch als Echo und Nachhall des kropotkinischen Anarchismus interpretiert werden, der als erster anarchistischer Theoretiker von Rang darauf hingewiesen hatte, daß gesellschaftliche Umwälzung nicht unter allen Umständen den Weg über die revolutionäre Erhebung nehmen muß, sondern durchaus den graduellen und evolutionären »Umweg« über die allmähliche innergesellschaftliche Reform nehmen kann.

Diese Sicht der Dinge ist allerdings damit erkauft, daß essentielle Kritikansätze, durch die der Anarchismus sich von anderen Sozialphilosophien und Ideologien unterschieden hatte, von KROPOTKIN aufgegeben werden. Eine radikale Wissenschaftskritik im Sinne BAKUNINS wird bei KROPOTKIN nicht mehr verfolgt. Statt dessen findet sich bei KROPOTKIN ein Glaube an die Omnipotenz der Wissenschaft, die wieder an GODWINS Vernunftapologetik anknüpft und hierbei Naturwissenschaft und Gesellschaftswissenschaft analogisiert. In pädagogischer Hinsicht steht für KROPOTKIN deshalb eine wissenschaftliche Ausbildung für alle im Vordergrund seiner Überlegungen zu den Inhalten von Erziehung und Bildung. Seine didaktischen Vorschläge knüpfen hier an und präsentieren sich als eine Reproduktion der in seiner

Zeit modernen pädagogischen Experimente. Das spezifisch libertär-pädagogische Element in KROPOTKINS Erziehungskonzeptionen drückt sich am deutlichsten in seinen nuancierten Stellungnahmen zur Selbstverantwortlichkeit der Zu-Erziehenden und zur Beschränkung erzieherischer Autorität aus.

Beim Versuch, Gemeinsamkeiten und/oder wechselseitige Abhängigkeiten bei den drei hier untersuchten Klassikern libertärpädagogischer Theorie aufzufinden und zu benennen, ist zunächst zu berücksichtigen, daß diese Denker ihre theoretischen Texte zu Erziehung und Bildung in untereinander scharf differierenden sozialen und historischen Bedingungen formulieren. Der Blick auf etwaige Gemeinsamkeiten darf diesen Umstand nicht vernachlässigen, weil er sonst die Gefahr besteht, daß falsche Kontinuitäten und nicht legitimierte »gemeinsame Wurzeln« zu konstruiert werden. Trotz dieser Einschränkung kann festgestellt werden, daß GODWIN, BAKUNIN und KROPOTKIN sich in wesentlichen philosophischen und ideologischen Fragen sehr nahe stehen und daß diese Nähe Affinitäten auch hinsichtlich der jeweils entfalteten pädagogischen Theorien zeitigt. Die sicherlich auffallendste Gemeinsamkeit in diesem Sinne ist die radikale Kritik am Staat und seiner Macht über die pädagogischen Institutionen. GODWIN bekämpft den Staat als Instanz, die das *»own judgement«* radikal anficht und durch seine erzieherischen Zwangsmaßnahmen den Gang der Vernunft stört statt fördert. Für BAKUNIN sichert der Staat vermittels seiner pädagogischen Institutionen den Fortbestand von bürgerlicher Herrschaft. Nur über eine restlose Zerstörung des Staates und seiner Institutionen kann eine Gesellschaft errichtet werden, in der eine *»éducation intégrale«* etabliert werden kann, die nicht länger Bildung und Erziehung zum Privileg Weniger machte. KROPOTKINS Staatskritik schließlich kulminiert im Versuch, die staatlichen Institutionen dadurch »auszuhöhlen«, daß gewissermaßen eine »zweite Gesellschaft« allmählich ausgebildet wird, die sich mehr und mehr von der offiziellen, staatlich regulierten Welt verabschiedet. Erziehung und Bildung nehmen in diesem Prozeß der inneren Reform der Gesellschaft eine entscheidende Rolle ein, weil in pädagogischen Experimentalsituationen die reformierte Gesellschaft antizipiert werden kann.

Ein anderer Konsens, der den individualistischen, den kollektivistischen und den kommunistischen Anarchismus in pädagogischer Hinsicht zueignet, findet sich in der Beschreibung des pädagogischen Verhältnisses als Unterdrückungsverhältnis. GODWINS Verdikt, demzufolge jede Erziehung als Sklaverei zu bezeichnen sei, bringt dies besonders nachdrücklich zum Ausdruck. Aber auch BAKUNIN teilt diese Auffassung, wenn er den Gegensatz von Freiheit und pädagogischer Autorität betont und von der Erziehung fordert, es sei ihre Pflicht und ihr Auftrag, sich so zu organisieren, daß sie sukzessive von den Zu-Erziehenden »vergessen« wird. KROPOTKIN schließlich möchte das prekäre Autoritätsgefälle zwischen Erziehenden und Zu-Erziehenden damit auflösen, daß er den Schülerinnen und Schülern mehr und mehr Eigenverantwortung im Gang ihrer Ausbildung einräumt. Das Ziel KROPOTKINS wäre der durch die Zu-Erziehenden regulierte Unterricht, in dem die

Lehrerinnen und Lehrer nur nocht beratendende und begleitende Funktionen erfüllen würden.

Ein drittes Moment, in dem die hier untersuchten Ansätze konvergieren, steht mit der Autoritätsproblematik in engem Zusammenhang: Für jede libertärpädagogische Konzeption und damit auch für die pädagogische Theorie GODWINS, BAKUNINS und KROPOTKINS ist die Gewährleistung der Freiheit und der Individualität des Menschen ein zentrales Anliegen. Im pädagogischen Kontext, in der das erwähnte Autoritätsgefälle immer eine Rolle spielt, ist diese Grundbedingung libertärer Philosophie und Ideologie besonders in Frage gestellt. GODWIN antwortet auf dieses Problem, indem er eine Utopie zeichnet, in der Kinder und Jugendliche sehr früh in der Lage sein sollen, in Freiheit und gemäß ihren Wünschen und Bedürfnissen darüber zu entscheiden, ob und in welche pädagogische Situation sie sich begeben wollen. BAKUNIN teilt solchen Utopismus nicht, wenngleich auch er von einer postrevolutionären Gesellschaft erwartet, daß sie die Rahmenbedingungen schaffen wird, die zuhanden sein müssen, damit die Individuen eine Chance auf die freie Entfaltung ihrer Möglichkeiten und Fähigkeiten haben. Die Erziehung aber wird in BAKUNINS utopischem Entwurf immer eine notwendige Einschränkung der menschlichen Freiheit bleiben, die nicht endgültig aufgehoben werden kann, sondern von jeder Generation neu durchlaufen wird und jeweils neu überwunden werden muß. Für KROPOTKIN ist die Einschränkung von Freiheit und Individualität in jeder pädagogischen Situation zwar ebenfalls ein Grundproblem jeder libertären Pädagogik. Doch er erwartet von einer pädagogischen Reform eine allmähliche Befähigung der Erzieherinnen und Erzieher zur Akzeptanz der Freiheit der Zu-Erziehenden: Schülerinnen und Schüler werden in einer dergestalt reformierten Erziehung nicht länger die pädagogische »Objekte« sein, sondern als eigenverantwortliche und freie Individuen angesehen werden, denen nicht mit Autorität, sondern mit Respekt zu begegnen ist.

Kritik am Staat und seinen pädagogischen Emanationen, die Problematisierung des pädagogischen Autoritätsverhältnisses und die Akzentuierung der Freiheit und Individualität der Zu-Erziehenden werden auch für diejenigen libertärpädagogischen Konzeptionen, die sich in Anschluß an die klassischen Ursprünge libertärer Pädagogik ausbilden, signifikant bleiben. Bei aller Ausdifferenzierung libertärer Pädagogik in Hinblick auf Didaktik, Lehr- und Lerninhalte und institutionelle Rahmenbedingungen werden diese Merkmale überdauern und das Typische und Unverwechselbare libertärpädagogischer Theorie darstellen.

4.2 *Anmerkungen zur Wirkungsgeschichte klassischer libertärer Pädagogik*

Mit dem Hinweis auf die »überdauernden« Merkmale des klassischen libertärpädagogischen Ansatzes soll nicht unterstellt werden, daß die nachklassischen libertärpädagogischen Programme, wie sie etwa durch FERRER, FAURE oder ROBIN entwickelt werden, in dieser Hinsicht in einem direkten Zusammenhang zur klassischen libertärpädagogischen Theorie stehen. Es kann überhaupt von einer direkten und unmittelbaren Wirkung des libertärpädagogischen Denkens auf die späteren pädagogischen Konzeptionen, die im Umfeld des Anarchismus sich herauskristallisieren, nicht die Rede sein. Ulrich KLEMM hat in diesem Zusammenhang auf die prinzipielle Problematik des Bruchhaften, Diskontuierlichen und Fragmentarischen aufmerksam gemacht, die die Wirkungsgeschichte des Anarchismus – und damit die Wirkungsgeschichte einer libertären Pädagogik – begleitet: Der klasssische Anarchismus ist nach seiner Auffassung »angesiedelt im Milieu der Bauern, Arbeiter und Handwerker« und entwickelt sich unter »agrarischen und frühkapitalistischen Strukturen«[934], wohingegen die neueren und neuesten Erscheinungen, die als anarchistische oder libertäre Bewegungen zu klassifizieren wären, vor allem von der intellektuellen Jugend der entwickelten Industriestaaten getragen werden. Dieser neue »white-collar-Anarchismus« (KLEMM) zeigt ein starkes Interesse an pädagogischen Fragestellungen und konzipiert pädagogische Reformvorschläge und vor allem eine Bildungs- und Erziehungskritik, die immer wieder Anleihen an der Kritik des klassischen Anarchismus gegenüber Schule und Erziehung nehmen. In diesem Zusammenhang ist zu fragen, ob eine solche Berufung Legitimität beanspruchen kann: Klassischer Anarchismus – das sollte unter anderem in dieser Untersuchung dargetan werden – ist ein direkter Reflex auf und ein Kommentar zu den Entfremdungserscheinungen, den Ent-Individualisierungsprozessen und der totalisierenden Wirkung des Staates, wie sie Ende des 18. Jahrhunderts einsetzen, und hierin ist eine markante Grenze gesetzt, die eine Rekapitulation und Wiederaneignung dieser pädagogischen Konzeptionen zumindest erschwert. Die Fragen und Antworten des klassischen Anarchismus zu Erziehung und Bildung haben zunächst nur in diesem Kontext Gültigkeit. Eine Berufung auf die Ideen der Klassiker – auch und gerade im Sinne des Rekonstruktionsversuches einer Geschichte libertärer Pädagogik – wird sich immer dem Vorwurf zu stellen haben, diesen Ideen Gewalt anzutun, wenn diese historische Verortung nicht beachtet wird. Dies ist zwar ein grundsätzliches Problem jeder historischen Aufarbeitung – die anarchistische Theoriebildung jedoch, so scheint mir, ist für solche »Geschichtsausbeutung« besonders prädestiniert, hat sie es doch zu einem integralen Prinzip gemacht, sich nicht – oder nur vage – theoretisch zu fixieren. Der Anarchismus in seiner klassischen Gestalt lebt geradezu aus seinem Oszillieren, dem Lavieren zwischen verschiedenen theoretischen Ansätzen, dem Ver-

---

[934] vgl. KLEMM 1991, 105

zicht auf Endgültigkeit, und diese bewußte und gewollte Unbestimmtheit verführt jede historische Interpretation zur Kolportage, zur Verkürzung und zur Ungenauigkeit.

Auch jede Definition libertärer Erziehung, die beansprucht, den klassischen Anarchismus mit zu berücksichtigen, hat sich dieses Umstandes bewußt zu sein. BLANKERTZ' Versuch etwa, eine vorläufige Definition libertärer oder anarchistischer Erziehung zu geben, verliert wesentliche Momente der Erziehungs- und Bildungstheorie des klassichen Anarchismus aus dem Blick, wenn er die Erziehungskritik BAKUNINS und GODWINS als Weiterführung von radikalen »liberalen Argumentationen«[935] interpretiert. Der Anarchismus klassischer Lesart ist – insbesondere bei BAKUNIN und KROPOTKIN – gerade in seinem entschiedenen Bruch mit dem Liberalismus zu charakterisieren[936], seine pädagogischen Konzeptionen treten entweder als radikal individualistische oder postrevolutionäre Vorschläge auf, die aber in der Negation der bürgerlichen Gesellschaft und der ihr zugehörigen liberalistischen Ideologie konvergieren.

KLEMMS Definitionsversuch libertärer Pädagogik berücksichtigt diese Abgrenzungen. Er weist darauf hin, daß der Freiheitsbegriff, der libertärer Pädagogik zugrundeliegt, sich vom liberal-antiautoritären Erziehungsideal ebenso unterscheidet wie von einem reformpädagogischen oder undogmatisch-marxistischen Erziehungsbegriff[937], und gelangt so zu einer Definition libertärer Pädagogik, die auch dem klassischen Anarchismus gerecht wird: »Diese beiden Prinzipien, Freiheit des Individuums in einer freien und lebensoffenen Gemeinschaft und Erfahrung als Grundlage freier Bildung und Erziehung sind die zentralen Momente einer libertären Pädagogik.«[938]

Diese Bestimmungen lassen sich in den pädagogischen Theorien der Klassiker unschwer identifizieren. Im Insistieren auf die Freiheit überschneiden sich ein individualistisch orientierter Anarchismus im Sinne GODWINS, ein revolutionär-destruktiver Anarchismus bakuninischer Prägung und KROPOTKINS evolutionärer Anarchismus, und hierin liegt der entscheidende Verknüpfungspunkt dieser ansonsten so unterschiedlichen Konzeptionen. Kinder und Jugendliche werden im Erziehungsdenken des klassischen Anarchismus als Unterdrückte gefaßt und der Erziehungsprozeß im konventionellen Sinn als die Befestigung und Einübung in Unterdrückung und Sklaverei.

Die Erziehungskonzeptionen, die dem gegenübergestellt werden, sind deshalb auch in erster Linie an der Aufhebung des pädagogischen Zwangsverhältnisses inter-

---

935 BLANKERTZ 1986, 440

936 GODWIN ist mit liberalistischen Begrifflichkeiten erst gar nicht zu fassen, sein Denken ist umgekehrt eher eine der Traditionen, in die sich MILL und BENTHAM stellen werden.

937 vgl. KLEMM 1984, 11

938 KLEMM 1984, 12

essiert[939]. Erziehung soll *vergessen* werden, im Grunde ist das Vorhandensein eines Verhältnisses der Ungleichheit, wie es das Verhältnis zwischen Schüler und Lehrer darstellt, für die libertären Theoretiker ein unerträglicher Zustand[940]. GODWIN löst diesen Hiatus, indem er den Zeitraum des notwendigen autoritären Zugriffs durch die Erziehenden so kurz wie nur irgend möglich veranschlagt, BAKUNIN fordert eine pädagogische Praxis, deren Ergebnis es sein müsse, den Zu-Erziehenden die Erinnerung an das autoritäre »Trauma« zu nehmen, und KROPOTKIN schließlich hält die Selbstregulation der Schulklasse für das probate Mittel gegen die diktatorischen Beschränkungen durch Erziehungspersonal. Alle didaktischen Maßgaben bauen auf diesen Grundüberlegungen auf, jedes Erziehungsziel wird danach bemessen, ob mit ihm ein Schritt in Richtung »Freiheit« möglich ist. Diese extreme Orientierung auf die Freiheit ist zugleich die Schwäche des pädagogischen Programms des klassischen Anarchismus: Der Begriff von Freiheit, der – ungeachtet der verschiedenen Ausformungen bei GODWIN, BAKUNIN und KROPOTKIN – in diesen Konzeptionen verfolgt wird, ist von einer Unbedingtheit, die jeder Organisierung letztlich sperrig bleiben muß, und dies ist zweifellos einer der Hauptgründe für die historische Wirkungslosigkeit des Anarchismus, eine Wirkungslosigkeit, die sich auch auf seine pädagogische Theorie erstreckt.[941]

Was vom klassischen Anarchismus – auch in pädagogischer Hinsicht – gelernt werden kann, ist seine Fundamentalkritik am Machbarkeitswahn des Aufklärungsdenkens und seine vehemente Ablehnung jeder »Befreiungstechnologie«, wie sie der Marxismus offeriert. Es ist (und bleibt) sein Verdienst, die autoritären Strukturen des Befreiung verheißenden Marxismus' offengelegt zu haben und kompromißlos und unter Absehung von taktischen Erwägungen die Freiheit des Individuums einzufordern. Insofern sind der Anarchismus und nicht zuletzt seine pädagogische Theorie eine subversive Kritik am »Projekt der Moderne«, und sollte Zygmunt BAUMANS Analyse zutreffen, derzufolge dieses Projekt einen Begriff von Wissen-

---

939 Die Nähe zu zeitgenössischen Versuchen zur Abschaffung der Schule ist zwar frappant und wurde auch immer wieder hervorgehoben. Historisch gesehen sind solche Analogisierungen nicht umproblematisch: Schließlich entfaltet sich die Erziehungskritik eines GODWIN oder BAKUNIN vor dem Hintergrund der beginnenden Durchsetzung der allgemeinen Schulpflicht, während ILLICH oder VON BRAUNMÜHL mit ihrer Schulkritik vor vollzogenen Tatsachen stehen. Die Schulkritik des klassischen Anarchismus entwickelt sich zudem *gegen* den allgemeinen Konsens im progressiven Lager, der in der allgemeinen Schulpflicht eine Vorbedingung für gesellschaftlichen Wandel sah.

940 Pointiert beschreibt BAUMANN diese Widersprüchlichkeit: »Anarchie und Erziehung muß auf den ersten Blick wie der Gegensatz von Feuer und Wasser wirken. Beansprucht nicht Erziehung, in welchem ideologischen Gewand auch immer, zu wissen, wo es lang geht? Und ist es nicht die Aufgabe von Erzieher(n)/innen, je nach politischem Anspruch, Kinder für den jeweiligen Herrschaftsanspruch zu formen? Der Anarchie sagt man sogar nach, die Lehre von Gewalt- und Ordnungslosigkeit zu sein, die, würde sie so stimmen, dem Erziehungsgedanken diametral entgegenstünde.« (vgl. BAUMANN 1984, 99)

941 Der Marxismus füllt jene Lücke: Zwar hat auch er in seiner klassischen Variante keine geschlossene pädagogische Theorie zu bieten – auch diese kann nur aus den fragmentarischen Anmerkungen rekonstruiert werden. Aber der Marxismus verpflichtet sich nicht unveränderlichen ethischen oder moralischen Maximen, sondern agiert unter taktischen Gesichtspunkten.

schaft mit sich führt, der zuallererst hegemonial kontingiert ist[942], dann wäre der anarchistische Begriff von Wissenschaft, wie er bei GODWIN, BAKUNIN und KROPOTKIN über alle Differenzierungen hinweg gefunden werden kann, auch als früher Ausbruchsversuch aus »totalen« Konzeptionen von Wissenschaft deutbar. Das Insistieren auf die Autorität der *lokalen Wahrheiten* (FOUCAULT) und das Eintreten für einen Wissenschaftsbegriff und vor allem für eine wissenschaftliche Praxis, die sich darin limitieren würden, daß sie zuerst auf »unmittelbare« und dezentrale Bedürfnisse sich orientieren, wie GODWIN und KROPOTKIN dies vorschlagen – und wie FEYERABEND[943] dies in seinen Kritiken am modernen Wissenschaftsbetrieb weiterentwickelt -, markieren so betrachtet nicht nur den Rückzug auf eine prämoderne Harmonie von Wissenschaft und Leben, die sie ohne Zweifel auch darstellen. Indem sie die Aufhebung der Trennung von Wissenschaft und Leben proklamieren, entwerfen sie zugleich eine Art *retrospektive Utopie*, die eine Analyse der Gefahr beinhaltet, die von der autoritären Expertenwissenschaft ausgehen kann und die unerwartete Aktualität gewinnt: Die totalisierende Funktion des Staates, wie sie BAKUNIN im Blick hatte, ist zur totalisierenden Funktion der Wissenschaft geworden. Nicht die Staatsräson leitet die politischen und gesellschaftlichen Entscheidungen, sondern der technisch und wissenschaftlich begründete Sachzwang, dessen Legitimation aber für die einzelnen weder nachvollziehbar noch kritisierbar ist. GODWIN war Zeitzeuge des ersten Versuches der Durchsetzung der Hegemonie von Wissenschaft, und es sind die totalisierenden Tendenzen der Französischen Revolution, die sein Konzept des »own judgement« wesentlich leiten. Seine Eingebundenheit in die empiristische und utilaristische Tradition beschränkt seine Kritik an den Anmaßungen von Vernunft und Wissenschaft dahingehend, daß er ihr »falsche Wege« vorwirft – wobei die wesentliche Abirrung der Vernunft ihr universalistischer Anspruch sei. GODWIN war keineswegs weniger »wissenschaftsgläubig« als seine Zeitgenossen; seine Überlegungen entfalten sich im Horizont eines Wissenschaftsbegriffs, der Fortschritt und Vollkommenheit sub specie aeternitas zu versprechen schien. Allerdings ist ihm Vernunft und damit wissenschaftliche Vernunft nur als Fähigkeit des Individuums vorstellbar, und dieses hartnäckige Insistieren auf den privaten, individuellen Raum, das sich gegen kollektive Autorität ebenso stellt wie gegen jede staatliche Einflußnahme, läßt GODWINS Denken als quer und konträr zur zeitgenössischen Tendenz erscheinen, jeden Aspekt des sozialen Vollzuges von außen zu erhellen, zu vermessen, zu klassifizieren und schließlich zu konstruieren. Die Wissenschaft gehört bei GODWIN in die Hände des einzelnen; ihre Erkenntnisse

---

942 vgl. Z. BAUMAN 1992, besonders: 276 – 280; 329 ff.; In ganz ähnliche Richtung argumentiert auch BECK, wenn er dem »Legitimationsverfall der technisch-industriellen Entwicklung« sein Modell des »Runden Tisches« als Gremium der von Technik und Wissenschaft Betroffenen gegenüberstellt. (Vgl. BECK 1993, 189 ff.).

943 vgl. FEYERABEND 1980, 212 – 222; vgl. FEYERABEND 1986, 392 ff; vgl. FEYERABEND in: DÜRR 1976, 11 – 35

sind ihm Angebote, über dessen Verwendung nur das »own judgement« zu entscheiden hat.

Daran knüpft auch BAKUNINS Verdikt an, die Wissenschaft habe dem sich »Leben« unterzuordnen, ohne daß damit ein vitalistisches oder romantisches Konzept verfolgt worden wäre: BAKUNINS Kampf gegen Wissenschaft ist getragen von einer Kritik des Wissenschaftsbegriffs, wie er vom Marxismus *und* vom Liberalismus weitgehend akzeptiert und vorausgesetzt wurde. Wissenschaft wird hier – über alle ideologischen Gegensätze hinweg – verstanden als neutrale Instanz. Diese Neutralität verneint BAKUNIN entschieden und verweist auf den diktatorischen und totalisierenden Kern jeder Wahrheit, und sei es die empirisch festgestellte und bewiesene. »Expertenwissenschaft« ist ihm eine Form von Diktatur, Wissenschaft wird bei BAKUNIN als Instrument und als Mittel beschrieben, dessen sich alle bedienen können müssen.

KROPOTKIN schließlich versucht in der Frage nach der Funktion und Form der wissenschaftlichen Arbeit den vermittelnden Weg einzuschlagen: Er anerkennt – nicht zuletzt vor dem Hintergrund der ungeheuren Fortschritte der Naturwissenschaften im ausgehenden 19. Jahrhundert – die überragende Rolle der Wissenschaft in der Gestaltung menschlicher Zukunft. Aber auch er intendiert eine Aufhebung des Expertenwissens, seine Utopie ist das freie Kollektiv von wissenschaftlich Arbeitenden, seine Forderung nach einer wissenschaftlichen Ausbildung für alle ist das Gegenbild eines von Experten dominierten Wissenschaftsbetriebes.

Diese Wissenschaftsmodelle des klassischen Anarchismus sind vielleicht die tragfähigsten und weitreichensten Utopien, die diese Sozialphilosophie entwickelt hat. In ihnen kommt eine Kritik der Aufklärung zum Ausdruck, die nach wie vor aktuell ist und auf ihre *Aktualisierung* (BENJAMIN) harrt.

Literatur

Primärliteratur GODWIN

Acc: *Four Early Pamphlets (1783 – 1784).*
Facsimile Reproduction with an Introduction by Burton R. Pollin.
Delmar, New York 1977

PJ: *An Enquiry concerning Political Justice, and its Influence on Morals and Happiness, 3 Bde.*
Facsimile Reproduction. Edited by F.E.L. Priestley.
Toronto 1969

E: *The Enquirer – Reflections on Education, Manners and Literature in a Series of Essays.*
Reprint of Economic Classics.
New York 1965

ToM: *Thoughts on Man, his Nature, Productions and Discoveries.*
London 1831

UWr: *Unncollected Writings (1785 – 1822).*
Edited by Marken, Jack, W./Pollin, Burton, R.
Gainesville 1968

Ess: *Essays never before published.*
London 1873

FW: *Fleetwood.*
Collected Novels and Memoirs of William Godwin.Volume 5:
Edited by Clemit, Pamela.
London 1992

Au: *Autobiography.*
Collected Novels and Memoirs of William Godwin.Volume 1.
Edited by Philp, Mark.
London 1992

Primärliteratur BAKUNIN:

Arc: *Archives Bakounine, Bde. 1 – 7.*
Herausgegeben von Arthur Lehning.
Leiden 1961 – 1981

Fr: *Frühschriften.*
Eingeleitet, übersetzt und mit Anmerkungen versehen von Rainer Beer.
Köln 1973

PdT: *Philosophie der Tat – Auswahl aus seinem Werk.* Eingeleitet und herausgegeben von Rainer Beer. Köln 1968

Br: *Brief aus dem Gefängis. Die »Beichte«* Reprint der Ausgabe von Kurt Kersten, 1926. Berlin 1988

Gew: *»Gewalt für den Körper. Verrat für die Seele?«* Ein Brief von Michael BAKUNIN an Sergej NEČAEV. Berlin 1980

Ges: *Gesammelte Werke, 3 Bde.* Reprint der Ausgabe von 1921. Berlin 1975

SuA: *Staatlichkeit und Anarchie und andere Schriften.* Herausgegeben und eingeleitet von Horst Stuke. Frankfurt/M – Berlin – Wien 1972

SB: *Sozialpolitischer Briefwechsel.* Reprint der Ausgabe von 1895 Berlin 1977

Max: Maximoff, G.P. (Ed.): *The Political Philosophy of Bakunin. Scientific Anarchism.* Comprehensive Selection. New York 1946

Net: Nettlau, Max: *The Life of Michael Bakounine. Michael Bakunin. Eine Biografie.* 3. Bände. London 1896 – 1900

PB: *»Ich, Michael Bakunin, der von der Vorsehung Auserkorene ...« – Philosophische Briefe.* Berlin 1993

Primärliteratur KROPOTKIN

An: *Der Anarchismus.* Siegen-Eiserfeld 1983

AM: *Anarchistische Moral* [3]. Berlin 1922

Mem: *Memoiren eines Revolutionärs.* Frankfurt a. M. 1973

SBA: *»The scientific bases of anarchy«*
In: The Nineteenth Century, Bd. 22, Nr. 126.
London. August 1887, 149 – 164

EdB (a): *Die Eroberung des Brotes*[2].
(Wohlstand für alle).
Berlin 1919

EdB (b): *Die Eroberung des Brotes und andere Schriften.*
Herausgegeben von Hans G. Helms.
München 1973

GH: *Gegenseitige Hilfe in der Tier- und Menschenwelt.*
Reprint der Ausgabe von 1908.
Berlin 1975

IuW: *Ideale und Wirklichkeit in der russischen Literatur.*
Frankfurt a. M. 1975

E: *Ethik.*
Erster Band: Ursprung und Entwicklung der Sittlichkeit.
Berlin 1923

FR: *Die Große Französische Revolution 1789 – 1793, 2 Bde.*
Leipzig und Weimar 1982

KRP: *Kropotkins Revolutionary Pamphlets.*
Edited with Introductions, Biographical Sketch and Notes
by Roger N. Baldwin.
New York 1970

Sel: *Selected Writings on Anarchism and Revolution.*
Herausgegeben und mit einer Einleitung versehen von Martin A.
Miller.
Cambridge & London 1970

MWuA: *Moderne Wissenschaft und Anarchismus.*
Zürich 1979

WeR: *Worte eines Rebellen.*
Reinbek bei Hamburg 1972

DmS: *Der moderne Staat.*
Berlin 1921

Fr: *Integral Education.*
In: Freedom.
London. September 1901. S. 49

Sekundärliteratur:

Abbott, L.D.: *The Ideal of Libertarian Education.*
In: Goldman, Emma (Ed.): Mother Earth.
Monthly Magazin Devoted to Social Science and Literature. Nr. 4.
New York 1911. S. 116 – 123.

Abendroth, Wolfgang: *Sozialgeschichte der europäischen Arbeiterbewegung*[9].
Frankfurt a. M. 1973

Adams, Ray, M.: *Studies in the Literary Backgrounds of English Radicalism.*
Lancaster, Pennsylvania 1947

Adorno, Theodor, W.: *Negative Dialektik*[9].
Frankfurt/M. 1990

ders.: *Minima Moralia – Reflexionen aus dem beschädigten Leben*[8].
Frankfurt a. M. 1987

Ammitzbøll, Niels, Peter: *Menschenbild und Erziehungskonzeption bei William Godwin.*
Zum sensualistischen und utilaristischen Charakter seiner Pädagogik.
Hildesheim – Zürich – New York 1991

Archer, William/ Poole, David: *Leben und Werk Francicso Ferrers.*
Wilndorf-Anzhausen 1982

Arendt, Hannah: *Über die Revolution.*
München 1974

Argenton, Alberto: *La Concezione pedagogica di un classico dell' anarchismo: William Godwin.*
Bologna 1977

Avrich, Paul: *The Modern Schoolmovement.*
Anarchism and Education in the U.S.
Princeton 1980

Bauer, Brunhilde: *Die libertäre Erziehung in Spanien seit 1870 unter besonderer Berücksichtigung des Einflusses M. Bakunins und P. Robins.*
Gießen 1987

Bauman, Zygmunt: *Moderne und Ambivalenz.*
Das Ende der Eindeutigkeit.
Hamburg 1992

Baumann, Heribert: *Libertäre Erziehung von 1919 – 1933.*
Dissertation. Oldenburg 1982

ders.: *Anarchie und Erziehung.*
In: Baumann, H./Bulhof, F./Mergner, G. (Hg.): Anarchismus in Kunst und Politik.
Oldenburg 1984. S. 99 – 106

Baumann, Heribert/
Klemm, Ulrich/
Rosenthal, Thomas (Hg.): *Werkstattbericht Pädagogik: Geschichte und Perspektiven anarchistischer Pädagogik.* Grafenau 1985.

Beck, Ulrich: *Die Erfindung des Politischen.* Zu einer Theorie reflexiver Modernisierung. Frankfurt a.M. 1993

Benjamin, Walter: *Illuminationen.*[8] Ausgewählte Schriften. Frankfurt a.M. 1989

ders: *Gesammelte Schriften.* Frankfurt a.M. 1974

Bernecker, Walter (Hg.): *Kollektivismus und Freiheit* Quellen zur Geschichte der sozialen Revolution in Spanien 1936 – 1939. München 1980

Bianco, R.: *Les Pionniers de l'Education Libre.* (Tolstoi, Robin, Faure, Wintsch). In: Le Monde Libertaire 1967, S. 34 – 79

Bienek, Horst: *Bakunin, eine Intervention.* München 1973

Billig, Joseph: *Der Zusammenbruch des deutschen Idealismus bei den russischen Romantikern (Bejelinski, Bakunin).* Berlin 1930

Blankertz, Stefan: *Anarchistische Erziehung.* In: Lenzen, Dieter (Hg): Pädagogische Grundbegriffe. Bd. 1: Aggression – Interdisziplinarität. Reinbek bei Hamburg 1989. S. 439 – 443

ders.: *Erziehung, anarchistische.* In: Haller, H.-D./Meyer, H. (Hg): Enzyklopädie Erziehungswissenschaft, Band 3: Ziele und Inhalte der Erziehung und des Unterrichts. Stuttgart 1986. S. 416 – 418.

Bloch, Ernst: *Das Prinzip Hoffnung*[8]. Frankfurt/M. 1985

Bock, Hans, Manfred: *Geschichte des »linken Radikalismus« in Deutschland. Ein Versuch.* Frankfurt a.M. 1976

Bouten, Jacob: *Mary Wollstonecraft and the Beginnings of female Emancipation in France and England.* Philadelphia 1975

Bowen, James: *A History of Western Education.* Volume 3: The Modern West Europe and the New World. London 1981

Borges, Harald: *William Godwin über Erziehung.* In: Klemm, Ulrich (Hg.): Anarchismus & Bildung. Schriften zur libertären Pädagogik, Heft 4. Ulm 1990. S. 109 – 124.

Braunmühl, Ekkehard, von: *Jede Erziehung ist staatserhaltend!* In: Rosenthal, Thomas/Klemm, Ulrich (Hg.): Anarchismus & Bildung.Zeitschrift für libertäre Pädagogik. Heft 1. Ulm 1986. S. 30 – 42

Brecht, Bertold: *Gedichte.* Frankfurt a.M. 1981

Brodtman, Nelly, C.: *William Godwin, der Theoretiker des individualistischen Anarchismus.* Köln 1930

Brown, Edward, J.: *Stankevich and his Moskow Circle 1830 – 1840.* Stanford, California 1966

Brupacher, Fritz: *Marx und Bakunin.* Ein Beitrag zur Geschichte der Internationalen Arbeiterassoziation. (Reprint der Ausgabe von 1913) Berlin 1976

Büchner, Ludwig: *Kraft und Stoff* [21]. Grundzüge der natürlichen Weltordnung, nebst einer darauf gebauten Moral oder Sittenlehre. Leipzig 1904

Burke, Edmund: *Betrachtungen über die französische Revolution.* Frankfurt a.M. 1967

Busse, Walter (Hg.): *»... wir danken Ihnen für dieses Gespräch.«* 24 »Spiegel«-Gespräche. München 1970

Cahm, Caroline: *Kropotkin and the rise of revolutionary anarchism 1872 – 1886.* Cambridge 1989

Camus, Albert: *Der Mensch in der Revolte* [6]. Reinbek bei Hamburg November 1974

Carr, Edward, H.: *Michael Bakunin* [2]. London and Basingstoke 1975

Chamberlain, Robert, L.: *George Crabbe.* New York 1965

Černyševskij, Nikolaij, G.: *Was tun?* Aus Erzählungen vom neuen Menschen. Berlin 1947

Clark, John, P.: *On Anarchism in an Unreal World: Kramnick's View of Godwin and the Anarchists.* In: American Political Science Review. Vol. 69 (1975). S. 162 – 167

ders.: *The Philosophical Anarchism of William Godwin.* Princeton 1977

ders.: *Marx, Bakunin and the Problem of Social Transformation.* In: Telos. Vol. 42. St. Louis 1979/80. S. 80 – 97

Curtis, S.J.: *History of Education in Great Britain*[5]. London 1963

Darton, Harvey, F., J.: *Children's Books in England. Five Centuries of Social Life*[3]. Cambridge 1982

Deidre, Jean: *A Most Extraordinary Pair: Mary Wollstonecraft and William Godwin.* New York 1975

Dooren, Wim, van: *Bakunin zur Einführung.* Hamburg 1985

Dostojewskij, Fjodor, M.: *Die Dämonen*[10]. München 1991

Driver, C. H.: *William Godwin.* In: Hearnshaw, F.J.C. (Ed.): The Social & Political Ideas of Some Representative Thinkers of the Revolutionary Era. London 1967

Dutschke, Rudi: *Versuch, Lenin auf die Füße zu stellen.* Über den halbasiatischen und den westeuropäischen Weg zum Sozialismus. Lenin, Lukács und die Dritte Internationale. Berlin 1974

Eckermann, Johann, Peter: *Gespräche mit Goethe in den letzten Jahren seines Lebens.*[2] Leipzig 1913

Eckhardt, Wolfgang: *Michael A. Bakunin (1817 – 1876).* Bibliographie der Primär- und Sekundärliteratur in deutscher Sprache. Archiv für Sozial- und Kulturgeschichte, Band 4. Berlin/Köln 1994

Eltzbacher, Paul: *Anarchism.* New York 1908

Enzensberger, H., Magnus: *Der kurze Sommer der Anarchie*[2]. Buenaventura Durrutis Leben und Tod. Frankfurt a.M. 1972

Ferrer, Francisco: *The Origin and Ideals of the Modern School.* London/New York 1913

ders.: *Revolutionäre Schule.* Berlin 1970

Feuerbach, Ludwig: *Vorläufige Thesen zur Reformation der Philosophie.* Gesammelte Werke 9 (Kleinere Schriften II). Berlin 1970

Feyerabend, Paul: *Erkenntnis für freie Menschen*[2]. Frankfurt a.M. 1980

ders.: *Wider den Methodenzwang*[6] Frankfurt a.M. 1987

ders.: *Experten in einer freien Gesellschaft.* In: Duerr, Hans Peter: Unter dem Pflaster liegt der Strand. Band 3. Berlin 1976. S. 11 – 35

Fichte, Johann, Gottlieb: *Schriften zur Revolution.* Herausgeben und eingeleitet von Bernhard Wilms. Frankfurt/M. – Berlin – Wien 1973

Figueroa, Dimas: *Paulo Freire zur Einführung.* Hamburg 1989

Fleisher, David: *William Godwin – A Study in Liberalism.* Westport/Connecticut 1971

Foucault, Michel: *Archäologie des Wissens*[4]. Frankfurt a.M. 1990

Gentleman's Magazine *Vol. LII.* London 1783.

Gittermann, Valentin: *Geschichte Rußlands.* Band 3. Hamburg 1949

Greffrath, Krista: *Metaphorischer Materialismus.* Untersuchungen zum Geschichtsbegriff Walter Benjamins. München 1981

Grunder, Hans-Ulrich: *Theorie und Praxis anarchistischer Erziehung.* Grafenau 1986

Günther, Karl-Heinz u.a.: *Geschichte der Erziehung*[13]. Berlin 1982

Guérin, Daniel: *Anarchismus* [8]. Begriff und Praxis. Frankfurt a. M. 1979

Harms, J (Hg.): *Christentum und Anarchismus.* Frankfurt a. M. 1988

Harich, Wolfgang: *Zur Kritik der revolutionären Ungeduld.* In: Enzensberger, Hans Magnus (Hg.): Kritik des Anarchismus. Kursbuch 19, Dezember 1969. Frankfurt a. M. 1969. S. 71 – 111.

Hartley, David: *Observations On Man, His Frame, His Duty, And His Expectations.* (Facsimile Reproduction) Gainesville 1966

Heer, Klaus-Dieter: *Schulen im Zeichen der Schwarzen Fahne.* Tolstoi und Ferrer, ihre ungewöhnlichen Schulen und der Einfluß anarchistischer Ideen auf sie. Tübingen 1982

Hegel, Georg, Friedrich: *Grundlinien der Philosophie des Rechts.* (Hg.: Hoffmeister, J.) Hamburg 1955

Heinlein, Markus: *Zur Bildungsproblematik bei Michael Bakunin.* In: Klemm, Ulrich (Hg.): Anarchismus & Bildung. Schriften zur libertären Pädagogik. Heft 2. Ulm 1988. S. 31 – 40

ders.: *Anmerkungen zur pädagogischen Diskussion zwischen William Godwin und Mary Wollstonecraft.* In: Klemm, Ulrich (Hg.): Anarchismus und Pädagogik. Studien zur Rekonstruktion einer vergessenen Tradition. Frankfurt a. M. 1991 (a). S. 21 – 32

ders.: *»Erziehung zur Revolution« oder »nachrevolutionäre Pädagogik«.* Die Marx-Bakunin-Kontroverse aus pädagogischer Sicht. In: Klemm, Ulrich (Hg.): Anarchismus und Pädagogik. Studien zur Rekonstruktion einer vergessenen Tradition. Frankfurt a. M. 1991 (b). S. 45 – 59

ders.: *Elemente libertärer Pädagogik bei Kropotkin.* In: Klemm, Ulrich (Hg.): Anarchismus und Pädagogik. Studien zur Rekonstruktion einer vergessenen Tradition. Frankfurt a. M. 1991 (c). S. 60 – 69

Helvétius, Claude Adrieu: *Vom Menschen, seinen geistigen Fähigkeiten und seiner Erziehung.* Frankfurt a. M. 1972

Herzen, Alexander: *Die gescheiterte Revolution.* Denkwürdigkeiten aus dem 19.Jahrhundert. Frankfurt a. M. 1977

Hofmann, Werner: *Ideengeschichte der sozialen Bewegungen*[4]. Berlin/New York 1971 d'Holbach, Paul, Thiry: *System der Natur oder Von den Gesetzen der physischen und der moralischen Welt.* Berlin 1960

Horkheimer, Max/ Adorno, Theodor W.: *Dialektik der Aufklärung. Philosophische Fragmente*[8]. Frankfurt a. M. 1981

Horowitz, Irving, L.: *The Anarchists.* New York 1964

Hug, Heinz: *Kropotkin zur Einführung.* Hamburg 1989

Huch, Ricarda: *Michael Bakunin und die Anarchie.* Frankfurt/M. – Berlin – Wien 1980

Hulse, James, W.: *Revolutionists in London.* A Study of five unorthodox Socialists. Oxford 1970

Joll, James: *Die Anarchisten.* Frankfurt a.M. – Berlin – Wien 1971

ders.: *Anarchism. A Living Tradition.* In: Apter, David, E./ Joll, James (Ed.): Anarchism Today. London and Basingstoke 1971. S. 212 – 225.

Kaymer, Günter: *Der gesellschaftliche Optimismus William Godwins in seiner literarischen Darlegung.* Köln 1958

Kelly, Aileen: *Mikhail Bakunin.* A Study in the Psychologie and Politics of Utopianism. New Haven & London 1987

Klemm, Ulrich: *Die libertäre Reformpädagogik Tolstois und ihre Rezeption in der deutschen Pädagogik.* Reutlingen 1984

ders. (a): *»Verbrannte Pädagogik«.* Über den aktuellen Zusammenhang von Pädagogik und Anarchismus. In: Degen, Hans-Jürgen (Hg.): Anarchismus heute – Positionen. Bösdorf 1991. S. 102 – 118

ders.(b): *Zur Rezeption einer marginalisierten Pädagogik.* (Einleitung) in: Klemm, Ulrich (Hg.): Anarchismus und Pädagogik. Studien zur Rekonstruktion einer vergessenen Tradition. Frankfurt a. M. 1991

Knapp, Ilse: *Francisco Ferrer und die Bewegung der Modernen Schule in Spanien um 1900.* (unveröffentlichte Hausarbeit) Universität Bremen 1981

Koch, Gerd: *Marx und Bakunin zur Pariser Kommune: Zerstört den Staat.* Hamburg 1974

Konersmann, Ralf: *Erstarrte Unruhe. Walter Benjamins Begriff der Geschichte.* Frankfurt a.M. 1991

Konrád, György/ Szelény, Iván: *Die Intelligenz auf dem Weg zur Klassenmacht.* Frankfurt/M. 1978

Kosellek, Reinhart: *Kritik und Krise.* Ein Beitrag zur Pathogenese der bürgerlichen Welt. München 1969

ders.: *Erfahrungswandel und Methodenwechsel.* Eine historisch-anthropologische Skizze. In: Meier, Christian/Rüsen, Jörn: Historische Methode. Beiträge zur Historik, Band 5. München 1988. S. 13 – 61

Kramnick, Isaac: *On Anarchism and the Real World: William Godwin and Radical England.* In: American Political Science Review. Vol. 66 (1972). S. 114 – 127

ders.: *Introduction* In: Godwin, William: Enquiry concerning Political Justice. Middlesex 1985. S. 7 – 54

Kruger, P .(ed): *Correspondance de George Brandes.* Volume II. Copenhagen 1952 – 1966

Lenin, Wladimir, Iljitsch: *Staat und Revolution*[8]. Die Lehre des Marxismus vom Staat und die Aufgaben des Proletariats in der Revolution. Berlin 1967

ders.: *Gegen den rechten und linken Opportunismus und den Trotzkiskmus.* Frankfurt a. M. 1974

Lefèbvre, Henri: *Der dialektische Materialismus*[5]. Frankfurt/M. 1971

Lehning, Arthur (Hg.): *Unterhaltungen mit Bakunin.* Leipzig 1991

Lincoln, Anthony: *Some Political and Social Ideas of the English Dissent 1763 – 1800.* Cambridge 1938

Linse, Ulrich: *Die anarchistische und anarcho-syndikalistische Jugendbewegung 1918 – 1933.* Frankfurt a. M. 1976

Locke, Don: *A Fantasy of Reason.* The Life and Thought of William Godwin. London, Boston and Henley 1980

Locke, John: *Einige Gedanken über die Erziehung.*
Paderborn 1967

ders.: *Über den menschlichen Verstand.*
Berlin 1962

Lösche, Peter: *Anarchismus.*
Versuch einer Definition und historischen Typologie.
In: Politische Vierteljahresschrift. 15. Jahrgang. Heft 1.
Köln 1974. S. 53 – 73

Löwith, Karl: *Von Hegel zu Nietzsche*[5].
Der revolutionäre Bruch im Denken des neunzehnten
Jahrhunderts (Marx und Kierkegaard).
Stuttgart 1964

Linse, Ulrich: *Organisierter Anarchismus im Deutschen Kaiserreich von 1871.*
Beiträge zu einer historischen Strukturanalyse
Bayerns im Industriezeitalter.
Berlin 1969

Maitron, Jean: *Histoire de mouvement anarchiste en France (1880 - 1914).*
Paris 1951

Marcuse, Herbert: *Vernunft und Revolution.*
Hegel und die Entstehung der Gesellschaftstheorie.
Schriften, Band 4.
Frankfurt/M. 1989

ders.: *Die Gesellschaftslehre des sowjetischen Marxismus.*
Neuwied 1964

ders.: *Der eindimensionale Mensch*[3].
Studien zur Ideologie der fortgeschrittenen Industriegesellschaft.
Neuwied und Berlin 1970

Marshall, Peter, H.: *William Godwin.*
New Haven & London 1984

Marx, Karl: *Das Elend der Philosophie*[7].
Antwort auf Proudhons »Philosophie des Elends«.
Berlin 1973

ders.: *Bildung und Erziehung.*
Studientexte zur marxistischen Bildungskonzeption.
(Besorgt von: Wittig, Horst, E.)
Paderborn 1968

ders.: *Kritik des Gothaer Programms*[8].
Mit Schriften und Briefen von Marx, Engels und Lenin zu den
Programmen der deutschen Sozialdemokratie.
Berlin 1978

Marx, Karl/
Engels, Friedrich: *Werke.*
Berlin 1962 ff.

Masters, Anthony: *Bakunin: The Father of Anarchism.*
London and Edinburgh 1974

Meijer, J.M.: *Knowledge and Revolution.*
Assen, ohne Angabe des Erscheinungsjahres.

Mehring, Franz: *Gesammelte Schriften.*
Berlin 1980

Mendel, Arthur, P.: *Michael Bakunin.*
Roots of Apocalypse.
New York 1981

Miller, Martin, A: *Ideological Conflicts in Russian Populism:*
The Revolutionary Manifestoes of the Chaikovsky Circle, 1896 – 1874.
In: Treadgold, Donald, W. (Ed.): Slavic Review. American Quarterly of Soviet and East European Studies. Vol. 29.
Washington 1970. S. 1 – 21.

ders: *Kropotkin.*
Chicago 1976

Monro, D.H.: *Godwin's Moral Philosophy.*
An Interpretation of William Godwin.
Oxford & London 1953

Montesquieu, Charles, de: *De l' Esprit des Lois.*
Paris 1973

Muir, Percy: *English Children's Books (1600 – 1900).*
London 1953

Nash, Mary: *Mujeres Libres.*
Die Freien Frauen in Spanien (1936 – 1978).
Berlin 1979

Nettlau, Max: *Geschichte der Anarchie, 3 Bde.*
Reprint der Ausgabe von 1925
Glashütten im Taunus 1972

Neumann, Franz: *Anarchismus.*
In: Neumann, Franz (Hg.): Handbuch Politischer Theorien und Ideologien.
Reinbek bei Hamburg 1977, S. 222 – 294

Osofsky, Peter: *Peter Kropotkin.*
Boston 1979

Paine, Thomas: *The Rights of Man.*
Complete Writings. Vol. III.
New York 1945

Paul, Kegan, L.: *William Godwin: His Friends and Contemporaries.*
(Reprint von 1876)
New York 1970

Pfitzner, Josef: *Bakuninstudien.*
Quellen und Forschungen aus dem Gebiet der Geschichte.
Berlin 1977

Philp, Mark: *Godwin's Political Justice.*
Ithaca/New York 1986

Pipes, Richard: *Russland vor der Revolution.*
Staat und Gesellschaft im Zarenreich.
München 1977

Pleines, Jürgen-Eckardt: *Hegels Theorie der Bildung.*
Band I. Materialien zu ihrer Interpretation
Hildesheim – Zürich – New York 1983

Pollin, Burton, Ralph: *Education and Enlightenment in the Works of William Godwin.*
New York 1962

ders.: *Godwin Critisism: A Synoptic Bibliography.*
Toronto 1967

Pomper, Philip: *The Russian Revolutionary Intelligentsia.*
New York 1971

ders: *Sergei Nečaev.*
New Brunswick 1979

Preu, James, A.: *The Dean and the Anarchist.*
New York 1972

Pyziur, Eugene: *The Doctrine of Anarchism of Michael A. Bakunin.*
Milwaukee 1955

Ranke, Leopold, von: *Geschichte der romanischen und germanischen Völker von 1494 bis 1514*[3].
Leipzig 1885

Ramus, Pierre: *William Godwin, der Theoretiker des kommunistischen Anarchismus.*
Reprint o. Angabe des Ortes/Jahres, London 1907

Riansanovsky, Nicholas,V.: *A History of Russia*[2].
Oxford 1969

Rimscha, Hans, von: *Geschichte Russlands*[2].
Darmstadt 1970

Rössner, Lutz: *Die Pädagogik der empiristisch-utilaristischen Philosophie Englands im 19. Jahrhundert.*
Frankfurt a.M. – Bern – New York – Nancy 1984

ders.: *Die Pädagogik des englischen Experimentalphilosophen Joseph Priestley.*
Frankfurt a.M – Bern – New York 1986

Rosen, Frederick: *Progress and Democracy.* William Godwin's Contribution to Political Philosophy. New York & London 1987

Rosenthal, Thomas/ Klemm, Ulrich (Hg.): *Anarchismus & Bildung.* Zeitschrift für libertäre Pädagogik. Band 1. Ulm 1986.

Rothe, Valentin: *Der russische Anarchismus und die Rätebewegung 1905.* Frankfurt a.M./New York 1977

Rousseau, Jean-Jacques: *Preisschriften und Erziehungsplan*[3]. Bad Heilbrunn/Obb. 1983

ders.: *Emil oder über die Erziehung*[2]. Paderborn 1962

ders.: *Vom Gesellschaftsvertrag oder Grundsätze des Staatsrechts.* Stuttgart 1977

Rühle, Otto: *Erziehung und Sozialismus.* Berlin 1971 (Reprint)

ders.: *Erziehung und Gesellschaft.* Berlin 1972 (Reprint)

Russell, Bertrand: *Wege zur Freiheit*[7]. Sozialismus, Anarchismus, Syndikalismus. Frankfurt a. M. 1988

Saitzeff, Helene: *William Godwin und die Anfänge des Anarchismus im XVIII. Jahrhundert.* Ein Beitrag zur Geschichte des politischen Individualismus. Diss., Heidelberg 1906/07

Saltman, Richard, B.: *The Social and Political Thought of Michael Bakunin.* Westport/Connecticut 1983

Scheibert, Peter: *Von Bakunin zu Lenin – Geschichte der russischen revolutionären Ideologien.* Erster Band: Die Formung des radikalen Denkens in der Auseinandersetzung mit deutschem Idealismus und französischem Bürgertum. Leiden 1956

Shefrin, Jill: *William Godwins Radical Philosophies and Educational Theories.* In: Ord, Priscilla (Ed.): Proceedings of the Sixth Annual Conference of the Children's Literature Association. Villanova 1980. S. 108 – 121

Silver, Harold: *English Education and the Radicals 1780 - 1850.* London & Boston 1975

Simon, Brian: *Studies in the History of Education 1780 - 1870.* London 1960

Smith, Michael, P.: *The Libertarians and Education.* London 1983.

Smith, Elton, Edward/ Smith, Esther, Greenwell: *William Godwin.* New York 1965

Soboul, Albert: *Kurze Geschichte der Französischen Revolution.* Berlin 1977

Specht, Rainer: *John Locke.* München 1989

Spring, Joel: *A Primer of Libertarian Education.* Montreal 1975. (Dt. Übers.: *Erziehung als Befreiung.* Anzhausen 1982)

ders.: *Anarchismus und Erziehung.* Eine historische und systematische Skizze. In: Baumann, Heribert/Klemm, Ulrich/Rosenthal, Thomas (Hg.): Werkstattbericht Pädagogik – Geschichte und Perspektiven anarchistischer Pädagogik. Grafenau 1985. S. 15 – 21.

Stalin, Iosif, Vissarionovic: *Anarchismus oder Sozialismus?* in: Enzensberger, Hans Magnus (Hg.): Kritik des Anarchismus. Kursbuch 19, Dezember 1969. Frankfurt a. M. 1969. S. 58 – 70.

Stephen, Leslie: *Hours in a Library.* London 1899

ders.: *History of English Thought in the Eighteenth Century*[3]. Vol. II. New York 1949

ders.: *William Godwin.* In: Dictionary of National Biography.Volume XXII. London 1885 – 1900

Stökl, Günther: *Russische Geschichte*[3]. Von den Anfängen bis zur Gegenwart. Stuttgart 1973

Störig, Hans, Joachim: *Kleine Weltgeschichte der Philosophie.* Band 2. Frankfurt/M., Hamburg 1969

Suchodolkski, Bogdan: *Einführung in die marxistische Erziehungstheorie.* Köln 1972

Swift, Jonathan: *Gulliver's Travels.* Hertfordshire 1992

Tannewitz, Hans-Karl: *Aristokrat – Abenteurer - Anarchist: Mihail Bakunin.* Berlin 1976

Taylor, Charles: *Hegel*[5]. Frankfurt/M. 1983

Tschizewskij, Dmitrij: *Hegel bei den Slaven.* Darmstadt 1961

Turgenjev, Iwan: *Rudin. Ein Adelsnest.* Berlin und Weimar 1969

ders.: *Väter und Söhne*[5]. München 1993

Thwaite, M.F.: *From Primer to Pleasure.* An Introduction to the History of Children's Books in England, from the Invention of Printing to 1900. London 1963

Vernon, Richards (ed): *Errico Malatesta: His Life and Ideas.* London 1965

Vester, Michael (Hg.): *Die Frühsozialisten (1789 – 1848), 2 Bde.* Texte des Sozialismus und Anarchismus. Reinbek bei Hamburg 1970

Wardle, Ralph, M.: *Godwin & Mary.* Letters of William Godwin and Mary Wollstonecraft. Kansas 1966

Weitling, Wilhelm: *Das Evangelium des armen Sünders/Die Menschheit wie sie ist und wie sie sein sollte.* Texte des Sozialismus und Anarchismus. Reinbek bei Hamburg 1971

Wittkop, Justus, F.: *Unter der schwarzen Fahne.* Aktionen und Gestalten des Anarchismus. Frankfurt a. M. 1973

Wollstonecraft, Mary: *Original Stories from Real Life.* In: Bator, Robert (Ed.): Masterworks of Children Literatur. Vol. III (Middle Period 1740 – 1836). New York 1983

dies.: *The Works of Mary Wollstonecraft. 8 Bde.* Edited by Todd, Janet/Butler, Marilyn London 1989

dies.: *Eine Verteidigung der Rechte der Frau.* (Hg. von Müller, Joachim/Schotte, Edith) Leipzig 1989

Woodcock, George/ Avakumovic, Ivan: *The Anarchist Prince.* A biographical study of Peter Kropotkin. London/New York 1970

Woodcock, George: *Anarchism: A History of Libertarian Ideas and Movements.* Cleveland and New York 1962

ders. *William Godwin: A biographical study.* London 1975

Zelnik, Reginald, E.: *The Sunday School Movement in Russia, 1859 - 1862.* In: The Journal of Modern History. Vol. XXVII. No. 2. Chicago, June 1965. S. 151 – 170.

ders.: *Populists and Workers.* The First Encounter between Populist Students and Industrial Workers in St. Petersburg, 1871 – 74. In: Soviet Studies. A Quarterly on the USSR and Eastern Europe. Vol. XXIV. No. 2. Glasgow, October 1972. S. 251 – 269.

Zenker, Viktor, E.: *Der Anarchismus.* Kritische Geschichte der anarchistischen Theorie. Reprint der Ausgabe von 1895 Berlin 1984